中国农业农村发展理论与实践

钟甫宁 编著

科 学 出 版 社
北 京

内 容 简 介

本书由钟甫宁教授发表过的 26 篇中文期刊论文汇编而成，探讨了中国工业化和整体经济快速发展过程中的农业、农村与农民问题。具体包括六方面内容：一是农村人口与城市迁移，特别是对农村剩余劳动力数量估计、城乡迁移规模和潜力的探讨；二是土地产权与流转市场，特别是对土地产权如何影响农业投资和土地流转的分析；三是农业保险，特别是农业保险补贴可能带来福利改进以及作为符合世界贸易组织规定的收入支持政策工具的可能性；四是农民收入，特别阐明劳动力市场调节是缩小城乡收入差距的关键并指出农民角色明显分化条件下如何选择合适的农业补贴来缩小农民间的收入差距；五是农村社会保障；六是可持续发展。

本书适合高校农林经济管理专业师生和科研机构研究员参考阅读。

图书在版编目（CIP）数据

中国农业农村发展理论与实践 / 钟甫宁编著. —北京：科学出版社，2021.7

ISBN 978-7-03-068949-8

Ⅰ.①中… Ⅱ.①钟… Ⅲ.①农业经济发展-中国-文集 ②农村经济发展-中国-文集 Ⅳ.①F323-53

中国版本图书馆 CIP 数据核字（2021）第 100183 号

责任编辑：王丹妮 / 责任校对：宁辉彩
责任印制：张 伟 / 封面设计：无极书装

科学出版社 出版
北京东黄城根北街 16 号
邮政编码：100717
http://www.sciencep.com

北京盛通商印快线网络科技有限公司 印刷
科学出版社发行 各地新华书店经销

*

2021 年 7 月第 一 版 开本：720×1000 1/16
2023 年 2 月第三次印刷 印张：19 3/4
字数：398 000
定价：186.00 元
（如有印装质量问题，我社负责调换）

前　　言

农业生产力的提高是社会分工的基础，也是工业和城市部门得以独立出去的前提；反过来，产业分化以后农业、农村部门的发展也离不开工业、城市部门的发展。中国的工业化和城市化进程，为农业和农村要素在全国范围内重新配置提供了契机，促进了农村劳动力持续转向非农部门和农民增收，推动了农村市场化进程和农村公共事业发展，而农业、农村发展也通过提供要素、原料和市场为工业化与城市化进一步创造了条件，促成了中国整体经济持续增长和城乡共同发展。本书分享笔者在中国"三农问题"六大主题上的部分研究成果和观点，涉及农村人口与城市迁移、土地产权与流转市场、农业保险、农民收入、农村社会保障与可持续发展。

第一篇围绕农村人口与城市迁移展开。习近平总书记指出："人口问题始终是我国面临的全局性、长期性、战略性问题。"[①]对农村人口数量、结构及城乡迁移趋势与规律的科学研判是进行重大发展决策的基础。目前各种人口调查都是抽样调查，更多反映某一时点常住人口的现状，难以真实反映一段时间内已迁移人口和外出人口的变化情况，特别是无法正确反映已经离开或暂时无法找到的人口的现状，更无法反映他们经历的变化过程。"中国城乡迁移和流动人口规模重新估计""农村人口年龄结构特征及政策含义"两章创新性地基于整组抽样和常住户代答方式获得的迁移户人口数据，分析和刻画了我国农村人口及劳动力迁移的数量、结构与趋势。

第二篇讨论土地产权与流转市场问题。农户经营规模过小和土地细碎化是中国农业现代化发展面临的重要资源禀赋约束，许多研究把这两方面问题的解决寄希望于农村土地制度的改革。"土地细碎化与农用地流转市场"一章指出土地制度改革只能为交换提供便利，不能改变土地市场总体供求关系，问题的最终解决还需依赖非农就业机会的发展和人地关系的改变。现阶段司空见惯的不收实物与

---

① 习近平对人口与计划生育工作作出重要指示. http://www.xinhuanet.com/politics/2016-05/18/c_1118890622.htm，2016-05-18.

货币租的无偿土地流转其实是历史新现象,"为什么土地流转中存在零租金?"和"有偿 vs 无偿:产权风险下农地附加价值与农户转包方式选择"两章解析了中国农地无偿流转背后的理论机制,并提出了治理策略。

第三篇研究农业保险。农业保险的基本功能是风险管理,在发生重大自然灾害或出现市场剧烈波动时稳定农民收入。在开放经济条件下,由于农业保险被划入"绿箱"政策,实践中它也成为提高农民收入和促进农业生产的重要工具。"从供给侧推动农业保险创新"和"风险管理 vs 收入支持:我国政策性农业保险的政策目标选择"两章讨论了对小农户加强收入支持和对规模经营主体加强风险管理的保险制度创新。按照福利经济的一般原理,补贴会造成社会福利的无谓损失,但保险作为一种参保率需要达到一个最低门槛卖方才愿意提供的特殊商品,对它进行补贴则有可能增加社会福利。"对农业保险补贴的福利经济学分析""福利损失、收入分配与强制保险"两章讨论了对保险市场进行政策干预的福利效果。

第四篇主要关注农民收入问题。农民问题的核心是收入增长问题,该篇首先阐明了通过劳动力市场调节来充分减少农民数量,是促进农村人口非农就业增加和收入增长,缩小城乡之间、农民与其他职业间收入差距的关键,非农就业机会供给与城乡劳动力市场完善是农民增收的重要保障。除了提高农民收入平均水平和缩小城乡差距外,缩小农民内部收入差距也需要重点关注。该篇还阐述了随着农民原有的三位一体角色(土地所有者、经营者和劳动者)的分化,不同农民拥有的资源结构的差异,以及在此条件下何种农业支持政策可以更有效缩小农民间的收入差距等问题。

第五篇研究农村社会保障。中国农村减贫事业取得了举世瞩目的成就,创造了人口大国绝对贫困消除的全球奇迹。该篇分别从中国扶贫政策、农业发展、农村劳动力转移和农村医疗保障等方面入手,从理论与实证方面分析了它们对中国农村脱贫的作用与机制,为脱贫相关公共政策取向提供了启示与决策依据,同时也总结了中国的脱贫经验。

第六篇涉及可持续发展问题。该篇既讨论了全球化与工业化中小农户发展和农民收入提高的问题,也对整个国民经济的发展问题进行了讨论。"中国在耗竭世界资源吗——兼论可持续发展问题"一章指出,在资源消耗方面消费国和生产国同样负有责任。"GDP 统计的若干理论和实践问题"一章指出了 GDP 作为福利衡量指标特别是"考核"指标存在的缺陷。

中国农业与农村发展问题涉及经济社会的方方面面,本书是笔者就其中若干重要领域相关问题的中国实践和理论开展研究取得成果的汇集,虽不乏独到和精辟之处,但更难免偏颇之处,敬请读者不吝指正。希望本书能成为重要的学术资料,为同行科学总结中国农业农村改革与发展经验及理论提供启示与素材,向世界推广中国农业农村发展经验。

目　　录

第一篇　农村人口与城市迁移

第1章　对我国农村剩余劳动力数量的估计 ·················· 3
　1.1　农村人口和农业人口 ······································ 3
　1.2　农村和农业劳动力 ·· 5
　1.3　结论 ·· 6

第2章　中国城乡迁移和流动人口规模重新估计 ·············· 8
　2.1　引言 ·· 8
　2.2　分析框架 ·· 10
　2.3　数据来源和模型 ·· 11
　2.4　分析结果 ·· 13
　2.5　结论 ·· 20
　参考文献 ·· 21

第3章　农村人口年龄结构特征及政策含义 ·················· 23
　3.1　引言 ·· 23
　3.2　现有调查研究存在的问题 ·································· 23
　3.3　调查设计及结论 ·· 24

第4章　发达地区乡镇企业外来劳动力境况分析 ·············· 27
　4.1　数据材料与方法 ·· 28
　4.2　外来职工与本地职工工种构成及差异 ························ 28
　4.3　外来职工与本地职工社会福利保障状况及差异 ················ 30
　4.4　外来职工与本地职工收入水平差异及表现 ···················· 32
　4.5　结论 ·· 34

第5章 利用初育年龄测度终身生育率的探索 ·········· 36
- 5.1 引言 ·········· 36
- 5.2 分析框架与实证模型 ·········· 38
- 5.3 数据来源与描述分析 ·········· 40
- 5.4 实证检验结果 ·········· 44
- 5.5 对未知终身生育率的预测 ·········· 46
- 5.6 结论及讨论 ·········· 48
- 参考文献 ·········· 49

第二篇 土地产权与流转市场

第6章 土地产权、非农就业机会与农户农业生产投资 ·········· 53
- 6.1 引言 ·········· 53
- 6.2 文献综述与分析框架 ·········· 54
- 6.3 模型、变量与数据来源 ·········· 58
- 6.4 实证研究结果 ·········· 60
- 6.5 结论及政策含义 ·········· 64
- 参考文献 ·········· 65

第7章 为什么土地流转中存在零租金？ ·········· 67
- 7.1 引言 ·········· 67
- 7.2 分析框架和研究假说 ·········· 69
- 7.3 实证分析方法和数据来源 ·········· 73
- 7.4 结果与分析 ·········· 76
- 7.5 结论与进一步讨论 ·········· 80
- 参考文献 ·········· 81

第8章 有偿 vs 无偿：产权风险下农地附加价值与农户转包方式选择 ·········· 83
- 8.1 引言 ·········· 83
- 8.2 分析框架与实证模型 ·········· 84
- 8.3 数据来源与描述分析 ·········· 89
- 8.4 实证结果分析 ·········· 94
- 8.5 结论及政策含义 ·········· 97
- 参考文献 ·········· 97

第 9 章　土地细碎化与农用地流转市场 ············· 99
- 9.1　土地细碎化的含义 ············· 100
- 9.2　土地的不可替代性和保障功能 ············· 101
- 9.3　土地市场调整的供求关系 ············· 102
- 9.4　土地市场调整的交易成本 ············· 105
- 9.5　简要的结论和进一步研究的方向 ············· 106
- 参考文献 ············· 107

第三篇　农业保险

第 10 章　从供给侧推动农业保险创新 ············· 111
- 10.1　创新农业保险、完善我国农业保险制度的必要性与方向 ············· 111
- 10.2　完善和创新农业保险制度的思路和方向 ············· 113
- 10.3　创新改革我国农业保险制度的政策建议 ············· 113

第 11 章　风险管理 vs 收入支持：我国政策性农业保险的政策目标选择 ············· 115
- 11.1　引言 ············· 115
- 11.2　农业保险的政策目标选择及研究思路 ············· 117
- 11.3　我国农业保险风险管理功能实现状况 ············· 120
- 11.4　农业保险现实需求及政策目标实现难度 ············· 123
- 11.5　结论及讨论 ············· 125
- 参考文献 ············· 127

第 12 章　农业保险与农用化学品施用 ············· 128
- 12.1　引言 ············· 128
- 12.2　文献回顾与简评 ············· 129
- 12.3　理论框架 ············· 130
- 12.4　实证模型与数据 ············· 132
- 12.5　实证结果与讨论 ············· 138
- 12.6　结论及政策含义 ············· 143
- 参考文献 ············· 144

第 13 章　对农业保险补贴的福利经济学分析 ············· 147
- 13.1　引言 ············· 147
- 13.2　福利经济学分析框架 ············· 148
- 13.3　研究方法 ············· 150

13.4　样本地区农业保险补贴的福利测度 ·············· 152
13.5　结论及讨论 ·· 157
参考文献 ··· 158

第14章　福利损失、收入分配与强制保险 ··············· 159
14.1　引言 ·· 159
14.2　外部性与强制保险 ··· 160
14.3　强制保险的福利经济学分析 ··························· 162
14.4　强制保险的福利测度与收入分配效应检验 ······ 166
14.5　结论及讨论 ·· 175
参考文献 ··· 176

第四篇　农　民　收　入

第15章　增加农民收入的关键：扩大非农就业机会 ··· 181
15.1　引言 ·· 181
15.2　农民务农收入来源与分配的理论分析 ············· 182
15.3　对主要农业政策或政策建议的反思与评价 ······ 185
15.4　农民适宜数量的估算 ······································ 188
15.5　结论及政策建议 ··· 191
参考文献 ··· 193

第16章　劳动力市场调节与城乡收入差距研究 ········· 194
16.1　引言 ·· 194
16.2　城乡收入差距与居民总体收入分配 ················ 195
16.3　城乡收入差距与劳动力市场调节 ···················· 198
16.4　结论及政策含义 ··· 201
参考文献 ··· 202

第17章　农民角色分化与农业补贴政策的收入分配效应 ··· 203
17.1　引言 ·· 203
17.2　文献回顾 ··· 205
17.3　分析框架及数据来源 ······································ 206
17.4　结果分析 ··· 208
17.5　结论 ·· 213
参考文献 ··· 214

第 18 章 增加农民收入与调整经济结构 ·········· 215
- 18.1 引言 ·········· 215
- 18.2 农业结构调整的历史意义和作用 ·········· 217
- 18.3 WTO 框架下农业结构战略性调整的重要意义 ·········· 219
- 18.4 更大范围调整产业和就业结构的必要性 ·········· 220
- 18.5 结论 ·········· 221
- 参考文献 ·········· 222

第五篇　农村社会保障

第 19 章 坚持"四个"精准，坚决打赢脱贫攻坚战 ·········· 225
- 19.1 目标精准 ·········· 226
- 19.2 对象精准 ·········· 227
- 19.3 原因精准 ·········· 227
- 19.4 措施精准 ·········· 228

第 20 章 中国农村贫困的变化与扶贫政策取向 ·········· 229
- 20.1 引言 ·········· 229
- 20.2 贫困测度与扶贫政策取向 ·········· 230
- 参考文献 ·········· 238

第 21 章 农业发展、劳动力转移与农村贫困状态的变化——分地区研究 ·········· 240
- 21.1 引言 ·········· 240
- 21.2 农业发展与农村劳动力转移对贫困的作用机制 ·········· 242
- 21.3 样本地区选取及样本地区贫困状况变化 ·········· 244
- 21.4 模型与变量 ·········· 246
- 21.5 实证研究结果 ·········· 248
- 21.6 结论与政策建议 ·········· 251
- 参考文献 ·········· 252

第 22 章 新型农村合作医疗不同补偿模式的收入分配效应 ·········· 254
- 22.1 引言 ·········· 254
- 22.2 分析框架和模型 ·········· 255
- 22.3 数据说明 ·········· 258
- 22.4 实证分析结果 ·········· 260
- 22.5 结论及政策含义 ·········· 265

参考文献 ·· 266

第六篇　可持续发展

第23章　中国在耗竭世界资源吗——兼论可持续发展问题 ·············· 269
- 23.1　引言 ·· 269
- 23.2　资源交换的必然性——最终消费决定资源消耗 ·························· 270
- 23.3　高能耗产品国际贸易现状——消费与生产结构差异的例子 ······ 271
- 23.4　生产结构调整的方向和原则 ·· 273
- 23.5　结论 ·· 274
- 参考文献 ·· 275

第24章　GDP统计的若干理论和实践问题 ····································· 276
- 24.1　可持续增长的基础是增加财富存量并改善结构 ·························· 276
- 24.2　满足我们需求的不仅仅是当前的生产 ·· 278
- 24.3　支出法GDP统计揭示的两个重要问题 ·· 279
- 24.4　考察GDP的适当框架 ·· 281
- 24.5　结论 ·· 282
- 参考文献 ·· 283

第25章　全球化与小农：中国面临的现实 ····································· 285
- 25.1　引言 ·· 285
- 25.2　全球化与工业化 ·· 286
- 25.3　工业化与全球化对农村经济的影响 ·· 287
- 25.4　中国的现状与面临的挑战 ·· 289
- 25.5　未来的前景 ·· 293
- 参考文献 ·· 294

第26章　我国能养活多少农民？——21世纪中国的"三农"问题 ······ 296
- 26.1　"基础"的本来含义及其转化 ·· 296
- 26.2　"三农"问题及其相互关系 ·· 298
- 26.3　"适当"的农民数量如何估计？ ·· 299
- 26.4　政府在人口和劳动力转换中的职责 ·· 302
- 参考文献 ·· 303

第一篇
农村人口与城市迁移

第一章

第1章　对我国农村剩余劳动力数量的估计[①]

在20世纪90年代大多数农业经济学家和政府有关官员一致认为，庞大的农村人口和隐性失业大军是我国农业与整个国民经济发展所面临的主要问题之一。无论是农业生产比较利益、农民收入、农产品供应，还是地区与部门的平衡发展，都受到几十年积累下来的人口问题的困扰。对农业和农村经济来说，人口和劳动力的压力更大，因为实行了几十年的户籍制度阻碍了农村人口向其他部门转移。所以当时这一领域所有的研究几乎都涉及对农村人口和剩余劳动力数量的估计。从当时的研究来看，所有的计算都以《中国统计年鉴》或《中国农业年鉴》上的人口统计数字为依据。根据各自对农村和农业劳动力实际需求的计算，大多数研究估计1990年农村剩余劳动力的总数在1亿人左右。然而，有证据表明实际过剩的数量远远大于通常的估计。1990年人口普查资料与统计年鉴资料相比较，当年全国就业总人数多出8 000万人，主要差别就在于农村和农业劳动力的统计数字不一致。

1.1　农村人口和农业人口

农村人口和农业人口是两个不同的概念。理论上讲，前者指居住在农村地区的人口，与地域相联系，而后者指从事农业生产的人口（包括家庭成员），与职业相联系。两者密切相关，但又有区别，其一致程度主要取决于划分市镇的标准和农村非农化的程度。如果降低市镇建制标准，农村人口就会减少，但农业人口不变。如果市镇建制不变而农村非农化程度提高，农业人口就会降低而农村人口

[①] 原载《农业经济问题》1995年第9期，作者为钟甫宁。

不变。在我国的统计实践中，农业人口可能有另一种含义，即特指持农业户口的人口。从这个意义上来看，农村人口可能与农村劳动力有密切的对应关系，而农业人口与农业劳动力的关系就不一定很强。

1990年人口普查得到的农村人口总数与年鉴上的统计数字基本一致，即按照第二种口径统计的县人口与乡村总人口相对应，约8.4亿人（如果按照1964年建镇标准则为8.96亿人），而市镇总人口为3亿人左右（表1-1）。此外，人口普查指出当年农业户口总数为9.02亿人，同时表明，市人口和镇人口中分别有38.1%和32.4%属于农业户口。这部分具有农业户口的城镇人口大多为建制市镇的郊区人口，并且有相当一部分从事农业生产活动。我们有理由设想，市镇人口总数，特别是其中具有农业户口的人数，在相当程度上取决于建镇标准。

表1-1　全国人口及其构成比较（单位：万人）

项目	统计年鉴资料	人口普查资料
全国总人口	114 333	113 051
乡村总人口	84 142（89 590[a]）	
市镇总人口	30 191	
农业户口		90 181
非农业户口		21 993
其他		877
市人口		21 122
非农业户口		13 067
镇人口		8 492
非农业户口		5 738
市镇总人口		29 614
非农业户口		18 805
县人口		83 437
非农业户口		3 189

a. 表示按1964年建镇标准计算

表面上看，表1-1中人口普查与统计年鉴在农村人口方面基本一致，细微的差别大致缘于1990年下半年人口的自然增长。不过，更深入的分析提示我们，在计算农村劳动力平衡表时，市镇人口中的农业户口不能简单地算作城镇人口。他们中的相当一部分可能就业于乡镇企业，因此，乡镇企业劳动力并不全是农村劳动力。换句话说，即使农村各业实际就业人数加上乡镇企业就业人数等于农村劳动力总数，农村仍然可能存在失业人口，其数量等于市镇人口，更准确地说是其中的农业户口在乡镇企业中就业的人数。不仅如此，郊区农业生产活动也是由当地居民（即统计意义上的城镇人口）来从事的，因而实际农业劳动力需求中的一部分也是由城镇劳动力来满足的。

1.2 农村和农业劳动力

1990年人口普查资料和统计年鉴资料在劳动力方面的数字有很大差别。普查资料表明全国在业人口总计为6.47亿人，但统计年鉴上汇总的全国从业人员总计只有5.67亿人，两者相差0.8亿人（表1-2）。进一步分析表明，这一差别主要在于农业劳动力的统计不一致。例如，人口普查的在业人口中有4.68亿人从事农林牧渔水利业，其中农业占4.58亿人。统计年鉴中全国农林牧渔从业人员仅3.41亿人，加上地质水利从业人员197万人也不过3.43亿人，比人口普查中的数字少了1.25亿人。农村劳动力的统计也不一致，人口普查中全国县在业人口总计为4.81亿人，其中农业为4.21亿人，而统计年鉴中乡村从业人员总计为4.20亿人，其中农林牧渔仅3.33亿人，分别相差0.61亿人和0.88亿人，值得一提的是，农业劳动力的划分标准在这里仅指就业部门，与户口无关。

表1-2 农村劳动力及有关统计比较（单位：万人）

项目	统计年鉴资料	人口普查资料
全国劳动年龄人口		67 903
全国在业人口总计		64 724
农林牧渔水利		46 759
农业		45 816
全国从业人员总计	56 740	
农林牧渔	34 117	
地质水利	197	
乡村从业人员总计	42 010	
乡镇企业	9 265	
农林牧渔	33 336	
市在业人口总计		12 060
农业		3 013
镇在业人口总计		4 579
农业		658
市镇在业人口总计		16 639
农业		3 671

续表

项目	统计年鉴资料	人口普查资料
县在业人口总计		48 085
农业		42 145

一般来说，人口普查的精度要高于年终报表。因此，农村总劳动力的数量更接近 4.81 亿人而不是 4.20 人，即农村剩余劳动力的总数可能比通常认为的数字多 0.61 亿人。这一估计可以从农村住户抽样调查的资料得到证实。根据统计年鉴上提供的资料，1990 年抽样调查了 66 960 户，常住人口共有 321 429 人，平均每户 4.80 人，整半劳力 2.92 人，平均每个劳力负担 1.64 人（包括自己）。按照 1.64 的比例，8.41 亿农村人口应当有 5.13 亿劳力，而 8.96 亿农村人口（1964 年建镇标准）则应当有 5.46 亿劳力。如果认定农村劳动力总数为 4.20 亿，赡养系数就上升为 2.00，甚至 2.13，这显然是不大可信的。

更进一步的分析表明，农村剩余劳动力的总数被低估的可能还不止 0.61 亿人。从表 1-2 中可以看出，根据人口普查资料，全国县在业人口总数与农业在业人口数之差为 5 940 万人，即县在业人口中有近 6 000 万人从事非农行业的经济活动，而统计年鉴上的数字则表明乡村从业人员中有 8 686 万人从事非农行业。造成这一差别的原因很多，其中之一是兼业劳动力的分类标准也许不一致，以致同一个人有时被统计为农业劳动力，有时又被统计为非农业劳动力。另一个原因与农业劳动力的统计方法有关。如果统计年鉴中采用乡村总劳动力减去其他各业劳力数的方法来计算农业劳力，则有可能多减去了城镇劳力中就业于乡镇企业的那部分人数。当反过来再用乡村从业人数与农业劳力数计算非农业劳力时，从事非农行业的乡村从业人数就被夸大了。因此，与农村劳动力总数相比，被迫留在农业部门的劳动力被低估的幅度很可能更高。如果这一推测是正确的，我们大致可以接受人口普查提供的数字，即农村劳动力留在农业部门的人数为 4.21 亿人，比统计年鉴上的数字大 0.88 亿人，也就是说，农村剩余劳动力的总数也比通常认为的大 0.88 亿人。此外，市镇在业人口中有 3 671 万人从事农业生产活动，其中一部分郊区人口直接从事田间作业。因此计算农业劳动力实际需求量时应当把他们也考虑在内。这样一来，农村剩余劳动力总数被低估的幅度就更大了，很可能超过 1 亿人。

1.3 结　　论

以上分析表明，我国农村剩余劳动力的数量远远大于通常人们认为的数字，因此隐性失业的压力也比我们认识到的程度更严重。如果按照人口普查的资料加以调整，农村剩余劳动力可能是两亿以上而不是一亿。当然，实际问题的严重性并不因计算方法或人们的认识而变化，这里所说的剩余劳动力也不是绝对失业人口，其中相当一部分已经转移到其他地区从事非农行业生产活动。但是，如果我们能够更清醒地认识这一问题的严重性，就有助于制定更有效的政策来减轻它的不利影响。

从上面的分析中可以看到，农村劳动力就业的分类标准和市镇建制标准直接影响农村剩余劳动力的计算。如果不用平衡表的方式进行统计，或者不考虑城镇郊区从事农业和乡镇企业生产的城镇劳动力，一部分劳动力就有可能重复计算。当涉及非农产业（如乡镇企业）时，还可能将部分城镇劳动力错误地计算为农村实际就业人数。因此，使用各业分别统计再汇总的方法一定会夸大实际就业人数，从而低估农村隐性失业的人数。为了更准确地分析问题与制定政策，我们希望统计部门提出更可靠、更合理的统计方法与指标体系，也希望研究人员和有关部门更多地利用人口普查的成果来核对与校正现有的统计数据，在可能的条件下尽量把数字搞清楚。

第2章 中国城乡迁移和流动人口规模重新估计[①]

农村人口迁移和流动对中国经济社会发展产生了深远的影响。研究利用事件史分析法对城乡分年龄和性别的人口迁移率和流动率进行测算，并利用年龄推移法对 1991~2010 年的中国农村常住人口、农村户籍人口和农村流动人口进行重新估计。研究发现，首先，利用事件史分析法，采用整村调查数据能够较好地模拟中国农村人口的流动和迁移过程；其次，利用年龄推移法对农村常住人口的结构进行修正后发现，2015 年农村 65 岁及以上常住老年人的比重比全国平均水平高出 4.1 个百分点；再次，不仅农村常住人口老龄化程度较高，在城乡间流动的人口中，50 岁及以上的劳动力占比也呈上升态势，农民工群体的老龄化趋势非常明显；最后，虽然从时间序列上来看，农村留守儿童规模整体呈下降态势，但学龄前儿童留守的比例从 2010 年的 43.3%上升到 2015 年的 45.88%，提高了 2.58 个百分点。

2.1 引　　言

很长一段时间里，中国农村劳动力转移是政府和国内外学者关注的重点（农业部课题组，2000；宋洪远等，2002；蔡昉和王德文，2003；李仙娥和王春艳，2004）。由于城乡经济社会差距的扩大，以及户籍制度改革进程缓慢，中国城乡人口结构出现倒置，昔日年轻的农村人口以较快的速度步入老龄化，城市则因大量的农村青壮年劳动力流入而保持活力。以人口特征为主题的中国城乡经济社会问题研究越来越多（蔡昉和王美艳，2007；段成荣和杨舸，2009；段成荣等，

[①] 原载《劳动经济研究》2017 年第 5 卷第 2 期，作者为向晶、钟甫宁。

2014；郭志刚，2014）。当前，中国城乡人口迁移和流动问题是经济转型阶段的重大现实问题，也是未来一段时间内深化城乡一体化改革，实现人民安居乐业的重要内容之一。

中国人口迁移和流动的统计数据及统计口径差异较大，不仅长期困扰着有关全社会人口流动、城乡人口流动强度等研究的深入（杨云彦，2003；韦艳和张力，2013），也导致根据不同数据来源计算的流动人口规模和留守儿童规模等数据存在很大差异。国家统计局2010年第六次全国人口普查（以下简称"六普"）数据显示，农村户籍人口与农村常住人口分别为8.83亿人和6.71亿人，这意味着有2.12亿农村人口在户籍地以外的地方常住。按照人户分离口径统计，扣除市辖区的人户分离人口，2010年全国非市辖区的人户分离人口有2.21亿人。由此可推算，人户分离人口中农村人口占96%，剩下的4%（约900万人）是非农户籍非市辖区的流动人口。有研究发现，2010年全国流动人口中有1.5亿人来自农村（郑真真，2013），远低于根据"六普"数据计算得到的农村流动人口数。同时，该研究指出，2010年非农流动人口约为7 000万人，其中，非农跨省迁移人口就达1 980万人，远高于根据"六普"数据计算得到的900万人。

此外，国家统计局农村社会经济调查总队提供的外出农村劳动力数据以及国家卫生和计划生育委员会提供的流动人口数据，均以在外地居住（人户分离）时间超过1个月为时限，这与国家统计局常住人口登记以6个月为时限的统计口径不同，且无论是流动人口监测调查，还是农民工监测调查，调查对象均为劳动年龄人口，缺乏农村未成年流动人口的信息，而通过不同渠道获得的留守儿童数据存在很大的争议。中华全国妇女联合会（简称全国妇联）发布的报告显示，"六普"时期农村留守儿童有6 102.55万人，而民政部2016年发布的农村留守儿童排查结果显示，农村留守儿童仅有902万人。6年时间里，农村留守儿童减少了约5 200万人引起了很多人的质疑。研究人口的迁移和流动所带来的农民工结构变化、农村留守儿童的规模和结构变化等问题，都需要利用有效的数据和方法进行分析、对比和预测，从而就人口变迁对中国经济社会发展的影响做出准确的判断。

本章拟从人口流出地（即农村）角度出发，通过整村调查法重塑过去20多年城乡人口迁移和流动的过程，并根据年龄推移法对中国农村常住人口和城乡流动人口的年龄结构进行修正。一方面，能够对有关中国城乡人口迁移和流动的研究进行补充；另一方面，可以获取中国城乡迁移和流动人口的时间序列信息，并对不同类别人口进行预测。这不仅有助于量化户籍制度等对中国城乡人口迁移和流动的影响，还有助于对中国城乡一体化过程中的人口结构和劳动力变化做出预判。

2.2 分析框架

研究人口迁移和流动的文献很多，有关人口迁移和流动的概念也纷繁复杂，如永久性迁移、非正规迁移、暂时性迁移、暂住人口和流动人口等（蔡建明，1990；杨云彦，2003；唐家龙和马忠东，2007；乔晓春和黄衍华，2013）。术语和统计口径的不同导致有关流动和迁移的研究存在很多问题（孙福滨和李怀祖，2000；段成荣等，2002；白先春和蒋康康，2013；韦艳和张力，2013），本章首先对农村迁移人口和农村流动人口的概念进行界定。农村迁移人口和农村流动人口的主要差别在于是否获得常住地的户籍，即农村迁移人口指出生地在农村，而居住地已经改变，且户口为非农户籍的人口；农村流动人口指户籍地仍为农村，但在农村居住不到 6 个月且进行跨地区流动的人口。

由农村迁移人口和农村流动人口的定义可知，农村户籍人口和农村常住人口分别表示潜在转移人口的名义存量与实际存量。相比常住人口的统计方法，由公安部门逐级上报完成的户籍人口信息统计数据，在时间序列上的稳健性和合理性更高。原因在于，除每十年一次的全国人口普查之外，普查年份间通常是对常住人口进行抽样调查。这种抽样调查容易遗漏人口信息，因此可能存在统计误差。当调整为全国层面数据后，会加大时间序列数据的误差范围，且现有的人口抽样调查不是对全部年龄人口进行调查，未成年人（尤其是学龄前儿童）是被排除在调查之外的。这就给评估外来农民工子弟规模、农村留守儿童情况以及动态模拟城乡人口流动趋势带来困难。鉴于此，我们通过年龄推移法对农村常住人口进行重新估算。本章以 1990 年第四次全国人口普查年份的数据为起点，分年龄和性别对 1991~2010 年农村常住人口的迁移率和流动率进行估算。在进行测算时，我们主要采用事件史分析法，之所以没有像其他研究一样采用 Probit 模型或 Logit 模型（丁金宏等，2003；郑真真，2013；周爽和黄匡时，2015），主要基于以下两个原因：第一，迁移率和流动率指的是某一年龄或年龄段发生迁移或流动行为的概率。正如很多研究指出的一样，迁移和流动主要发生在青壮年时期，这就使得迁移或流动行为在以年龄为特征的时间分布上是有偏分布的，这违反回归方法要求的正态分布或 Logistic 分布的假设条件。第二，目前迁移和流动的调查都是截面调查，虽然很多农村个体呈现出的状态是没有发生迁移和流动，但是迁移和流动在其生命结束之前都可能发生。常规回归模型无法处理具有删截特征观测个体信息。

因此，本章拟通过事件史分析法，对分年龄和性别的人口迁移率和流动率进行测算，反映农村人口迁移和流动信息的数据来自整村调查。在设计调查问卷时，我们侧重获得被访村全部人口的性别、年龄、年均在村居住时间、外出务工年份、年外出务工时长、户籍登记情况等信息，以此构建农村人口生命周期内的迁移和流动事件集，并绘制出农村人口迁移和流动状况的动态图景。值得注意的是，在中国城市发展扩张的过程中，存在部分村行政规划调整并入街道的情况。故在实际调研中，所有的样本村均是自然村，城乡接合部的农村均被排除在外。

2.3 数据来源和模型

2.3.1 模型

在不考虑城乡行政区划调整的情况下，农村人口向城市的流动和迁移可以看成是以农村为原始承载地，人们在城乡间往返的一种状态。居民个体以打工、探亲、求学等方式在实现永久居住于城市以前，始终短期或长期居住于农村。在本章的分析中，农村迁移人口指的是获得城镇户籍，获得永久居住权，成为真正意义上的迁移群体。对于那些常年在城镇工作，却没有城镇户籍的人而言，按照在常住地年居住时间达到 6 个月及以上的统计口径，这部分群体的身份始终是农村流动人口。

假定 $P_t^{存活}$、$P_t^{流动}$ 和 $P_t^{迁移}$ 分别表示在 t 年份时农村年初户籍存活人口、农村流动人口和农村迁移人口，那么该年份期末农村户籍人口和农村常住人口可以分别表示为

$$P_t^{户籍} = P_t^{存活} - P_t^{迁移} \tag{2-1}$$

$$P_t^{常住} = P_t^{存活} - P_t^{迁移} - P_t^{流动} \tag{2-2}$$

从式（2-1）和式（2-2）可以看到，农村户籍人口和农村常住人口之间的差额就是往返于城乡之间的农村流动人口。由于迁移、流动、死亡等事件具有明显的年龄和性别特征，故我们可以利用人口统计学中常用的年龄推移法将上述公式进行调整，具体如下：

$$P_t^{户籍} = \sum_{\text{age}=0}^{k} P_{t0}^{\text{age},户籍} \times \left(r_{t,\text{age}-1}^{存活} - r_{t,\text{age}}^{迁移} \right) \tag{2-3}$$

其中，$P_{t0}^{\text{age},户籍}$、$r_{t,\text{age}}^{迁移}$、$r_{t,\text{age}-1}^{存活}$ 分别表示 t 年份初期年龄为 age 的户籍人口规模、age 年龄组人口在 t 年份的迁移率，以及 age-1 年龄组人口存活到下一年 t 的存活率。

相应地，年龄推移法可以将式（2-2）中的农村常住人口调整为

$$P_t^{常住} = \sum_{age=0}^{k} P_{t0}^{age,户籍} \times \left(r_{t,age-1}^{存活} - r_{t,age}^{迁移} - r_{t,age}^{流动}\right) \quad (2\text{-}4)$$

式（2-3）和式（2-4）是测度农村迁移人口和农村流动人口的基本公式。其中，起始年份分年龄和性别的人口数量（$P_{t0}^{age,户籍}$）以及分年龄和性别的存活率（$r_{t,age-1}^{存活}$）可以利用现有的人口统计数据计算得到。本章的技术难点在于如何测度分年龄的农村人口迁移率和农村人口流动率。在人口学中，率和概率是完全不同的概念。以流动率和流动概率为例，流动率是指在某一年龄阶段，处于流动状态的个体占该年龄组的比例，而流动概率是指个体出现流动状态的可能性。在本章，我们采用事件史分析法测度流动率和迁移率，以探寻中国农村人口在整个生命周期内发生迁移和流动的基本规律。

根据事件史分析法的基本概念，我们将每个个体从出生到死亡期间经历流动和迁移事件的可能性作为一个风险集。在获得不同个体在一个生命周期内发生流动或迁移事件的时间后，就可以测算出在各年龄阶段发生流动或迁移事件的比例。假定对一个个体而言，发生流动或迁移事件的风险概率为 $h(t)$，在从出生到死亡这一个连续时间段（age,age+k）里，如果 k 无限趋近于 0，流动或迁移事件发生的概率可进一步表示为

$$r_{age}^{迁移} \text{ or } r_{age}^{流动} = h(age) = \lim_{k \to 0} \frac{P(age,age+k)}{k} \quad (2\text{-}5)$$

由式（2-5）可知，风险函数 $h(t)$ 是给定存活至时期 t 条件下的条件密度函数，风险概率的取值介于 0（无流动或迁移风险）与 1（必定发生流动或迁移）之间。在能够获得被访者流动和迁移时间的情况下，可以直接计算出一个生命周期内人们发生流动或迁移的累积风险函数，进而获得各年龄段的流动率和迁移率。

2.3.2 数据来源

本章使用的数据源于以下两处：一是国家统计局 1990~2015 年中国分年龄和性别的农村户籍人口和农村常住人口数据；二是课题组于 2010 年开展的农村整村调查。前者是公开数据，用于对人口数据的模拟和预测进行修正；后者为实地调查的微观数据，用于测算分年龄和性别的农村人口流动率和迁移率。

本章使用的微观调查数据来自 2010 年春节期间在江苏、安徽、河南、湖南和四川 5 个省份进行的农村整村人口状况调查。该调查根据等距抽样原则，在 5 个省内首先按照县市人均收入水平进行排序，确定调查的区县；其次按照区县内乡镇的人均收入水平进行排序，确定调查的乡；最后按照乡辖村集体的规模进行排序，确定调查的自然村。当具体调查时，被抽中的村以及村内所有家庭为此次调

查的对象。调查时对农村人口流动状态、居住时长、户籍登记信息和外出务工信息等内容进行详细询问。另外，对于村内宅基地上有房屋建筑，但春节期间仍无人居住的家庭，则由村支书或生产队长等提供该户家庭成员的基本信息，包括年龄、性别、居住时长和何时离开本村等。该调查法不仅能够全面了解农村人口的户籍、居住和流动状态，同时还能对人们从哪一年开始在外打工或长期在外居住等信息进行收集，用以获得个体发生流动或迁移事件的时间信息。这为我们使用事件史分析法测度分年龄和性别的迁移率和流动率提供了详细资料。经过整理，调查最终获得来自 5 个省、121 个县、203 个村民小组、7 328 户、28 021 人的样本。其中，有 8 020 人已经完全迁移出农村（转为非农户口），占总样本的 28.62%；农村常住人口（在农村年居住时间超过 6 个月的人口）有 13 928 人，占总样本的 49.71%；农村流动人口共 6 073 人，占总样本的 21.67%（表 2-1）。

表 2-1　农村整村调查的基本情况

项目	江苏	安徽	湖南	河南	四川	合计
县数/个	24	20	21	36	20	121
村民小组数/个	51	42	40	39	31	203
户数/户	2 251	1 276	930	1 305	1 566	7 328
人口数/人	8 950	4 833	3 506	5 230	5 502	28 021

农村人口居住情况		
在农村居住时间近 3 年平均月数	样本数/人	比例
已经迁移出去的人口	8 020	28.62%
仍在农村，但居住时间少于 3 个月	5 174	18.46%
在农村居住时间超过 3 个月，但少于 6 个月	899	3.21%
在农村居住时间超过 6 个月，但是少于 10 个月	759	2.71%
在农村居住时间超过 10 个月	13 169	47.00%
合计	28 021	100%

数据来源：根据 2010 年在全国 5 省进行的农村整村人口调查数据计算得到

2.4　分析结果

2.4.1　分年龄和性别的城乡迁移率和流动率

利用农村整村人口调查和事件史分析法，我们测算出分年龄和性别的迁移率和流动率。从图 2-1 和图 2-2 的比较来看，首先，适婚年龄女性的迁移率和流动率高于同年龄组的男性。这与现有的研究结论和社会现实高度一致，女性有更强烈的期望离开农村。由于 15~30 岁年龄组女性的外出率高于男性，农村地区结婚年龄不断推迟,且农村生育率不断下降。其次,农村未成年人流动率比较低,这也从侧面反映出农村留守儿童的问题。如图 2-1 所示,一旦获得城镇户籍,农村家庭就能实现举家迁移,这意味着 0~14 岁未成年人的迁移率与父辈一样,都大于0。但是图2-2中,从分年龄和性别的流动率可以看出,0~14 岁未成年人的流动率非常小,尤其是 5 岁以下年龄组的流动率趋近于 0。这是因为在户籍制度的制约下,在外地务工的农村夫妇没有时间照料孩子,且他们中大多数人不重视学龄前教育,从而更倾向将学龄前子女留在农村。由此可推断,留守儿童中农村学龄前儿童留守的问题可能更为严重。

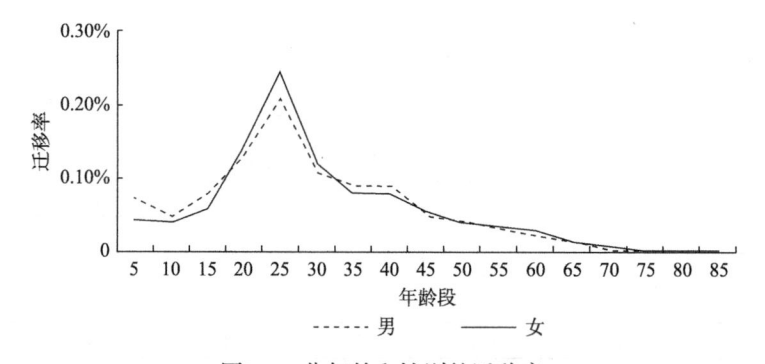

图2-1 分年龄和性别的迁移率
数据来源:根据2010年在全国5省进行的农村整村人口调查数据计算得到

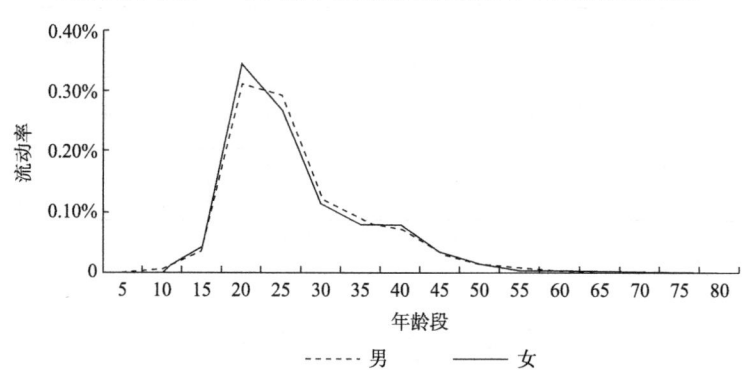

图2-2 分年龄和性别的流动率
数据来源:根据2010年在全国5省进行的农村整村人口调查数据计算得到

此外,从流动率与年龄之间的关系可以看到,农村人口在城乡往返存在年龄上限。年龄超过 55 岁且无法获得城镇户口的农村户籍人口流动率基本为 0。对比农村人口迁移和人口流动的年龄分布图可以看到,虽然农村人口流向城镇是经济发展的必然过程,但是由于大量人口仍处于在城市和农村间流动的状态,如果城乡二元结构持续存在,农村常住人口的年龄结构将因迁移、流动、生育等行为而改变，形成更为严重的农村老龄化和低龄化并存的局面。这不仅会影响农村和农业的发展，还可能对中国城镇化发展的速度和方向产生重大影响。

2.4.2 模拟结果的敏感性分析

在计算出分年龄和性别的农村人口流动率和迁移率后，我们根据式（2-3）和式（2-4），以1990年第四次全国人口普查时的农村户籍人口数量为起点，对1991~2010年的农村常住人口和农村户籍人口数量进行模拟，计算得到每年的农村流动人口规模，并将官方数据与我们的模拟结果进行对比。从表2-2可知，模拟的历年农村户籍人口规模与官方公布的数据误差范围在5%以下，虽然农村常住人口模拟值与官方公布的数据误差略大，但最大误差也不超过6.36%。2002年以来模拟值与官方公布结果间的误差呈现逐渐缩小的趋势。以"六普"数据为例，模拟的农村户籍人口和农村常住人口与官方公布结果之间的误差分别仅为0.72%和1.65%。利用模拟结果，我们也对比了历年流动人口的规模，从图2-3可以看到，模拟的历年流动人口规模更近似于官方数据的线性拟合，且流动人口规模的拟合值在2000年和2010年与官方统计数据高度吻合。根据官方公布的农村常住人口和农村户籍人口信息，2000年和2010年农村流向城镇的人口规模分别为1.28亿人和2.1亿人，而本章模拟的流动人口规模分别为1.3亿人和2.16亿人。

表2-2　历年农村户籍人口和常住人口的官方数据和模拟值比较

年份	国家统计局 户籍/万人 (1)	国家统计局 常住/万人 (2)	模拟 户籍/万人 (3)	模拟 常住/万人 (4)	户籍人口模拟误差 [(1)−(3)]/(1)×100%	常住人口模拟误差 [(2)−(4)]/(2)×100%
1990	90 483.14	84 137.65	90 483.14	—	—	—
1991	91 384.35	84 620.28	90 530.10	84 476.03	0.93%	0.17%
1992	91 775.28	84 995.84	90 565.80	83 679.56	1.32%	1.55%
1993	91 945.49	85 344.09	90 563.49	82 844.41	1.50%	2.93%
1994	91 948.92	85 680.77	90 496.87	81 953.10	1.58%	4.35%
1995	92 245.75	85 947.46	90 377.75	81 014.81	2.03%	5.74%
1996	92 562.80	85 084.83	90 199.26	80 030.31	2.55%	5.94%
1997	92 979.11	84 176.94	89 963.10	79 007.00	3.24%	6.14%
1998	93 483.42	83 153.21	89 666.77	77 940.69	4.08%	6.27%
1999	93 697.99	82 037.63	89 296.38	76 821.92	4.70%	6.36%
2000	93 663.08	80 836.69	89 375.31	76 077.26	4.58%	5.89%
2001	93 576.12	79 562.67	89 391.86	75 150.88	4.47%	5.55%

续表

年份	国家统计局 户籍/万人 (1)	常住/万人 (2)	模拟 户籍/万人 (3)	常住/万人 (4)	户籍人口模拟误差 [(1)-(3)]/(1)×100%	常住人口模拟误差 [(2)-(4)]/(2)×100%
2002	92 627.46	78 240.72	89 349.46	74 184.27	3.54%	5.18%
2003	90 846.58	76 851.30	89 268.92	73 201.49	1.74%	4.75%
2004	89 938.70	75 705.01	89 140.13	72 193.27	0.89%	4.64%
2005	88 927.16	74 544.00	88 961.94	71 162.69	−0.04%	4.54%
2006	88 683.08	73 163.96	88 744.04	70 120.19	−0.07%	4.16%
2007	88 618.92	71 495.00	88 495.92	69 074.68	0.14%	3.39%
2008	88 607.21	70 398.34	88 230.86	68 041.03	0.42%	3.35%
2009	88 383.94	68 940.27	87 946.12	67 016.76	0.50%	2.79%
2010	88 272.11	67 112.55	87 638.34	66 004.06	0.72%	1.65%

数据来源：农村户籍人口和农村常住人口数据分别来自《中国人口统计年鉴》（1991~2011年）和《中国统计年鉴》（1991~2011年）；模拟的起始数据来自1990年第四次全国人口普查；其后各年数据利用年龄推移法计算得到

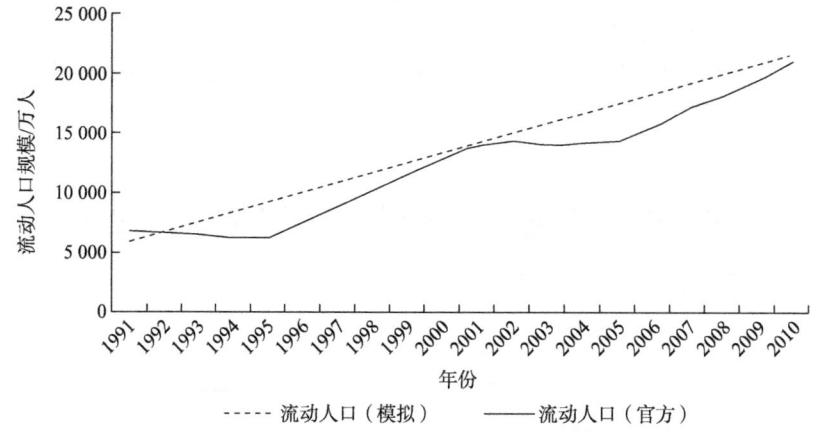

图2-3 历年城乡流动人口规模模拟值与官方统计数值之间的比较

图中虚线根据1990年农村常住人口数据利用年龄推移法计算得到；图中实线根据国家统计局公布的历年农村常住人口和农村户籍人口数据计算得到

数据来源：同表2-2

无论是从户籍人口预测还是从流动人口模拟的角度，本章采用事件史分析法模拟的1991~2010年农村人口的流动和迁移规模可信度都比较高。全国人口普查每十年进行一次，普查年份间以抽样调查的形式对各年份的人口信息进行更新。由于人口抽样调查以常住地为依托，在不确定流动人口和常住人口比例的情况下，随机抽样会因抽样偏误出现流动人口数据统计有偏，故本章的模拟值与官方普查年份数据之间的拟合程度越高，越能说明该方法的合理性。同时，模拟得到的流动人口数据与官方公布的普查年份（如 2000 年和 2010 年）数据的误差范围远小于 1%，且普查年份农村常住人口和农村户籍人口的模拟值和官方公布值之间的误差范围也控制在 6%以内，表明本章对中国农村人口流动状况分析的合理性和准确性均较高。

2.4.3 农村人口结构的修正

对比 2010~2015 年国家统计局公布的农村户籍人口和农村常住人口信息可知，利用年龄推移法计算分年龄和性别的流动率，不仅能够较好地模拟中国农村流动人口规模，还能有效评估过去 30 多年城乡人口流动和迁移的政策效果。模拟结果显示，农村向城镇流动的人口规模从 2010 年的 2.16 亿人提高到 2015 年的 2.48 亿人，而统计公报公布的全国流动人口规模从 2010 年的 2.20 亿人上升到 2015 年的 2.47 亿人，两者之间的误差非常小（表 2-3）。值得注意的是，国家统计局公布的流动人口指的是人户分离人口中不包括市辖区内人户分离的人口，即官方统计的流动人口不仅包括户籍在农村而人却在外居住时间超过半年的农村流动人口，还包括户籍在城镇但人却在外省市居住和工作超过半年的流动人口。这就意味着官方公布的流动人口存在低估的可能。根据本章对农村流动人口的重新估计，2010~2015 年非市辖区的非农户籍流动人口规模每年约为 1 000 万人，而市辖区内人户分离的人口年均为 4 000 万~5 000 万人（根据国家统计局公布的人户分离人口与流动人口之差计算得到）。由此可见，中国人口的迁移和流动仍以农村户籍人口为主，占全部人户分离人口的 84%左右。

表2-3　修正2010~2015年农村常住人口和农村流动人口数据

年份	模拟 常住人口/万人 (1)	模拟 流动人口/亿人 (2)	国家统计局统计公报 常住人口/万人 (3)	国家统计局统计公报 流动人口[a]/亿人 (4)	国家统计局统计公报 人户分离/亿人 (5)	常住人口估计误差 [(3)−(1)]/(3) ×100%
2010	66 004.06	2.16	67 112.55	2.20	2.60	1.65%
2011	65 013.43	2.23	65 656.00	2.30	2.71	0.98%
2012	64 047.86	2.30	64 222.12	2.36	2.79	0.27%
2013	63 093.07	2.36	62 960.51	2.45	2.89	−0.21%
2014	62 146.20	2.42	61 866.00	2.53	2.98	−0.45%
2015	61 207.26	2.48	60 346.00	2.47	2.94	−1.43%

注：a. 国家统计局公布的流动人口与本章所说的农村流动人口并非同一概念。本章中的农村流动人口是指户籍在农村，但人户分离且年均居住在非户籍地超过6个月的人口，而国家统计局公布的流动人口是指人户分离人口中扣除市辖区内人户分离的人口。

数据来源：国家统计局统计的流动人口和人户分离人口数据来自国家统计局历年统计公报；模拟的起始数据来自1990年第四次全国人口普查；其后各年数据利用年龄推移法计算得到

在对农村迁移人口和农村流动人口的规模进行模拟后，我们进一步观察农村常住人口的结构特征。从图2-4可以看到，国家统计局公布的农村常住人口年龄结构与本章模拟的户籍人口年龄结构更为一致。虽然2010年农村常住人口、农村户籍人口和农村流动人口规模与官方数据拟合得较好，但是农村常住人口年龄构成与官方数据之间存在显著的不同，这主要表现在15~49岁和65岁及以上这两个年龄段。模拟结果显示，2010年15~49岁农村常住人口的比重约为48.97%，比官方公布的53.28%低出约4.3个百分点。按照2010年国家统计局公布的农村常住人口为6.71亿人计算，这意味着约有2 885.84万个15~49岁的农村劳动力被国家统计局纳入农村常住人口中，但这些人实际上是以流动人口的身份往返于城乡之间。另外，模拟结果显示，2010年65岁及以上农村常住人口的比重为约12.30%，比官方公布的10.06%高出约2.24个百分点。模拟修正后的农村常住人口中65岁及以上人口有8 118.5万人，比国家统计局"六普"公布的6 751.5万人多出1 367.0万人。根据本章测算，2015年农村65岁及以上老年人的比重为14.6%，比2015年统计公报公布的全国65岁及以上老年人占比10.5%高出4.1个百分点。换句话说，由于人口流动，长期在农村居住的老年人规模比官方公布的数据高出很多，加上15~49岁劳动力规模比实际要少，这意味着农村适合转移的劳动力潜力也将大幅减少。

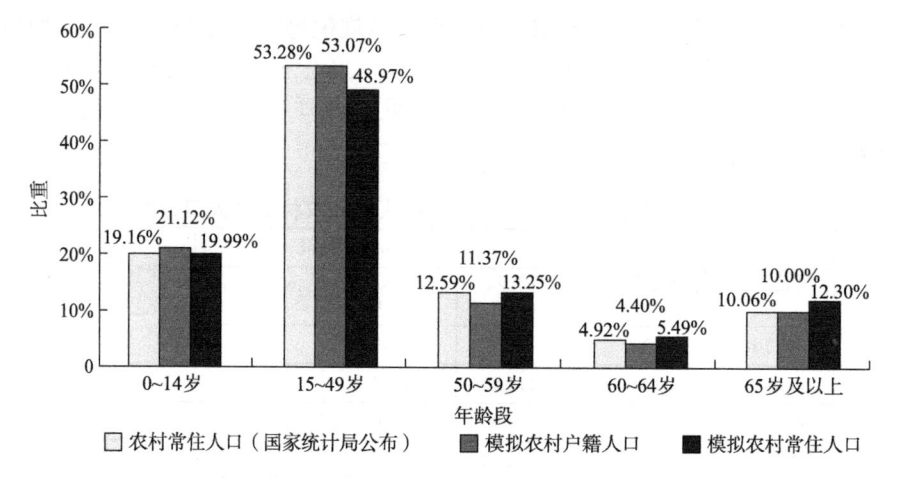

图2-4　2010年农村人口年龄结构对比

数据来源：农村常住人口数据来自国家统计局统计公报，模拟农村户籍人口和模拟农村常住人口的数据由笔者计算得到

除了农村老龄化程度可能高于官方公布的数据外，还应该注意到农村流动人口自身也呈现高龄化趋势。2000年具有农村户籍的流动人口中，15~49岁青壮年劳动力的比重达到72%，到2015年则下降到65%，降低了7个百分点（图2-5）。在农村少子化的现实背景下，未来中国农村流动人口中的适龄劳动力规模将会进一

步下降。加上同一时期内，0~14 岁未成年人流动人口也从 2000 年的 26%下降到 2015 年的 20%，下降了 6 个百分点，而 50 岁及以上流动人口比重从 2000 年的 2%提高到 2015 年的 15%，提高了 13 个百分点。这不仅表明农村城镇发展提供大量劳动力的潜能在下降，同时也意味着为流动人口提供社会福利保障（如养老和医疗保障）的需求在激增。对这些 50 多岁还在城镇打工而户口在农村的人而言，他们面临的是留城还是返乡的养老选择问题，也是如何安排退休后生活的问题。

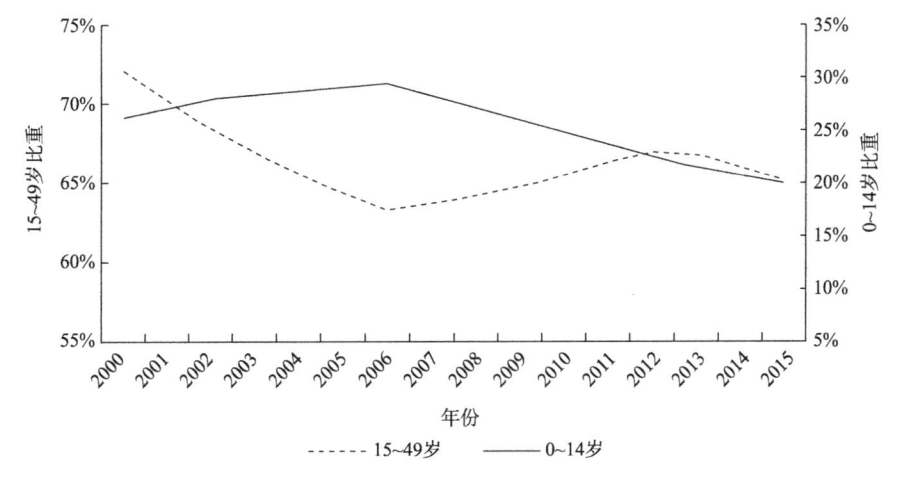

图2-5　2000~2015年农村流动人口年龄结构
50岁及以上流动人口比重可从其他两个比重中推算出来
数据来源：根据模拟农村户籍人口和模拟农村常住人口数据计算得到

根据对农村人口结构进行的修正，可发现农村留守儿童中学龄前儿童的留守问题更为严重（图 2-6）。由于中国农村人口的流动和迁移，农村生育率大幅下降以及结婚年龄推迟，故农村 0~14 岁年龄段人口比重整体呈下降趋势。与现有估计农村留守儿童规模趋势（段成荣等，2013）的研究结果不同，从时间趋势来看，中国农村留守儿童的规模是呈下降趋势的，但是，留守儿童中 0~6 岁的学龄前儿童占全部留守儿童的比重在上升。根据我们对农村常住人口结构进行的修正，2010 年农村常住人口中 0~14 岁未成年人口有 1.32 亿人，其中 0~6 岁学龄前儿童有 5 712.8 万人。如果按照农村整村抽样调查获得的留守儿童比重 26%进行估计[①]，那么，2010 年中国农村 0~14 岁的未成年留守儿童规模为 3 432 万人，其中，0~6 岁学龄前儿童约为 1 485.3 万人，约占留守儿童总量的 43.3%。到 2015 年，0~6 岁学龄前留守儿童的规模约为 1 398.5 万人，约占

---

① 根据整村抽样调查中留守儿童的统计分析整理发现留守儿童占全部农村常住儿童的比重约为26%（钟甫宁和向晶，2013）。

全部留守儿童的 45.88%。

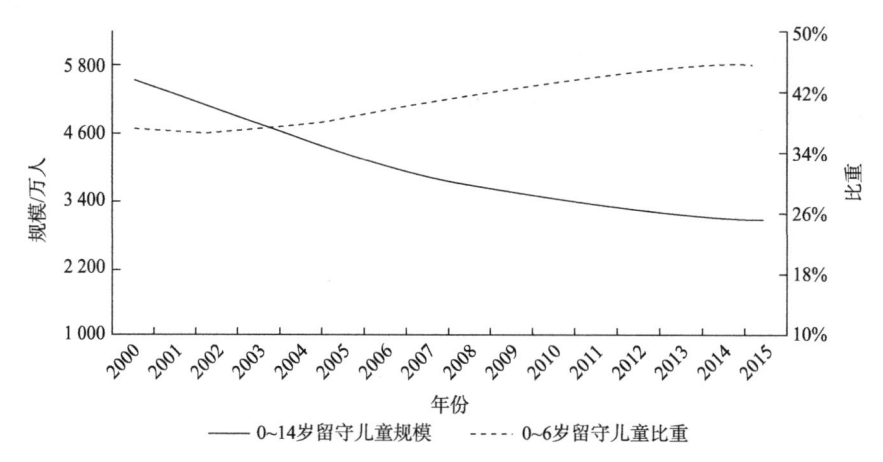

图2-6　2000~2015年农村流动儿童规模和比重测算
留守儿童指一年中有6个月及以上居住在农村,且父母中一方或双方均不在身边的0~14岁儿童
数据来源:根据模拟农村户籍人口和模拟农村常住人口数据计算得到

2.5　结　　论

长期以来,有关中国人口流动和迁移的研究以总量分析为主,从年龄结构的角度对人口流动和迁移的强度进行研究的文献并不多,一个很重要的原因在于缺乏有效的数据去重构中国的流动和迁移行为。本章利用事件史分析法和农村整村调查数据模拟 1991~2010 年的中国农村人口流动和迁移过程,并对该方法使用的合理性进行评估。从模拟结果来看,农村常住人口、农村户籍人口和农村流动人口的模拟值与普查年份国家统计局公布的数据高度一致,研究方法的合理性较高,意味着利用事件史分析法来观测生命周期内的迁移和流动行为是有效的,它能够对中国农村过去的迁移和流动行为进行重构。另外,根据这一方法,本章对农村常住人口和农村流动人口的结构进行进一步修正。结果显示,2010 年农村常住人口老龄化程度比官方统计结果高出 2.24 个百分点,这意味着农村 65 岁及以上老年人可能比国家统计局公布的数据多出 1 367.0 万人;到 2015 年,农村常住老年人更是比全国平均水平高出 4.1 个百分点,这意味着,中国农村正以更快的速度在老龄化。同时,通过观察农村流动人口年龄结构可以看到,在城乡往返的青壮年比重已经开始下降,50 岁及以上的高龄劳动力比重正在增加。最后,非常值得警惕的是,中国农村学龄前留守儿童的问题更为严重。据估计,2010 年中国农村 0~14 岁未成年留守儿童规模为 3 432 万人,其中,0~6 岁学龄前留守儿童约为

1 485.3 万人，约占留守儿童总量的 43.3%。到 2015 年，0~6 岁学龄前留守儿童的规模约为 1 398.5 万人，约占全部留守儿童的 45.88%。

改革开放以来，区域发展不平衡以及制度扭曲所形成的城乡二元结构，使得农村发展远滞后于城市。虽然城镇化和工业化使得农村人口向城市迁移是个必然的过程，但是中国自身的文化特征和体制制度使得西方迁移理论不能完全解释中国农村人口的迁移与流动行为。根据本章的结果可知，人口流动使得农村的老龄化程度远高于城市，这意味着在农村青壮年处于流动状态而缺失于家庭的情况下，农村地区的养老、医疗和生活安排等问题将更为严峻。另外，在中国劳动年龄人口总规模开始减少的背景下，我们也应该清楚地认识到，为城镇发展做贡献的农村青壮年劳动力的规模本身也在大幅下降。在农村流向城市的劳动力中，15~49 岁的青壮年劳动力目前只占农村流动人口的 65%，较之 2000 年已经下降了 7 个百分点，而 50 岁及以上处于流动状态的劳动力则从 2000 年的 2%提高到 2015 年的 15%，往返于城乡的劳动力老龄化趋势非常明显；加上这些人的人力资本水平较低，容易出现结构性失业，在没有合理的养老保障的情况下，也容易引起社会的不稳定。

本章在以下几个方面有待进一步探索：第一，本章所使用的方法及在此基础上估算的迁移率（或流动率）需要更多的实践去验证其准确性；第二，农村和城市并非两个独立体，它们的发展是融合在国家一体化建设进程中的，因此需要在接下来的研究中将城乡置于一个框架内，综合考虑生育、迁移和流动等因素对中国的城镇化发展进程进行考察，并对未来中国城乡人口结构和规模做出预判，以更好地为经济和社会改革决策提供参考信息。

参 考 文 献

白先春，蒋康康. 2013. 对我国人口迁移信息采集的评述——基于全国人口普查及 1%人口抽样调查[J]. 南京人口管理干部学院院报，29（3）：37-40，66.

蔡昉，王德文. 2003. 作为市场化的人口流动——第五次全国人口普查数据分析[J]. 中国人口科学，（5）：11-19.

蔡昉，王美艳. 2007. 农村劳动力剩余及其相关事实的重新考察——一个反设事实法的应用[J]. 中国农村经济，（10）：4-12.

蔡建明. 1990. 中国省级人口迁移及其对城市化的影响[J]. 地理研究，9（2）：122-129.

丁金宏，杨鸿燕，张浩光，等. 2003. 小区域人口迁移年龄模式的定义与解读——1995~2000 年浦东新区人口迁移分析[J]. 人口研究，27（1）：20-27.

段成荣，梁宏，伍小兰. 2002. 近二十年来我国人口迁移和流动调查综论[J]. 市场与人口分析，8（1）：55-59.

段成荣，吕利丹，郭静，等. 2013. 我国农村留守儿童生存和发展基本状况——基于第六次人口普查数据的分析[J]. 人口学刊，35（3）：37-49.

段成荣，吕利丹，王宗萍. 2014. 城市化背景下农村留守儿童的家庭教育与学校教育[J]. 北京大学教育评论，12（3）：13-29.

段成荣，杨舸. 2009. 中国流动人口状况——基于2005年全国1%人口抽样调查数据的分析[J]. 南京人口管理干部学院学报，25（4）：5-9，15.

郭志刚. 2014. 我国人口城镇化现状的剖析——基于2010年人口普查数据[J]. 社会学研究，29（1）：10-24.

李仙娥，王春艳. 2004. 国外农村剩余劳动力转移模式的比较[J]. 中国农村经济，（5）：69-75.

农业部课题组. 2000. 21世纪初期我国农村就业及剩余劳动力利用问题研究[J]. 中国农村经济，（5）：4-16.

乔晓春，黄衍华. 2013. 中国跨省流动人口状况——基于"六普"数据的分析[J]. 人口与发展，19（1）：13-28.

宋洪远，黄华波，刘光明. 2002. 关于农村劳动力流动的政策问题分析[J]. 管理世界，（5）：55-65.

孙福滨，李怀祖. 2000. 中国人口迁移和人口流动的分类界定[J]. 西安交通大学学报（社会科学版），20（1）：53-55，58.

唐家龙，马忠东. 2007. 中国人口迁移的选择性：基于五普数据的分析[J]. 人口研究，31（5）：42-51.

韦艳，张力. 2013. "数字乱象"或"行政分工"：对中国流动人口多元统计口径的认识[J]. 人口研究，37（4）：56-65.

杨云彦. 2003. 中国人口迁移的规模测算与强度分析[J]. 中国社会科学，（6）：97-107.

郑真真. 2013. 中国流动人口变迁及政策启示[J]. 中国人口科学，（1）：36-45.

钟甫宁，向晶. 2013. 我国农村人口年龄结构的地区比较及政策涵义——基于江苏、安徽、河南、湖南和四川的调查[J]. 现代经济探讨，（3）：5-10.

周爽，黄匡时. 2015. 中国流动人口年龄别迁移模式研究——基于2014年全国流动人口动态监测调查数据的分析[J]. 西北人口，36（6）：23-28.

第3章 农村人口年龄结构特征及政策含义[①]

3.1 引　　言

改革开放以来，农业和农村经济中最引人注目的现象之一是亿万农村人口和劳动力流向城市和非农产业部门。广泛而持久的人口迁移和劳动力流动不但对农业和农村经济产生了巨大的影响，而且也成为推动城市和非农产业部门发展的主要动力。同时，农村人口迁移和劳动力城乡流动的潜在副作用也引起了各方面的关注。人们特别关注的是，农村家庭部分人口和劳动力的流动远远大于举家迁移的数量，必然显著地改变农村剩余人口和劳动力的年龄性别结构，进而影响农业的长期可持续发展和粮食安全状况。除了影响农业生产经营方式以外，农村人口结构的显著变化必然影响对教育、养老和医疗卫生等社会保障体系的需求，甚至影响基层民主政治和社区治理方式。尽管农村人口结构的重要性不断增强，也引起了各方面的关注，但已有的调查研究却很难提供关于农村人口结构的全面景象。

3.2　现有调查研究存在的问题

目前有关劳动力以及农村人口状况的研究数据，主要来自官方调查数据和研究项目组组织的调查数据。其中，农村人口状况的官方数据主要依靠人口普查，而劳动力的数据主要是人口普查和"三合一"劳动统计（"三合一"劳动统计指

---

① 原载《中国人口报》2013年第3期，作者为钟甫宁、向晶。

的是由城镇单位的劳动统计、工商行政管理局对私营企业和个体工商户的行政登记以及国家统计局农村社会经济调查总队负责的相关就业人员组成的劳动统计）。十年一度的人口普查，以及中间年份的1%人口抽样调查能够提供关于人口和劳动力的详细信息。与人口普查相比，"三合一"的信息量有限，仅限于就业人员，同时也缺少劳动力的年龄、性别等信息。农村劳动力迁移的动态数据主要来源于两个独立的覆盖全国范围的农户抽样调查系统：一个是全国固定观察点农户抽样调查系统；另一个是由国家统计局农村社会经济调查总队运作的全国农村住户抽样调查系统。这两套数据都采用分层抽样和随机抽样的方法，但样本并不完全重合。

值得注意的是，国家统计局农村社会经济调查总队的农村住户调查不包括举家迁移的数据；虽然其在村一级调查表中包括当年行政村举家外出的户数、人数和劳动力数量，但是更为详细的农村住户举家外出的流出或是流入的结构状况数据却并没有公开。在"农村迁移劳动力"的调查中，得不到外出务工时间小于6个月的"农村外出劳动力"的状况信息；关于外出务工时间大于或等于6个月的"农村转移劳动力"，有些年度调查只有他们的汇款指标数据。抽样调查的一个可能问题是遗漏已经转移或常年在外打工的家庭及其成员，在农村人口大量转移的情况下样本的代表性可能有偏，因而难以反映农村现有人口结构的全面状况，更不能解释农村人口结构的动态变化及其规律。

除官方数据外，还有大量依托具体的研究目标进行的农村社会经济分析调查。几乎所有研究都采用抽样调查的方法，区别在于样本的大小和具体的抽样原则。但是，这些有关农村经济和社会生活的数据同样可能有偏，即遗漏或是排除农村人口部分信息。

全面刻画农村人口结构的现状和变化趋势，需要对农村社区所有住户和居民的居住和教育、就业等情况进行全面调查。常用的抽样调查方法很容易漏掉全家长期或短期外出的住户，或者仅取得这些住户的不充分的零星资料从而被排除在有效样本之外；人口普查的数据既全面又权威，但是，真正公开发表可供研究之用的数据通常是加总或平均数据，不但缺乏农户和社区层面的资料，而且时间严重滞后，很难用于实证研究。

3.3　调查设计及结论

为了弥补现有调查和研究的不足，有必要在对地区进行抽样的基础上以村民小组为样本调查农村社区全体人口的整体情况。本章选择安徽、湖南、河南和四川 4 个农村劳动力转移大省,加上江苏,一共 5 个省,委托相关农业大学组织来自农村的学生利用春节假期回家进行整村调查。抽样原则是根据各省分县市(指每个省根据各个县市人均收入排序进行抽样)的农村人均收入排序,分别等距抽取 20 个县,然后根据学生家庭地址每个县确定两个村民小组,按户口登记原则全面调查村民小组内每个住户所有人口的居住信息。在此基础上,对调查数据进行简单统计分析。从统计分析中可以得出如下几个初步结论。

第一,我国农村人口和劳动力向城镇的迁移与转移还将继续,但速度将减缓,具体表现如下:①随着婚育年龄的推迟和生育率的下降,我国农村人口金字塔上的缺口不但在扩大,而且其周期也可能延长。②15~55 岁农村人口已经大量常年或季节性转移,受人口金字塔原有缺口的影响,居住在农村 10 个月以上的常住人口在 30 岁左右的年龄段最少,而 15 岁以下儿童则多数随父母迁移。但由于出生率下降和已有迁移的结果,常住农村儿童的总数不多,故继续转移的总量会明显下降。③15~30 岁年龄段的外出农村劳动力回乡时间大部分低于 3 个月,即介于迁移和继续流动之间。随着城乡劳动力市场的进一步整合和社会保障体系的进一步完善,加上逐渐积累的经济实力以及对子女未来福利的追求,这部分人中的相当一部分可能会逐步在城镇定居下来;至少他们中的许多人会努力寻求在城镇定居的机会。因此,由于人口变迁的结果,今后 20~30 年我国农村人口总数(包括迁移和转移)可能会经历明显下降的过程,加上人口迁移和劳动力转移的影响,农村常住人口总数更可能大幅度下降。但是,由于现有人口年龄结构和已经迁移、转移等因素的共同作用,农村人口迁移和劳动力转移的总量可能逐年减少,逐渐减轻对就业的压力。同时,随着已经转移的农村劳动力年轻化,从劳动力转移到举家迁移,最终实现市民化的压力将不断增大。

第二,我国农村主要务农劳动力将继续趋于老龄化,以后再大幅度下降,具体如下:①以 10 岁为一个年龄组,16~25 岁和 26~35 岁年龄组常住农村的人数仅相当于 36~45 岁和 46~55 岁年龄组的一半,甚至比 56~65 岁年龄组的人数还要低 1/3 以上。如果比较主要从事农业生产的劳动力数量,16~25 岁年龄组仅相当于 26~35 岁年龄组的 53.8%、36~45 岁年龄组的 17.5% 和 46~55 岁年龄组的 15.9%;26~35 岁年龄组主要从事农业生产的劳动力数量也仅相当于 36~45 岁年龄组的 32.5% 和 46~55 岁年龄组的 29.6%。②15 岁以下农村常住人口不但明显少于 20 岁以上年龄段,而且已经大量随父母迁移,继续留在农村常住的儿童将来迁移或外出流动的比例很可能大于目前 20~40 岁年龄段的父兄辈。总体上来看,我国农村主要从事农业生产的劳动力已经表现为上大下小的纺锤形。随着今后的人口变迁,纺锤形状可能逐步变瘦,即一方面老龄化,另一方面随着老人逐渐退出而表现为农业劳动力大幅度减少。

第三,"留守儿童"的问题与非农就业机会相互影响,具体如下:①如果把父母双方至少有一方外出的儿童定义为"留守儿童",那么,常住农村的儿童大约有一半属于"留守儿童"。②"留守儿童"的监护人存在较明显的地区差异:江苏、安徽两省"留守儿童"由父母中的一方(绝大多数是母亲)或祖父母(或其中一方)照顾的大约各占一半;四川由父或母照顾的仅占 1/5,而由祖父母照顾的比例则接近 80%;湖南由父或母照顾的大约占 1/3,而由祖父母照顾的占 2/3;河南由父或母照顾的比例也比较高,大约占 63%,而由祖父母照顾的占 37%。"留守儿童"由祖父母照顾,说明父母双方都已经外出。在其他条件相同的情况下,这或者意味着外出就业的机会很好,或者说明外出打工的距离较远,交通成本较高。从四川和湖南外出打工人数和地点的实际来看,由祖父母照顾"留守儿童"比例较高的原因多半在于第二种情况;相反,江苏和安徽近距离就业的概率显然大大高于其他几个省,因而夫妻一方外出的比例相对较高。从发展趋势来看,如果打工的就业机会更加稳定、更容易在城镇定居,"留守儿童"的数量就会显著下降。另外,随着儿童年龄的增长,不但他们自己可能更倾向外出,而且可以提高原来留在家中照顾他们的父亲或母亲向外转移的可能性。

第4章 发达地区乡镇企业外来劳动力境况分析[①]

城镇化和工业化是传统经济向现代化经济转变和发展中必然出现的一种过程。由于地区间经济发展的不平衡，这一过程将始终伴随着劳动力和人口的地区间流动。然而，由于社会、经济、文化各方面的冲突，加上正式和非正式的制度安排对当地原有居民的保护和优待，外来移民通常面临着不能享受平等待遇的处境。他们一开始出于经济因素的考虑多半能接受这样的待遇，随着居住时间的延长，各种矛盾不断加剧，社会问题也日益严重。发达国家的经验表明，一旦移民达到一定规模，种种冲突就会成为令人头痛的问题。

我国的情况有所不同，一方面，由于户口、用工等制度的约束，人口的城镇化和移民一直是被严格制约的。长期的限制积累了大量的移民潜能，而现存的种种制度仍然制约农村剩余劳动力向城镇流动。另一方面，乡镇企业又一直保持着相当高的发展速度，并长期集中在东南沿海发达地区，因而，近年来中西部农民开始大量流向经济发达的农村地区。与在城市相比，外来移民和劳动力在农村地区更难得到各种制度的保护，因此，潜在的危机也更严重。当外来移民已不满足于一定的经济收入，并且不愿再忍受所遭遇的不公平待遇和各种歧视后，外来移民和本地居民矛盾的显现与冲突的爆发将在所难免。显然，经济、社会地位及其他待遇的差异是矛盾激化的根源。为了避免未来矛盾的激化，了解发达农村地区外来劳动力的现状，分析其与本地职工在经济收入、社会福利、发展机会等诸多方面是否存在差异、差异程度如何，及早提出相应的对策，就显得十分有意义。

[①] 原载《中国农村经济》1999年第10期，作者为钟甫宁、栾敬东、徐志刚。

4.1 数据材料与方法

课题组选择经济发达、乡镇企业吸纳外来劳动力数量较多的江苏苏州和无锡两市作为实地调研对象，并于1998年3月至10月进行了实地调查。在经济发达的昆山、太仓和锡山[①]3个县级市中，依经济发展水平的高、中、低各抽取了3个乡镇，每个乡镇抽取5~10个雇用有外来劳动力的企业作为调查样本。此外，从各镇样本企业中再随机选择3~5个企业各调查50~100名外来职工的个人状况。调查主要采取填写统计表格、问卷调查的方式，针对若干有代表性的地区进行重点调查和具体分析。课题组在苏南地区共调查了48个企业，回收了48份企业问卷调查表，企业涉及7种所有制形式、16个行业。调查了2 500名外来劳动力的个人情况，回收资料2 408份，其中全面资料890份，简单卡片1 518张。

以下我们根据调查所取得的数据资料，运用两总体均值差异显著性检验方法（T检验），试图对乡镇企业中外来职工与本地职工在工种构成、社会福利保障和收入水平等方面的差异状况进行分析，并做出适当的判断。

4.2 外来职工与本地职工工种构成及差异

4.2.1 工种构成与差异

根据对企业管理参与程度和收入水平的不同，我们将企业职工划分为生产工人、营销人员、管理人员和其他人员（此类人员主要为杂工，所占比重很小，故以下分析仅考虑前三类人员）四大类。调查获得有完整工种构成资料的42个企业，职工总数为11 842人，其中，生产工人10 143人，营销人员197人，管理人员1 356人。外来职工6 409人，占企业职工总数的54.12%；外来生产工人5 886人，占生产工人总数的58.03%；外来营销人员27人，占营销人员总数的13.71%；外来管理人员491人，占管理人员总数的36.21%。

我们用本地和外来职工中生产工人、营销人员、管理人员各自所占比重来分别衡量本地职工和外来职工的工种构成。采用样本企业的合并汇总数据计算的工种构成比例，可能因个别规模较大的（以职工人数衡量）企业权重较高，出现偏高或偏

[①] 2000年12月，经国务院批准，撤销锡山市，设无锡市锡山区和惠山区。

低的现象,不能反映大部分企业该工种构成比例的平均水平,因此,我们选用算术平均值,先分别计算出每个样本企业外来职工和本地职工中生产工人、营销人员和管理人员的各自所占比重,然后再求得 42 个样本企业各工种所占比重的算术平均值,以此算术平均值来衡量外来职工和本地职工的工种构成。表 4-1 的计算结果显示,在企业外来职工中,生产工人、营销人员和管理人员所占比重的平均值分别为91.45%、1.58%和 6.50%;在本地职工中,生产工人、营销人员和管理人员所占比重的平均值分别为 75.63%、3.60%和 17.42%。外来职工中生产工人所占比重较本地职工中生产工人所占比重高 15.82 个百分点,而营销人员和管理人员所占比重则分别低 2.02 个和 10.92 个百分点;与本地职工相比,外来劳动力中直接从事一线生产的工作者所占比重较大,他们较少能从事收入较高、工作又较轻松且参与企业经营管理程度较高的营销和管理工作。

表4-1 外来职工与本地职工工种构成

项目	本地职工				外来职工			
	人数	生产工人	营销人员	管理人员	人数	生产工人	营销人员	管理人员
人数/人	5 433	4 257	170	865	6 409	5 886	27	491
各类人员所占比重		75.63%	3.60%	17.42%		91.45%	1.58%	6.50%

注:表中"各类人员所占比重"为42个样本企业外来职工或本地职工中该类工作人员所占比重的算术平均值;表中本地职工和外来职工人数包括其他人员在内。

数据来源:根据企业调查资料统计计算

4.2.2 工种差异的显著性检验

依据上述 42 个企业的工种构成资料,我们以外来职工与本地职工中生产工人、营销人员和管理人员各自所占比重的差值来衡量其工种构成的差异程度,用配对试验 T 统计量单尾检验方法检验工种差异的显著性,结果如表 4-2 所示。三项 T 检验均在 0.025 的显著性水平上,否定了企业中外来职工与本地职工在工种构成上不存在差异的假设。因此,可以认为苏南乡镇企业中外来劳动力与本地劳动力在工种构成上存在着明显的差异。

表4-2 外来职工与本地职工工种构成差异的显著性检验

项目	生产工人		营销人员		管理人员	
	外来职工	本地职工	外来职工	本地职工	外来职工	本地职工
工种构成	91.45	75.63	1.58	3.60	6.50	17.42
工种差异	15.82		−2.02		−10.92	
工种的方差	0.033		0.004		0.026	
T 检验值(单尾)	5.944		−2.261		−4.631	

注:T检验的临界值为$T_{0.025}(41)=2.02$

数据来源:根据企业调查资料统计计算

4.2.3 工种差异的原因分析

外来职工与本地职工在工种构成上存在显著差异的可能原因是，外来劳动力文化素质普遍较低，难以适应对文化水平要求较高的企业营销和管理工作，因而绝大多数只能从事简单的操作工作，只有极少数文化素质较高者能够跻身对企业影响和控制力度较大的"管理者"阶层；若非如此，则很可能就是乡镇企业存在着一定程度对外来者的就业歧视或压制行为。为了判断文化水平对工种构成差异的影响，我们将外地职工的文化程度与江苏、无锡、常州三市乡镇企业职工的平均文化程度进行了比较。然而比较发现，外来职工平均文化程度不是低于而是明显高于乡镇企业职工的平均文化程度。在被调查的890名外来职工中，文化程度为小学及小学以下、初中、高中和中专以中专以上者所占比重分别为8.43%、46.29%、30.23%和15.05%；而据江苏省农村普查资料计算的江苏、无锡、常州三市乡镇企业职工中，文化程度为小学及小学以下、初中、高中和中专及中专以上的职工所占比重分别为21.25%、58.51%、16.75%和3.49%。因此，就苏南地区来看，外来职工与本地职工工种构成显著差异的原因基本上可以排除是外来职工文化素质普遍较低这一可能，而完全可能是因为其外来与本地不同身份引致而成。由于苏南乡镇企业大部分是在地域性合作经济母体上成长起来的，"地缘封闭"是其产权制度结构的重要特征，为保护本地人利益不被侵占或损失，它必将努力拒斥外来者控制、管理企业和分享企业剩余，由此造成外来职工与本地职工之间存在显著的工种构成差异也就不足为怪了。

4.3 外来职工与本地职工社会福利保障状况及差异

4.3.1 社会福利保障状况及差异

47个被调查企业反映了职工的福利保障状况，其职工总人数为12 135人，其中，外来职工6 577人，本地职工5 558人。有640名外来职工享有劳动保险，占享受劳动保险职工总数的19.88%；获得退休保险的外来职工仅有38人，占获得退休保险职工总数的1.89%。由于其中一样本企业参加医疗保险的外来职工人数较多，享有医疗保险的外来职工多达4 397人，占享受医疗保险职工总数的比重则高达 79.10%[①]。

我们用本地职工和外来职工中参加劳动保险、退休保险和医疗保险职工各自所占比例来衡量其社会福利保障状况。因采用样本企业的合并汇总数据计算的福利参与比例可能因个别规模较大（以职工人数衡量）企业权重较高而偏高或偏低，不能反映大部分企业该比例的平均水平，为此，我们选用算术平均值，先分别计算出每个样本企业外来职工和本地职工中参加劳动保险、退休保险和医疗保险职工所占比重，然后再求得 47 个样本企业各种福利人员所占比重的算术平均值，以此算术平均值来衡量外来职工和本地职工的社会福利保障程度。计算结果见表4-3。从表4-3我们可以看出，在外来职工中，参加劳动保险、退休保险和医疗保险的职工所占比重分别比本地职工低 15.09 个、22.29 个和 2.78 个百分点。可见，外来职工享受的劳动保险、退休保险和医疗保险等社会福利的程度都低于本地职工。若情况果真如此，那么即便外来职工在货币工资上和本地职工没有差异，此类福利保障程度上的差异也显示其实际收入差异的存在。

表4-3 外来职工与本地职工福利状况

项目	本地职工				外来职工			
	人数	劳动保险	退休保险	医疗保险	人数	劳动保险	退休保险	医疗保险
人数/人	5 558	2 579	1 972	1 162	6 577	640	38	4 397
各种福利人员所占比重		45.21%	29.20%	35.10%		30.12%	6.91%	32.32%

注：表中"各种福利人员所占比重"为47个样本企业外来职工或本地职工中参加劳动保险、退休保险和医疗保险职工所占比重的算术平均值

数据来源：根据企业调查资料统计计算

4.3.2 社会福利保障差异的显著性检验和原因分析

为较准确地判断乡镇企业中两类职工社会福利保障差异水平，我们用各企业外来职工和本地职工中享有劳动保险、退休保险和医疗保险人员各自所占比重平均值的差值衡量两类职工在劳保、养老和医疗保障三方面的社会福利状况差异程度，运用配对试验 T 统计量对差异程度进行检验，结果如下：

表 4-4 显示，外来职工享有医疗保障的程度与本地职工相比差异并不显著。究其原因在于，农村改革以来合作医疗制度解体和医药费用快速上涨的社会发展现实，迫使雇用有外来劳动力的企业，为努力降低遭遇外来工病灾可能导致的不可预计的偶然性风险损失，不得不重视提高外来职工的医疗保险程度。

---

① 外来职工参加医疗保险绝对人数多、比重高是由于该样本企业参加医疗保险的外来职工多达 3 630 人，而本地职工仅 150 人且全部参加了医疗保险。若剔除这一非常样本，其余 46 个企业参加医疗保险的职工共有 1 779 人，其中外来职工有 767 人，占 43.11%。

表4-4　外来职工与本地职工社会福利保障差异的显著性检验

项目	劳动保险		退休保险		医疗保险	
	外来职工	本地职工	外来职工	本地职工	外来职工	本地职工
福利人员所占比重	30.12%	45.21%	6.91%	29.20%	32.32%	35.10%
福利差异	−15.09		−22.29		−2.78	
福利差异的方差	0.103		0.145		0.038	
T检验值（单尾）	−3.229		−4.013		−0.098	

注：T检验的临界值为$T_{0.01}(46)=2.41$。
数据来源：根据企业调查资料统计计算

外来劳动力享受退休保险和劳动保险的程度与本地职工的差异极其显著，分别低于本地职工22.29个和15.09个百分点。调查资料显示，外来劳动力平均外出打工年限只有3.03年，在当前就职企业的平均工作时间只有2.03年，外来劳动力外出就业具有明显阶段性和较强的流动性。不稳定的工作地点往往导致长期迁移预期较弱，较高的流动性自然地减弱了他们对获得退休保障的要求，而乡镇企业也正好借此减少外来职工退休保障支出，降低外来劳动力本应享有的社会福利保障水平。再就劳动保险来看，它与工作风险程度密切相关，与劳动者身份无直接联系，所以是最能体现企业为本地职工和外来职工提供社会福利水平差异的项目。两类职工享有劳动保险显著的差异表明：当两类职工从事风险程度相同的工作时，本地职工除获得货币收入之外，相当比重的人还可享有一份额外的劳动保险收益；外来职工能获此收益的人员所占比重极显著地低于本地职工。换言之，当企业不愿或不能为职工提供劳动保险时，只有较少数的本地职工愿意从事工伤风险程度较大的工作，而外来职工对此没有太大选择余地。

调查还反映出，与外来劳动力社会福利保障状况极显著低于本地职工的现实形成鲜明反差的是，占调查企业87.5%的42家被调查企业肯定其外来职工的福利政策与本地职工完全一样，回答本地工优越和外地工优越的企业各占6.25%（3家）。这说明绝大部分乡镇企业还没有意识到或不愿意承认其福利政策具有保护优待本地职工、排斥外来职工的倾向。

4.4　外来职工与本地职工收入水平差异及表现

4.4.1　外来职工与本地职工年工资收入水平比较

根据调查资料计算，1997年外来职工的年平均工资收入额为7 171.53元，其中生产工人为 6 852.84 元、营销人员为 10 160.00 元、管理人员为 11 178.77 元，如与同年本地职工的工资收入水平进行比较，则外来职工及其各类人员比本地职工分别低 705.91 元、436.03 元、975.14 元和 496.38 元。区分不同所有制来看，三资企业中，外来职工的年平均工资为 7 856.73 元，其中生产工人为 7 425.84 元、营销人员为 9 706.67 元、管理人员为 11 906.52 元，相应地比本地职工低 636.23 元、577.53 元、300.65 元和－8.11 元；内资企业中，外来职工年平均工资为 5 801.13 元，其中生产工人为 5 706.90 元、营销人员为 10 000.00 元、管理人员为 8 413.33 元，分别比本地职工低 845.28 元、153.01 元、2 638.89 元和 2 815.29 元。详细资料见表 4-5。

表4-5　外来职工与本地职工年工资收入水平

企业类型	本地职工				外来职工			
	平均	生产工人	营销人员	管理人员	平均	生产工人	营销人员	管理人员
所有企业	7 877	7 289	11 135	11 675	7 172	6 853	10 160	11 179
三资企业	8 493	8 003	10 007	11 898	7 857	7 426	9 707	11 907
内资企业	6 646	5 860	12 639	11 229	5 801	5 707	10 000	84 13

注：表中保留整数
数据来源：根据企业调查资料统计计算

4.4.2　收入差异原因与表现

虽然样本资料显示外来劳动力年工资收入水平普遍低于本地职工，且各类人员间差距极大，然而我们运用两组总体均值显著性差异统计检验，无论从企业全体还是区分不同所有制进行 T 检验，都无法验证外来职工与本地职工年工资收入差异显著。但这并不等于可做出外来职工与本地职工间收入水平不存在差异这一判断，因为外来职工文化素质较高、享受社会福利保障程度较低，以及乡镇企业现行的计件工资制度等均暗示着外来职工与本地职工之间收入存在着相当的差异。

（1）比较两类职工收入水平的前提条件是相同文化与技能，从事同一种工作且对企业贡献相等。我们已经知道，在苏南乡镇企业就业的外来职工文化素质普遍高于本地职工，因此，两类职工间年工资收入水平差异不显著现象不仅不能表明外来职工与本地职工之间无差异，相反，应当理解为当文化程度较高的外地职工与文化程度较低的本地职工从事同种工作时，文化程度的价值没有得到体现。这种外来职工与本地职工文化程度差异明显与货币工资收入差异不显著共存的现象，从实质上反证了外来职工年工资收入低于本地职工这一事实。

（2）判断两类职工间收入差异除了比较显性的货币工资收入外，还应衡量其隐性的福利及其他收入水平。福利差异分析已揭示出外来劳动力获得退休和劳动保险收益均显著地低于本地职工，而近年来乡镇企业进行的产权制度改革，在量化分配企业积累资产及限定投资人和所有者资格时，大多采取"仅向本地职工开放，排斥外来者进入"的政策，它在赋予本地职工一定数量企业剩余索取权的同时，却将外来劳动力推上"雇佣工"或"打工仔"的地位。身份和地位的双重限制使外来劳动力获得隐性收入的机会明显低于本地职工。

（3）工作态度和工作时间也在一定程度上掩盖着收入差异。以增加现期收入为外出打工主要目的的外来劳动力往往会比本地劳动力更勤奋地工作，更愿意牺牲闲暇时间而加班加点地工作，这在一定程度上缩小了外来职工与本地职工之间的显性货币工资收入差距。

（4）乡镇企业为调动职工积极性、提高工作效率，普遍实行了计件工资制度。计件工资对两类职工间收入差异的影响作用是双向的：一方面在按件计酬的货币工资收入上为外来职工营造出与本地职工同工同酬的收入环境；另一方面则迫使企业将优待本地职工的制度更多地设计安排在非货币工资等隐性收入上。如此，既可以实际上提高本地职工收入水平，又有利于消除外来职工攀比心理和不满情绪，防止企业效率损失。

4.5 结　　论

以上分析表明，发达地区乡镇企业存在一定程度对外来劳动力的不公正待遇。与本地职工相比，虽然外来职工年货币工资收入与本地职工的差异并不显著，然而在参与企业管理、控制和对企业的影响程度方面，外来职工显著地低于本地职工，分享企业剩余的机会极少；外来劳动力享有的社会福利保障水平也普遍较低，退休保险和劳动保险的享有程度更是显著地低于本地职工。综上所述，目前发达地区外来劳动力和本地职工差异突出地表现在隐性收入、制度倾斜和发展机会上。在当前我国经济经历着剧烈的结构调整，劳动力流动异常频繁，外来职工在同一单位的工作年限普遍较短的情况下，外来劳动力只注重货币工资收入的获取而很少考虑福利和自身发展机会等其他方面的待遇，因此，当前经济发达地区外来劳动力的问题暂未凸现。然而，随着我国经济结构调整的逐步完成，职工与企业就业关系的相对稳定，外来职工将不再仅满足于货币收入的追求，更多地考虑其生活保障、社会地位和自身发展等因素。此时，长期未受重视的外来职工与本地职工、外来人口与本地居民之间的差异和矛盾均将逐渐显现并最终导致种种冲突。因此，当前有必要对发达农村地区外来劳动力的状况进行跟踪调查，对外来劳动力的综合管理做出超前性的研究，提前做好制度和政策方面的准备，以防未来可能发生的种种矛盾和冲突。

第5章 利用初育年龄测度终身生育率的探索[①]

理论上终身生育率（complete fertility rate，CFR）是衡量妇女生育水平的理想指标，但由于时滞问题而难以运用，实践中采用的总和生育率（total fertility rate，TFR）是用不同年龄妇女生育率加总进行替代的，虽然简便易行，却存在一定偏差。与现有的利用总和生育率推算终身生育率的研究有别，本章尝试利用真实育龄妇女队列的初育年龄测度终身生育率，发现初育年龄与终身生育率之间具有显著的负相关关系并且具有较好的拟合效果。这表明，应用初育年龄可以及时提供妇女终身生育率的可靠信息。

5.1 引　言

人口增长对于一个国家和地区的社会经济发展具有重要意义。当死亡率能够稳定维持在较低水平时，人口的自然增长主要由出生率决定，严格来说，是由与生育事件直接相关的育龄妇女的生育水平决定的。为控制人口增长速度过快，中国于20世纪70年代初期开始实行计划生育政策，几十年来生育水平迅速下降。近年来，计划生育政策逐渐放宽：由严格的独生子女政策到准许"双独"家庭生育二孩，再到十八届三中全会提议的"单独"家庭可生育二孩。生育政策调整背后的现实是中国极低的生育水平，2012年的总和生育率仅为1.246[②]。现有文献中有关生育水平的争论主要集中于对统计数据质量的质疑以及对衡量指标内在缺陷的探讨。正确地理解并运用生育水平衡量指标对于评价现行生育政策乃至预测未

[①] 原载《人口学刊》2015年第2期，作者为王亚楠、钟甫宁。

[②] 数据来源于2013年《中国人口与就业统计年鉴》；根据国际上对生育水平的划分标准，通常以总和生育率为2.1作为更替水平，等于或低于1.3表示生育水平极低（Kohler et al., 2002）。

来人口发展趋势是十分必要的，尤其是在数据统计误差难以消除的情况下。

一般地，衡量生育水平的常用指标是总和生育率，是指假设一个育龄妇女队列（如同龄妇女）按照某一年所观察的年龄别生育率完成其生育过程（15~49岁）所生育的平均子女数；与之相对应的另一个衡量指标是终身生育率，反映的是已完成整个生育期（50岁及以上）的妇女队列平均已生育子女数量（Bongaarts and Feeney，1998）。前者把同一年度不同年龄组的妇女生育率加总，后者则需要加总同一年龄组妇女在不同年龄段生育率。两个指标各有优劣：总和生育率计算方便，但无法代表任何一个妇女队列的实际生育水平；终身生育率可以反映真实的终身生育水平，但却无法体现育龄妇女生育历程未完成部分的情况，对指导现实乃至预测未来缺乏时效性。

由于经济、社会、文化等因素的变化，不同年代同一年龄妇女的生育率可能发生变化，因而用总和生育率估计育龄妇女的实际生育水平并用于预测未来就可能存在一定偏差；在经济、社会、文化持续变化的时代用于育龄妇女生育率的长期预测偏差可能更大。从理论上来讲，如果进行长期人口预测，终身生育率是真实生育水平的直接反映，因而更加合适，但必须解决终身生育率测度的时滞问题。

已有文献中探讨如何改进总和生育率使之能够更接近实际生育水平的研究较多（Bongaarts and Feeney，1998；郭志刚，2000，2004），而直接针对终身生育率缺陷进行修正的研究并不多见。从某种程度上来讲，调整的总和生育率可以被认为是终身生育率的一个替代指标，一些学者也提出了将二者进行比较的方法（Bongaarts and Feeney，2006；Sobotka，2003），但这两个指标所涵盖的时间和人群的异质性决定了其相互转换的约束条件，也就是说，这些方法并不具有普适性。能否从其他视角寻找到缓解终身生育率时滞问题的方法？这就是本章探讨的问题。

由于生育行为是一个循序渐进的过程，后一生育事件的发生必定建立在前一生育事件的基础上（查瑞传和刘金塘，1991）。抽象地看，最终生育结果与前期生育行为具有必然的联系。在国内外人口学界，初育年龄的延迟对实际生育水平的抑制作用是被普遍认可的事实（Bongaarts，2001；郭志刚，2008），理由是最佳生育时间的压缩极可能会增加不孕风险（宋健和陈芳，2010）。在前人研究的基础上，本章认为除上述理由外，初育年龄与终身生育率的关系类似于一个事物的两面，是共同决策的结果，两者很可能表现出高度的相关性。由于初育行为的完成时间要早于整个生育期的结束时间，若我们能够利用初育年龄测度终身生育率，便可以在一定程度上缩短终身生育率的时滞期限，从而增强应用终身生育率预测长期人口发展趋势的实际意义。

因此，本章将试图通过理论分析和实证检验探讨用初育年龄测度终身生育率的可行性及合理性，并进行尝试性预测，以期对这一领域已有研究做出适当的补充。

5.2 分析框架与实证模型

5.2.1 分析框架

广泛意义上生育是多次可重复事件，不同胎次的生育行为必须严格遵循先后顺序在育龄期内依次完成，因而终身生育数量可以说是前期生育行为综合作用的结果，这一简单的逻辑足以说明初育年龄与终身生育数量存在一定的相关性，但其相关程度是否高到可以利用初育年龄估计终身生育率还有待于进一步的探讨。Miller 和 Pasta（1995）将生育过程抽象地概括为生育动机—生育意愿—生育计划—生育行为—生育结果的逐级过渡。具体而言，从生育动机到生育行为可以看作一个序列决策过程，影响该决策过程的任何因素都会对生育结果（子女数量及性别）产生影响；生育行为的落实到生育结果的产生主要受制于人们的自然生育能力。因此，本章将从微观个体的自然生育能力和生育决策两个方面阐释初育年龄与终身生育率高度相关的理论依据。

在整个生育过程中，由生理特征决定的自然生育能力仅直接作用于生育行为的落实到生育结果的形成部分。从生物学的角度来讲，一个女性的最佳生育年龄是 18~30 岁，由于生育能力随年龄而变化，超过 30 岁的育龄妇女无法生育的可能性以及生育不健康孩子的风险逐渐加大（Velde et al.，2012）。可以推断初育年龄的推迟会缩短生育能力的年限，抑制多胎次生育行为的发生，减少终身生育数量。

生育时机和数量是生育行为的具体表现形式，是决策的结果。传宗接代的观念以及人们期望通过生育子女获取满足感的动机促使生育意愿的形成，而家庭又必须根据生育及抚养孩子的成本收益以及政策法规等外部条件的限制做出合理的生育计划，具体计划的实施到实际行为的发生也仍有一定的距离。在这个复杂的行为实现的过程中，生育时机和生育数量的选择可能并不是相互独立的，也就是说，初育年龄和终身生育数量在一定程度上是共同决策的结果。

我们以 Udry（1983）提出的生育决策同步模式（one decision model）为依据进一步解释一个典型家庭女性初育年龄和终身生育数量的共同决策过程。同步模式假定夫妻在生育前就已经确定了预期的终身生育数量，并在未来的生活中努力实现这一生育计划，最初的决定不会随外界环境的变化而偏离。虽然同步模式中一旦确定生育计划便不会改变的假设过于强硬，但人们努力实现生育计划的行为是被普遍认同的事实。如果一个家庭期望生育多个子女，那么很可能选择早生以延长多胎次生育的年限；相反，若夫妻推迟初育的时机，那么可能更倾向小规模家庭，多生的概率会比较小。Miller 和 Pasta（1995）同样认为在控制了生理和社会因素的约束下，有生育更多孩子意向的家庭会更快地落实生育计划。

另外，影响初育时间和终身生育数量的主要因素很可能高度相关。首先，育龄妇女的就业时间。传统社会中女性将更多的时间分配在家庭劳动中（包括照看孩子等），现代社会女性的劳动参与率逐渐提高，就业时间的增加在一定程度上延缓了初育行为的发生，同时多增加一个孩子的机会成本也越来越大，所以权衡之下人们对生育的选择是晚生和少生。其次，受教育程度。一方面，受教育程度越高的人越容易摒弃"多子多福"、"早生多生"以及"男孩偏好"等传统生育观念，并且这类人群更注重对孩子质量的需求。贝克尔（2005）将孩子看作一种耐用消费品，理论推导并实证检验了孩子数量与质量的相互替代关系。另一方面，受教育程度越高意味着受教育时间越长，那么生育起始的时间则越晚。此外，计划生育政策的实施也可能导致二者之间相关，尤其是20世纪70年代计划生育政策是以"晚、稀、少"为基本方针，试图通过鼓励人口晚生达到少生的目的，但80年代的独生子女政策的实行也许会在一定程度上降低这种相关性。

然而，过去高生育水平时期初育年龄与终身生育率的拟合结果并不意味着可以简单地用于更替水平以下时期的预测，关键在于人们对二孩生育的改变情况。如果同一年份出生的多数人的最少生育数量为两个孩子，那么当终身生育率降至 2 附近时，很难再按照过去的水平随着初育年龄继续下降；如果大部分人普遍能够接受一个孩子的最少生育数量，那么二孩会同多孩一样与初育年龄的变化高度相关，而在接近 1 的水平上放缓下降速度。在中国，农村人口人均收入水平低于城镇，同时计划生育政策也相对宽松，并且其生育观念也较为传统，两个孩子仍可能是多数农村人口的最低生育数量需求，而在城镇，仅生育一孩的家庭则会更多。当然，随着农村人口不断地向城镇迁移，以及城乡间的人口流动，农村人口的生育行为会与城镇人口逐渐趋同。因此，可以模拟当社会总体的终身生育水平降至 2 附近时，未来人口全部遵循城镇和农村人口两种极端情况下的生育水平变化趋势，并且根据农村和城镇人口比重对其进行加权平均，以期得到更准确的预测结果。

5.2.2 实证模型

通过以上对微观个体生育行为的简要分析，建立女性的初育年龄与终身生育数量高度负向相关的研究假说，并且有理由推断宏观上利用育龄妇女的平均初育年龄测度终身生育率的方法是可行的。在通常情况下一名女性至少生育一个孩子，初步判断初育年龄与终身生育率之间呈非线性关系，因此本章拟采用双对数形式的实证模型对研究假说进行验证：

$$\ln \text{CFR} = \alpha_0 + \alpha_1 \ln \text{MAC1} + \varepsilon \tag{5-1}$$

其中，CFR 表示某一育龄妇女队列的终身生育率；MAC1（mean age at first childbearing）表示该妇女队列的初育年龄。

考虑到本章的另一个研究目的在于根据已有数据确立初育年龄与终身生育率之间的关系，进而预测未知的终身生育率，由于两者均是时间序列数据，所以在预测模型中加入时间变量 YEAR 以达到更好的拟合效果：

$$\ln \text{CFR} = \beta_0 + \beta_1 \ln \text{MAC1} + \beta_2 \ln \text{YEAR} + \varepsilon \tag{5-2}$$

终身生育率 CFR 是该队列 15~49 岁年龄期间生育率 cf_a 的加总，计算公式为

$$\text{CFR} = \sum_{a=15}^{49} \text{cf}_a \tag{5-3}$$

初育年龄 MAC1 是根据该队列 15~49 岁不同年龄及与其对应的一胎的生育率 cf_{1a} 计算的，加总不同年龄的一胎生育率即一胎终身生育率 CFR1，具体公式如下：

$$\text{MAC1} = \frac{\sum_{a=15}^{49}(a+0.5)\times \text{cf}_{1a}}{\sum_{a=15}^{49}\text{cf}_{1a}} = \frac{\sum_{a=15}^{49}(a+0.5)\times \text{cf}_{1a}}{\text{CFR1}} \tag{5-4}$$

5.3 数据来源与描述分析

5.3.1 数据来源

本章所用数据是 1950~2012 年全国年龄别生育率数据，其中 1950~1981 年的生育率数据来源于《1982 年全国 1‰人口生育率抽样调查》，1982~1987 年数据来源于《1988 年全国 2‰人口生育节育抽样调查》，1988~1992 年数据来源于《1992 年中国生育率抽样调查数据表》，1993~2012 年数据分别来源于 1994~2013 年《中国人口与就业统计年鉴》。在历年《中国人口与就业统计年鉴》中缺少1993年、1994年的年龄别生育率数据，为保持数据的连续性，我们取对应数据缺失年份前后两年的平均值作为补充。由于本章分析的是真实育龄妇女队列的初育年龄与终身生育率的关系，故需要追踪这样一个队列的年龄别生育率数据：若不考虑死亡的情况，t 年 a 岁的育龄妇女与 $t+1$ 年 $a+1$ 岁的育龄妇女是同

一群人，以此类推，t年15岁的育龄妇女15~49岁的年龄别生育率分别对应于t年15岁、(t+1)年16岁、(t+2)年17岁……(t+35)年49岁的生育率数据。根据可获得的1950~2012年全国分年龄别生育率数据，只有1978年以前年满15岁的妇女才完成了生育过程，因而终身生育率的统计也只能到1978年为止（一胎终身生育率相同），由此我们可以计算出1950~1978年15岁的29个妇女队列的终身生育率和平均初育年龄之间的相关性。

5.3.2 描述分析

总和生育率与终身生育率的变化趋势如图5-1所示。总和生育率是横坐标指示年度各生育年龄组妇女实际生育率的加总，终身生育率则是横坐标指示年度进入生育期的妇女整个生育期各年度生育率的加总。

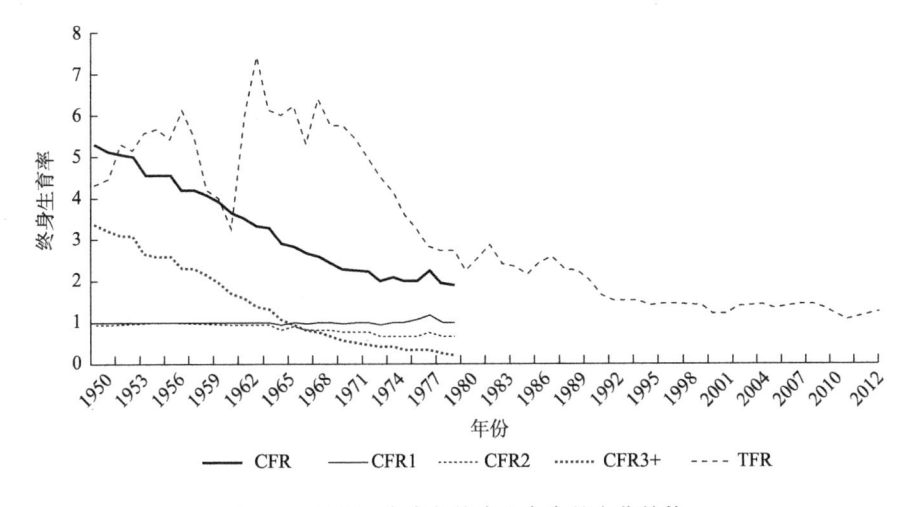

图5-1 总和生育率与终身生育率的变化趋势

数据来源：1950~2012年全国育龄妇女年龄别生育率数据是经笔者对原始数据简单整理而得的

从图5-1中可以看出，总体上总和生育率和终身生育率均在下降，但总和生育率由于易受时期因素的影响而呈现较大幅度的波动，终身生育率则表现出了平稳的下降趋势。总和生育率的几次明显波动可以由对应时期发生的相关历史事件解释：1959~1961年中国三年困难时期导致出生人口急剧减少，困难过后生育率的迅速上升可以理解为对前期生育抑制的补偿；第二次大幅度下降发生在20世纪60年代末70年代初，并且在整个70年代持续下降，这主要是由于中国当时实行的计划生育政策成功地对人口增长进行了控制。然而同样在严格执行计划生育政策的80年代生育率并没有继续下降，反而在个别年份有所回升，郭志刚（2000）

认为该时期正在消化70年代生育率下降所积累的内在生育势能，加上此阶段政策多变的影响，生育水平下降没有形成持续趋势；最近的一次较大幅度下降出现在80年代末期，在无明显证据说明该阶段计划生育政策有任何紧缩迹象的情况下，回顾当时中国的社会经济发展轨迹，可能是在人口大规模迁移的背景下，人们的生育意愿自愿或非自愿的降低所导致的。

相比之下，1950~1979年15岁的30个育龄妇女队列的终身生育率保持了稳定的变化规律[1]，说明短期的外部环境造成的干扰会在长达35年的生育期内得以平滑，终身生育率的平缓下降真实地反映了人们生育数量的减少，这种稳定的变化趋势有利于进行长期的人口预测。作为终身生育率的一部分，一胎终身生育率（CFR1）是指已完成生育期的妇女队列平均已生育一胎的数量，体现了育龄妇女初育行为的完成情况，且由式（5-4）可知它是计算初育年龄的一个重要指标。数据显示，30个妇女队列的CFR1几乎均处于1的水平，这与在终身生育率仍处于2以上水平时人们至少会生育一个孩子的现实相符，同时也能够说明统计数据的可信度较高。

在图5-1中，1950~1979年15岁的30个育龄妇女队列的终身生育率下降的同时，她们的MAC1呈上升趋势，如图5-2（a）所示，并且两者的变化速度比较一致。1964年出生的女性（1979年15岁的育龄妇女）相对于30年前出生的女性的平均初育年龄大约推迟了3岁，终身生育率由5.30降至1.91。1957~1959年和1975~1976年的育龄妇女队列的平均初育年龄分别出现过两次小幅下降。其中，1957~1959年15岁的育龄妇女初育年龄的下降主要由她们在19岁、20岁、21岁时的生育率突增引起的，而那时恰好对应三年困难时期后的恢复期，因而这不仅体现了处于生育旺盛期的女性的生育水平的上升，也是对更年轻时期生育抑制的补充。随后在计划生育政策的作用下，平均初育年龄逐渐增加，直至1975年和1976年15岁的育龄妇女的平均初育年龄再次呈现下降趋势，此次下降同样是由人们主要集中在20岁左右生育一胎引起的，即20世纪80年代初处于该年龄段的育龄妇女的生育水平提高。结合当时中国婚育政策的调整，1980年颁布的婚姻法虽然继续鼓励和支持晚婚晚育，但法定男22岁、女20岁的最低婚龄在一定程度上刺激了当期该年龄段生育率的上升。另外，20世纪80年代初计划生育政策的重点由之前对生育时间的控制转向直接限制生育数量的独生子女政策。

---

[1] 根据1950~2012年年龄别生育率数据，我们仅能得到29个完整队列的终身生育率，由图5-1可见，1977年15岁的育龄妇女队列的终身生育率有所回升，为说明这一变化是数据的异常情况还是新的变化趋势，本章进一步观察了1979年15岁队列的终身生育率，由于生育期末期的生育率非常低，缺少49岁的生育率数据对终身生育率计算结果的影响可以忽略不计。

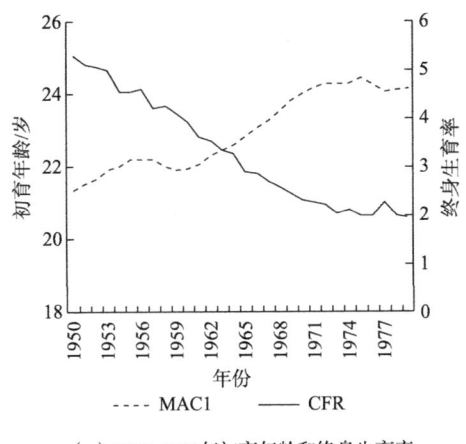

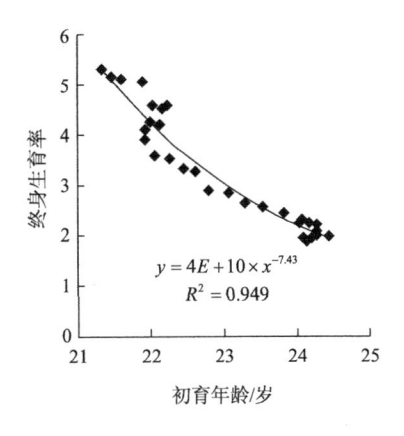

(a) 1950~1979年初育年龄和终身生育率　　(b) 初育年龄和终身生育率的相关关系

图5-2　初育年龄与终身生育率

抽象地看，初育年龄与终身生育率具有负向相关关系。进一步观察两者的散点图（图 5-2）可以发现，两者之间负相关的程度较高，且更接近于非线性相关。我们通过幂函数形式对散点图进行拟合，拟合优度接近 0.95。

初育年龄与终身生育率是分别通过一胎的年龄别生育率数据和总体的年龄别生育率数据计算得到的，而且统计数据显示，总体的年龄别生育率是相应的不同胎次生育率之和，由此我们不得不考虑这样一种可能性：终身生育率和平均初育年龄的计算公式形式已经隐含了两者负相关的假定，从而混淆数据本身的变化特征。为检验上述情况是否存在，将终身生育率的计算公式进一步分解为不同胎次的加总[（式 5-5）]，并结合式（5-4）和式（5-5）对初育年龄的计算公式进行变形[（式 5-6）]。当其他条件保持不变时，式（5-6）的形式已经确定了平均初育年龄 MAC1 和终身生育率 CFR 完全负相关的关系。然而，图 5-1 中显示一胎终身生育率基本稳定维持在 1 附近，可见终身生育率的变化主要是由二胎及以上胎次生育率的变化引起的，也就是说式（5-6）中 $\left(\text{CFR} - \sum_{i=2}^{n}\sum_{a=15}^{49} \text{cf}_{ia}\right)$ 的变化近似为 0，从而可以推断，初育年龄 MAC1 的变化主要源于一胎生育的年龄分布变化。因此，我们可以排除由于公式设定造成 CFR 和 MAC1 负相关的可能性。

$$\text{CFR} = \sum_{i=n}^{n} \text{CFR}_i = \sum_{i=1}^{n}\sum_{a=15}^{49} \text{cf}_{ia} \tag{5-5}$$

$$\text{MAC1} = \frac{\sum_{a=15}^{49}(a+0.5) \times \text{cf}_{1a}}{\text{CFR} - \sum_{i=2}^{n}\sum_{a=15}^{49} \text{cf}_{ia}} \tag{5-6}$$

通过以上对初育年龄和终身生育率变化趋势的简要描述,能够明显地看出两者具有高度负相关关系。然而利用初育年龄测度终身生育率的方法是否可行及合理,还需要进行进一步的实证检验。

5.4 实证检验结果

5.4.1 实证模型的计算结果

首先采用普通最小二乘法(ordinary least squares,OLS)估计初育年龄和终身生育率的关系,检验结果如表 5-1 所示,在模型(1)的结果中,初育年龄与终身生育率的负相关关系在统计上是非常显著的,并且模型的拟合优度为0.95。尽管模型中的自变量和因变量是队列值,但仍存在序列相关的可能性,OLS 回归结果的 D.W.检验未能通过,我们采用可行广义最小二乘法(feasible generalized least squares,FGLS)对序列相关问题进行处理,经过模型转换后的D.W.值为 2.16,离 2 很近,可以认为序列相关性被消除,并且 FGLS 回归系数的方向与显著性也同 OLS 回归结果一致,符合理论预期。随着经济和社会的变迁,妇女的生育意愿也可能随时间缓慢变化。为了测度这些因素的综合作用,我们加入了时间变量,并同样进行序列相关检验与处理。模型(2)拟合优度提高到0.98,初育年龄仍然与终身生育率显著相关。由此可以根据模型(2)的结果以及已知的初育年龄预测未知的终身生育率。

表5-1 1950~1979年模型的估计结果

lnCFR	模型(1)OLS		模型(1)FGLS		模型(2)FGLS	
	系数	标准误	系数	标准误	系数	标准误
lnMAC1	−7.47***	0.33	−6.79***	0.82	−2.87***	0.75
lnYEAR					−48.88***	7.55
常数	24.53***	1.04	22.40***	2.58	380.79***	55.06
R^2	0.95		0.90		0.98	
Obs	30		30		30	
D.W.检验	0.49		2.16		2.14	

***表示在1%水平上显著

在模型(2)的结果中,当其他条件保持不变时,初育年龄每推迟 1%,终身生育率会下降 2.87%;时间每推延 1%,终身生育率下降 48.88%。若依据 1979 年进入生育期、平均初育年龄为 24.11 岁的妇女队列进行换算，则意味着初育年龄每推迟 1 岁、时间每过去 1 年，终身生育率分别降低 0.23 和 0.05。

5.4.2 初育年龄推算终身生育率的精确度检验

虽然本章尝试利用初育年龄测度终身生育率的方法具有统计学上的意义，但是该方法在实际应用中的精确度如何，有待于进一步的检验。最直接的证明方法是只根据 1950~1979 年 15 岁的 30 个育龄妇女队列中前 25 个队列估计初育年龄与终身生育率的关系，预测后 5 个队列的终身生育率，最终比较其估计值与真实值之间的误差。

1950~1974 年进入生育期的 25 个妇女队列的最小二乘回归结果如表 5-2 第二列（lnCFR2）所示，初育年龄与终身生育率仍然呈现显著负相关关系，当 1974 年进入生育期的妇女队列的平均初育年龄推迟 1 岁时，终身生育率下降 0.16。

表5-2 1950~1974年模型的估计结果

项目	lnCFR 系数	lnCFR 标准误	lnCFR2 系数	lnCFR2 标准误	lnCFR3+ 系数	lnCFR3+ 标准误
lnMAC1	−1.86***	0.57	−2.51***	0.34	−11.04***	1.91
lnYEAR	−63.77***	6.50				
常数	490.53***	47.56	7.69***	1.05	34.64***	5.96
样本量	25		25		25	
D.W.检验	1.86		1.98		1.32	

***表示在1%水平上显著

在人口发展的一般规律以及计划生育政策的作用下，1974 年进入生育期的女性的终身生育率已降至更替水平附近，如果过去稳定的变化趋势能够用以预测未来，那么粗略地推测，在政策环境不发生改变的情况下，到目前为止未结束生育期的育龄妇女的终身生育水平仍会继续下降。依据 5.2.1 的理论分析，对于这些育龄妇女而言，似乎假定过去高生育水平时期初育年龄与终身生育率的关系不变对其进行预测会导致结果偏差较大，从而应做出适当调整。

假设需要预测的 5 个队列的育龄妇女全部遵循农村人口的生育规律，意味着在更替水平附近及以下阶段，其终身生育率与初育年龄之间的相关关系会变弱。这种相关性的下降程度如何测量，可以通过初育年龄对二胎和多胎（三胎及以上）生育率变化的影响程度差异确定一个折算系数，然后用该折算系数修正原预测结果的变动幅度。如图 5-1 所示，二胎累计生育率从 1964 年进入育龄期的妇女开始下降,其下降速度明显慢于多胎生育率,利用初育年龄对二者进行回归的结果显示,初育年龄与二胎生育率的相关程度相当于多胎的 22.74%(表 5-2)。假设预测队列完全遵循城镇人口生育规律,则不需要调整,可以继续按照以往的趋势预测。由于实际人口的终身生育率变化介于上述两种极端假设之间,我们用农村与城镇人口占总人口比重的平减值[①]作为权重,表示两种假设结果发生的概率,加权平均得到最终的终身生育率预测值。

经调整后的预测结果如图 5-3 所示。很明显,由前 25 个队列预测得到的后 5 个队列的终身生育率估计值($CFR'-5$)与真实值(CFR)之间的误差非常小,基本能够反映终身生育率的实际变化趋势。这说明利用初育年龄测度终身生育率的方法可行且精度较高。

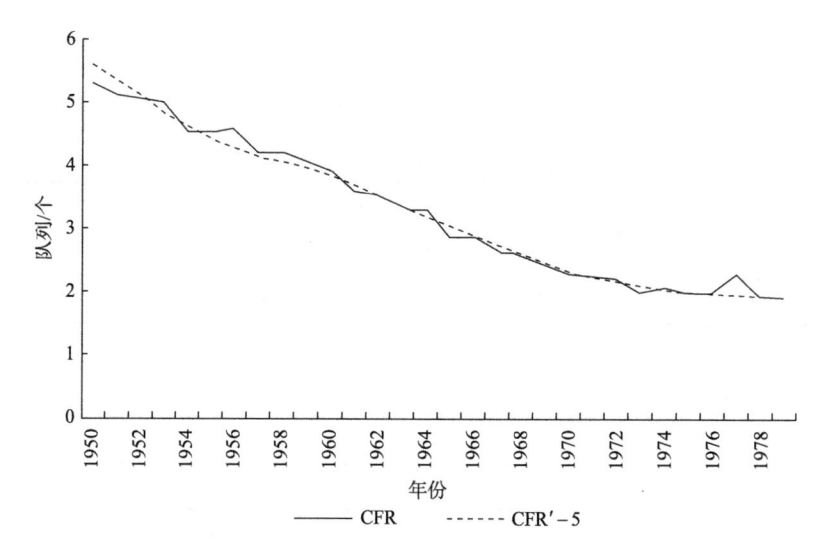

图5-3　1950~1979年终身生育率的估计值与真实值的比较

5.5　对未知终身生育率的预测

正如前文所述,终身生育率指标的主要缺陷是时滞问题,我们只能观察到至少49年前出生的女性的终身生育率,由于时间相隔较为久远,对于评价现行生育

[①] 由于数据可获性的限制,我们无法得到所有队列的城乡人口比,取而代之的是,各队列在其 30 岁时期的城乡人口比例。所以,1950~1964 年 15 岁的育龄妇女对应的是 1965~1979 年的城乡人口比。此外,在二孩减少之前,终身生育率的变化已经包含了农村与城镇人口的作用,意味着二孩开始变化后,应以 1950~1964 年队列的平均城乡人口比例为基础,对各队列进行平减。

政策以及预测未来生育水平缺乏实际指导意义。本章利用初育年龄测度终身生育率的方法虽然不能完全修正时滞缺陷，但起码可以将终身生育率向当前推进10~20年。理由是通过对数据的观察以及日常生活经验可知，人们一般会在35岁之前完成一胎生育（也有可能更早），这样截至2012年便可以得到1992年及以前的15岁育龄妇女的初育年龄，进而可以预测1980~1992年13个育龄妇女队列的终身生育率。

在图5-4中，1980~1992年13个育龄妇女队列的平均初育年龄表现为持续增长的态势。若以20年的时间间隔划分两代人，那么仅半代人的初育年龄就相差了近2岁，增幅接近于前一代人（1959~1979年15岁的育龄妇女队列）提高的整体水平。若考虑35岁之后一胎生育率的逐渐提高，在20世纪90年代初进入生育期的女性的初育年龄已超过25岁。根据我国30个省[区、市（不包括港澳台及西藏）]的现行计划生育条例，已婚妇女年满24周岁初次生育则为晚育（宋健和陈芳，2010），说明晚育的政策目标早在20世纪70年代初进入生育期的女性中就得以实现了。

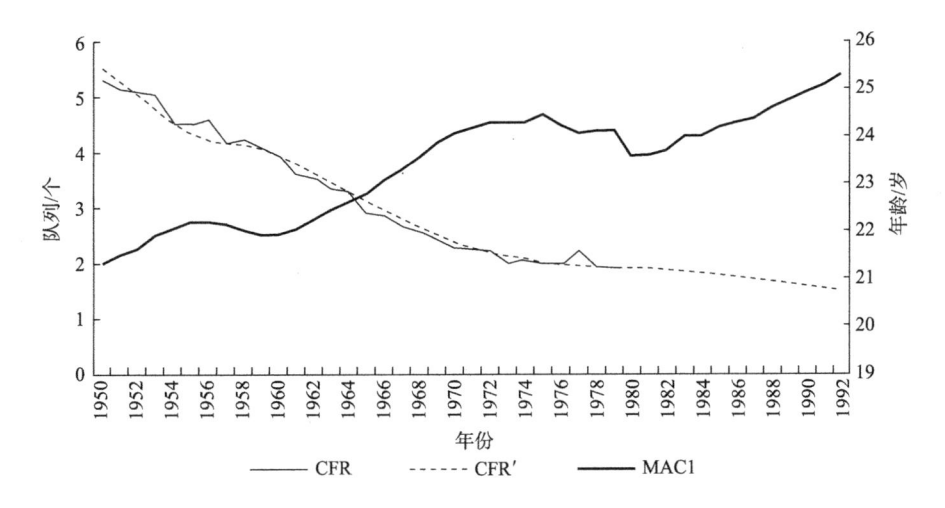

图5-4　1950~1992年初育年龄变化趋势以及终身生育率估计值

采用5.4小节的预测方法，根据1950~1979年的生育率数据计算得到的折算系数为22.37%，调整后的1980~1992年的终身生育率估计值的下降趋势如图5-4所示，1992年为1.513。由于初育年龄的上升幅度较大，并且随着城镇化水平的提高，农村人口的生育行为逐渐与城镇人口趋同，所以终身生育率预测值的下降趋势也比较明显。虽然该预测结果的准确性如何暂时还不得而知，因为真实的终身生育率这一评价标准还有待时间的延续，但在5.4小节检验结果的支撑下，本章所提方法能够完整地刻画出真实育龄妇女的终身生育水平，避免了用总和生育率衡量生育水平时受到的限制。由图 5-4 可见，以 20 世纪 70 年代初期进入生育期的育龄妇女为标志中国的生育水平开始处于更替水平以下，随后持续下降，90 年代育龄妇女的生育水平就已经开始低于政府部门在宣传和人口规划中使用的 1.8（郭志刚，2010）生育率口径了。

5.6　结论及讨论

本章在构建生育数量与生育时机决策关系的理论分析框架基础上，运用 1950~2012 年育龄妇女 15~49 岁年龄别生育率数据，实证检验了利用初育年龄测度终身生育率的可行性及合理性。研究结果表明，育龄妇女队列的平均初育年龄和终身生育率呈显著的负相关关系，并且以真实终身生育率为检验标准，利用初育年龄测度得到的估计值的拟合效果也较好。

从逻辑上来说，利用总和生育率预测人口变化实际上隐含地假定不同年代出生的妇女具有相同的生育意愿，这一隐含假定在实践中存在很大疑问；而利用初育年龄估算终身生育率则隐含地假定任何年代出生的妇女对于初次生育的时间选择和终身生育数量的两个决策之间存在高度相关性。由于一生的生育是一个完整的过程，这种假设存在相当的合理性，而且在统计学上得到强力支持。本章的研究结论能够使终身生育率的时滞期限缩短十几年，从而可以改善对人口增长趋势的预测。此外，其完全可以作为总和生育率的一个对照和补充，用以更加清楚地理解人口发展规律。相比于总和生育率隐含的信息，终身生育率更早地揭示出了中国进入低生育水平时期的现实。

利用初育年龄测度终身生育率的方法只是一个初步的探索，从逻辑推理到方法运用上仍有待于进一步完善。此外，长期以来计划生育政策作为中国的一项基本国策，在控制初育年龄与生育数量的同时也会影响二者之间的关系。例如，实行计划生育一胎时期，在严格执行独生子女政策的地区，人们对生育数量的多少没有自由选择的权利，无论早生或是晚生都只能生育一胎，所以在这类地方初育年龄与终身生育率也许并没有特定的关系。然而基于计划生育政策在具体实施的过程中具有多元化的性质，如一些少数民族地区的"二孩"政策及部分农村地区实行"一孩半"政策，并且当超生成本远小于其所带来的收益时，人们仍具有一定的自由选择空间。因此，从全国层面来讲，政策环境的限制作用会在一定程度上被削弱。诚然，上述的不足之处多少会影响本章研究结论的可信度，我们期望能够在未来的研究中进行更为全面系统的分析。

参 考 文 献

贝克尔 G S. 2005. 家庭论[M]. 王献生，王宇译. 北京：商务印书馆.

郭志刚. 2000. 从近年来的时期生育行为看终身生育水平——中国生育数据的去进度效应总和生育率的研究[J]. 人口研究，（1）：7-18.

郭志刚. 2004. 对中国 1990 年代生育水平的研究与讨论[J]. 人口研究，28（2）：10-19.

郭志刚. 2008. 再论队列平均子女数不能作为当前总和生育率的估计[J]. 中国人口科学，（5）：26-33.

郭志刚. 2010. 中国的低生育率与被忽略的人口风险[J]. 国际经济评论，（6）：112-126.

宋健，陈芳. 2010. 城市青年生育意愿与行为的背离及其影响因素——来自 4 个城市的调查[J]. 中国人口科学，（5）：103-110.

查瑞传，刘金塘. 1991. 中国妇女结婚生育的时期分析和队列分析[J]. 中国人口科学，（6）：7-14.

Bongaarts J. 2001. Fertility and reproductive preferences in post-transitional societies[J]. Population and Development Review，27：260-281.

Bongaarts J，Feeney G. 1998. On the quantum and tempo of fertility[J]. Population and Development Review，24（2）：271-291.

Bongaarts J，Feeney G. 2006. The quantum and tempo of life-cycle events[J]. Vienna Year Book of Population Research，4：115-151.

Kohler H，Billari F，Ortega J. 2002. The emergence of lowest-low fertility in Europe during the 1990s[J]. Population and Development Review，28（4）：641-680.

Miller W B，Pasta D J. 1995. Behavioral intentions：which ones predict fertility behavior in married couples?[J]. Journal of Applied Social Psychology，25（6）：530-555.

Sobotka T. 2003. Tempo-quantum and period-cohort interplay in fertility changes in Europe—evidence from the Czech Republic，Italy，the Netherlands and Sweden[J]. Demographic Research，8（6）：151-214.

Udry J R. 1983. Do couples make fertility plans one birth at a time? [J]. Demography，20（2）：117-128.

Velde E，Habbema D，Leridon H，et al. 2012. The effect of postponement of first motherhood on permanent involuntary childlessness and total fertility rate in six European countries since the 1970s[J]. Human Reproduction，27（4）：1179-1183.

第二篇

土地产权与流转市场

第6章 土地产权、非农就业机会与农户农业生产投资[①]

土地产权对农户农业投资的重要性似乎是一种共识,通过全面检验两者之间的关系,本章发现,地权的稳定性对农户农业投资总量并没有显著的直接影响,对土地租赁总量也没有显著影响;如果没有非农业机会,土地产权、土地买卖和租赁本身并不会扩大农户的土地经营规模并刺激农业投资。由于农户规模小、农业用地价值低,即使改革土地产权和抵押制度,金融机构也不愿意接受农业用地作为贷款抵押物。本章同时证实,土地经营规模和收益不但与信贷可得性一起对农户农业投资有显著的正向影响,而且自身影响农户的信贷可得性,因为土地经营收益是农户还款的重要保证。土地调整所表现的地权不稳定并不严重影响农户土地经营规模和收益的稳定性,也不影响农户的信贷可得性。因此,现阶段进一步改革我国土地产权制度对农户农业生产投资的促进作用不大,而增加非农就业机会才能真正扩大农户土地经营规模,从而促进农户的农业投资。

6.1 引 言

中国农户土地经营规模过小、地权不稳定、信贷不足一直被认为是农户农业生产投资不足、农业效率低下、缺乏规模经济并且妨碍可持续发展的主要原因,而土地产权制度的改革则被认为是解决这一问题的主要途径。

对我国当前土地产权制度不利于投资的批评集中在以下三个方面:第一,频繁的土地调整造成土地使用权不稳定,使得农民不愿意进行更多的农业生产

[①] 原载《经济研究》2009 年第 12 期,作者为钟甫宁、纪月清。

投资（叶剑平等，2006）；第二，产权不清晰造成土地交易成本巨大，地权不稳定降低土地流转需求，从而阻碍了土地流转市场的发育并阻碍了农户生产经营规模的扩大（钱忠好，2002；马晓河和崔红志，2002）；第三，当前的土地产权和抵押制度阻碍了土地成为抵押品的可能性（刘红梅和王克强，2000；叶剑平等，2006）。因此批评者主张土地使用权物权化甚至私有化以促进农户农业生产投资和规模经营；主张进行土地产权制度和抵押制度改革以使农业用地可以作为贷款抵押物。

针对上述批评，本章将全面考察土地产权制度与农户投资的关系，具体回答以下几个问题：土地调整造成的地权不稳定是否对农户投资产生了显著的负面影响？地权不稳定是否阻碍土地租赁，阻碍农户扩大土地经营规模，进而对农户投资产生负面影响？如果改革土地产权和抵押制度，农业用地能否被实际接受为贷款抵押物，从而增加农民获得信贷的能力？

6.2　文献综述与分析框架

本章认为，产权本身不会产生经济收益而只决定收益的分配；相反，经济收益才是设置产权的基础。农业用地是否能实际被接受为贷款抵押物，取决于该地块能稳定提供的经济收益，即取决于地块的大小和单位面积土地能稳定提供的地租高低[①]。同时，农户的投资意愿更多地取决于投资收益而不是贷款的可获性。因此，在当前农户规模小收益低的情况下，对土地产权和抵押制度进行更深入的改革未必能显著刺激农户的农业生产投资。只有大幅度提高非农就业机会才能显著扩大农户经营规模并提高土地收益，从而解决我国农户农业生产投资不足、农业效率低下且不可持续、缺乏规模经济等问题。

针对批评者对当前土地产权制度不利于投资的批评，以及本章要回答的三个问题，下面提出三个研究假说并分别进行解释。

假说6-1：尽管各地区地权稳定性表现出种种差异，但对农户农业生产投资实际影响不大；相反，决定农户土地经营规模和收益的其他因素对农户投资却可能影响较大。

首先，大多数地区土地调整并不很频繁，调整方式也以"小调整"为主，农户土地保有权的稳定性较高。Brandt等（2004）于1996年对8个省份215个村庄的调查研究发现，自建立家庭联产承包责任制以来这些村庄平均调整土地1.7次，平均调整期限为7~8年。落实30年土地使用权以后土地调整的频率将更低。

[①] 本章不讨论农业用地转变为非农用地的情况，因为转变用途的增值与农户的农业投资无关。

另外，土地调整并不代表农民持有的地块一定改变。Kung（2000）的数据显示我国农村土地调整主要为"小调整"，而在"小调整"过程中，只要家庭人口不减少，农民就可以继续经营以前的地块。

其次，地权稳定性是否影响农户投资[①]取决于投资的种类。对于那些主要用于出租或服务的流动资本（指"与特定地块不相连的资本"，如农机具、役畜、仓库等），即使土地调整改变了农户自有土地的面积、质量和位置，也不影响其投资。对于那些主要用于自家生产的流动资本，土地的调整可能改变边际生产率，从而影响其投资（Feder et al.，1992）。但是，"大调整"对农户土地总面积和质量改变的作用不大，因而这些资本边际生产率的变动也不会大，其投资受土地调整的影响可能很小，所以现有的实证研究并没有发现地权稳定性与这类投资之间有显著的正相关关系（Feder et al.，1992；朱民等，1997）。对于那些与特定地块相连的投资，土地调整特别是大调整可能有显著影响。但是，大多数与特定地块相连的较大的投资，如灌溉设施和田间道路等，均表现出公共产品的特征，且投资多为集体决策，与农户地块的具体位置及其是否变化关系不大。因此，地权稳定性可能只影响农家肥等少数几种与特定地块相连的投资，而且实际影响并不显著（许庆和章元，2005）。

最后，农户的农业生产投资决策基于成本收益分析。相对于土地产权不稳定带来的风险而言，其他因素对投资决策的作用可能更重要。中国农户土地经营规模过小、劳动力相对过剩且成本较低，对有限的土地进行土地投资和机械投资不大可能增加多少收入，并且大多数与土地相关的投资因农户土地规模小而表现出公共产品的特征或强烈的外部性，因而农户投资的积极性不高。土地产权制度改革本身并不能解决农户土地经营规模小及其引发的投资意愿不高的问题。

假说 6-2：地权稳定性对土地租赁总量影响很小且方向不确定，非农就业机会不但是影响土地租赁总量的关键因素，而且是扩大农户经营规模、提高农业用地经济租金并刺激农户投资的关键因素。

如果没有充分的非农就业机会，土地产权和流转制度本身并不能扩大农户平均经营规模，它能改变的只是土地所有权和经营权在农户间的分配。如果土地买卖只是所有权（或使用权）的集中，出卖土地的是那些遇到无法克服的困难的农户（姚洋，2002），这些农户出卖土地以后很可能靠租赁土地或出卖农业劳动力为生。这种土地兼并不能真正扩大农户经营规模，还会让部分农户陷入长期贫困。有些人认为土地买卖权可以促进农户放弃土地向城市搬迁，理由是卖地可以使农户在放弃土地时获得补偿，并因此而获得前往城市的安家费（杨小凯和江濡

[①] 所有的投资都是指一个以上生产周期才能完全利用的投入。

山，2002）。但是，其前提条件是农业用地的地价足够高；即使如此，仍然需要另一个前提条件：城市中有足够的非农就业机会。因此，姚洋（2002）认为土地私有对农民放弃土地的影响是不确定的[1]。

中央政府已经规定农户的土地租赁权不受限制，因而当前的讨论集中在地权的稳定性对土地租赁的影响上。有人认为土地调整导致的地权不稳定会降低土地租赁需求，阻碍土地租赁市场的发育（钱忠好，2002，2003）。田传浩和贾生华（2004）指出，地权不稳定导致长期土地投入无法收回，降低了农户的土地租赁需求，因而对土地租赁产生负面影响。他们研究表明农户对地权稳定性的预期越高，租入土地的可能性越大[2]。但这并不足以说明地权不稳定会阻碍土地租赁，因为同理可证"地权不稳定导致长期土地投入无法收回，会增加农户的土地租赁供给"；而稳定的地权虽然增加土地租赁需求，但同时可能减少租赁供给，因而对土地租赁数量的影响并不确定。如果地权不稳定导致农户间对地权预期的差异（即有的农户认为地权是很稳定的，有的农户认为是很不稳定的），则还可能促进土地流转。需要强调的是，上述讨论的基础是地权稳定的土地因能够进行长期投资而具有更高的价值，但现实中地权稳定性对土地价值的影响可能很小。例如，姚洋（1998）的研究表明产权稳定性对农业产出影响并不显著。

如前所述，在农户经营规模较小的情况下，农业用地就很难提供有效的经济租金并刺激农户的土地投资；也很难促进资本对劳动的替代并刺激农户的机械资本投资。增加非农就业机会才是扩大农户经营规模、改变农业中土地劳动比从而促进农户投资的关键。土地租赁总量是由需求和供给共同决定的，地权稳定性对土地租赁需求和供给的影响都很小，其综合作用更小，影响的方向也是不确定的。土地是农户生活的保障，没有充分的非农就业机会，农户当然不愿意转出土地。非农就业机会不足才是土地租赁较少的主要原因。

假说6-3：产权本身并不能保证土地具有抵押价值，土地经营规模与收益对土地的抵押价值影响更大。在土地抵押价值很低的情况下，即使进行土地产权和抵押制度改革，金融机构也不愿意接受土地作为抵押物。

许多人认为我国当前不允许将土地作为抵押品的法律规定限制了农户获得贷款的可能性，因而主张改革土地抵押制度（叶剑平等，2006）；并主张改革土地产权制度，理由是清晰稳定的地权使得金融机构更愿意接受土地作为抵押物（刘

---

[1] 理由是，存在土地转入非农用途预期的农民会惜卖等待价格上涨，不存在非农预期的土地又因价值不大而难以促进农村家庭向城市搬迁。由于目前农业用地价值很低，在获得稳定的非农就业机会时农民可能更愿意放弃土地。

[2] 该研究认为土地调整本身会增加非农就业机会从而促进土地流转，但土地调整带来的地权不稳定会降低土地需求从而阻碍土地流转。

红梅和王克强，2000；叶剑平等，2006）。

但真正的问题在于，即使进行了土地产权改革，土地也未必能成为抵押品。Carter 和 Olinto（2003）的研究表明，在农场规模较小的情况下不存在地权稳定的信用供给效应。Field 和 Torero（2003）认为，当抵押程序、取消赎回权和出卖作为抵押品的土地的交易成本相对于借款规模非常大时，土地产权就起不到保护借款安全的作用。他们针对秘鲁的研究发现，土地产权改革的信用供给作用非常有限。

土地产权制度本身并不能保证经营农业用地可以获得足够的经济收益，更不能保证银行愿意接受农业用地作为贷款的抵押物；土地规模，尤其是农业用地的经营收益，对农业用地是否具有抵押价值影响更大。当前我国农户经营规模非常小，每亩（1 亩≈666.67 平方米）土地收入也很低（农业税取消前有的地区土地租金甚至为负），土地的抵押价值很小。对于那些靠土地为生的小农户来说，当其还不起抵押贷款时，银行很难没收并在市场上处置其土地。如果"不归还贷款就收回并变卖土地"的威胁不可置信，农民还可能采用策略性行为故意不归还贷款（罗剑朝等，2003）。因此，即使政策允许，银行等金融机构也很可能不愿意接受土地作为抵押物。

综合以上分析，本章的研究思路可以用图 6-1 表示。根据现阶段中国农业和农村的实际情况，本章认为解决农户农业投资不足问题的关键不在于土地产权本身，甚至也不在于农业本身，而在于农业之外，在于非农就业机会的扩大。

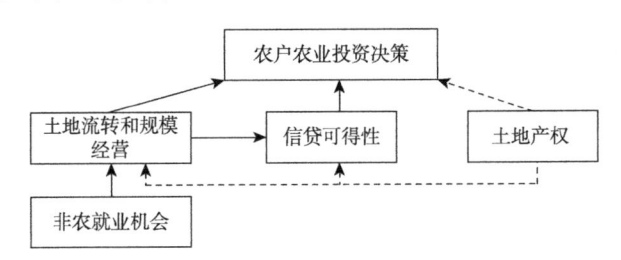

图6-1 本章分析框架

实线部分为本章想要检验（证实）的假说，虚线部分为本章想要证伪的假说

有一点需要说明的是，与以往研究不同，本章关注的并不是怎样提高亩均农业投资以刺激农业产出增长；我们关注的是，怎样提高户均农业投资以提高农户获取收入的能力。也就是说，我们关注的是"农民问题"而非"农业问题"。如果农户因为获得非农就业机会而减少劳动投资（如收集农家肥、平整土地等），在本章看来，这种投资减少并不值得担心。

6.3 模型、变量与数据来源

6.3.1 检验假说的模型或方法

1. 地权稳定性、土地经营收益、信贷可得性与农户农业投资：农户模型

在经济学里原因并不总是出现在结果之前[①]，虽然农户投资在前，获取收益在后；但这并不影响土地经营收益成为农户农业生产投资的原因；正是由于预期能获得这部分收益，农户才会进行农业投资。农户以往的农业投资无疑也决定了当前的农业净收益[②]。由于存在信贷约束，农户借贷总量是决定农业投资的一个重要因素；同时，农业投资也是农户借贷的主要原因。故我们采用联立方程组进行分析，其方程形式如下：

agrinv=f(tenuresecurity,agrinc,loan,nonagrempop,agrpublicinv,farmercharacter,e)
agrinc=f(agrinv,land,cropprice,labor,farmercharacter,e)
loan=f(agrinv,agrinc,tenuresecurity,nonagrinc,nonagrinv,asset,farmercharacter,e)

主要变量的概念与具体内容如下：

agrinv 表示农户农业投资总量，包括流动投资和与特定地块相连的投资。流动投资包括仓库、拖拉机、耕地机、播种插秧机、收割机、水泵等，其计算方法是调查期内发生的购买（或新建）金额减去出售（或减少）所得。与特定地块相连的投资包括农家肥、绿肥、灌溉用井、平整土地、改良土壤、塑料大棚、灌溉水渠、田间道路桥梁等内容；与特定地块相连的投资又分为劳动投资和资金投资两类，其中劳动投资通过当地劳动力价格折算成资金。

tenuresecurity 表示地权稳定性，包括两个方面的内容：①未来土地调整发生的时间；②土地调整时农户土地被调整的可能性。前者用农户对未来土地调整时间的预期以及调查的投资期内发生土地调整的次数来衡量，由于经历过 1 次以上土地调整的村庄里，每次重新配置的土地数量相当接近（Brandt et al., 2004），故后者用上次土地调整中土地实际转手比重来衡量。

[①] 一个例子是，寄送贺年卡发生在新年到来之前，但寄送贺年卡并不是新年到来的原因，而新年到来才是寄送贺年卡的原因。

[②] 确切地说影响土地经营收益的是农业资本存量而不是投资；更确切地说影响土地收益的是农业资本提供的服务而不是资本存量本身。本章使用 2000 年至 2006 年 6 月年均投资量近似代表资本存量和资本服务。

agrinc 表示土地经营收益，等于农业产出减去中间投入。土地经营收益是农户资本、土地和劳动三种要素收入的总和。

loan 表示借贷量总量，包括从正规金融机构和民间获得的借款。

nonagrinc 表示非农就业机会，用家庭人均非农工资收入和自营非农业收入表示。

agrpublicinv 表示农业基础设施投资，用农户所在村庄的户均农业基础设施投资量表示，包括村级及村级以上投资和小组内投资两部分内容。

farmercharacter 表示农户特征，包括户主年龄、户主受教育年限等。

在土地经营收益（agrinc）决定方程中，外生变量主要包括土地经营面积（land）、作物价格（cropprice）、劳动力数量（labor）、农户特征（farmercharacter）等变量。在借贷（loan）方程中，外生变量主要包括地权稳定性（tenuresecurity）、非农就业机会（nonagrinc）、非农投资（nonagrinv）、固定资产（asset）和农户特征（farmercharacter）等变量。其他变量未一一列出，具体可参见模型回归结果。

2. 地权稳定性、非农就业机会与土地租赁：村庄土地租赁模型

由于土地位置是固定的，而经营土地又需要密切的管理，故土地市场表现出强烈的地域性，即出租方、租入方、土地都局限在某一区域内。我们使用村域内居民租入、租出土地总和的一半占全村土地的比重来表示土地租赁总量，以考察地权稳定性和非农就业机会等对土地租赁总量的影响。其函数形式如下：

$$ldrtp=f(tenuresecurity, nonagrinc, etc)$$

其中，tenuresecurity 用村民对再次进行土地调整的时间的平均预期衡量；nonagrinc 用村人均非农工资及自营非农业收入衡量。

3. 土地产权与抵押贷款：信贷员调查

为了分析土地产权制度和抵押制度改革对土地成为抵押物的影响，我们将调查农村金融机构（信贷员）是否愿意接受农业用地作为贷款抵押物，以及接受的条件如何。

6.3.2 数据来源及地权稳定性描述

1. 数据来源

本章数据主要来源于笔者 2006 年 7~8 月所组织农村调查，调查涉及江苏省、黑龙江省和新疆维吾尔自治区；调查以村民小组为单位，村、组数据各一份，每

组农户数据 10~15 份。黑龙江和新疆各调查 1 个县 4 个乡镇 16 个村民小组。江苏省调查苏北 4 个县、苏中、苏南各 3 个县，共 10 个县；每个县调查 2~3 个村民小组，共 28 个小组。一共调查了 60 个村民小组，有效问卷为 784 份。调查内容涉及农户家庭基本情况、非农就业情况、土地流转、土地行政调整和农业投资等信息。由于农户农业投资、村组农业基础设施投资和农户借贷发生频率很低，除农业投资中的农家肥投资按年度询问外，其他项目均询问 2000 年至 2006 年 6 月的投资总量，然后计算每年的平均数。我们又于 2007 年 7 月调查了江苏泰州兴化市 28 个乡镇 61 名发放贷款的农村信贷员，调查其对接受土地作为贷款抵押物的态度。

2. 土地调整与地权稳定性描述

所有被调查村庄都仍在原分田单位①内调整土地，大部分村组土地调整的时机和中央政府的规定保持一致。在 60 个小组中，有 41 个小组只在二轮承包时（1998 年前后）进行过一次调整，有 7 个小组 1995 年以后没有进行过土地调整，只有 7 个小组在 2000 年以后也进行过土地调整。随着小组与村庄机构合并，原来的分田组织逐渐消失，农村未来土地调整的时机将更加与中央政府的规定保持一致。

从村民对再次进行土地调整的预期来看，分别有 7.5%和 2.3%的农民认为土地调整会在 5 年内和 5~10 年进行，这部分村民多数居住在有自己固定的调整规定的村组。另有 8.5%和 15.2%的村民认为土地调整会在 10~30 年或者 30 年以后进行，这部分村民非常相信土地使用权 30 年不变的政策，认为土地使用权到期后可能发生土地调整也可能不会发生土地调整。大多数（66.5%）的村民对下次土地调整时机没有具体而明确的预期，但这并不代表他们预期土地使用权不稳定（即最近会发生调整）；实际上他们中的大部分人也认为在二轮承包的期限内很可能不会发生土地调整。

从最后一次土地调整的规模来看，有 27 个小组土地转手比重在 20%以下；12 个小组土地转手比重在 20%~80%；剩下的 21 个小组土地转手比重超过 80%。

6.4 实证研究结果

6.4.1 农户投资模型

由于模型估算结果存在异方差，本章使用加权两阶段最小二乘法对联立方程

---

① 原生产队或村民小组而不是行政村。

进行估计，结果见表 6-1。方程拟和效果较好，投资方程、土地经营收益方程和借贷方程的 R^2 分别为 0.372、0.751 和 0.456，对于截面数据模型来说已经能够说明问题。

表6-1 地权稳定性、土地经营收益、信贷可得性与农户农业投资方程

因变量		投资总量	土地经营收益	借贷量
投资总量			0.39 （0.80）	1.27* （1.89）
土地经营收益		0.07*** （4.11）		0.15* （1.84）
借贷量		0.16*** （3.68）		
预期调整时间（以预期5年内调整为参照）	5~10 年	−170.01 （−0.22）		
	10~30 年	313.47 （0.59）		
	30 年以后	305.52 （0.65）		
	无法预知	442.59 （1.06）		
投资期调整次数		−185.82 （−0.59）		−330.90 （−0.39）
调整比重		1.07 （0.34）		−3.45 （−0.41）
非农就业机会		0.13*** （3.47）		−0.13 （−1.03）
村基础设施投资		−0.38 （−1.44）		
土地经营规模			386.4*** （14.26）	
劳动力个数			317.8 （0.88）	
农产品价格			4 137.6* （1.82）	
黑龙江×价格			5 041.5 （0.93）	
新疆×价格			7 835.4** （2.34）	
与县城距离			−88.9** （−2.50）	
与乡镇距离			−333.5 （−1.42）	
与市场距离			897.4*** （4.28）	
非农投资				0.028*** （3.31）
固定资产				0.014** （2.21）
年龄		−5.1 （−0.50）	−11.2 （−0.33）	−4.3 （−0.16）

续表

因变量	投资总量	土地经营收益	借贷量
教育	-9.3 (-0.26)	87.7 (0.77)	-88.1 (-0.92)
黑龙江	323 (1.13)	-6 119 (-1.35)	437 (0.53)
新疆	-823* (-1.94)	-51 109*** (-3.75)	3 727*** (3.54)
常数	-627.6 (-0.81)	-3 662.2 (-1.17)	953.5 (0.54)
	\multicolumn{3}{c}{$n=778$}	
	$R^2=0.372$	$R^2=0.751$	$R^2=0.456$

*、**和***分别表示在10%、5%和1%水平上显著，以下相同

注：括号内为 t 值

下面我们按照本章分析框架（图6-1）来描述方程的相关变量。

土地经营收益对农户投资总量有显著的正向影响，而农户借贷量与农户投资显著相互影响。虽然目前还不存在土地抵押，但土地经营收益无疑是农户还款重要而稳定的收入源，因此，农户土地经营收益越大，正规金融机构和民间组织与个人越愿意贷款给农民。

地权稳定性对农户投资的直接和间接影响：在投资方程中代表地权稳定性变量的回归系数都不显著，说明地权稳定性对投资总量的直接影响很小。预期10年以后才会调整土地的农户，其农业投资高于预期5年内将发生土地调整的农户，但并不显著；投资期内（2000年至2006年8月）土地调整次数增加，农户投资会减少，但减少的数量也不显著；土地转手比重的回归系数的符号与预期相反且极不显著。地权稳定性对借贷量的影响也不显著。放贷人并不会因为借款人土地产权不稳定而不愿意放贷，因为即使发生大调整，借款人土地经营规模和收益也不会发生大的改变，因此对还款能力影响不大。土地产权对土地租赁、土地经营规模扩大以及对土地抵押贷款的影响将在下文进行分析。

非农就业机会对农户投资的直接和间接影响：在投资方程中非农就业机会对农户投资有显著的正向影响，其原因是非农就业机会越多可用于农业投资的资金也越多。在借贷方程中可以看到，非农就业机会可能减少借贷的需要从而减少借贷量。以往研究结果显示非农就业机会对农业投资有显著的负面影响（朱民等，1997；许庆和章元，2005），原因可能是他们用非农收入比重来衡量非农就业机会[1]。非农就业机会可能通过提高劳动的机会成本减少农户的劳动投资数量（朱

---

[1] 非农收入比重不但取决于非农收入的多少，还取决于农业收入（土地经营收益）的多少。土地经营收益越高，农户投资越多，但同时非农收入比重越小；因此，非农收入比重和农户投资之间呈现出负相关关系。

民等，1997；许庆和章元，2005），但是非农就业机会同时也提高了劳动力的价格，因此，对农户劳动投资价值的影响是不确定的。许庆和章元（2005）的研究显示，用非农劳动时间衡量的非农就业机会对农户流动投资（主要是机械投资）产生了显著的负面影响。但是用微观（农户）数据得出的结论可能是错误的。微观数据只能说明非农就业机会多的农户农业投资减少；然而，非农就业机会增加会使农户对农机服务的需求增加，从而增加其他农户对农机的投资，因此一定区域内农户农业投资总量会增加。如果使用农业资本服务量作为被解释变量或使用加总数据，则很容易发现非农就业机会和农业投资间的正向关系。非农就业机会对增加土地租赁，扩大农户经营规模的影响将在下文中进行分析。

另外，回归结果还显示土地经营规模、农产品价格以及土地的位置对土地经营收益有显著影响；这些因素当然会通过土地经营收益对农户投资产生重要影响。非农投资虽然对借贷总量有显著的正向影响，但是由于非农投资和农业投资争夺借贷资金，非农投资对农业投资的影响应该是负数。农户土地经营收益和固定资产存量能增加农户的信贷可得性，从而对农户投资产生积极影响。

6.4.2 土地租赁模型

土地租赁模型回归结果直接由下式给出：

$$ldrtp = -10.65 - 0.65 \text{lnrelctp} + 1.77 \text{lnnonagrinc} + 21.99 \text{XJdummy} + 6.48 \text{HLJdummy}$$

$$(-1.16) \quad (-0.40) \quad (1.83)^* \quad (6.36)^{***} \quad (2.08)^{**}$$

$$n=60, \quad R^2=0.474$$

其中，lnnonagrinc 的系数为 1.77，且在 10%的水平上显著，说明人均非农收入每增加 1%，土地租赁比重将增加 1.77。预期下次土地调整时间的对数（lnrelctp）的系数并不显著，说明地权稳定性对土地租赁总量并没有显著影响。另外，相对于江苏而言，新疆（XJdummy）和黑龙江（HLJdummy）有更多的土地租赁发生。

6.4.3 信贷员调查

对江苏省兴化市 28 个乡镇 61 名信贷员的调查发现，信贷员们普遍认为农业用地的价值太低，并且认为土地是农民的就业保障，目前很难从农民手中收回抵押的土地并出售。即使现在抵押制度允许并且土地私有化，也没有一个信贷员愿意接受农民的土地作为抵押物。当农户的土地规模增大到目前的 5 倍且土地私有时，仍没有信贷员愿意接受普通农户的土地作为抵押物；当土地规模增大到目前的 20 倍且土地私有时，有 34.4%的信贷员愿意接受土地作为抵押物；当土地规模增大到目前 100 倍且土地私有时，所有的信贷员都愿意接受土地作为抵押物（王兴稳和纪月清，2007）。

信贷员们普遍表示明确的土地使用权年限有利于土地的出售，因此也会有利于土地成为抵押物。只要有明确的土地使用权年限，土地是私有还是公有对土地成为抵押物的影响不大。在土地公有但农户拥有规定的 30 年使用权时，如果土地规模扩大 20 倍，有 31.1%的信贷员愿意接受土地作为抵押物，如果土地规模扩大 100 倍，所有的信贷员都愿意接受土地作为抵押物。其结果与土地私有时的情形相差不大。

6.5 结论及政策含义

本章全面考察了土地产权与农户农业投资关系，并且在研究中加入了农户土地规模和经营收益等重要变量。研究发现，在现阶段农户土地规模小、经营收益低的情况下，土地调整及其带来的地权不稳定并不是影响农户农业投资的主要因素，在保持非农就业机会不变的情况下，它也没有对土地租赁总量产生显著影响。显然，如果没有非农业机会，土地产权、土地买卖和租赁本身并不会扩大农户的平均经营规模；而如果土地经营规模不能扩大，农业用地就很难提供足够的经济租金并刺激农户投资。同时，由于农户规模小、农业用地价值低，即使进行土地产权和抵押制度改革，金融机构也不愿意接受农民的土地作为贷款抵押物。故土地产权也不是影响现阶段农地能否抵押的主要因素。相反，土地经营规模和收益的扩大有利于提高农户的还款能力并刺激放贷人放贷；而土地调整带来的地权不稳定并不严重影响农户土地经营规模和收益的稳定性，因而也不影响农户的信贷可得性。

总之，在现阶段和未来很长一段时间内，改革土地产权和抵押制度对农户农业生产投资的促进作用可能很小，扩大农户土地经营规模才是促进农户农业投资的关键；而农户土地经营规模的提高又有赖于提供大量而稳定的非农就业岗位。

本章的研究结果促使我们重新审视我国农户农业生产投资不足、农业效率低下以及农户农业收入不高的主要原因。提高农户农业收入的手段无非是增加农户农业资源的数量或者提高农业资源的收入。各种补贴政策（如价格支持、税费减免、粮食直补等）主要是通过提高土地收入（即地租）来提高农户的农业收入。这些政策在提高农户农业收入的同时无疑增加了农业生产中的地租成本、增加了农业生产的总体运行成本（包括农户和政府支付的成本），降低了农业生产效率。扩大农户经营规模、增加农户农业资源数量的政策才能既增加农户农业收入，又降低农业生产的劳动成本、提高农业生产效率。从本章的分析来看，土地产权在增加农户农业资源数量方面没有多大作用；扩大非农就业机会、减少农民数量才是增加农户农业资源数量的关键。

另外，近年来实行的各种农业政策已经使土地价值及其预期有了较大提高。由于土地没有买卖权，随着土地价值特别是转为非农用地以后的增值预期的提高，农民会不会持地待沽，并因此而不愿意放弃农民的身份从而对农村人口迁移和土地交易产生负面影响？这是一个有待研究的问题。

参 考 文 献

刘红梅, 王克强. 2000. 关于我国土地抵押贷款问题的研究[J]. 江西农业经济, （3）：9-10.

罗剑朝, 聂强, 张颖慧. 2003. 博弈与均衡：农地金融制度绩效分析——贵州省湄潭县农地金融制度个案研究与一般政策结论[J]. 中国农村观察, （3）：43-51.

马晓河, 崔红志. 2002. 建立土地流转制度, 促进区域农业生产规模化经营[J]. 管理世界, （11）：63-77.

钱忠好. 2002. 农村土地承包经营权产权残缺与市场流转困境：理论与政策分析[J]. 管理世界, （6）：35-45, 154, 155.

钱忠好. 2003. 农地承包经营权市场流转：理论与实证分析——基于农户层面的经济分析[J]. 经济研究, （2）：83-91, 94.

田传浩, 贾生华. 2004. 农地制度、地权稳定性与农地使用权市场发育：理论与来自苏浙鲁的经验[J]. 经济研究, （1）：112-119.

王兴稳, 纪月清. 2007. 农地产权、农地价值与农地抵押融资——基于农村信贷员的调查研究[J]. 南京农业大学学报（社会科学版）, 7（4）：71-75.

许庆, 章元. 2005. 土地调整、地权稳定性与农民长期投资激励[J]. 经济研究, （10）：59-69.

杨小凯, 江濡山. 2002. 中国改革面临的深层问题——关于土地制度改革[J]. 战略与管理, （5）：1-5.

姚洋. 1998. 农地制度与农业绩效的实证研究[J]. 中国农村观察, （6）：3-12.

姚洋. 2000. 中国农地制度：一个分析框架[J]. 中国社会科学, （2）：54-65.

姚洋. 2002. 效率, 抑或政治需要？——评《农村土地承包法》[J]. 南风窗, （9）：40, 41.

叶剑平, 蒋妍, 普罗斯特曼 R, 等. 2006. 2005 年中国农村土地使用权调查研究——17 省调查结果及政策建议[J]. 管理世界, （7）：77-84.

朱民, 尉安宁, 刘守英. 1997. 家庭责任制下的土地制度和土地投资[J]. 经济研究, （10）：

62-69.

Brandt L, 李果, 黄季焜, 等. 2004. 中国的土地使用权和转移权: 现状评价[J]. 经济学 (季刊), 3 (4): 951-982.

Carter M R, Olinto P. 2003. Getting institutions "right" for whom? Credit constraints and the impact of property rights on the quantity and composition of investment[J]. American Journal of Agricultural Economics, 85 (1): 173-186.

Feder G, Lau L J, Lin J, et al. 1992. The determinants of farm investment and residential construction in post-reform China[J]. Economy Development and Culture Change, 41 (1): 1-26.

Field E. Torero M. 2003. Do property titles increase credit access among the urban poor? Evidence from a nationwide tit ling program[Z].

Kung J K S. 2000. Common property rights and land reallocations in rural China: evidence from a village survey[J]. World Development, 28: 701-719.

第7章 为什么土地流转中存在零租金？[①]

现阶段广泛存在着不收取实物与货币租的非正式土地流转，这种零租金流转有别于20世纪初期实物与货币租高昂的土地租佃。本章从土地价值、转出户的人情交换需求以及转出户找到亲友来承租土地的可能性3个方面，将零租金现象解释为城镇化背景下隐性的人情租替代了总额不高的实物与货币租。研究发现，零散土地流转中货币租与人情租的确存在替代关系：不收取货币租的土地流转更多地发生在亲属间，并且，在不收取货币租时，转入户给转出户的节日送礼、照看老弱、生产帮扶等人情交换内容增加。利用Probit模型分析影响租金形式选择的因素，结果显示：由村组土地流转的实物与货币租水平、流转地块面积和土壤质量等决定的流转地块潜在的实物与货币租水平负向影响转出户对流转地块采用人情租的可能性；举家外出或没有男性青壮年常住在村的转出户更可能采用人情租；村组内土地转出户与转入户的数量比越高，人情租发生的可能性越低。人情租是城镇化发展不完全的产物，有其存在的合理性，而城镇化进一步发展使租金朝货币化方向演变。相关政策需适应形势变化，为正规土地流转市场的发展提供必要的制度保障。

7.1 引 言

中国当前的农村土地流转[②]具有很强的非正式性。2008年对17省（区、市）的调查显示，土地流转关系中 82.6%未签订合同，52.4%未约定期限，38.6%没有

[①] 原载《中国农村观察》2017年第4期，作者为陈奕山、钟甫宁、纪月清。
[②] 本章所指农村土地流转只涉及农村土地经营权的转包、出租。

实物和现金补偿（叶剑平等，2010）；根据钱忠好和冀县卿（2016）2013 年对江苏、广西、湖北和黑龙江 4 省（区）的调查，超过 30%的土地流转关系是无偿流转。土地非正式流转又被称作"不规范"流转①，经常被认为是土地流转市场发育不健全的表现。土地非正式流转在现阶段为何能够广泛存在？其背后的原因值得深入思考。

特别值得指出的是，现阶段人们司空见惯的不提前约定而且不收取实物与货币租的零租金土地流转②明显有别于 20 世纪初期及以前的土地租佃：土地租佃习惯以五成产出作为租金（赵冈和陈钟毅，2006a）；民国时期的租佃调查显示，各地的租金普遍高于四成产出（卜凯，1936；张心一，2014）。高租金是历史上土地租佃的常态，不收取实物与货币租非常罕见。研究零租金土地流转这一新现象的形成原因及变化，有助于理解土地流转的非正式性和发展正规土地流转市场的条件。现有相关研究已关注到土地流转中的低租金或零租金现象，注意到低租金或零租金流转更多地存在于亲友之间（Gao et al., 2012；张路雄，2012），并且低租金转入土地的亲友会为转出户提供一些帮助（贺雪峰，2011；田先红和陈玲，2013；杨华，2015）；还有学者认为，陌生承租人可能有事后机会主义行为（马元等，2009），农户为追求产权安全会在亲友之间进行低租金或零租金流转（刘芬华，2011；王亚楠等，2015）。根据这些解释，土地低租金或零租金流转都离不开"熟人社会""乡土性"这类中国社会特有的性质。但是，为何同样是熟人社会的背景，20 世纪初却租金高昂，即使承租者为亲友，也没有广泛出现零租金现象？

本章认为，可以从以下两条途径探寻现阶段零租金现象广泛存在的原因：首先，零租金既然是历史中的新现象，那就需要将其置于历史框架下来分析。如果决定租金的因素没有发生大的变化，现阶段依然会普遍存在高租金，不可能在一些地区广泛出现零租金现象；那么，哪些因素的改变导致了零租金广泛出现？其次，根据经济学理论，任何稀缺资源都不可能免费，因此，土地流转中的零租金应该是表面现象而非实质意义上的免费。很可能存在这样一种租金形式，它代替了提前明确约定的实物与货币租，只是其本身隐而不见。这种租金形式是什么？现阶段为什么会广泛出现这种租金形式？它未来是否还会存在？针对上述问题，

---

① 法律对土地的规范流转做了一些界定：《中华人民共和国农村土地承包法》第三十三条规定，土地承包经营权流转应遵循平等协商、自愿、有偿原则；第三十七条规定，当事人双方应当签订书面合同，流转合同一般包括流转的期限和起止日期、流转价款及支付方式、违约责任等。对土地流转交易进行了更细致的规定。

② 需要说明的是，取消农业税后有些土地转出户不收取实物和货币租，与取消农业税前不收实物和货币租甚至"倒贴"钱给土地转入户是不同的。取消农业税前，部分土地转出户在明确将农业税负担转移给土地转入户后不收租甚至"倒贴"少量钱，综合计算土地转出户少缴的农业税负担和这一"倒贴"，他们仍有收益，这样的农户不能被视为不收租。为避免混淆两者，本章所分析的"零租金"专指取消农业税后土地流转中不收取实物和货币租的情形。

本章尝试基于历史比较和实证分析阐述以下理论观点：零租金的实质是，在现阶段城镇化发展不完全的背景下，不明确约定的人情租替代了明确约定的实物与货币租；随着城镇化的进一步推进，在大量农户转出土地的同时，只有少量规模经营农户转入土地，土地流转中的人情交易将减少，零租金现象也将减少。

相比于已有相关文献，本章首次从租金形式及其演变的角度考察零租金现象。结合不同时期土地流转特征的对比，本章试图讨论现阶段零租金现象广泛存在的原因及未来变化，并利用江苏省农户调查数据分析零租金土地流转中的交换内容和影响租金形式选择的因素。

7.2 分析框架和研究假说

7.2.1 人情是一种土地租金形式

租金是土地所有权的经济实现形式，是超额利润的转化，只有在经营者同时是土地所有者的情况下，经营者才不用支付土地租金（马克思，2003）。现阶段，中国的土地归国家或集体所有，农户拥有排他性的土地承包经营权，土地经营权的流转也必然产生租金。租金有多种形式，中国历史上长期存在劳役、实物、货币3种租金形式，不同时期、不同地区占主导地位的租金形式不同（刘潇然，2012；赵冈和陈钟毅，2006b）。不同租金形式之间有演进和更替，土地转出者会选择最有利的一种形式。而且，不论是采取定额、分成还是其他合约方式（张五常，2000），也不论是以劳役还是实物或货币形式出现（钱俊瑞，2002），租金一般在土地交易前就会被约定好。

现阶段，占主导地位的租金形式是货币租，采用实物租的土地流转发生比例非常小，有人身依附色彩的劳役租更是极为罕见。假定现阶段租金只有实物与货币两种形式，则可以发现，实践中存在大量零租金现象。转入户既然转入土地，就说明这些土地仍有利用价值，仍可产生超额利润，并非无利可图。转出户在出租有价值的土地时不提前约定租金形式及其数额，这可以被理解为存在其他特殊形式的租金。现阶段，中国的土地流转多发生在亲友之间，原因是人情交换更容易发生在有长期交往关系的亲友之间（应星，2010），而亲友之间的土地流转具有长期性和隐蔽的特征（费孝通，1985；翟学伟，2004）。所以，有理由认为，亲友之间的土地流转可能以隐蔽的人情租代替了显性的实物与货币租。将人情视作一种特殊的交易媒介并从"理性人"的视角来审视，转出户将土地以零租金方式流转给亲友很可能是一种"还人情"，或是增加人情、以备后用的方式。转入户承租土地，就默认了"承情"，也需要在事后对转出户提供一些帮助或给予一些馈赠来"还人情"。由此，本章提出假说7-1。

假说7-1：没有实物与货币租的土地流转中包含有更多的人情交换内容。

7.2.2 土地租金人情化的原因分析

中国社会长期以来是人情社会，为什么只在现阶段才广泛存在以人情租代替其他形式租金的情况？本章认为，现阶段许多土地流转中出现租金人情化的原因包括以下3个方面：一是土地的潜在租金水平降低，并且在土地均分制度下每户只有面积很小、总价不高的地块可供转出；二是城镇化发展的不完全使得转出户利用土地交换人情的需求增加；三是现阶段仍有大量农户愿意转入土地，转出户容易找到愿意并且能够"承情"的亲友来承租土地。

（1）土地价值大小、土地分配格局与土地租金人情化。在传统农业社会，技术进步缓慢，社会缺乏非农就业机会，人口膨胀导致土地租金高昂。在现阶段，农业技术进步、人口增长放缓以及国际贸易发展等因素使农产品的实际价格和土地的边际价值下降；非农就业机会增加使劳动力不必再局限在农业产业内部就业，劳动成本上升进一步降低了土地租金[①]。对农产品生产成本的统计分析结果显示：2014年，水稻、小麦、玉米3种粮食的亩均土地成本（含自营地折租）占亩均总产值的比例为17.09%（国家发展和改革委员会价格司，2015）；根据农业部农村固定观察点2011年的调查数据，转出土地且收取租金的农户平均收取了占土地产值25.7%的租金。总体上来看，现阶段土地的潜在租金水平已经下降很多，一些缺乏利用价值的土地甚至被撂荒。潜在租金水平的下降使土地转出户放弃实物与货币租而选择人情租的机会成本降低。不过，如果农户转出的土地面积较大，则他们通常不会放弃实物与货币租，而完全可以综合采用不同租金方式来流转土地。因此，需要考虑不同时期的土地分配状况。

20世纪初及以前，社会缺少其他就业和投资机会，购买土地是相对可靠的投资。对于这一时期的土地分配状况，学界比较一致的结论是少数地主、富农集中了大量土地，他们将土地租给众多土地不足的佃农或半自耕农（李金铮，2012）。若按地主和富农户数合计占农户总数10%（白寿彝，1999）的比例大体推算，土地转出户和潜在转入户的数量比为1∶9。同时，20世纪初存在一定比例的"不在地主"，租佃双方陌生（珀金斯，1984；安宝，2013）。因此，这一时期土地流转的特征是少数地主、富农将土地租给占多数的佃农、半自耕农，且双

[①] 现阶段农产品实际价格和土地实际租金下降均是在与新中国成立前或与传统农业社会的情况进行对比后得出的结论。

方很可能相互陌生。对于"不在地主"而言，土地供需双方陌生使得承租者不可能基于人情来免交租金；对于"在村地主"而言，他们面对大量潜在土地转入户，可能会给极少数关系密切的转入户提供基于人情的租金优惠，但在潜在租金水平居高不下的情况下仍可能收取高额实物与货币租。对比之下，现阶段家庭承包经营制以公平为原则，在村庄内对集体土地进行均分，承包经营权分散化。每家每户承包的土地面积小（地块面积更小），加之租金水平低，农户出租土地所能取得的实物与货币租的总额并不高①。在这种情况下，人情租就可能替代实物与货币租。据此，本章提出假说 7-2。

假说 7-2：流转地块潜在的实物与货币租水平越低，转出户越可能选择人情租并放弃实物与货币租。

（2）城镇化发展的不完全性与土地租金人情化。以下分 3 个方面来阐述。

第一，现阶段农村外出务工人员的许多亲友仍留在农村，他们之间的人情交换可表现为农村亲友提供生产和生活帮扶、外出务工人员提供土地。人情交换具有情感交流与分散风险的功能，并非实物与货币交换所能完全替代。人情交换具有长期性、往复性，更容易发生在亲友间。在建立起就业地的社会关系网之前，农村外出务工人员多数仍需要与家乡亲友进行人情交换。后者可以为前者提供一些必要的帮助，前者却难以通过类似帮助来"还人情"，在此情况下，零租金土地流转便成为人情交换的重要内容。如果亲友有扩大土地经营规模的需求，而外出务工人员将土地流转给亲友以外的农户，将有损于双方已有的人情积累，不利于双方继续进行人情交换。

第二，在城镇化发展不完全的背景下，农村劳动力转移多遵循青壮年尤其是男性青壮年外出，老幼、妇女留守的模式。青壮年劳动力外出的农户面临留守人口的照看问题，而留守人口的照看需求具有不定时性，他们往往只在生病等特殊情况下才需要他人照看。同时，农村人口居住分散，没有形成专业的照看服务市场。因此，他们更需得到亲友的偶尔照看。除留守人口的照看需求外，仍从事农业生产的老年人、妇女因技术不足或相关社会化服务缺乏等，可能需要在某些生产环节接受帮扶。留守人口的这些需求较难通过雇佣服务来满足，亲友的照看和帮忙为他们这些需求的满足提供了有益的支持（叶敬忠和贺聪志，2008；叶敬忠和潘璐，2008）。在这种情况下，有老幼、妇女等留守人口的农户将土地以零租金方式流转给需要扩大土地经营规模的亲友，后者"承

---

① 2013 年 3 种粮食（水稻、小麦、玉米）、蔬菜、苹果的亩均土地成本分别是 181.36 元、279.91 元、337.97 元（国家发展和改革委员会价格司，2014），当年全国土地承包户的户均承包地面积为 5.77 亩（农业部，2014），农村居民人均纯收入为 6 977.3 元（国家统计局农村社会经济调查司，2014）；农户户均人口规模为 3.19 人（国家统计局人口和就业统计司，2014）。据此计算，如果农户将全部承包地出租给粮食、蔬菜、苹果种植户，所得租金占当年农户纯收入的比例分别为 4.70%、7.25%、8.76%。

情"后会默契地对前者家中的留守人口提供必要的照看和帮助，这是符合中国人情社会情境的交换方式。

第三，在非农就业不稳定的状况下，农村外出务工人员保留土地使用权的需求加大了以土地经营权换人情的可能。在现阶段，大部分农村外出务工人员就职于非正规部门（万向东，2008）或制造业、建筑业、服务业的低技术岗位，其非农就业仍不稳定，土地为他们提供了外出务工的退路。虽然部分农户因外出务工而转出土地，但如果他们预期非农就业和获得非农收入的前景不可靠，或仍打算年老时返乡务农，或预期土地未来可能非农化从而有升值空间，他们就不会彻底转出土地。如果农户将土地流转给没有长期交往关系、缺乏信任基础的人，则可能会有产权保护方面的顾虑，出租土地（或撂荒）也可能被村集体视为不需要土地，在没进行土地确权的地区，土地承包权有可能被重新分配给其他农户；并且，农户将土地流转给陌生人会产生签约成本。相比之下，亲友之间存在"道义经济"（斯科特，2001）：外出务工人员将土地以零租金方式流转给亲友，让其暂代经营，可以避免长期撂荒后土地板结、杂草丛生的问题，外出务工人员也可以在土地调整时再回村争取土地承包权，并在需要时随时收回土地经营权；此外，亲友之间的土地流转更为直接，能够节省签约成本。基于上述分析，本章提出假说7-3。

假说 7-3： 举家外出或无男性青壮年常住在村的转出户选择人情租的可能性更高。

（3）能够承租土地的亲友数量与土地租金人情化。人情交换是双方的。上文已指出，在现阶段城镇化发展不完全的背景下，转出户有拿土地经营权换人情的单方需求。那么，需进一步考虑的是，现阶段有多少转入户能够"承情"。人情交换不可能轻易地发生在陌生人之间，需要有血缘或前期交往关系做基础。对于某一土地转出户而言，如果他熟悉的亲友中没人愿意扩大土地经营规模，或这些亲友已"承情"转入其他农户的土地，无法再向其提供有效的人情帮扶，则不具备租金人情化的条件。中国实行改革开放已约40年，在这个进程中大量农村劳动力转移至非农产业，转出土地的农户数量逐渐增加。同时，农村仍然有大量农业经营户[①]。现阶段土地流转的特征如下：一定数量的转出户将土地流转给一定数量的有扩大经营需求的农户，转出户能够在一定数量的潜在转入户中选择。根据农业部农村固定观察点村级调查数据，2004~2011年，村庄内土地转出户与转入户数量比的均值虽然由1.2∶1上升至2.5∶1，但两者的户数对比并不悬殊。因

[①] 2013年底，转出土地的农户占全部承包户的比例只有22.9%（农业部，2014）；2014年底，第一产业从业人数仍接近2.3亿（国家统计局，2015）。

此，现阶段转出户仍较容易找到能够承租土地的亲友[①]。

但是，随着城镇化的进一步推进，村庄或村民小组（以下简称"村组"）内土地转出户与转入户的数量比将不断提高。转出户将越来越难以找到有前期交往基础的农户来承租土地。反过来讲，面对越来越多的转出户，转入户不可能与其中的大部分农户有前期交往的基础，进而提供基于人情的帮扶，也缺乏对多户人家提供人情帮扶的人力。衡量转出户找到能承租土地亲友（或衡量转入户对转出户提供人情帮扶）的难度的一个指标是村组内土地转出户与转入户的数量比，该比值越高，转出户越难以找到能够承租土地的亲友（或转入户越难以对转出户提供人情帮扶）。本章提出假说7-4。

假说7-4：村组内土地转出户与转入户的数量比越高，土地流转租金人情化的可能性越低。

以上4个假说的逻辑联系可归纳如下：人情租和实物与货币租之间存在替代关系，转出户可能在潜在的实物与货币租总额不高时选择人情租。特别地，举家外出户或无男性青壮年常住在村的转出户有更强的动机选择人情租，但其选择受村组内土地转出户与转入户数量比的约束。

7.3 实证分析方法和数据来源

7.3.1 变量选择和实证分析方法

为了检验实物与货币租和人情租之间的替代性，本章将对比流转地块在有和没有实物与货币租两种情况下人情交换的差异，从而检验假说7-1。人情交换具有长期、隐蔽和难以计算的特征，这使人情租难以得到衡量。出于简便、内容统一、结果可比的考虑，本次调查尝试观察部分人情交换的表现，询问转出户在固定一段时间内有关人情事项的发生情况，具体包括生产帮扶、照看老弱、节日送礼、延缓债务。询问转出户的问题如下："最近1年土地转入户有没有无偿帮您家干过农活？""最近1年土地转入户有没有帮您家照看过老人、儿童、病人？""最近1年土地转入户有没有逢年过节送您家一些农产品或礼品？""转出土地前您家有没有欠土地转入户钱？"

[①] 不排除以下情况：在少数地区，转出户可能不容易找到愿意支付实物与货币租的转入户，因此只能把土地流转给不愿出钱的亲友。但是，本章认为，这可能不是普遍情形。取消农业税以后，农业生产中的土地成本和土地流转租金呈上升趋势。现阶段，仍有大量农户愿意支付实物与货币租来转入土地，在本章研究区域——江苏省更是如此。

不可否认，某些收取低水平实物与货币租的土地交易也有人情交换的成分；只有当不收取实物与货币租时，租金才完全人情化。为简化起见，本章在数据处理时将流转地块没有实物与货币租的情形定义为农户对流转地块采用人情租；反之，则为采用实物与货币租。根据上文分析，潜在的实物与货币租水平、农户的人情交换需要、农户找到亲友承租土地的可能性是影响租金形式选择的 3 个方面因素。其中，流转地块潜在的实物与货币租水平越低，转出户选择人情租的机会成本越低。本章使用村组土地流转的实物与货币租水平（村组内土地流转中实物与货币租的中值）、流转地块面积、流转地块土壤质量 3 个解释变量来表示流转地块潜在的实物与货币租水平。转出户根据实际需要选择租金形式，在城镇化发展不完全的背景下，举家外出或虽未举家外出、但无男性青壮年常住在村的转出户更可能采用人情租。因此，本章在模型中加入转出户是否举家外出、是否无男性青壮年常住在村这两个农户类型变量。转出户最终是否选择人情租还要看其是否易于找到能够承租土地的亲友。为此，本章在模型中引入村组内土地转出户与转入户的数量比作为解释变量。除了上述变量，考虑到其他地区因素可能对租金形式选择有影响，本章在模型中控制了地区虚拟变量；考虑到在流转土地占承包地面积的比例较大时，农户可能综合采用不同租金形式，本章在模型中控制了农户流转土地所占比例。

本章使用 Probit 模型来实证分析影响农户对流转地块采用的租金形式的因素，建立模型如下：

$$P(y=1|x_1,x_2,\cdots,x_k)=\Phi(\alpha+\beta_1 x_1+\beta_2 x_2+\cdots+\beta_k x_k)$$

其中，$y=1$ 表示农户对流转地块采用人情租，$y=0$ 表示采用实物与货币租；$x_1,x_2,\cdots,x_k$ 表示影响土地流转租金形式选择的解释变量；α 表示截距项；$\beta_1,\beta_2,\cdots,\beta_k$ 表示回归系数，指解释变量对被解释变量的影响程度。

7.3.2 数据来源和样本基本描述

本章研究采用南京农业大学"农村资源与人口流动"调查组于 2015 年 7~8 月在苏北 4 市（连云港、徐州、宿迁、盐城）、苏中 2 市（南通、扬州）、苏南 3 市（苏州、无锡、常州）的 18 个县（区、市）开展的调查。江苏省不同地区的就业条件、土地流转规模存在明显差异，有利于分析不同就业条件和土地流转规模下租金形式的差异。调查过程如下：首先，根据经济总量排序选取样本县，在南京高校挑选并培训来自样本县农村的学生联络员作为"内部联络员"（每县 3~4 位联络员，每位联络员负责联系所在村民小组）。其次，在南京农业大学挑选并培训调查员，由联络员协助调查员前往 65 个样本村民小组（即联络员所在村民小组)开展入户调查。在每一个村民小组,调查员通过以地查户方式确定受访农户名单。具体做法如下:以随机方式提前确定一大片土地,按照从左至右、从北往南的次序逐一列出这片土地上的承包户名单,选择排在前面的约 25 户转出户开展调查。这一名单在确定后就不再换户。若其中有农户因家庭成员外出务工、年老、因事外出等情况而无法开展调查,则通过调查其亲戚、邻居、村民小组组长的方式来采集相关信息,并对无法直接调查到的土地转出户进一步补充调查相应的土地转入户,对两方面采集到的信息进行对照以核实相关信息。此次调查共访问了 1 625 户农户,采集到农户连片转出的 1 055 块地块以及非连片转出的 881 块地块的信息。由于地块连片流转是多户联合决策或村干部主导决策的结果,无法反映农户的自主选择,连片流转也基本收取实物与货币租,并不能体现租金形式的差异,故本章将集中分析农户自发和零散流转的地块。此次调查共得到分布于江苏省 8 个市[①]、56 个村民小组的 446 户农户,涉及 881 块地块的流转信息,形成了 570 对转入户—转出户的流转关系。样本的地区分布情况见表 7-1。

表7-1 样本农户、流转地块和流转关系的地区分布

地区	样本市	样本农户 户数/户	比例	流转地块数/块	比例	流转关系数[a]/对	比例
苏北	连云港	46	10.31%	99	11.24%	53	9.30%
	徐州	38	8.52%	84	9.53%	55	9.65%
	宿迁	83	18.61%	207	23.50%	112	19.65%
	盐城	41	9.19%	89	10.10%	50	8.77%
苏中	南通	42	9.42%	66	7.49%	50	8.77%
	扬州	63	14.13%	91	10.33%	71	12.46%
苏南	常州	77	17.26%	138	15.66%	100	17.54%
	无锡	56	12.56%	107	12.15%	79	13.86%
合计		446	100.00%	881	100.00%	570	100.00%

a. 如果转出户将不同地块转给同一户,则只计为一对流转关系

样本农户户均承包地为 4.29 亩;有 20% 农户的承包地面积小于 2 亩,承包地面积不低于 2 亩但小于 4 亩、不低于 4 亩但小于 8 亩、不低于 8 亩的农户所占比例分别为 34%、35% 和 11%。样本农户的承包地平均被分成 3.33 块,地块数不多于 2 块、为 3~4 块和多于 4 块的农户所占比例分别为 39%、40% 和 21%。样本农户户均有 3.83 人,家庭人口数不多于 2 人、为 3~4 人和多于 4 人的农户所占比例

---

① 调查范围原本包括 9 个市,其中,苏州市样本没有出现土地零散流转情况,因此,没能包含在本章分析中。

分别为24%、41%和35%；大于16周岁、小于60周岁且已不上学的青壮年劳动力平均每户有2.2人；在村居住半年以上的人口平均每户有1.86人，其中，平均每户有青壮年劳动力0.84人（男性0.38人、女性0.46人）。可见，江苏省样本农户的户均承包地面积小，土地细碎化特征明显，农村青壮年特别是农村男性青壮年多外出从事非农产业。

主要变量的描述性统计分析结果列于表7-2。根据表7-2可以看出，42%的地块在零散流转中没有实物与货币租，说明零租金现象确实广泛存在。对样本的分析结果显示，流转地块细碎化特征明显，但土壤质量较好；土地转出户中举家外出户的比例较大；村组内土地转出户与转入户的数量比不高的事实表明，江苏省土地流转规模总体上仍不大。

表7-2 主要变量的描述性统计分析结果

变量名称	变量含义与赋值	观测值个数/个	均值	标准差	最小值	最大值
流转地块的租金形式	实物与货币租=0，人情租=1	881	0.42	0.49	0	1
村组土地流转的实物与货币租水平	村组内土地流转中实物与货币租的中值（元/亩）	56	523.30	211.48	200	1 000
流转地块面积	所流转地块的面积（亩）	881	1.37	1.14	0.05	10
流转地块土壤质量：好	其他=0，好=1	881	0.67	0.47	0	1
流转地块土壤质量：中	其他=0，中=1	881	0.26	0.44	0	1
流转地块土壤质量：差	其他=0，差=1	881	0.07	0.26	0	1
农户举家外出 [a]	否=0，是=1	446	0.34	0.47	0	1
农户未举家外出、但无男性青壮年常住在村 [b]	否=0，是=1	446	0.33	0.47	0	1
农户流转土地所占比例	流转土地面积占农户承包地面积的比例	446	0.76	0.30	0.05	1
村组内土地转出户与转入户的数量比	村组内土地转出户数与转入户数的比值	56	5.35	6.68	0.11	24

a. 农户举家外出指一年中农户所有家庭成员在村居住时间都不超过半年。b. 无男性青壮年常住在村指农户未举家外出、但男性青壮年家庭成员一年中在村居住时间都不超过半年（包括家中没有男性青壮年的情况），其中，青壮年家庭成员指年龄大于16周岁、小于60周岁且在调查年份的上半年已不上学的家庭成员

7.4 结果与分析

7.4.1 关于两种租金形式间替代性的检验

根据本次调查结果，收取实物租的流转地块数量仅占0.4%，所以，下文以

"货币租"来统称实物租和货币租两者。表 7-3 列出了土地流转是否收取货币租与 4 种形式人情租的分布情况。

表7-3 土地流转是否收取货币租与4种形式人情租的分布情况

是否收取货币租	指标	流转地块	其中，转入户给转出户的人情租				指标	流转关系	其中，转入户给转出户的人情租			
			生产帮扶	照看老弱	节日送礼	延缓债务			生产帮扶	照看老弱	节日送礼	延缓债务
收取	地块数/块	508	15	24	28	2	关系对数/对	336	9	11	14	1
	比例	—	2.95%	4.72%	5.51%	0.39%	比例	—	2.68%	3.27%	4.17%	0.30%
不收取	地块数/块	363	84	77	107	2	关系对数/对	234	53	43	72	2
	比例	—	23.14%	21.21%	29.48%	0.55%	比例	—	22.65%	18.38%	30.77%	0.85%

注：由于10块流转地块的人情租信息缺失，表中的有效流转地块数为871块。不同形式的人情租可能同时出现

表 7-3 显示，在收取货币租的流转地块或流转关系中，转入户给转出户生产帮扶、照看老弱、节日送礼、延缓债务的比例都低于 6%；在不收取货币租的流转地块或流转关系中，转入户给转出户生产帮扶、照看老弱的比例约为 20%，节日送礼的比例约为 30%。也就是说，如果土地流转不收取货币租，则出现上述 3 种形式人情租的比例将大幅度提高。另外，在不收取货币租的流转关系中，双方有债权债务关系的比例略高。表 7-3 表明，货币租和人情租两者之间存在替代性，但由于人情交换具有长期性和隐蔽性，故在 234 对不收取货币租的流转关系中，仍有 147 对（占62.8%）没有出现上述 4 种形式的人情租。考虑到亲友之间更易发生人情交换，本章进一步考察不同流转关系中 4 种形式人情租的分布情况（表 7-4）以及在土地流转是否收取货币租以及流转双方关系与转入户身份类型的分布情况（表 7-5）。

表7-4 不同流转关系中4种形式人情租的分布情况

转入户给转出户的人情租	双方关系			转入户身份类型		
	亲属	相交10年以上的朋友	非亲非故	本组农户	组外农户	组外农户且与转出户非亲非故
生产帮扶	25.65%	0.88%	0.45%	15.19%	3.83%	0.66%
照看老弱	22.17%	0.88%	—	12.89%	3.35%	—
节日送礼	33.33%	5.31%	1.37%	21.61%	4.81%	1.32%
延缓债务	1.32%	—	—	0.87%	—	—

注：非亲非故指既非亲属，也非相交10年以上的朋友，下同

表7-5 土地流转是否收取货币租以及流转双方关系与转入户身份类型的分布情况

是否收取货币租	指标	流转关系	双方关系			转入户身份类型		
			亲属	相交10年以上的朋友	非亲非故	本组农户	组外农户	组外农户且与转出户非亲非故
收取	关系对数	336	78	64	194	154	182	146
	比例	100.00%	23.21%	19.05%	57.74%	45.83%	54.17%	43.45%
不收取	关系对数	234	152	50	32	201	33	7
	比例	100.00%	64.95%	21.37%	13.68%	85.90%	14.10%	2.99%

表7-4显示，流转双方为亲属关系的土地流转中更可能出现上述4种形式的人情租；当流转双方为朋友关系时，出现人情租的流转地块比例大幅下降；当流转双方非亲非故时，则出现上述4种形式人情租的流转地块比例小于2%。类似地，当转入户为本村民小组成员时，出现上述4种形式人情租的流转地块比例最高；当转入户是本村民小组外（简称"组外"）农户时，出现上述4种形式人情租的流转地块比例大幅下降；当转入户是组外农户且与转出户非亲非故时，出现上述4种形式人情租的流转地块比例小于2%。因此，人情租主要存在于熟悉的亲友或同一村民小组的农户之间，相互陌生或来自不同村组的农户之间出现人情租的情况非常少。根据表7-5，当土地流转收取货币租时，57.74%的流转关系中转入户与转出户非亲非故，54.17%的流转关系中转入户是组外农户；当不收取货币租时，13.68%的转入户与转出户非亲非故，只有14.10%的转入户是组外农户，2.99%的转入户是组外农户且与转出户非亲非故。可以推断，转出户将土地以零租金方式流转给陌生农户的可能性非常低。当转出户不收取货币租时，他们主要把土地流转给亲友。但是，当转出户将土地流转给亲友时，他们仍可能收取货币租。在此意义上，将不收取实物与货币租视同于收取人情租具有合理性。上述结果支持了假说7-1。

7.4.2 土地流转中租金形式选择的影响因素分析

表7-6中方程一和方程二分别是控制地区虚拟变量与地级市虚拟变量的模型回归结果。从结果看，模型整体显著，各主要变量的系数符号和显著性状况基本符合预期。

表7-6 土地流转中租金形式选择的Probit模型回归结果

变量	方程一：控制地区虚拟变量			方程二：控制地级市虚拟变量		
	系数	标准误	边际效应	系数	标准误	边际效应
村组土地流转的实物与货币租水平（百元）	−0.15***	0.03	−0.05***	−0.13***	0.04	−0.04***

续表

变量	方程一：控制地区虚拟变量			方程二：控制地级市虚拟变量		
	系数	标准误	边际效应	系数	标准误	边际效应
流转地块面积	−0.12***	0.04	−0.04***	−0.04	0.05	−0.01
土壤质量：中	0.009	0.109	0.003	0.074	0.119	0.024
土壤质量：差	0.523***	0.192	0.180***	0.453**	0.205	0.148**
农户举家外出	0.60***	0.124	0.21***	0.56***	0.13	0.19***
未举家外出但无男性青壮年常住在村	0.36***	0.12	0.12***	0.27**	0.13	0.09**
农户流转土地所占比例	0.23	0.18	0.08	0.41**	0.19	0.13**
村组内土地转出户与转入户的数量比	−0.04***	0.01	−0.01***	−0.04***	0.01	−0.01***
常数项	0.33	0.24	—	0.137	0.26	—
地区虚拟变量（苏北、苏中、苏南）	已控制			—		
地级市虚拟变量	—			已控制		
卡方检验统计量	156.19			211.34		
伪 R^2	0.130 5			0.176 6		

和*分别表示在5%和1%水平上显著

注：限于篇幅，没列出地区和地级市虚拟变量的回归结果

从流转地块潜在的实物与货币租水平相关变量的影响来看，村组土地流转的实物与货币租水平越高、流转地块面积越大（当控制地区虚拟变量时），转出户越不可能对流转地块采用人情租；相比于土壤质量好的地块，转出户对土壤质量差的地块采用人情租的可能性更高。在控制了地区虚拟变量后，村组土地流转的实物与货币租水平每提高 100 元，转出户对流转地块采用人情租的可能性降低 5%；流转地块面积每增加 1 亩，转出户采用人情租的可能性降低约 4%；相比于土壤质量好的地块，转出户对土壤质量差的地块采用人情租的可能性提高约 18%。在控制了地级市虚拟变量后，流转地块面积的影响不再显著，这可能与不同地级市之间地块面积的整体大小存在系统性差异有关。总体来看，流转地块潜在的实物与货币租水平越低，人情租代替实物与货币租的可能性确实会越高，这验证了假说 7-2。这个结果显示，在流转地块价值较低的情况下，转出户采用人情租的可能性较高，反之则较低。20 世纪初期土地的价值较高，土地租佃中采用人情租的情况很少，而现阶段土地的价值下降，转出户可能采用人情租。

从转出户类型相关变量的影响看，举家外出户对流转地块采用人情租的可能性显著更高，高出约 20%；未举家外出但无男性青壮年常住在村的转出户采用人情租的可能性也显著更高，高出约 10%，这验证了假说 7-3。在现阶段，举家外出户有农地产权保护需求，留守户有留守人口照看和帮扶需求，这两类农户可能

借助土地流转进行人情交换，满足以上需求。

从村组内土地转出户与转入户的数量比的影响来看，这一比值每增加 1，流转地块采用人情租的可能性下降约 1.2%。这验证了假说 7-4。随着转出户数量的增加和农业经营户数量的减少，转出户越来越难以找到可以承租土地和进行人情交换的亲友，因而采用人情租的土地流转交易会不断减少。

7.5　结论与进一步讨论

本章从人情租的视角分析了零租金土地流转现象，将其解释为在城镇化发展不完全的背景下，农户为满足土地产权保护、照看留守人口、生产帮扶等需求而把低价值土地"无偿"转让给亲友以交换人情。来自江苏省的农户调查数据验证了本章的假说。本章研究结论可用于解释零租金现象在各地分布的差异：例如，与东部地区相比，中西部地区土地流转中零租金现象更多，其原因之一是农村留守家庭主要分布在中西部地区；四川省土地流转中零租金现象较多，这与当地地形主要是丘陵且地块狭小有关；东北地区土地流转中零租金现象很少，这与当地地块面积较大有关；非农就业条件好、村组内土地转出户与转入户的数量比较高的地区，较少出现零租金现象。

本章结论的政策含义如下：土地流转中零租金是农户之间的一种隐性人情交换，有其存在的合理逻辑，促进土地流转的政策不能强制性地要求流转租金货币化和显性化。土地流转中存在人情租的原因在于城镇化发展仍不完全，因此，需要继续促进农村劳动力转移和人口城镇化。通过合理方式整合地块、降低土地细碎化程度也可以促进流转租金货币化。随着城镇化的进一步推进，人情租将显性化为货币租，相关政策需要适应形势变化，为正规土地流转市场的发展提供必要的制度保障。与本章研究相关的后续政策问题有两个方面：一是"不在地主"问题。城镇化的进一步推进将导致有承包地却举家定居城镇的小规模"不在地主"广泛出现。在什么条件下，未来的"不在地主"会更愿意彻底放弃土地？如果不愿意放弃土地，他们的土地流转方式和租金收取方式与现阶段相比可能有何不同？特别地，在城镇长大的"农二代""农三代"务工者又会采用什么租金收取方式？二是农业经营主体问题。在传统社会，除家族整体迁移这一情况外，外来人口常住另一个村庄的方式往往是与当地人结婚或从事其他非农职业，而较少在当地经营土地[①]。随着时代变迁，在现阶段，到其他村庄转入土地来经营的外来户已经出现——虽然这类外来户依然占少数。未来的土地经营主体将主要是"本

---

① 参见费孝通（2005）根据对江村的调查所做的描述。

地户"还是"外来户"？外来土地经营者与本地土地转出户如何决定土地利用方式，双方如何在土地流转中进行权责界定、生产风险分担、产出分配？在大范围实现规模流转和规模经营之前，有必要进一步深入讨论这两方面问题。

参 考 文 献

安宝. 2013. 离乡不离土：二十世纪前期华北不在地主与乡村变迁[M]. 太原：山西人民出版社.
白寿彝. 1999. 中国通史（第十二卷）[M]. 上海：上海人民出版社.
卜凯. 1936. 中国农家经济[M]. 张履鸾译, 上海：商务印书馆.
费孝通. 1985. 乡土中国[M]. 北京：生活·读书·新知三联书店.
费孝通. 2005. 江村经济——中国农民的生活[M]. 北京：商务印书馆.
国家发展和改革委员会价格司. 2014. 全国农产品成本收益资料汇编 2014[M]. 北京：中国统计出版社.
国家发展和改革委员会价格司. 2015. 全国农产品成本收益资料汇编 2015[M]. 北京：中国统计出版社.
国家统计局. 2015. 中国统计年鉴 2015[M]. 北京：中国统计出版社.
国家统计局农村社会经济调查司. 2014. 中国农村统计年鉴 2014[M]. 北京：中国统计出版社.
国家统计局人口和就业统计司. 2014. 中国人口统计年鉴 2014[M]. 北京：中国统计出版社.
贺雪峰. 2011. 取消农业税后农村的阶层及分析[J]. 社会科学, （3）：70-79.
黄宗智. 2013. 华北的小农经济与社会变迁[M]. 北京：法律出版社.
李金铮. 2012. 中国近代乡村经济史研究的十大论争[J]. 历史研究, （1）：171-189.
刘芬华. 2011. 究竟是什么因素阻碍了中国农地流转——基于农地控制权偏好的制度解析及政策含义[J]. 经济社会体制比较, （2）：26-34.
刘潇然. 2012. 土地经济学[M]. 郑州：河南大学出版社.
马克思 K H. 2003. 马克思恩格斯全集（第46卷）[M]. 中共中央马克思恩格斯列宁斯大林著作编译局译. 2版. 北京：人民出版社.
马元, 王树春, 李海伟. 2009. 对农地转租中低地租现象的一种解释[J]. 中国土地科学, 23（1）：24, 25-28.
农业部. 2014. 中国农业年鉴 2014[M]. 北京：中国农业出版社.
珀金斯 D H. 1984. 中国农业的发展：1368—1968[M]. 宋海文, 等译, 上海：上海译文出版社.
钱俊瑞. 2002. 中国地租的本质[C]//中国社会科学院科研局. 钱俊瑞集. 北京：中国社会科学出版社：46-67.
钱忠好, 冀县卿. 2016. 中国农地流转现状及其政策改进——基于江苏、广西、湖北、黑龙江四省（区）调查数据的分析[J]. 管理世界，（2）：71-81.

斯科特 J C. 2001. 农民的道义经济学：东南亚的反叛与生存[M]. 程立显、刘建，等译，南京：译林出版社.

田先红，陈玲. 2013. 地租怎样确定?——土地流转价格形成机制的社会学分析[J]. 中国农村观察，（6）：2-12.

万向东. 2008. 农民工非正式就业的进入条件与效果[J]. 管理世界，（1）：63-74.

王亚楠，纪月清，徐志刚，等. 2015. 有偿 vs 无偿：产权风险下农地附加价值与农户转包方式选择[J]. 管理世界，（11）：87-94，105.

杨华. 2015. 中国农村的"半工半耕"结构[J]. 农业经济问题，（9）：19-32.

叶剑平，丰雷，蒋妍，等. 2010. 2008年中国农村耕地使用权调查研究——17省份调查结果及政策建议[J]. 管理世界，（1）：64-73.

叶敬忠，贺聪志. 2008. 静寞夕阳——中国农村留守老人[M]. 北京：社会科学文献出版社.

叶敬忠，潘璐. 2008. 中国农村留守人口之留守儿童：别样童年[M]. 北京：社会科学文献出版社.

应星. 2010. "气"与中国乡土本色的社会行动——一项基于民间谚语与传统戏曲的社会学探索[J]. 社会学研究，（5）：111-129.

翟学伟. 2004. 人情、面子与权力的再生产——情理社会中的社会交换方式[J]. 社会学研究，（5）：48-57.

张路雄. 2012. 耕者有其田——中国耕地制度的现实与逻辑[M]. 北京：中国政法大学出版社.

张五常. 2000. 佃农理论——应用于亚洲的农业和台湾的土地改革[M]. 易宪容译. 北京：商务印书馆.

张心一. 2014. 中国农佃问题的一点材料//李文海. 民国时期社会调查丛编：乡村经济卷（下）. 福州：福建教育出版社：206.

赵冈，陈钟毅. 2006a. 中国经济制度史论[M]. 北京：新星出版社.

赵冈，陈钟毅. 2006b. 中国土地制度史[M]. 北京：新星出版社.

Gao L，Huang J，Rozelle S. 2012. Rental markets for cultivated land and agricultural investments in China[J]. Agricultural Economics，43（4）：391-403.

第8章 有偿vs无偿：产权风险下农地附加价值与农户转包方式选择[①]

农地流转市场的滞缓问题一直是政策和学术界关注的热点。亲友或熟人之间的无偿转包行为被视为农地市场发育不完全的一种表现形式。研究理论分析了影响转出户是否收取租金的因素。认为由于转出农地存在产权风险，农地未来价值越高农户越可能为了追求产权安全而选取在当期无偿转出农地。实证结果也显示：非农就业不稳定（需要农地作为未来的就业保障）和城市郊区或镇政府所在地（农地未来有转入非农增值的可能）会降低租金收取的概率。

8.1 引 言

在中国这样一个人地关系紧张的国家，农地的合理配置不仅关系着农民生计和农村发展还关系着整个国家的粮食安全和经济发展。在实施家庭联产承包制后的相当长一段时间内，行政性再分配一直是大多数村庄调整农地资源配置的主要途径。在这种制度下，土地的初始分配和再分配主要基于公平目标，集体土地基本上按家庭人口或劳动力数平均分配。在已有研究肯定这种平均主义对于保障农民基本生存和发展的重要意义的同时，行政性再分配也一直因交易成本高，没有或难以兼顾效率，助长农户短期行为，以及容易滋生土地寻租和干群矛盾而备受诟病（Johnson，1995；马晓河和崔红志，2002；金松青和 Deininger，2004；Brandt et al.，2004）。在农村劳动力向城市及非农部门大规模转移的背景下，行政再分配的效率问题更加凸显：一些从事非农活动的农户无暇耕种分配的农地，另一些经营能力强希望专注农业生产的农户却没有足够的农地。

[①] 原载《管理世界》2015 年第 11 期，作者为王亚楠、纪月清、徐志刚、钟甫宁。

农地使用权交易市场的发展逐渐被寄予众望。随着市场化改革的深入，中国政府对待农地使用权交易的态度也由禁止向默认再向鼓励和支持转变。例如，2013年中央一号文件提出："土地承包关系保持稳定并长久不变"，"引导农村土地承包经营权有序流转，鼓励和支持承包土地向专业大户、家庭农场、农业合作社流转"，"规范土地流转程序，逐步健全县乡村三级服务网络，强化信息沟通、政策咨询、合同签订、价格评估等流转服务"，"加强农村土地承包经营纠纷调解仲裁体系建设"等。

然而，由于过去政策的"滞后"影响，也由于实现土地交易所需要的配套制度和公共服务等仍不完备，我国农地转包市场仍不完善。其中一个重要表现就是农地转包具有非正式性：大多数农地被转包给亲友（俞海等，2003；Brandt et al.，2004；李庆海等，2011），并多采取无偿转包的方式（叶剑平等，2006）。根据笔者对农业部农村固定观察点数据的整理，2004~2011年我国农地转出户中收取租金的比例由35%增加到57%。虽然有偿转包不断发展，但非正式的无偿转包仍普遍存在。似乎在搜寻承租人，实施租赁合同，特别是维护产权安全等方面存在的高昂交易成本阻碍了农民对租金的追求。

那么，为什么在转出农地时一些农户选择收取租金而另外一些农户则不然？除了产权等市场配套制度的改善外，还有哪些因素促进了近年来有偿转包的发展？在本章中，我们将使用农业部农村固定观察点的大样本数据分析农地转出户的租金收取行为来回答这个问题。

8.2 分析框架与实证模型

8.2.1 分析框架

1. 农地租赁市场发育迟缓的原因：已有研究观点及相关概念

相比其他国家，我国农地流转规模非常小[①]且具有非正式性；前者还可能与我国非常平均的农地分配有关（Kung，2002），后者则主要是因为农地租赁市场的不完善。

关于农地租赁市场为什么发育迟缓，一些观点认为这与农民意识有关。老辈农民更认同农地产权的共有性，认为不再需要的农地理应退还集体或分给他人，出租农地则有失社会公正。在后面的内容中，我们将通过分析户主年龄在农地转

[①] 详见李庆海等（2011）对各国土地流转规模的梳理。

包租金收取中的作用来检验关于农民意识的假说。

另一些观点可归纳到转包地产权安全性上。首先，在农业税[①]与合同订购时代，政策上不支持土地流转，个别村干部也会将土地流转看作需要土地调整的信号，并可能在土地调整中将转出的土地重新分配给他人（Liu et al., 1998；姚洋, 2000；Brandt et al., 2004）。高调出租可能会失去农地，因此农户不会转出土地或即使转出也采取私下的、非正式的方式。其次，实施土地合同所需要的司法机关和有关制度不存在，譬如大部分农民没有土地使用证，并且缺乏法院与土地流转纠纷仲裁的机构等（Brandt et al., 2004；叶剑平等，2010）。转出的农地可能难以按照事先约定如期收回，连片租入农地的农户可能会铲平或更改界定产权的田埂，转出的农地也可能无法足额的收回。最后，土地交易权不完整，只能短期转包，短期行为则会降低经过转包的农地的土壤质量（俞海等，2003）。这些均会降低农户转出农地的可能性并使他们倾向采取非正式的方式将农地转给值得信赖的人。

产权安全可分为不同层面，如法律层面与个人感知层面（Razzaz, 1993；van Gelder, 2009）。虽然国家从法律层面赋予了农民长期而有保障的土地使用权和流转权，但2005年的一份调查显示，二轮承包（规定土地使用权30年不变）后仍有32.8%的村进行过土地调整（叶剑平等，2006）。针对农民的主观认知调查发现，相比转出户，非转出户显著地高估了参与土地流转并维持合约的费用和难度（罗必良等，2012）。

还有一类观点强调农地附加价值对流转的作用。例如，农地的社会保障功能和转入非农用途增值的预期。前者认为，广大农民缺少就业、养老和生活的保障，每个农户的承包地面积虽然很小，但却可以使农民避免陷入极端贫困的境地（Wang et al., 2013）；后者强调土地转入非农用途后能获得远远高于农业租金的补偿。然而，这些因素本身其实只能说明农民为什么不愿意永久性地放弃或转出农地，毕竟，在短期租赁的情况下农民可以在失业或征地时收回农地[②]。当然，如果出租地的产权并不安全，存在无法收回或无法按期足额收回的可能性，那么这些未来可能实现的附加价值也会影响农户的短期转包选择。下面将建立理论模型说明这一观点。

2. 产权安全顾虑下农户农地转包选择

我们建立了一个两期决策模型来分析农户的转包方式选择行为。在第一期

[①] 2006年全面取消农业税，由于本章研究时间为1995~2011年，故本章涉及部分农业税相关内容。
[②] 农地的生活保障和养老功能从属于就业功能，即当农民陷入贫困或因老龄无法获得非农工作时可以以经营农地为生。当农民真正因老龄而丧失劳动能力时，保留承包田也无法养老和维持生存，出租农地才可以获取收入。

(现期/近期)经营农地①可获得的边际产品价值为V_1,出租则可以获得租金R_1;在第二期(未来)保有农地的边际价值为V_2,V_2既可能是经营农地的收益,也可能是用于出租的收益,还可能是被征用后的补偿收益,即V_2是第二期用于最优用途可获得的价值。

如果不考虑时间的价值或V_2已经是折现后的价值,那么,当第一期不出租时,农地两期价值总和为

$$U^0 = V_1 + V_2 \tag{8-1}$$

当第一期出租时,农户在第二期可能无法如期足额地收回出租的农地,我们用 r 代表这种产权风险,$0 \leqslant r \leqslant 1$。如前所述这种风险包括农地被集体分配给他人、承租人违约或承租人的短期经营降低了土壤质量等。出租时,农地两期价值总和为

$$U^1 = R_1 + (1-r) \times V_2 \tag{8-2}$$

相比自己经营,出租农地带来的价值增量为

$$\Delta U^{\text{rent}} = U^1 - U^0 = R_1 - V_1 - r \times V_2 \tag{8-3}$$

当 $r=0$ 时,农户是否出租农地仅仅取决于农地租金和边际产品价值的比较,当租金高时出租农地;当自己经营农地的边际价值高时则不出租。

当 $r>0$ 时,农户是否出租土地还取决于第二期农地价值,未来农地价值越大农户越不倾向于出租土地。

广义来看,农地租金 R_1 与产权风险 r 也是农户可选择的连续变量:农户可以通过降低租金,增加愿意承租的人数,并从中选择更值得信赖的承租人来降低产权风险,即可以把 r 看作 R_1 的函数并求解出最优租金和转出量。

这里我们把租金分为两类:有租金和无租金。无偿转包虽然没有直接租金收入,但仍可能获得一些间接利益。这些间接收益包括:心理利益,无偿转包给他人特别是需要帮助的穷困亲友可以获得心理上的满足感;反馈利益,将农地无偿转包给另外一些人,如富裕的亲友或边际生产力高的农户,根据"礼尚往来"的民间习惯,也能够获得一部分的反馈赠。我们用 P_1 代表间接利益,用 r' 代表无偿转包下的产权风险。则相比自己经营,无偿转包的价值增量为

$$\Delta U^{\text{present}} = P_1 - V_1 - r' \times V_2 \tag{8-4}$$

式(8-3)与式(8-4)之差代表了农户转出农地时会选择有偿还是无偿的方式:

$$\Delta U = \Delta U^{\text{rent}} - \Delta U^{\text{present}} = R_1 - P_1 - (r - r') \times V_2 \tag{8-5}$$

---

① 农地另外一种处置方式是撂荒,但撂荒的农地一方面可能会因杂草侵蚀变成荒地,另一方面也可能会被村集体重新分配给其他农户,因此撂荒并不是农民普遍选择的处置方式。现实中被撂荒的土地往往在成本收益方面并不具有农用的价值,不应该归为农地资源。

当 $\Delta U \geq 0$ 时，农户转出土地时将选择有偿的方式；$\Delta U < 0$ 时则选择无偿的方式。根据式（8-5），我们可以推导出如下 3 个命题[①]。

命题 8-1：当期可收取的租金（R_1）越大，农户在转出农地时越可能收取租金。

命题 8-2：农地的未来价值（V_2）越大，农户在转出农地时越可能放弃当期租金。由于失去转包地或无法按期收回转包地本身是个小概率事件，即 r、r' 和 $r-r'$ 都很小，只有那些大幅度改变农地未来价值的事件才会对农地转包及租金收取产生实质影响。下面列出两种事件并建立相关命题。

命题 8-2a：当农户未来失去非农工作时，由于社会保障的不健全，农地才是可提供劳动机会和收入、保障基本生存所需的关键因素，此时农地价值极高；农户无法承受转包地的产权风险。故在社会保障不健全的情况下，非农就业越不稳定，农户越可能采取更能保障产权安全的无偿转包方式；反之，非农就业越稳定，农户能够承受产权风险，越可能选择有偿转出。

命题 8-2b：当未来农地被征用时，征地补偿额也往往异常高。因此，对农地有转入非农预期的城市郊区农民来说，他们更在乎出租地的产权风险，更可能为了便于在未来征地发生时及时收回土地而选择"无偿出租"给值得信赖的人。

命题 8-3：无偿转包可获得的反馈利益（P_1）越小且降低产权风险的程度（$r-r'$）越小，农户越可能选择有偿转出的方式。无偿转包的这两方面利益显然与可供选择的关系密切的亲友数量有关，于是可推论出命题 8-3a，关系密切的亲友数量会减少农地转出户收取租金的可能性。

"农民意识"假说认为老辈农民在转出农地时更不倾向收租；本章关于产权风险和农地未来价值的理论则认为：

命题 8-4：中年农民（未来很可能失去非农工作，需要农地作为就业和养老保障）更可能为保障产权安全而放弃当期租金；老年农民（未来可能自然消亡，此时对他而言农地的未来价值是 0）则更在意当期的农地租金。

8.2.2 实证模型

在本章中，我们试图理解农户在转出土地时为什么选择了不同的方式。一个二元选择模型（Probit）可用于分析农户转出土地时是否收取租金，即当潜变量 y^*（上述理论模型中有偿转出与无偿转出所获得的价值之差 ΔU）为正时，$p^*=1$ 即农户选择收取租金，反之则反［式（8-6）］。由于只能观察到已转出户的租金收取信息，可能存在样本选择性偏误的问题，也就是说只有当选择方

[①] 这里的价值不光是指因人地比高而边际土地收益高，也是指这部分收益对于陷入困境的农户具有更大意义，即假定收入的边际效用递减，在收入水平低时收入的边际效用更大。

程［式（8-7）］中的 $d^* > 0$ 时，即农户选择转出，才能观测到租金收取情况 p^*。

$$y^* = X\beta + \varepsilon, \text{ 这里 } \varepsilon \text{ iid } N(0,1), \quad p^* = \begin{cases} 1, \text{ if } y^* > 0 \\ 0, \text{ if } y^* \leqslant 0 \end{cases} \quad (8\text{-}6)$$

$$d^* = Z\delta + v, \text{ 这里 } v \text{ iid } N(0,1) \quad (8\text{-}7)$$

$$p = \begin{cases} p^*, \text{ if } d^* > 0 \\ 0, \text{ if } d^* \leqslant 0 \end{cases}; \quad d = \begin{cases} 1, \text{ if } d^* > 0 \\ 0, \text{ if } d^* \leqslant 0 \end{cases} \quad (8\text{-}8)$$

如式（8-9）所示，如果直接应用 OLS 估计样本数据，则将会遗漏非线性项 $\rho\sigma\lambda(-Z\delta)$，一般来说，农户是否转出农地以及是否收租很可能是由一些共同因素所致（如前述理论模型中产权风险 r 和农地未来价值 V_2），意味着 X 与 Z 会包含相同的变量，即 p 与 d 相关（$\rho \neq 0$），故 OLS 方法将导致不一致的估计。HeckProbit 模型可以通过两步回归解决这种样本选择性偏误问题，首先估计转出选择方程并计算"逆米尔斯比率 $\lambda(\cdot)$"，其次代入租金方程再估计 β、ρ、σ。

$$\begin{aligned} E(p|x, d^* > 0) &= E(X\beta + \varepsilon | Z\delta + v > 0) \\ &= X\beta + E(\varepsilon | v > -Z\delta) \\ &= X\beta + \rho\sigma\lambda(-Z\delta) \end{aligned} \quad (8\text{-}9)$$

Heckit 方法要求解释变量 X 是 Z 的子集，也就是说作为租金方程的解释变量应是转出选择方程中的解释变量，并且至少需要一个影响转出选择但不影响租金收取的变量。在前述理论模型中 V_1，不转出时的农地边际产品价值，就是这样的变量。我们不打算测量出 V_1 而是把它的决定变量直接放入模型。这些变量包括年初人均经营耕地面积以及年初固定资产原值［考虑到土地市场的地域性，参照姚洋（1999）将这些变量减去了村中值］。检验农户收租选择命题的关键变量有与农地未来/附加价值（V_2）有关的因素，第一，农户非农就业的稳定性。本章中非农就业稳定性是指持续从事非农工作的可能性；受外部冲击失去非农工作的可能性越大，则说明就业稳定性越差。我们根据农户非农就业的历史变动情况和就业性质来判断农户预期未来发生变动的可能性（稳定性）。将"与上年相比非农就业人数减少的农户"定义为非稳定户。将非农就业分为"零短工"和"非零短工"，认为后者稳定性高于前者；并且认为非农就业人数越多，所有人同时失去非农就业的可能性越低，农户层面的就业稳定越高。第二，农地转入非农用途增值的预期。设立城市郊区和镇政府所在地的虚拟变量。当期可收取的租金（R_1）将用村庄有偿转出的租金中值来表示，如果该村被访者没有发生有偿转出则用省中值代替。关系密切的亲友数量用农户馈赠支出来表示，为了消除馈赠"价格"，即礼重或礼轻的区域差异，将使用村内的相对水平来表示。最后是用于检验命题 8-4 的家庭决策者的年龄变量，选择的各年龄分段，以青年（40 周岁以下）为参照，设中年（41~55 岁）、中老年过渡（56~65 岁）与老年（66 岁及以上）3 个虚拟变量。

其他控制变量包括农户特征变量：家庭经营决策者性别、受教育程度、是否国家干部户、是否乡村干部户、是否党员户、是否少数民族户、是否信教、是否有电话、是否参加新型农村合作医疗、是否参加新型农村社会养老保险、上年是否转出农地与家庭人均资产。村庄特征变量：村庄规模（总人口）、人均耕地面积、经济作物种植比例、是否有其他农业经营形式（企业或农业合作社等）以及村庄的地形状况（以平原为参照，设丘陵和山区两个虚拟变量）。地区虚拟变量，以华北为参照，设东北、华东、华中、华南、西南、西北。农业税时期虚拟变量，以不征收农业税时期为参照。

8.3 数据来源与描述分析

8.3.1 数据来源

本章的数据来源于农业部农村固定观察点的长期跟踪调查数据，该数据库每年在全国范围内调查 300 多个行政村，2 万多个农户。1993 年固定观察点更换和试用了新调查表，开始包含农户年内减少（增加）耕地面积中的转包出（转包入）面积和农地转包的收入（支出）数据；1994 年没有调查；1995 年后利用修订后的调查表进行了长期观察。我们将利用 1995 年以后的数据对农地转出及租金收取情况进行描述。2003 年再次更新调查表，开始包含详细的个人特征及就业数据。本章的实证模型需要用到个人就业状况数据，并且为了对一些具有内生性的变量取滞后一期值，因此选取了 2004~2011 年数据进行模型分析。本章主要考察农户在转出土地时是否收租，于是在分析前删除了没有土地的样本。最终，本章用于实证分析的样本总数为 12.249 8 万户。其中转出农地样本总数为 1.316 9 万户，占 10.75%。转出样本户中收取租金的样本数为 6 367 户，占转出户的 48.35%。

8.3.2 描述性分析

1. 农地转包市场的发展趋势

农村人口增长和家庭规模小型化曾一度使我国农户的耕地经营规模进一步缩

小；但随着越来越多的农村住户脱离农业并转出耕地，近年来农业经营户的耕地面积得以扩大，年初耕地经营面积由2004年的8.3亩增加到2011年的8.8亩，增加了0.5亩（表8-1）。

表8-1 1995~2011年农地转包发展变化情况

年份	样本数[a]/个	耕地经营户比[b]	年初经营面积/亩[c]	有偿转出户 农户占比	有偿转出户 转出面积/亩	无偿转出户 农户占比	无偿转出户 转出面积/亩	有偿转入户 农户占比	有偿转入户 转入面积/亩	无偿转入户 农户占比	无偿转入户 转入面积/亩
1995	19 908	93.9	8.3	1.5%	3.6	2.2%	3.0	2.4%	4.9	2.7%	3.6
1996	20 332	93.3	8.3	1.5%	4.9	2.5%	2.7	2.3%	5.2	2.8%	3.7
1997	20 224	92.7	8.3	1.6%	5.5	2.8%	3.2	2.1%	6.1	2.8%	3.0
1998	20 145	93.2	8.3	1.7%	4.9	3.8%	3.2	2.2%	7.9	2.9%	4.5
1999	20 235	92.3	8.5	1.5%	4.9	3.9%	3.3	2.5%	10.6	2.9%	3.7
2000	20 578	91.3	8.2	2.3%	4.7	4.0%	3.7	2.1%	10.8	3.2%	3.8
2001	20 436	90.1	8.2	1.9%	4.9	4.2%	3.7	2.3%	10.2	3.4%	4.8
2002	20 706	90.0	8.2	2.2%	5.0	4.4%	3.1	2.7%	13.0	3.7%	3.6
2003	20 325	88.8	7.9	3.7%	3.9	5.7%	3.5	2.9%	11.5	4.4%	3.6
2004	19 944	87.8	8.3	2.7%	5.2	5.0%	3.4	2.6%	13.8	4.5%	3.5
2005	21 043	87.6	8.3	3.3%	5.1	4.8%	3.4	2.8%	14.6	3.7%	3.2
2006	20 421	87.4	8.3	4.2%	5.3	5.4%	3.3	2.4%	20.6	4.1%	3.6
2007	21 288	86.2	8.3	4.1%	6.4	5.5%	3.4	2.3%	22.5	4.3%	4.4
2008	20 668	85.6	8.6	5.0%	7.1	6.1%	3.2	2.4%	18.8	4.3%	4.0
2009	21 259	83.4	8.5	6.2%	5.5	4.9%	3.5	2.6%	21.1	4.3%	6.1
2010	20 543	83.5	8.6	8.0%	6.7	5.7%	3.3	2.1%	12.3	3.6%	5.1
2011	19 852	83.1	8.8	7.9%	7.2	5.9%	3.2	2.4%	18.1	3.4%	4.4

a. 为使用省+村+户编码合并各表格数据，删除了编码重复或前后不一致的样本（占总数的0.26%）；b. 为剔除了不经营耕地的样本（指年初年末耕地经营面积均为0的情况；共38 961个样本，其中仅有0.02%转入，仅有0.44%转出）；c. 纠正了影响均值描述的极端异常值（当面积超过200亩时，年初面积根据年末面积+年内减少-年内增加核实与替换，并剔除了10个年初面积超过1 000亩且与其他面积数据核对不上、无法纠正的样本）；第4列之后数据均统计耕地经营户的情况

表 8-1 主要描述了农户在当年新增转出或转入的情况。从转出情况来看，1995~2011年参与转出的农户比例由 3.7%增加到 13.8%，增加了约 10 个百分点。具体而言，无论是参与有偿还是无偿转出的农户比例均有所增加，但前者增加速度更快：前者由 1.5%提高到 7.9%，后者则由 2.2%提高到 5.9%。有偿转出户的户均转出面积也大幅度增加，由 1995 年的 3.6 亩增加到 2011 年的 7.2 亩，增加了 1 倍；背后的原因是越来越多的农户开始脱离农业并有偿地转出了所有耕地。无偿

转出户的户均转出面积则相对稳定，一直维持在 3 亩多一些。从转入情况来看，有偿转入户所占比例一直维持在2.4%左右，但户均转入面积大幅度增长：1995年前后为 5 亩左右，2000 年前后则增长到 10 亩左右，2005 年以后则基本维持在 20 亩左右。无偿转入户比例则先略有增加后略有减少，户均转入面积也并没有表现出迅速增长的趋势。

从转出和转入的比较来看：2003 年以后转出户特别是有偿转出户数量较多但户均转出面积较小，而转入户特别是有偿转入户数量较少但户均转入面积较大。这反映了有偿转包地向少数种田大户集中的趋势。

为了对比农地转出时有偿和无偿两种方式相对变化情况，仍需要针对转出户样本进行分析。由图 8-1 可以看出，有偿转出户及其转出面积占转出户及转出面积的比例在 2001 年后均大幅增长；到2011 年，有57.2%的转出户选择了有偿的方式转出了 75.1%的转出地。说明一个以价格为导向的正式的农地转包市场正在迅速形成。

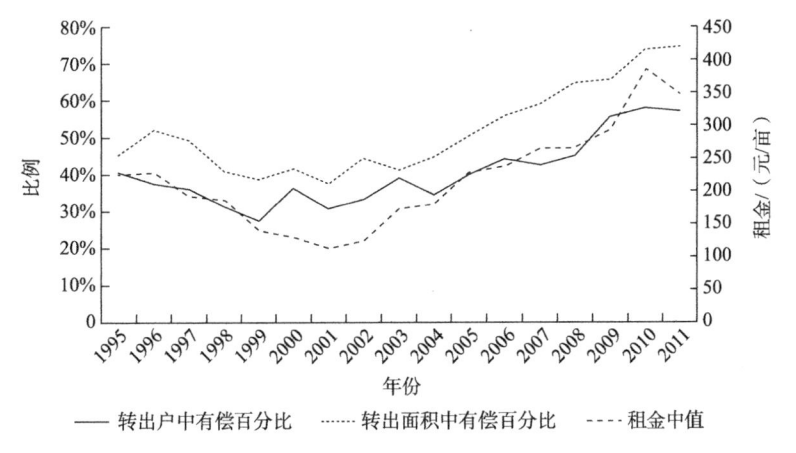

图8-1 农地转出户中有偿与无偿转出的农户比例及租金变化情况

表 8-2 给出了农地转包状况的区域差异。从农户参与土地流转的比例来看，华东、华中和华南这些劳动力转移水平较高地区农户参与农地转出的比例也相应很高，在 8%以上；而华北和西北农户参与农地转出的比例较低，在 5%左右。东北地区转出和转入户占比均处于较高水平，后者甚至高于前者（可能因存在机动地），而其他地区均表现为较多农户转出而较少农户转入。从流转户租金收取与支付情况来看，东北和华南地区农地转出收取租金的比例较高，在 50%以上；华中转出户收取租金的比例最低，不足 18%。华南转出户收取租金的比例虽然很高，但转入户支付租金的比例却并不高；这可能反映了该地区有偿流转地向少数规模经营户集中，而无偿流转地的流向则较为分散。

表8-2 农地转包状况的区域差异

分区[a]	耕地经营样本数[b]/个	年初经营面积/亩	转出户占比	有偿户占转出户比例	有偿户转出面积/亩	无偿户转出面积/亩	转入户占比	有偿户占转入户比例	有偿户转入面积/亩	无偿户转入面积/亩
华北	36 962	8.2	4.7%	42.6%	7.0	4.8	3.4%	41.2%	5.8	4.5
华东	77 703	4.6	10.6%	46.2%	2.8	2.3	7.0%	38.6%	3.3	2.4
东北	49 156	20.8	7.9%	59.5%	14.7	8.6	9.4%	64.9%	26.9	11.0
华中	38 991	4.6	8.4%	17.9%	2.7	2.2	5.2%	17.3%	3.4	2.2
华南	25 583	5.3	8.3%	51.8%	2.8	2.2	5.1%	29.4%	4.3	3.2
西南	40 535	5.0	7.5%	40.0%	2.1	2.1	4.9%	28.6%	2.9	2.4
西北	40 000	9.5	5.2%	38.5%	4.8	4.1	4.6%	30.4%	5.0	4.2

a. 关于区域划分（未包含港澳台地区），华北地区包括北京、天津、河北、山西、内蒙古；华东地区包括上海、江苏、浙江、山东、安徽、福建、江西；东北地区包括辽宁、吉林、黑龙江；华中地区包括湖北、湖南、河南；华南地区包括广东、广西、海南；西南地区包括四川、重庆、贵州、云南、西藏；西北地区包括陕西、甘肃、新疆、青海、宁夏。b. 包含的样本见表8-1注a、b与c

2. 模型变量的统计性描述

表 8-3 给出了本章用于分析影响农户转出方式选择的模型所涉及变量的样本数据的基本统计特征，以及对各变量的解释和说明。

表8-3 模型所涉及变量的样本数据的基本统计特征

		变量	均值	标准差	最小值	最大值
因变量		转出户收租选择（1=收租；0=不收）	0.48	0.50	0	1
选择变量		农地转出选择（1=转出；0=不转出）	0.08	0.28	0	1
选择方程独有的变量	农地边际产值决定因素	年初人均耕地面积（亩，减村均值）	0.00	2.98	−21.2	536.9
		年初农业固定资产原值（千元，同上）	0.00	4.01	−25.8	135.1
关键解释变量	农地未来/附加价值决定因素	上年非农就业：非零短工人数/人	0.77	1.00	0	12
		零短工人数/人	0.81	1.00	0	11
		非农就业变化情况（1=比上年减少；0=其他）	0.18	0.38	0	1
		城市郊区（1=是；0=否）	0.18	0.38	0	1
		镇政府所在地（1=是；0=否）	0.19	0.39	0	1
	租金水平	有偿转出租金的村中值[a]（千元）	0.32	0.27	0.30	1.50
	亲友情况	上年馈赠支出[b]（村内相对水平）	3.14	1.20	1	5
	经营决策者年龄段	中年（1=41~55 岁；0=其他）	0.47	0.50	0	1
		中老年过渡（1=56~65 岁；0=其他）	0.19	0.39	0	1
		老年（1=66 岁及以上；0=其他）	0.06	0.24	0	1
控制变量	农户特征	家庭决策者性别（1=男；0=女）	0.71	0.31	0	1
		家庭决策者受教育程度/年	6.60	2.57	0	33

续表

		变量	均值	标准差	最小值	最大值
控制变量	农户特征	国家干部户（1=是；0=否）	0.04	0.20	0	1
		村干部户（1=是；0=否）	0.04	0.20	0	1
		党员户（1=是；0=否）	0.15	0.36	0	1
		少数民族户（1=是；0=否）	0.13	0.33	0	1
		信教户（1=是；0=否）	0.05	0.22	0	1
		是否有电话（1=是；0=否）	0.35	0.48	0	1
		是否参加新型农村合作医疗（1=是；0=否）	0.31	0.46	0	1
		是否参加新型农村社会养老保险（1=是；0=否）	0.06	0.24	0	1
		上年转出经验（1=上年转出；0=其他）	0.08	0.28	0	1
		人均上年末资产原值（生产性资产与房屋，千元）	9.57	14.91	0	681.04
	村庄特征变量	村庄人口规模/千人	2.03	1.47	0.10	18.80
		村庄人均耕地面积/亩	2.43	3.10	0.08	26.91
		经济作物种植比例	0.28%	0.24%	0	1%
		其他农业经营形式（1=是；0=否）	0.28	0.45	0	1
		丘陵地形（1=是；0=否）	0.33	0.47	0	1
		山地地形（1=是；0=否）	0.27	0.44	0	1
		数据期处于农业税时代（1=是；0=否）	0.07	0.26	0	1
区域虚拟变量（略）						

注：a. 为防止部分转入非农用途租金的干扰，这里只针对1 500元以下的租金进行统计。b. 1~5分别代表处于村内下、中下、中、中上与上20%分位。没有汇报馈赠支出的，当作中等水平来处理

数据来源：笔者根据农村固定观察点数据整理而得

3. 关键解释变量与租金收取的统计性描述

表 8-4 给出了按关键解释变量分类统计租金收取情况。从中可以看出，没有从事非农就业活动（可能因为年老等其他原因）的农户在转出农地时收取租金的比例较高；对有非农就业的农户而言，非农就业人数越多转出农地时收取租金的比例越高。相比而言，非农就业人数比上年有所减少的农户收取租金的比例也更低。村庄有偿转包的租金水平与农户收租比例基本呈正相关关系：租金在 200 元以下的村庄只有 37.3%的农户收取租金，而租金在400~800元的村庄有60.1%的农户收取租金；租金在 800 元及以上的村庄（该类租金很可能是村统一集中流转的租金，不能代表农户间自发流转的租金）则有 58.1%的农户收取租金。从代表关系密切亲友数量的馈赠支出来看，处于村内最低组的农户更多地收取租金。从决

策者年龄段来看，中年农民收租的比例最低，只有 46.2%；老年农民收租的比例最高，达到 53.0%。从是否城市郊区来看，郊区农户收租的比例比其他高一些（51.1% vs 47.8%），这与本章关于存在农地非农化预期时农户选择放弃租金来保障产权安全的假说有所冲突。城市郊区之所以收租比例高还可能与当期农地租金水平高、非农就业稳定性强等其他因素有关（如当村租金水平为 200 元以下或 200~400 元时，城市郊区 vs 非城市郊区的收租比例分别为 30.8% vs 38.1%或 45.6% vs 55.1%）。为了排除其他因素分析各变量对农户转出农地收租选择的作用，仍需要借助计量模型进行实证分析。

表8-4 按关键解释变量分类统计租金收取情况

变量	取值分类	转出户数/户	收租	变量	取值分类	转出户数/户	收租
上年非农就业人数	0 个	2 481	52.0%	上年馈赠支出（村内相对水平）	最低 20%组	1 800	51.9%
	1 个	3 057	44.2%		中下组	1 866	48.9%
	2 个	4 252	47.2%		中间组	4 822	46.8%
	3 个	2 137	49.1%		中上组	2 118	48.1%
	4 个及以上	1 242	53.7%		最高 20%组	2 563	48.5%
非农人数变化	比上年少	1 970	39.2%	城市郊区	郊区	2 047	51.1%
	其他	11 199	50.0%		其他	11 122	47.8%
村庄有偿转出租金中值	200 元以下	5 491	37.3%	决策者年龄段	青年	3 815	47.7%
	[200, 400)	4 287	54.0%		中年	5 745	46.2%
	[400, 800)	1 669	60.1%		中老年过渡	2 508	52.1%
	800 元及以上	1 722	58.1%		老年	1 101	53.0%

数据来源：笔者根据农村固定观察点数据整理而得

8.4 实证结果分析

表8-5报告了农户租金收取行为的Probit与HeckProbit模型估计结果，后者包括租金方程与转出方程。似然比检验在 10%统计水平上未能拒绝两个方程的独立性，说明只回归租金方程也不会因样本选择性偏误而出现大的偏差。事实上Probit 与 HeckProbit 的估计结果非常相近，下面对 Probit 模型结果进行分析。

表8-5 农户租金收取行为的Probit与HeckProbit模型估计结果

变量		Probit 结果		HeckProbit 结果			
				租金方程		转出方程	
		系数	Z值	系数	Z值	系数	Z值
农地边际产值因素	人均耕地面积					0.010***	8.31
	农业固定资产原值					−0.015***	−9.16

续表

变量		Probit 结果		HeckProbit 结果			
				租金方程		转出方程	
		系数	Z 值	系数	Z 值	系数	Z 值
非农就业稳定性	非零短工人数	0.088***	6.96	0.089***	6.27	0.099***	17.35
	零短工人数	0.079***	5.45	0.079***	5.44	-0.002	-0.31
	非农人数减少	-0.135***	-3.86	-0.136***	-3.86	-0.064***	-4.29
农地非农化预期	城市郊区	-0.146***	-4.01	-0.147***	-3.98	-0.101***	-6.57
	镇政府所在地	-0.149***	-4.53	-0.148***	-4.46	0.076***	5.36
当期租金	有偿转出租金村中值	0.467***	9.05	0.465***	8.93	-0.108***	-5.02
亲友数量	馈赠支出村相对水平	-0.026**	-2.56	-0.026**	-2.56	-0.011***	-2.34
经营决策者年龄段	中年	-0.040	-1.36	-0.040	-1.37	-0.058***	-4.48
	中老年过渡	0.029	0.77	0.029	0.76	-0.026	-1.53
	老年	0.143***	2.73	0.145***	2.69	0.184***	7.72
农户特征控制变量	决策者性别	0.088**	2.21	0.089**	2.21	0.101***	5.65
	受教育程度	-0.001	-0.14	-0.001	-0.11	0.013***	5.59
	国家干部户	0.231***	3.99	0.232***	3.98	0.102***	3.82
	村干部户	0.002	0.03	0.002	0.03	0.000	-0.01
	党员户	0.004	0.11	0.004	0.11	0.030*	1.87
	少数民族户	0.233***	5.21	0.231***	5.10	-0.108***	-5.62
	信教户	0.348***	6.06	0.348***	6.06	0.077***	2.97
	有电话户	0.074***	2.74	0.074***	2.73	-0.015	-1.28
	参加新型农村合作医疗	0.278***	10.04	0.279***	9.96	0.063***	5.01
	参加新型农村社会养老保险	0.115**	2.30	0.115**	2.31	0.009	0.39
	上年转出经验	0.366***	14.21	0.385***	3.34	1.646***	115.06
	人均上年末资产原值	-0.001	-1.16	-0.001	-1.09	0.003***	8.86
村庄特征控制变量	村庄人口规模	0.203***	22.47	0.204***	21.76	0.043***	11.50
	人均耕地面积	0.056***	8.36	0.056***	8.36	-0.003	-1.36
	经济作物种植比例	0.823***	14.52	0.825***	14.21	0.198***	8.30
	其他农业经营形式	0.237***	8.70	0.238***	8.49	0.100***	8.29
	丘陵地形	-0.368***	-11.81	-0.368***	-11.81	-0.007	-0.49
	山地地形	-0.345***	-9.65	-0.345***	-9.65	-0.001	-0.04
	数据期处于农业税时代	-0.183***	-3.02	-0.182***	-2.97	0.107***	4.91
区域虚拟变量与常数项（以华北为参照，略述）		东北显著为正其余显著为负		东北显著为正其余显著为负		华南显著为负，西南不显著，其余显著为正	
		样本数=13 169 Pseudo R^2=0.216 4		方程独立性 LR 检验（ρ=0）：chi^2(1)=0.03, Prob>chi^2=0.867 3。总样本数=122 498，转出样本数=13 169			

*、**和***分别表示在10%、5%和1%水平上显著

首先，我们来看农地在未来可能实现的附加价值的影响。从表 8-5 的估计结果可以看出：①参与非农就业的劳动力数对租金收取具有显著的正向作用且"非零短工"的系数比"零短工"系数更大。相比非农就业数人稳定或有所增加的情形，非农就业人数减少对租金收取的影响为负且在 1%统计水平上显著。这说明整个家庭依靠非农工作获取收入的稳定性越强，就越不需要农地作为未来的就业和生存保障，越不在乎转出地产权安全风险而选择收取租金。命题 8-2a 通过检验。②城郊或镇政府所在地对租金收取具有显著的负向影响。说明农地未来转入非农用途增值的预期越高，农户越愿意放弃当前的租金，采取无偿转出方式来保障产权安全和农地的未来收益。命题 8-2b 通过检验。

其次，我们来看其他关键变量的作用。第一，转出农地可收取的租金对转出户租金收取具有显著的正向影响。与命题 8-1 预期一致，说明转出户收租与否取决于潜在租金的大小。支撑这个观点的一个例子是，在征税农业税时代时有些农户甚至倒贴转出农地；数据期处于农业税时代对租金收取具有显著地负向影响也说明了这一点。另外，从第三部分的描述统计中也能够看出，1995~2011 年有偿转出的租金水平与转出户收取租金的比例几乎保持了一致的变化趋势。第二，代表亲友数量及密切程度的馈赠支出变量系数显著为负。这一结果对命题 8-3a 提供了支持。第三，经营决策者年龄虚拟变量的影响如下：中年会降低收取租金的概率在 10%统计水平上并不显著；老年则会显著增加收取租金的概率。这一结果与本章的理论预期一致，即中年人预期年老后会失去非农工作，因此更注重产权的安全性并选择无偿转包的方式，以便在未来继续经营耕地；老年人则不在乎未来的农地价值，更关心当前的租金。这一结果也推翻了关于老辈农民因"农地共有"意识强而不倾向参与农地有偿转包的假说。

最后，我们来看其他控制变量的作用。家庭特征中，决策者为男性、国家干部户、少数民族户及信教户对租金收取均具有显著正向作用，其中国家干部户的正向影响可能源于产权信心更强，也可能是因为这是一种更稳定的非农就业形式；党员户和村干部户的影响不显著。有电话户对租金收取具有显著的正向影响，可能是通信状况改善和对外界信息的获取增强了农户的产权信心，也可能是电话减少了搜寻承租人和维持合约的交易成本。参加新型农村合作医疗和新型农村社会养老保险对租金收取具有显著的正向影响，说明社会保障体系建设会降低农地的社会保障功能，减轻农民对可能失去农地的惧怕；上年转出经验会显著提高农户收取租金的可能，而人均总资产的作用为负且统计上不显著。

在村庄特征中，村庄人口规模对租金收取具有显著的正向作用，背后的原因可能是农地流转一般局限在村庄之内，规模大的村庄便于搜寻愿意支出较高租金的承租对象。村庄人均耕地面积对租金收取也具有正向作用，这可能反映了当区域农地资源富余时人们对无法获得保障基本生存的农地的担忧会相应减少。村庄的经济作物种植比例对租金收取有正向作用，反映了经济作物用地更多采取有偿流转的现实。村内除农户外的其他经营主体（如公司经营）往往是有偿转入方，因此存在这样的经营主体也会提高转出户收取租金的可能性。另外，相比平原地区，丘陵和山地会减少转出户租金收取的可能性，背后的原因可能是丘陵和山地难以形成规模经营，愿意大规模租入土地的规模经营主体很少。

8.5 结论及政策含义

本章采用农村固定观察点的大样本调查数据，对农地转包租金收取行为进行了系统研究。通过构建两期决策模型，分析了农户农地转包方式的选择行为，认为在转出地存在产权风险的前提下农地未来价值越高，农户越可能为了追求产权安全而选择放弃当期的农地租金。基于 2004~2011 年数据，运用 Probit 和 HeckProbit 计量模型的实证结果表明：当期农地租金水平越高，农户越可能在转出农地时收取租金；而农地未来价值越高，即农户非农就业稳定性差（需要农地在未来作为就业保障）和位于城郊或镇政府所在地（存在未来转入非农用途的可能），农户越注重对产权安全的保障，从而倾向采取无偿的方式转给更值得信赖的承租人。

近十年农地转包中有偿比例大幅增加，一个更加正式的土地转包市场正在逐渐形成。这一方面可能与产权制度及配套措施变得更加完善有关；另一方面也可能与非农就业机会增加（减少农民失业的担心）、养老和医疗等社会保障体系更加健全、老龄户增加、取消农业税和农地租金上涨等因素有关。

建设正规土地转包市场一方面需要进行产权保护以降低农户对出租农地产权安全的担忧；另一方面也需要进行社会保障建设，弱化农地的就业、养老与生活保障的功能，提供更加充裕的非农就业机会。对正规农地转包市场的建设也将有利于逐渐增多的失去劳动能力的老年人，让他们通过出租农地获取养老所需收入。

参 考 文 献

金松青，Deininger K. 2004. 中国农村土地租赁市场的发展及其在土地使用公平性和效率性上的含义[J]. 经济学（季刊），3（4）：1003-1028.

李庆海，李锐，王兆华. 2011. 农户土地租赁行为及其福利效果[J]. 经济学（季刊），11（1）：269-288.

罗必良，何应龙，汪沙，等. 2012. 土地承包经营权：农户退出意愿及其影响因素分析——基于广东省的农户问卷[J]. 中国农村经济，（6）：4-19.

马晓河，崔红志. 2002. 建立土地流转制度，促进区域农业生产规模化经营[J]. 管理世界（月刊），（11）：63-77.

姚洋. 1999. 非农就业结构与土地租赁市场的发育[J]. 中国农村观察，（2）：16-21, 37.

姚洋. 2000. 中国农地制度：一个分析框架[J]. 中国社会科学，（2）：54-65, 206.

叶剑平，丰雷，蒋妍，等. 2010. 2008年中国农村土地使用权调查研究——17省份调查结果及政策建议[J]. 管理世界，（1）：64-73.

叶剑平，蒋妍，丰雷. 2006. 中国农村土地流转市场的调查研究——基于2005年17省调查的分析和建议[J]. 中国农村观察，（4）：48-55.

俞海，黄季焜，Rozelle S，等. 2003. 地权稳定性、土地流转与农地资源持续利用[J]. 经济研究，（9）：82-91, 95.

Brandt L，李果，黄季焜，等. 2004. 中国的土地使用权和转移权：现状评价[J]. 经济学（季刊），3（4）：951-982.

Johnson D G. 1995. Property rights in rural China[Z]. Working Paper.

Kung J K S. 2002. Off-farm labor markets and the emergence of land rental markets in rural China[J]. Journal of Comparative Economics, 30（2）：395-414.

Liu S Y, Carter M, Yao Y. 1998. Dimensions and diversity of the land tenure in rural China: dilemma for further reforms[J]. World Development, 26: 1789-1806.

Razzaz O M. 1993. Examining property rights and investment in informal settlements: the case of Jordan[J]. Land Economics, 69: 341-355.

van Gelder J L. 2009. Legal tenure security, perceived tenure security and housing improvement in Buenos Aires: an attempt towards integration[J]. International Journal of Urban and Regional Research, 33: 126-146.

Wang X B, Weaver N, You J. 2013. The social security function of agriculture in China[J]. Journal of International Development, 25: 1-10.

第9章 土地细碎化与农用地流转市场[①]

土地细碎化导致效率损失，改善土地产权制度安排、完善土地流转市场可以减少乃至消除土地细碎化，这已经被许多人视为常识。但是，长达千年的土地细碎化历史对此常识提出了挑战。本章从中国人多地少的事实出发，提出现阶段农用地仍然具有不可替代性、就业保障功能、难以分割等性质，导致土地交易成本远远超过地块的规模经济，因而，在农民内部难以通过市场调整合并地块。只有农户大幅度减少并实现永久性向城市移民，才能逐步改变土地的上述性质，使农业用地的市场化调整具备必要条件。

家庭联产承包责任制对中国农业生产的作用虽然得到大多数人的充分肯定，但也受到一些质疑，土地产权制度安排就是其中之一。20世纪80年代后期农业生产的增长速度放缓以后，与家庭联产承包责任制相联系的土地产权制度开始被认为是土地细碎化的主要原因，而土地细碎化则限制了土地生产率的继续提高。基于这种认识，一些人呼吁改变土地产权制度的安排，建立和发展土地流转市场，通过土地的市场交换实现土地的规模经营，包括地块的合并乃至消除土地细碎化。

但是，对历史的回顾表明问题没有这么简单。在长达千年的土地私有、可以自由买卖的时期中国仍然存在严重的土地细碎化，说明不能简单将这一问题归之于土地产权制度安排的结果，更不能迷信建立自由的土地市场就能自动解决这一问题。与西欧的长子继承制相比，中国的子女分散继承制度显然更易导致土地细碎化的形成和发展。但是，人地比例可能是更重要、更直接的原因。在人少地多的时代或地区，无论什么样的继承制度都不会导致土地细碎化；而在人多地少的时代或地区，无论什么样的产权安排和市场制度都难以阻碍土地细碎化的出现，更无法在土地细碎化出现以后防止其进一步发展，除非不但严格限制土地继承，

[①] 原载《中国农村观察》2008年第4期，作者为王兴稳、钟甫宁。

而且定期通过行政力量强行收回土地重新分配。

唐宋时期的历史经验表明，即使定期收回重新分配也没有阻止土地细碎化的出现和发展。因此，我们有必要从一个新的角度，即从农业部门的人地比例关系出发探讨其对农业用地的性质和供求关系的影响，从而拓宽和加深对现阶段中国土地问题特别是土地细碎化问题及其解决途径的认识。

9.1 土地细碎化的含义

土地细碎化的概念被广泛使用，但其定义到底是什么却很难量化，也无法精确测度和比较（Binns，1950；苏旭霞和王秀清，2002）。正如其他研究一样，本章也需要一个比较确切的基点，因而不得不首先探讨土地细碎化的含义，对这一概念规定一个大致的范围。

土地细碎化通常指农户拥有多块土地，其中，多数地块面积较小，互不相邻。多块土地互不相邻并且面积较小是两个必须同时具备的必要条件。地块很多且散布各地，但每块地的面积达数十亩乃至上百亩，或者面积虽然很小，但每户只有一块土地，我们都不会提出土地细碎化的问题。面积较小是一个模糊概念，小到什么程度才被认为细碎化？从细碎化成为一个值得注意、需要解决的经济问题来看，面积较小的经济学意义应当是存在地块（不是农户）的规模经济，即扩大地块面积（哪怕不增加农户总面积）就能更有效地发挥其他生产要素的作用、提高资源的报酬率，从而增加收入或降低成本（Wan and Cheng，2001）。互不相邻的经济学含义则是不同地块能够合并但被人为分割，因而可以通过交换实现合并。丘陵山区因地形分割造成的农地细碎化既不是经济学研究的对象，也不是需要或能够合理解决的实际问题；地块分割恰好便利农户的多元化经营并增加其总收入的情况也不是需要研究的问题。

因此，作为研究对象的土地细碎化应当同时具备以下特征：①农户拥有多块互不相邻的土地；②地块平均面积过小以至于存在未实现的地块规模经济；③地块的分割与地形无关，并且可以通过交换实现合并。

中国土地细碎化的现象由来已久。根据赵冈（2003）的研究，无论是唐宋时期政府定期分配、收回土地，还是唐宋以后直至近代土地完全私有化、市场化，中国不但始终存在土地细碎化现象，而且有不断加剧的趋势。近年来中国对土地流转市场的一些研究也表明，土地流转市场对减轻细碎化程度作用甚小（贾生华等，2003；田传浩等，2004）。因此，当前的土地细碎化问题不能简单归之于土地联产承包责任制的后果，也不能简单期望通过改变产权制度安排和完善土地市场来解决问题，而是应当寻找更基本的原因，从而确定解决这一问题的根本途径。

9.2 土地的不可替代性和保障功能

当分析农业用地市场能否减少以至消除土地细碎化现象时，首先要考察农业用地的供求及其主要影响因素，而第一个问题就是土地对农民意味着什么。毫无疑问，农民是农业生产的主体，而土地则是农业生产不可或缺的生产要素。新古典经济学假定所有的生产要素都不但可以无限细分而且可以互相替代，因而可以通过市场交换改善资源配置。对于欧美特别是北美的大农场来说，土地确实可以与其他生产要素交换：拥有几千亩耕地的农户可以出售数十亩甚至上百亩土地，以换取购买机械设备或改良土壤所需要的资金，改善各种生产要素的比例以提高要素的生产效率和报酬率。但是，在土地严重稀缺、劳动力相对过剩的情况下，土地对绝大多数中国农民[①]来说是不可替代的生产要素，他们不大可能放弃哪怕是一分土地。除了某些大农户从事特定生产迫切需要得到特定地块，绝大多数农民不大可能从事面积不相等的交换，哪怕可以从土壤肥沃程度或地点方面得到补偿也不行，更谈不上为获得现金补偿而出让土地了。

许多前人的研究似乎已经达成一种共识，即对中国农民而言土地不但是农业生产不可或缺的生产资料，而且是一种社会保障（姚洋，2000；温铁军，2006）。这种说法很有道理，但并不确切。社会保障的含义是什么？拥有土地不等于购买失业保险和养老保险，农民不可能因为拥有土地而在失业时或退休后得到固定的收入，更谈不上补偿其医疗和教育费用。许多已经实现就业转移的农民不愿意完全放弃土地，实质就是担心现有的非农就业缺乏保障，而且农民工尚未获得真正的、完全的社会保障。他们只能继续保持土地使用权，以便必要时可以返回家乡重新从事农业生产，包括年老后，部分自己劳动部分雇工以获得基本收入。因此，严格来说土地不是社会保障而是就业保障，它保证农民拥有的劳动力、技术、经验和其他生产要素能够得到有效或适当利用。

对许多人来说，土地还是一种可能大幅度升值的财产（期货或期权）：一旦特定土地转为非农开发用地，土地就会大幅度升值。一些人主张升值部分应当全部或部分归农民所有，以保障农民的财产权和福利。土地的财产性质与本章的研

---

① 这里和下文所说的农民均以职业划分为标准，指继续从事农业生产者，不包括已经转入非农生产部门但户口（或身份）尚未转换者。对于那些即将放弃土地、转入非农行业者，本章将特别注明，通常也不作为农民看待。

究关系不大，但仍然有几点需要指出。第一，根据本章的定义，能够获得土地转变用途增加值的人已经不是农民，因为他们不再从事农业生产；第二，这种制度安排必然提高对地价和地租的预期，而且很可能提高某些地区的实际地价和地租；第三，预期地价和地租的提高可能导致某些人囤积土地待售，因而妨碍而不是促进土地流转特别是在农业内部流转；第四，实际地价和地租的提高会增加土地所有者的收入，即已经转入非农行业的"前农民"和基本不从事生产的"地主"的收入，相反，全部或部分依赖租赁土地的专业户、种田大户的收入将因成本上升而减少，而完全自耕农的实际收入则不受影响（正如房价的上升对居住自有房屋、不出租也不租赁的人没有实质性影响一样）；第五，实际地价与地租的上升意味着农产品生产成本的上升和国际市场竞争力的下降。

综上所述，在考察中国土地市场供求现状时至少必须注意农业用地的两种性质，即土地是农业生产不可替代的生产要素和农民的就业保障。从上面的分析中可以看出，农业用地是否可替代依赖于农户的土地规模。随着农户土地规模的扩大，超出一定门槛以后，土地就可能从完全不可替代逐渐转变为可以部分替代，边际替代率随着土地规模的扩大而变化，替代的可能性不断增大而替代的相对价格则不断下降。土地的就业保障功能主要取决于非农就业的机会及其稳定程度，同时也取决于农民工能否得到必要的社会保障，两者共同决定能否实现从劳动力转移到永久移民的转变。农村养老保险等社会保障的实现程度对农民达到一定年龄后是否愿意或能够出让土地也有一定作用（多半会通过继承转让给子女）。

上述两个性质似乎说明现阶段绝大多数中国农民不可能选择放弃土地，除非工业化、城市化提供了大量稳定的非农就业机会，而且社会保障体系的覆盖范围和保障程度均大幅度提高，农民可以通过转移职业真正实现从农民到市民的转变。换句话说，要发挥土地市场的功能，首先要通过工业化、城市化和社会保障体系建设大幅度减少农民数量，以提高土地在生产中的可替代性并减少其就业保障作用。否则，受土地性质的限制，农业用地的需求也许很高，但供应很低，土地市场的供求无法匹配，因而不能真正发挥其市场交易功能。

9.3 土地市场调整的供求关系

当然，土地的上述两种性质不能绝对化，既不能因此而断言现阶段没有土地的供应，也不能引申出现阶段土地的需求无限。事实上，土地市场确实存在，农用土地的交易也在进行。因此，在承认工业化、城市化和社会保障体系对农业用地市场决定性作用的前提下，仍然可以并且需要具体研究现阶段土地市场的供求关系及其影响因素，特别是影响土地细碎化程度的土地供求关系及其决定因素。

不愿意放弃土地不等于有扩大土地规模的需求。从经济学原理出发，扩大土地规模的需求产生于增加土地的成本收益比较，同时受限制于农户拥有的资源。如果增加土地面积的投资收益大于其他投资，同时又拥有扩大土地投资所必需的资源，农户就有扩大土地规模的需求；否则，即使农户不愿意放弃现有耕地，也不等于希望扩大耕地规模。最通常的原因是过小的土地规模限制了其他资源有效发挥其作用，即对土地而言存在潜在的规模经济。在这种情况下，农户通过投资扩大土地规模就可以为其他要素带来更高的报酬，从而提高总的资源报酬率。因此，扩大土地规模的基本原因在于潜在的规模经济，同时必须满足现有的资源约束，不至于因为资金成本上升而抵消规模经济的收益。根据以上约束条件，显然不是所有农户都有扩大土地经营规模的需求。应当注意到，这种对土地的需求表现为对扩大农户耕地总面积的需求，它可能导致原有地块的扩大、合并，从而减轻土地细碎化的程度，但也可能表现为地块的增加，从而并不必然减轻细碎化程度。同时还应当注意到，扩大农户耕地总面积必然要求减少农户数量。否则，一部分农户扩大规模的结果就是另一部分农户缩小规模，农户的平均面积保持不变。而且，在农户普遍不愿意放弃土地的情况下，这样的规模变化基本上不可能发生。

直接减轻以至消除细碎化的土地交易应当是农户之间的土地使用权转让和交换。如果前面所说的农户不愿意放弃土地（包括减少土地面积）的现象确实存在，那么，基本上就不可能通过单方面转让实现土地整理（方整化），只能寄希望于交换。通过交换实现土地方整化的必要条件是地块的规模经济收益（包括减少成本）大于交易成本，因而至少部分农户有通过交换扩大地块规模的动机。现有的一些研究可能高估了地块规模扩大的收益。例如，土地高度细碎化的地区往往是丘陵山区，细小的地块与较大的地块并非同质土地，在肥沃程度和水土保持能力方面存在显著差距，因此，其生产率的差异并非单纯由面积大小所导致。更重要的是，丘陵山区的地块分割是自然条件决定的，方整化的成本主要是改造地形的费用而不是纯粹的交易费用，其代价之高绝不是地块的规模经济可以补偿的，在这种地方讨论土地细碎化、方整化没有实际意义。

即使是平原地区，一些现有的研究往往指出分割土地所必需的田埂所造成的面积损失和劳动者在不同地块之间移动所带来的劳动时间损失。由于边行效应[①]

---

① 这里的边行效应指在通常情况下，靠近田埂一侧的农作物由于较少地受到其他农作物的遮挡，从而更加有利于其光合作用、增加产量的一种效应。

的存在，田埂造成的产量损失远远小于面积损失，根据田埂面积计算的结果明显高估了土地细碎化的产量损失。水田地区本来就需要用田埂对土地进行适当分割。用土地细碎化条件下田埂所占实际面积减去现有技术所需面积的部分计算产量损失，再减去边行效应增加的产量，得到的产量损失净值才是适当的衡量指标。这样计算的损失一定大大低于许多现有研究的计算结果。

至于劳动者在不同地块之间移动所占用的劳动时间，则需要进一步考察农民在单位时间内（一天或半天，视是否回家吃中饭）是否需要在不同地块间移动。如果单位时间内不需要移动，则地块的分割不增加总的行走时间；否则，行走总时间就会增加，从而占用本来可以用于生产活动的时间。即使是后者，是否真正增加成本或减少收入仍然有疑问。通常情况下，如果能节约比较完整、集中的时间，就可能为农民提供从事其他生产活动的机会；相反，如果节约的是零碎、分散的时间，则只能增加一定的闲暇时间而不影响农民就业，也不影响以货币或实物计算的家庭收入或生产成本。

此外，机械作业、病虫害防治和灌溉排涝等田间作业的成本与效率也与地块大小相关。如果地块小于一定的门槛规模，上述作业的单位面积成本就会上升。不过，从总体上看，地块的规模经济不大可能非常显著，加上农户耕地面积不大，农户之间通过交换地块实现土地方整化能够增加的实际收入或者能够降低的实际成本总量有限，因而交换土地的可能性在很大程度上取决于交易费用。

农业用地的供应者有三种类型。第一种是稳定的移民，愿意永久性地放弃土地并转让给他人。这类土地供应通常对买方没有或很少有特殊选择，基本上由愿意支付的最高价格决定成交对象。如果确实存在地块的规模经济，相邻地块的所有者就有可能愿意支付比较高的价格，这样的转让就可能减轻土地细碎化的程度。但是，其必要条件是相邻地块的所有者拥有必要的资源，包括扩大生产所需要的经验、技术和资金，并且有扩大农业生产的愿望，同时附近没有其他土地经营者由于别的原因可以从这块土地上得到更高收入因而愿意支付更高价格。第二种是不愿意永久放弃土地的短期或长期劳动力转移者，为了保持随时收回土地的权利，他们对买方可能有高度的选择以确保需要时顺利收回土地。受这一条件的刚性约束，能够获得这类土地的通常是出让者的亲朋好友，而不一定是相邻土地的所有者（经营者），而且受让者也抱有临时经营的观念，因而基本上与土地细碎化或方整化无关。第三种是希望通过交换使自己的土地得以连片经营的农民，他们之间的交换如果成立，就能直接、明显地改善土地细碎化的现象。就农户间的地块交换而言，供应者同时也就是需求者，供应的目的就是通过交换满足自己的需求，因此暂时没有必要讨论影响其供应的因素，而将之放在下面的交易费用中一并讨论。

9.4 土地市场调整的交易成本

土地交易中面临的种种实际困难构成广义交易费用的一部分。我们有理由相信，与通常认为的交易费用（如搜寻费用、谈判费用、税费等）相比，某些困难更难克服，更加阻碍土地交易的实现。根据上面的分析，对现阶段农民而言，土地既是不可替代的生产要素，也是就业（其他生产要素发挥作用）的保障，因此，土地的交易主要甚至只能是对等的交换，包括所交换地块在面积、肥沃程度和距离等方面基本一致。农户不可能先出售自己的土地以获得货币（一般等价物），然后再设法购买自己所需要的土地。因此，土地交换不可能是发达市场经济条件下的商品交换，只能表现出原始的物物交换性质，而经济理论早就告诉我们物物交换的难度不但非常高，而且随着交换链条的长度而增加。

出于自然、经济、社会和制度方面的原因，农户拥有的地块大小不一，肥沃程度和距住处的距离各不相同。在交换中几乎所有的人都希望增加面积，或至少不减少面积，并且希望得到相对比较肥沃、距离比较近的地块，很少有人愿意用面积较大但肥沃程度相对较低的地块换取面积较小但更肥沃的地块。地块在面积、肥沃程度和距离等方面的不匹配成为通过交换减轻土地细碎化程度的最主要障碍。这种土地不匹配的困难因地块过小这一事实而进一步加强，因为较大的地块可以通过分割与较小的地块实现匹配，但过小的地块无法分割，否则，剩下的地块更小以至于无法有效耕作。地块不匹配的困难可能随交换链条的延长呈几何级数增加。如果 A 所要的土地在 B 的手中，而 B 所要的土地恰巧在 A 的手中，如上所述，土地不匹配的困难已经很难克服。如果 B 所要的土地不在 A 的手中而在 C 的手中，而刚好 A 拥有 C 所需要的土地，那么，交换的难度相比第一种情况下至少增加一倍（极可能不止一倍）。如果 A 不拥有 C 所需要的土地，交换的链条需要延长到 D、E，甚至涉及更多的人，那么，交换的难度将继续成倍增长。不难想象，随着交换链条的延长，交易的总难度将迅速上升，以至于实际交易根本无法进行。

改革和完善土地产权及市场制度安排可以减少搜寻、签订和执行合同等方面的费用，可以减少直至豁免税费，却无法减少上述土地不匹配所造成的困难。降低土地不匹配所造成的交易困难，必须满足以下四点：①增加农户拥有的地块以提高土地匹配和相邻的概率；②扩大地块的面积以提高土地的可分割性；③减少农户的数量以缩短交易的链条；④扩大农户的土地规模以改善土地的替代性。显然，所有条件都直接指向大幅度减少农户数量；而且不仅是通过劳动力转移，更必须是永久移民，永久放弃土地，才能降低农户间土地交换的难度，使土地方整化成为现实可能。在极端情况下，假定一个村民小组或自然村只剩下两个农户，哪怕初始阶段各拥有上百块土地，但是，由于以下原因：①地块数量多，交换的选择范围大；②许多地块已经自然合并，地块面积扩大，可以分割；③所有的地块均与对方地块相邻，交易链条最短；④农户土地规模扩大，土地的替代性自然体现出来。因此，通过两者之间的交换使土地连片、实现地块的规模经济将不再有什么困难。

9.5 简要的结论和进一步研究的方向

从历史演变的过程来看，我们有理由相信农业内部过高的人地比例是造成和加剧土地细碎化的基本原因。无论土地的初始分配状况如何，在多子女继承的条件下都会造成土地的分割；即使同一后代先后继承了多个前辈的遗产，也无法保证其土地连片。同时，人地比例过高所带来的土地不可替代性以及细碎化所带来的土地不可分割性，加上多少与人地比例相关的就业保障功能，则阻碍了农户之间通过交换来减轻以至消除土地细碎化的可能性。因此，减轻乃至消除土地细碎化的必要条件是大幅度降低农业部门的人地比例。

在中国现阶段社会经济条件下劳动力转移导致的土地使用权转让可能扩大部分农户的土地规模，但并不必然减轻土地细碎化的程度；而大幅度降低土地细碎化程度则必然以农民的大幅度永久性减少和移民为必要条件。土地产权和市场制度安排的改革对降低农户间的土地交易成本没有多少实质性影响，它可能便利劳动力转移过程中的土地使用权转让，也可能便利部分农户扩大经营规模；但是，小规模农户内部通过交换土地对实现地块的规模经济不大可能有实质性的帮助。

本章是对土地市场调整能否减轻以至消除土地细碎化的理论和逻辑分析。单纯的理论和逻辑分析还不够，还需要实证研究的支持。下一步可以或者应当进行的调查研究包括：①深入细致地调查、分析土地市场流转的现状，包括谁租入土地，为什么租入土地，从谁那儿租入土地，是否与原有土地连片。谁出租土地，为什么出租土地，是否对承租人有特定选择，以及土地流转程度不同的地区土地细碎化程度是否有明显差距，土地市场的发育程度和存在时间长短是否对土地细碎化有明显影响。②深入细致地调查、分析不同人地比例地区农户之间土地交换难度，包括村民小组或自然村的土地和人口规模、地块分布、土地差异程度，试图用地图标出各户具体地块的位置、大小和肥沃程度，看看土地匹配程度和交换链条是否直接受人地比例影响。

土地细碎化的问题可以从多重角度研究，从人地比例引起的交换困难出发进行研究是一个新的角度，也是一个重要的角度。沿着这一方向继续深入研究将帮助我们更清楚地认识中国土地问题的现状、土地市场的实际功能以及工业化、城市化对土地问题的决定性影响。

参 考 文 献

贾生华，田传浩，史清华. 2003. 中国东部地区农地使用权市场发育模式和政策研究[M]. 北京：中国农业出版社.

苏旭霞，王秀清. 2002. 农用地细碎化与农户粮食生产——以山东省莱西市为例的分析[J]. 中国农村经济，（4）：22-28.

田传浩，陈宏辉，贾生华. 2004. 农地市场与耕地细碎化[C]. 第四届中国经济学年会.

温铁军. 2006. 农民社会保障与土地制度改革[J]. 学习月刊，（10）：20-22.

姚洋. 2000. 中国农地制度：一个分析框架[J]. 中国社会科学，（2）：54-65, 206.

赵冈. 2003. 历史上的土地制度与地权分配[M]. 北京：中国农业出版社.

Binns B O. 1950. The Consolidation of fragmented agricultural holdings[Z]. FAO Washington.

Wan G H, Cheng E J. 2001. Effects of land fragmentation and returns to scale in the Chinese farming sector[J]. Applied Economics, 33（2）：183-194.

第三篇
农业保险

第10章 从供给侧推动农业保险创新[①]

农业保险的基本功能是风险管理，在发生重大自然灾害和剧烈市场波动时稳定农民收入，确保农业生产连续进行。由于农业保险被划入绿箱政策，实践中它也成为支持农民收入和农业生产的重要工具。尤其是美国和欧盟，近年来在缩小其他政策预算的同时，大大增加对农业保险的支持力度。2007年以来，我国历年中央一号文件也反复强调农业保险的作用，逐年加大财政支持力度，农业保险发展迅速。但在实践中，其效果并不理想，农业保险制度亟须创新改革。以强化收入支持和风险管理，促进国家粮食安全为目标，应创新农业保险制度，加强对小农户的收入支持，确保粮食安全，同时继续依托商业性保险公司完善原有农业保险制度，服务对象定位为规模经营户等新型农业经营主体。

10.1 创新农业保险、完善我国农业保险制度的必要性与方向

发达国家农业支持政策的重要趋势之一就是加大对农业保险的支持功能，取代部分黄箱政策，我国农业保险政策的变化也呈现这种趋势。以前农业保险只是作为金融服务的一部分，2015年一号文件不但把农业保险作为促进农民增收的惠农政策，而且强调要加大对主要粮食作物保险的保费补贴力度，即农业保险要同时作为支持农民收入和增强粮食安全的重要工具。但是，从实践来看，我国农业保险风险管理和收入支持的效果都不理想，其根本问题在于现有农险制度不能满足小规模农户的需求，对粮食生产的激励不足。

（1）我国绝大多数农户经营规模过小，农业保险的风险管理功能作用有限。

我国绝大多数农户经营规模偏小，农业收入占家庭总收入比例较低，农业保

[①] 论文发表于人民日报（2016-06-24），作者为钟甫宁。

险的风险管理功能并不明显。目前中国平均户均耕地不足 0.6 公顷，2014 年农民人均纯收入为 10 489 元，农业收入仅占约 1/3。实践中每年大约只有 15% 的农户获得保险赔偿，平均每亩赔偿金额在 50 元以下，即使获得赔偿的农户，赔偿额也低于农户纯收入的 5%。因此，对绝大多数小农户来说，参保预期收益不高，参保意愿不高。不过，对于那些规模化经营土地的农户，农业生产是他们最主要的收入来源，即使单位面积赔偿率不高，总赔偿额也相当可观。因此，农业保险对规模经营农户风险管理和收入支持的意义都很重大，他们对保险持比较肯定的态度。现行灾害赔偿型农业保险可以部分满足大规模经营主体的需求，但不能真正解决广大小农户的现实问题。

（2）我国农业保险的财政支持存在明显"漏出效应"，对农户的收入支持作用有限。

我国农业保险的实际保障程度不高，对种粮农户收入支持作用有限。例如，三大粮食作物保险每亩最高保障水平在 300 元左右，但生产成本平均 800 多元，在绝收情况下农业保险仅能勉强弥补投入的物化成本。实践中每亩受灾面积得到的赔偿在 50 元以下，加上农户土地经营规模普遍较小，每户保险赔付往往只有 100 元左右。

保险公司经营费用和利润总额占国家保费补贴的比例较高，财政支持资金存在明显"漏出"效应。我国现行农业保险是国家委托商业性保险公司提供保险产品和服务，农户缴费投保，保险公司定损、理赔，政府提供补贴。目前国家三级财政对农业保险公司的保费补贴普遍高达 75%~80%，除了少部分用于支付受灾赔付外，很大一部分补贴转变为保险公司的经营费用和利润。这种"漏出效应"在实践中已经成为加大政府支持力度的障碍因素。

因此，面对数量众多的小农户，亟须创新农业保险机制，降低经营成本、减少国家补贴"漏出"，加大对农户和粮食生产的直接支持，让有限的补贴真正落入农民的口袋。

（3）我国小规模家庭经营模式将长期存在，亟须针对小农特点，创新改革农业保险制度。

我国"人多地少"的资源禀赋决定了小农经营模式将长期存在。尽管国家大力支持新型经营主体的发展，但是，我国目前仍有农户约 2.4 亿户，户均耕地约 0.5 公顷。如果耕地保持 18 亿亩，户均耕地要达到亚洲平均水平（1.6 公顷），农户数量就要减少 69%；如果要达到黑龙江现有平均水平（3 公顷），或达到户均 6.67 公顷的水平，农户数量更要分别减少 83% 或 93%。从我国目前的城市化发展进程来看，短期内无法达到这样的水平。

小农户不仅抵御风险的能力弱，增加收入的能力更弱，粮食生产方面尤其明显，其结果必然是粮食生产竞争力持续下降，粮食安全目标面临日益严重的威胁。要实现风险管理、增加收入和保障粮食安全三重目标，亟须针对小农的特点完善和创新农业保险制度。

10.2 完善和创新农业保险制度的思路和方向

建议创新改革我国农业保险制度：风险管理型的农业保险以种田大户和不断壮大的新型经营主体为对象，以商业经营为主、政府补贴为辅；对于数量众多的小农户，创新以收入支持为主要目标的保险工具，同时为保障粮食安全服务。

上述思路充分考虑了我国小农长期存在的客观现实和发展新型农业经营主体的政策目标，可以兼顾不同层次农户的需求。完善灾害赔偿型的保险制度可以满足新型规模化经营主体日益增长的风险管理需求；创新收入支持型的保险制度可以满足广大小农户增加收入的需求，同时加大对粮食生产的支持力度，增强粮食安全。

风险管理和收入保障两种保险机制互相补充，同时重点支持粮食作物的生产，就可以实现风险管理、收入支持和粮食安全三重目标。收入保障性的农险不仅可以满足广大小农户的需要，大农户同样可以从中获益，并且可能获益更多；而风险管理性的农险将随着新型农业经营主体的不断发展成为普遍的风险管理工具。

10.3 创新改革我国农业保险制度的政策建议

1. 创新农业保险制度，加强对小农户的收入支持，确保粮食安全

在财政资金有限的情况下加强对农民的收入支持，只能依靠降低成本、减少漏出。建议设计一套新的农业保险制度，以收入支持为主要目标，兼顾粮食安全。可以借鉴城镇居民住房公积金管理办法，在现有支付农户直接补贴的银行卡中设立农业保险专项账户，农民根据实际面积缴纳保险费用，财政提供配套资金，两部分资金合并记入个人账户实行专项管理。一旦发生灾害，赔付机制被触发，农业保险赔付程序将被激活，农户就可以从专用账户中提取规定的赔偿金额。因退休或其他原因转让土地，可一次性领取余额；转入土地者重新交纳、累计，触发赔付时领取上限为个人账户积累总额，包括政府补贴款。

触发机制可借鉴指数保险的思路，将损害程度指数化，并以该指数为基础设计保险合同和赔付触发机制,即保险赔偿并不基于实际损失,而是基于区域平均产量、降水量、气温、卫星图像等参数。由于不需要实际定损等田间工作,加上以收入支持为目标,不需要十分精确,完全可以通过一个精干的小规模管理机构来实施。管理部门根据实际观察数据计算的指数公布每亩投保面积的赔偿标准,银行从专用账户中释放相应金额到普通账户上,农户就可以提取相应赔偿。

上述制度设计有两方面好处:一是不再依赖商业性保险公司来实施政策性农业保险,可以大大降低经营成本和交易费用,大幅度减少财政资金补贴资金的漏出,增加对农民的收入补贴;二是这样的直接收入补贴机制设计仍属于WTO(World Trade Organization,世界贸易组织)绿箱政策范畴,不但在多边贸易谈判允许的范围内,而且可以和当年播种面积挂钩。

因此,为了实现粮食安全的目标,可以把粮食作物作为新型农业保险的主要作物品种,并且加大对粮食作物保险的补贴率。实践中既可以根据需要灵活设计保险品种,也可以根据财力不断加大支持力度。

2. 继续依托商业性保险公司完善原有农业保险制度,服务对象定位为规模经营户等新型农业经营主体

新型农业经营主体生产规模大、投入多,对风险管理也有强烈的需求。因此,现行农业保险的服务对象可以锁定为规模经营主体,强化农险的风险管理功能。政府应当鼓励保险公司根据新型经营主体的需求开发保险产品,同时适当加大支持力度。

第11章　风险管理vs收入支持：我国政策性农业保险的政策目标选择[①]

近年来虽然农业保险在我国逐渐推广，但是调查发现农业保险的有效需求较低，大多农民是为了获得政府补贴而购买保险，这与我国农业保险的政策目标（风险管理）相背离。通过对我国10个省（区）小规模经营农户获得农业保险赔偿数据的分析，发现我国政策性农业保险在现实中不能较好地发挥风险管理功能。农业保险功能发挥与政策目标定位出现不匹配，影响到了政策实施效果，因此有必要对现有政策目标进行调整完善。从我国小规模农户对农业保险的实际需求以及我国农业发展的迫切问题出发，需要将农业保险的政策目标调整为收入支持，在符合WTO相关规定的前提下，采取合理的方式借助农业保险名义补贴农业生产。

11.1　引　言

在世界范围内中国是遭受农业自然灾害频次和损失程度最为严重的国家之一，近年来每年大约有20%的农作物会受灾，灾害给农户带来的直接和间接损失十分巨大，威胁着农业的可持续发展和农民收入水平的提高，因此我国需要采取一定措施来对农业风险进行管理。近年来我国在众多农业风险管理措施中选择农业保险并逐渐推广，国内外的相关研究认为农业保险是比较有效的风险管理工具（中国赴美农业保险考察团，2002；Cole et al.，2014），因此我国一直在不断探索合理的农业保险制度，自2004年我国积极探索建立政策性农业保

---

① 原载《农业经济问题》2019年第4期，作者为刘亚洲、钟甫宁。

险制度[①]，国家在政策层面予以鼓励支持，从 2004~2017 年每年发布的中央一号文件都对农业保险发展做出具体指导意见。在初期（2004~2006 年）虽然政府部门指导并采取措施鼓励发展政策农业保险，但在没有政府财政支持的情况下[②]，农业保险发展徘徊不前（陈文辉，2013），供给不足、需求有限的市场失灵现象依然存在。很多研究认为市场失灵是由于农业保险市场供给和需求双重正外部性（冯文丽，2004；陈璐，2004；Ward and Zurbruegg，2000），在没有政府补贴保费的情况下农业保险市场很难形成（庹国柱和李军，2003；关伟等，2005；Miranda and Glauber，1997；Coble and Barnett，2013）。针对这一现实问题我国中央财政从 2007 年开始逐步对政策性农业保险保费进行补贴，从 2007~2015 年中央财政共拨付保费补贴资金 780 多亿元，年均增长 27%。目前在我国农业保险保费补贴的品种达到 15 个，2016 年财政部出台相关规定对中西部、东部的保费补贴逐步提高至 47.5%、42.5%[③]，再加上各地方政府（市、县）的财政补贴，农户实际只需要承担20%左右的保费，最终只要缴纳大约5元/亩。随着财政对保费的补贴增加，农业保险市场逐渐发展，农业保险经营主体日益增多（庹国柱，2017），市场的供给问题逐渐得以解决；在需求方面虽然农户参保数量也在增加，但是从实际以及相关调查中发现小规模经营农户出于风险管理需求来自愿投保比重依然不高，说明农业保险真实的有效需求不足[④]。

　　理论上，国家给予的保费补贴化解了农业保险市场上的主要矛盾，在保费如此优惠的条件下，农户的参与意愿应该相对较高。那为什么农户在面临农业风险的情况下依然不愿意参加农业保险呢？从中国保险学会的相关调查中发现农户未购买农业保险主要原因是农业保险的保障程度不高，赔款太低购买保险的意义不大；而购买农业保险的农户大多也认为农业保险不能弥补损失。另外，在参与农业保险的农户中只有 7.14%是出于"了解到农业保险是补偿损失的有效方法"的原因而购买的保险，购买原因除了村集体宣传动员外，主要是因为国家提供保费补贴。可以看出农户自愿购买农业保险主要是为了获得国家保费补贴而并非出于风险管理的考虑。从以上现象看出虽然在国家大量补贴下，农业保险市场逐渐形成，但是农业保险似乎没有将农业风险很好转移（只转移了部分物化成本的风

---

　　① 本章主要探讨政策性农业保险，2004 年之前在我国实行的商业性农业保险不在本章探讨范围；同时本章所涉及的农业保险主要是政策性的种植业保险。

　　② 虽然在 2004 年中央一号文件曾对农业保险补贴提出过指导，但是保费补贴是由谁来补、补多少、怎么补却不是很明确，因此补贴政策较难落实。

　　③ 资料来源：中华人民共和国财政部. 关于加大对产粮大县三大粮食作物农业保险支持力度的通知. http://www.gov.cn/xinwen/2016-01/08/content_5031527.htm，2016-01-08.

　　④ 资料来源：中国保险学会发布的《中国农业保险市场需求调查报告》。从调查中发现很多小规模经营的农户参与农业保险是为了获得国家的保费补贴或者是在村集体统一进行投保，在村干部动员下购买。另外需要强调的是本章研究的主要是小规模经营的农户，并非大规模农户。

险，但随着土地成本和劳动力成本上升，只转移部分物化成本风险对于转移农业整体生产风险略显不足），农业保险风险管理功能实现效果不尽如人意（钟甫宁，2016），这种低保费、低保障的农业保险不能满足农户的需求[①]。

虽然实行农业保险政策最基本和本质的政策目标应该是进行风险管理，但从西方发达国家的一些实际做法来看，其实它们并没有将农业保险的政策目标定位为风险管理，而是在 WTO 农业协定相关规定允许的情况下[②]，通过风险管理的名义来实施农业收入支持的目的，这些国家对农业保险的大量财政补贴实质就是在对本国农业进行扶持。目前我国实行的农业保险政策目标定位仍然停留在风险管理阶段，那么就目前我国农业发展状况，是仍然保持农业保险政策定位为风险管理目标，还是需要对现有农业保险制度进一步完善，效仿西方一些发达国家将其政策目标逐渐转换为收入支持来支持农业发展呢？本章就此问题展开讨论。

11.2　农业保险的政策目标选择及研究思路

在介绍农业保险政策目标选择之前，需要对政策性农业保险所具有的政策目标进行了解，而政策目标又与农业保险所具备的基本功能相关，因此下面将在了解农业保险基本功能以及与政策目标之间关系的基础上，再对农业保险的政策目标选择方法进行阐述。依据农业保险政策目标的选择方法，提出本章的研究思路。

11.2.1　农业保险基本功能与政策目标的关系

从理论上来看农业保险属于财产保险的一种类型，保险的本质功能是分散风险，因此农业保险在理论上需要发挥的功能是风险管理（黄英君，2009）。在我国，农业保险是一种政策性保险，需要政府在政策、资金方面给予大力支持，将一部分财政收入转移到农业当中，增加农户家庭收入以提高其农业生产的积极性，确保我国农业稳定发展，因而其还需要肩负着收入支持的功能。农业保险的政策目标是依据农业保险具有的基本功能来选定的，那么农业保险的政策目标就有两个目标可供选择，即风险管理目标和收入支持目标。

农业保险功能与相关政策导向（政策目标）选择之间存在一定的关系。首

---

① 目前我国农业保险的保障范围主要是种植的物化成本，不能满足农户对于种植"全成本"（全成本包括的成本有种植业的过程中产生的物化成本、土地租赁成本以及劳动力成本等成本）保障的要求。

② 在 WTO 农业协定中将农业保险归在"绿箱政策"范围内，而"绿箱政策"主要是指那些没有贸易扭曲作用或者贸易扭曲作用非常小的国内支持措施，在 WTO 农业协定中没有限制。

先，农业保险的基本功能是相关政策目标选择扶持的对象，也就是说政策目标是依据农业保险的基本功能来选定的，选择其中一个或者几个功能作为政策目标进行扶持；其次，政策目标的选择可以促进农业保险某些功能的实现，理论上当农业保险政策选择了某一个功能来进行扶持时，就会制订相应方案来对这个功能进行资金补贴，最终使该功能得以加强。

在现实中农业保险的功能实现与政策目标选择之间可能存在两种情形，第一种情形是两者相一致，如农业保险的风险管理功能在现实中起到很大作用，此时的农业政策目标也是风险管理，最终农业保险政策选定的目标功能在相关政策的扶持下得到了很好的实现。第二种情形是农业保险的功能实现与政策目标选择之间出现了不匹配，也就是农业保险的政策目标主要针对的某一功能在实践中发挥的作用有限，这时就需要考虑改变政策的目标或者停止政策支持以减少对财政资金的浪费。对于农业保险的功能实现与政策目标选择之间出现了不匹配的原因主要可以分为两方面：一方面，农业保险某一功能从理论上来看发挥的作用本来就较小，但政策将这一功能选择为目标进行扶持，实践证明政策实施的效果也较差；另一方面，虽然理论上农业保险某一功能可以发挥的作用应该较大，但是政策没将这一功能作为主要的目标进行扶持，这样也会导致农业保险的功能实现与政策目标选择之间出现不匹配。

11.2.2 农业保险的政策目标选择过程

上面已经对农业保险的功能与政策目标关系做了分析，在此基础上需要进一步探讨的是如何来选择合适的农业保险政策目标。整体来看，在政策目标选择时需要考虑以下两方面因素：①功能实现因素；②政策实现因素（图11-1）。

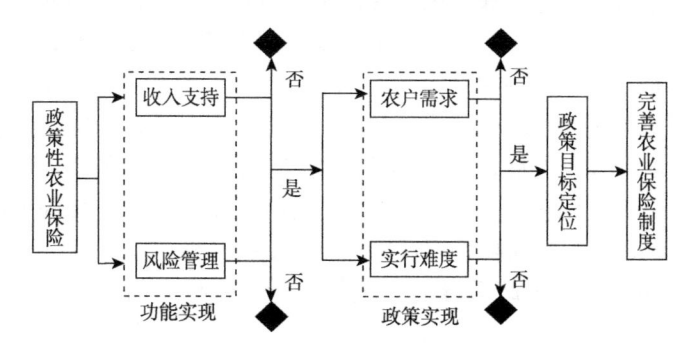

图11-1 农业保险政策目标选择过程

具体地，农业保险选定的目标应该是从农业保险所具备的几个功能中选定，而选定功能的第一个条件就是在农业保险的实施过程中该种功能可以很好得到发挥作用，否则即使有政策支持其实行效果也较差；第二个条件是全国大部分的农户要对政策选定的目标功能有实际需求，而对没有需求的功能进行扶持实质上是对社会资源的一种浪费；另外，选定的政策目标还应该是政府采取一定政策措施手段能够实现的，即实施难度较小。通过以上两个实现条件的筛选，最终选择出合适的政策目标，使农业保险功能得以充分发挥，达到完善农业保险制度的目的。

11.2.3 研究思路

在引言中已经提到我国农业保险政策在运行过程中出现了问题，说明农业保险的政策目标定位可能与农业保险功能的实现之间出现了不匹配。目前我国农业保险政策目标定位为风险管理功能，那么在我国实践当中农业保险发挥风险管理功能的效果如何？这需要结合我国目前农业保险在实行过程中的实际赔偿情况进行分析。农业保险是否能实现风险管理的功能需要从"数量"和"质量"两个方面内容进行考察。在"数量"方面需要考察农业保险赔偿的户数情况，即农业保险赔偿的覆盖率，具体来说就是获得保险赔偿的农户数占参与农业保险总户数的比重，这一比重越高则意味着农户可以通过农业保险分散农业生产中风险的可能性越大，这样农业保险在风险管理中发挥的作用越大。在"质量"方面需要考察获得赔偿的农户所获得的赔偿金数额，获得的赔偿金是否可以起到分散风险的效果。本章采用赔偿金在农户家庭种植业经营净收入的比重和赔偿金在家庭全年净收入的比重来衡量农业保险风险管理功能实现情况[①]。通常情况下都将农户作为一个生产单位进行分析，但在我国农户进行风险管理时通常的做法是进行多元化种植来分散风险，即使农户参加农业保险来分散一部分风险，但通常还是会进行多种经营，当一种作物受到损失时农户可以通过其他种植收入来弥补，从而进行再生产。因此可以通过计算农业保险赔偿金占农业经营净收入的比重来看农业保险所起到的风险管理的作用，如果农户获得的赔偿金占农户农业经营净收入的比重越大，那么农业保险所起到的风险管理作用越大，反之则起的作用就越小。除此之外随着我国农村人口流动，很多农户除了传统农业生产外还会进行兼业或者外出务工，家庭收入不断多元化，当农业生产受灾减产后农户也可以通过其他非农收入来弥补损失，那么通过计算农业保险赔偿金占家庭全年净收入比重来评价农业保险在整个家庭经营、工作中所起到的风险管理作用，同样，这一比重越大农业保险所起到的风险管理作用就越大。

---

① 农户更希望的是对种植"全成本"的风险管理，并非较低保障水平的物化成本保障。

在确保农业保险风险管理功能实施效果优良的情况下，需要进一步从政策实现的两个方面（农户需求和实行难度）来考察农业保险实施中可能存在的问题。但是如果农业保险的风险管理功能实现效果较差，继续将风险管理作为农业保险的政策目标予以实施，将会造成效率损失，使得政策目标难以实现。这时应该考虑转换农业保险的政策目标，为了保证政策目标实现的可能性，首先需要了解目前我国农民对于农业保险的现实需求是什么，如果是收入支持，那接下来就需要考虑农业保险的政策目标是否应该转变为收入支持。当农业保险政策目标转变为收入支持时，还需要确保的是收入支持功能能够有效发挥作用，采取一定措施来促进政策目标的实现。最终还需要考虑将农业保险政策目标定位为收入支持后，政府的实行政策的难度又如何，难度较小则可以完成政策目标的转换，否则收入支持的政策目标依然不可行。下面将按照以上研究思路对农业保险的政策目标进行分析和讨论。

11.3 我国农业保险风险管理功能实现状况

目前我国实行的农业保险是一种政策性保险，其主要政策目的是降低农业风险给农业生产带来的影响，发挥保险的风险管理功能，而现实当中农业保险是否很好地发挥了风险管理功能呢，这需要通过现实的统计数据来说明。本章采用农业部农村固定观察点 2009~2011 年农户参与农业保险以及农业保险赔偿的相关数据[1]。由于本章主要研究种植业保险，故首先对样本进行筛选，主要选取了家庭经营主业为种植业的农户。在数据统计中家庭净收入主要包含种植业经营净收入、非农经营净收入、工资性收入，其中种植业经营净收入等于种植业总收入减去种植业经营费用[2]，非农经营净收入等于经营收入减去经营费用。同时需要说明的是，由于在部分省份中农户参加农业保险以及农户获得赔偿金额相关数据的缺失，相关统计不能包含全国所有省（区、市）。

按照上文研究思路，首先对目前我国参与农业保险农户的获赔情况进行了解。本章共统计了 2009~2011 年参保农户获得赔偿的情况，如表 11-1 所示。

---

[1] 由于数据获取原因，农业保险赔偿的相关数据相对滞后，但是通过笔者近期相关调研发现农民受灾后所获得的赔偿金依然很少。保险赔偿少的主要原因在于目前农业保险保障的只是种植当中的物化成本，但随着劳动力价格、土地租金价格的提升，物化成本在总成本中的比重逐渐降低，现行农业保险现有风险管理的作用逐渐削弱。

[2] 种植业经营费用主要包括：种子种苗费、农家肥折价、化肥费用、农膜费用、农药费用、水电及灌溉费用、畜力费、机械作业费用、固定资产折旧及修理费、小农具购置费、土地租赁费用、雇工费用、其他费用。

表11-1 2009~2011年参保农户获得赔偿的情况

省份	获得赔偿农户占参保农户比重	获得赔偿农户占农户总数比重
全国[a]	23.82%	1.93%
河北	23.26%	1.22%
内蒙古	39.13%	11.01%
辽宁	56.77%	5.98%
吉林	35.42%	10.21%
江苏	6.92%	1.72%
安徽	17.32%	4.65%
山东	13.33%	0.66%
河南	10.74%	0.63%
湖北	42.03%	2.45%
四川	14.89%	3.22%

a. 全国层面的统计不包含西藏、青海、甘肃等数据缺失的省份
数据来源：根据农业部全国农村固定观察点相关数据整理计算得到

从全国层面来看，在样本中从2009~2011年参加农业保险的农户数一共有3 723户，获得保险赔偿的农户数有887户，获得赔偿农户占参保农户比重为23.82%，意味着约有1/4的参保农户在受灾后可以获得赔偿。这一比重可以说明，农业保险在风险管理功能实现方面确实起到了一定的积极作用，说明我国自发展政策性农业保险以来在防范农业生产风险方面取得了一定的成效。虽然从全国层面来看获得赔偿农户占参保农户数的比重不算很低，但是同时也有一些省份获得赔偿农户数只占参保农户数不到10%，说明一些省份的农业保险对于作物灾害的保障作用相对较小。另外通过统计出来的获得赔偿农户占农户总数比重不论是全国还是各个省份都比较低，而从刘亚洲（2017）相关研究发现全国以及各省份农作物发生减产的概率并不低，说明大部分农户没有通过农业保险将农业风险分散掉。综上，农业保险在全国范围内可以在一定程度上发挥农业保险的风险管理功能，保障了农业生产，但在一部分省市中农业保险风险管理的作用较小。考察"数量"不能完全说明现行农业保险在风险管理方面的功能已实现，需要进一步从"质量"层面来考察农业保险是否可以真正起到风险管理作用。

农业保险实现风险管理功能比较重要的是受灾后获得赔偿的金额，这部分赔偿金是否可以弥补农户相应损失进行再生产。上文在评价方法中已经介绍在"质量"方面评价农业保险实现风险管理功能主要采用获得保险赔偿金额占家庭种植业经营净收入比重、获得保险赔偿总金额占家庭全年净收入比重两个指标，如表11-2所示。首先从全国层面来看，平均每户获得保险赔偿金额为233.73元，如果将东三省样本去掉的话每户获得的赔偿金额只有146.74元，这两个金额

占相应家庭种植业经营净收入的比重分别只有2.42%、2.36%,意味着这部分赔偿金对于分散种植业生产风险作用较小,只能弥补一部分物化成本,更谈不上对农业生产经营中的土地租赁成本、劳动力成本的补偿(而现实中这两部分成本在总成本中所占比重越来越大),因此农业保险对于农业生产经营的风险管理作用甚微。进一步来看这部分赔偿金占家庭全年净收入比重只有0.40%左右(不含东三省为0.43%,含东三省为0.40%),赔偿金对于农户家庭总收入来说微乎其微,对于整个家庭生产经营基本上起不到风险管理作用。再看全国一些省市的情况,在统计出来的省市中辽宁省和吉林省的农户的平均获得保险赔偿金额排在前两位,分别达到340.66元、329.18元,这与两个省份农户的户均耕地面积大相关,即在受灾后减产数量较多,相应赔偿就会增多。但进一步从两个省份获赔金额占家庭种植业经营净收入比重和获赔金额占家庭全年净收入比重来看,与其他省市差异不大;这两个比重在其他省市都比较低,说明农业保险在各省市农业生产中起到的风险管理作用较小。基于以上分析全国整体情况与分省情况相近似,都反映出农业保险在风险管理方面发挥的作用相对有限。

表11-2 2009~2011年获赔户所获赔偿金额占农业净收入、家庭净收入比重

省份	获赔户平均每户获得保险赔偿金额/元	获赔家庭的全年种植业经营净收入/元	获赔家庭的全年净收入/元	获赔金额占家庭种植业经营净收入比重	获赔金额占家庭全年净收入比重
全国	233.73	9 644.44	54 002.76	2.42%	0.43%
全国不含东三省	146.74	6 217.13	36 250.02	2.36%	0.40%
河北	148.97	8 796.47	34 316.57	1.69%	0.43%
内蒙古	168.61	4 218.25	20 467.69	4.00%	0.82%
辽宁	340.66	9 939.52	42 884.30	3.43%	0.79%
吉林	329.18	15 018.55	90 482.23	2.19%	0.36%
江苏	105.76	4 751.64	32 178.30	2.23%	0.33%
安徽	102.76	7 517.43	38 897.62	1.37%	0.26%
山东	66.00	4 772.96	54 611.34	1.38%	0.12%
河南	92.94	3 043.50	29 004.94	3.05%	0.32%
湖北	50.88	4 067.55	23 868.57	1.25%	0.21%
四川	57.08	5 166.79	29 362.87	1.10%	0.19%

数据来源:根据农业部全国农村固定观察点相关数据整理计算得到

因此,结合"数量"和"质量"两方面可知,农业保险虽然在一定程度上可以保障到农户,在受灾减产后可以得到农业保险赔偿,但是其赔偿的金额过少使得农业保险不能较好的发挥其风险管理功能,导致了大部分小规模农户对于这类只保障物化成本的农业保险的有效需求较低。在实践中有很多农户尤其是大规模

经营的农户对于包含土地租赁成本和劳动力成本的农业保险需求较大，面对这一现状我国从 2017 年开始在一些地区试点推行"大灾保险"以提高保障水平来满足农户的需求。

11.4 农业保险现实需求及政策目标实现难度

11.4.1 农民对农业保险的现实需求

随着农业现代化的发展，近些年来国内开始不断出现大规模经营的新型农业经营主体，但是由于我国农村地区"人多地少"，我国农业生产仍然以小规模经营为主，因此我们重点分析小规模农户的农业保险需求。为了更好地理解农户如何进行风险管理策略选择，首先对我国小规模农户的生产特点以及农业生产风险特点进行了解。在种植面积方面我国大部分农户其经营耕地面积不足 10 亩[①]，种植面积较小；从种植结构来看，小规模农户由于种植面积小，灵活性比较强，种植结构可以单一化也可以多样化。随着我国经济的发展非农就业机会越来越多，农户出现兼业化和非农化的趋势，通常参与非农就业的都是小规模农户，因此小规模农户收入除了农业收入还有非农收入，其来源较为多元化。受灾后小规模农户由于种植面积小，总损失量也相对较小，恢复生产所用资金也相对较少。

基于小规模农户生产特点，下面利用成本收益理论来分析小规模农户在多样化种植、多元化收入分散风险方式和农业保险分散风险方式的选择。农户在选择多样化种植时防止风险的显性成本基本为零（当然可能会存在一定的机会成本），而当发生风险时的收益是受到灾害后未受灾作物的收益 $s \times W$（s 表示发生灾害的概率；W 表示未受灾作物的收益）。农户在选择多元化收入防止风险的显性成本同样基本为零，而当发生风险时的收益是受到灾害后非农收入 $s \times r \times E$（s 表示发生灾害的概率；r 表示非农收入在家庭收入总比重；E 表示家庭总收入），如果农户采用多样化种植和多元化收入来防止风险的话那总收益为 $s \times r \times E + s \times W$。如果农户参加农业保险，那成本是交纳的保费 P，收益则是受灾作物获得的赔偿 $s \times C$（s 表示发生灾害的概率；C 表示受损作物获得的赔偿），采用农业保险来防止风险的总收益为 $s \times C - P$。对比一下农户采用传统的多样化种植、多元化收入分散风险方式和农业保险分散风险方式的差异 $(s \times r \times E + s \times W) - (s \times$

[①] 即使是农户年均经营面积也只有 10.64 亩。根据农业部农业经济研究中心全国农村固定观察点相关数据统计得到。

$C-P$），化解得 $s(r\times E+W-C)+P$。如果非农收入和未受灾农作物获得的收入之和（$r\times E+W$）大于受损作物获得的赔偿金，则采用传统分散风险的方式较好。从我国目前实际情况来看，小规模农户获得的农业保险赔偿 C 非常少，仅是农作物的物化成本，而非农收入成为家庭总收入的重要组成部分。因此对于小规模农户在通常情况下得 $s(r\times E+W-C)+P>0$，选择传统的分散风险方式要优于农业保险，利用农业保险作为分散风险工具的小农户相对较少（Smith，2016），小规模农户对农业保险风险管理作用的需求较弱[①]。

除此，由于小规模农户的生产经营方式，其在市场中的竞争力较弱，在面临生产成本上升的情况下很多小规模农户很难经营下去，农户对于国家的收入支持需求较大。另外，我国"人多地少"的资源禀赋决定了农业小规模经营的模式将在我国长期存在，我国农业的发展以及粮食安全在很大程度上要依靠小农的发展。尤其是在国际市场上我国农产品贸易面临许多的挑战，加之农业本属于"弱质产业"，如果不对农业尤其是小规模经营的农户进行相应的补贴，农户的农业生产将很难维持；但是由于WTO的相关规则限制，一些支持农业生产的补贴政策无法实行，而农业保险在WTO农业协定的规则中属于"绿箱政策"，同时农业保险的实施具备财政补贴的灵活性和隐蔽性，成为补贴农业的一项有效的措施[②]（庹国柱和李军，2005）。综上，一方面小规模农户对农业保险风险管理作用需求较小；另一方面不论是从农户自身还是国家整体对农业保险发挥收入支持功能的需求较为紧迫。因此我国农业保险的政策目标选择收入支持是符合实际需要的。

11.4.2 政策目标实现难度

将农业保险政策目标从风险管理转变为收入支持，政府需要寻找一种合理的可以通过农业保险来补贴农民的办法。这种转变对于政府的要求不高，政府在不增加财政支出的情况下，可以通过改变政策目标调整补贴方式，达到更好支持农业发展的目标，因此政策目标实现难度并不大。

另外还需要说明的是，由于需要削弱农业保险风险管理作用（发挥风险管理作用就要增加实地勘测定损环节，农业保险运营成本会增加，进而减少了对农民的补贴数量），故可能需要在某种程度上绕开保险公司，采用其他方式借助农业保险的名义补贴农户，这会使相关农业保险公司利益受损。但实施农业保险的初

[①] 现代化农业发展中大规模农户对于农业保险风险管理需求不在此处讨论范围内。
[②] 从欧美发达国家的做法来看，他们实际逐渐或者已经将农业保险当作支持农业发展的一种手段，在符合WTO相关规定的情况下，借助风险管理的名义来发挥农业保险收入支持的作用（Du et al., 2016）。

衷并不是扶持农业保险公司发展，而是稳定农业生产，因此这种转变更加符合实施农业保险的目的。

11.5 结论及讨论

本章利用农业部全国农村固定观察点农户获得农业保险赔偿相关数据，对我国农业保险在风险管理方面的效果进行分析，通过对政策性农业保险对农户赔偿情况的统计，分别从赔偿的"数量"和"质量"两方面考察，研究发现我国目前实施的农业保险从"数量"角度来看在风险管理功能实现方面确实起到了一定的积极作用，但是由于赔偿金额太少，在农业净收入或家庭净收入中所占比重太低，使得农业保险在某种程度上不能很好地发挥风险管理的功能。农业保险的功能实现与设定的政策目标出现不匹配，会直接影响到政策实施的效果。目前我国相关机构也注意到这些问题，开始在一些地区试行大灾保险，逐渐提高保障水平，促进风险管理的功能实现。另外，研究还发现小规模农户对农业保险风险管理作用需求较小，但是对于农业收入支持的需求较大，加之 WTO 对我国政府农业补贴的限制等因素，综合考虑将农业保险的政策目标转换为收入支持更符合现实需求，政府实施的难度也较小，同时也可以减少在实施农业保险时的财政资金漏出，更有利于收入支持功能的发挥，实现政策目标与政策实施之间的匹配。

如果将农业保险政策目标定位于收入支持，那么完善农业保险制度的方向就是最大限度地减少经营和监管成本，而不在于覆盖和赔偿的准确性，不需要保险公司对风险进行测度赔偿（可减少运营管理费用），尽量减少财政补贴到农民之间的环节，减少资金漏出，最大限度地发挥财政支持资金的收入支持功能。近年来气象指数保险在我国逐渐兴起，气象指数保险理赔方式较为独特，具有运营成本低的特点，因此可以借鉴气象指数保险的理赔方式来对现有农业保险进行改进，让收入支持功能更好发挥作用。具体改进可以参照我国住房公积金政策或智利失业保险储蓄账户制度（张占力，2012），为每一位农户在银行设立一个单独的具有农业保险功能的账户，农户缴纳的保费以及政府保险补贴全部存入该账户（当遇到大灾时政府救济款项也可直接打入该账户），理赔方式可以借鉴气象指数保险，只有当确认需要赔偿时该账户才被激活，农户可以取出相应资金来弥补损失进行再生产。这样只依据气象指数进行理赔，节省了大量的运营成本，增加了赔偿金额（钟甫宁，2016）。这一方案可以作为基础性的农业保险制度，主要针对的是小规模农户，而大规模农户也可以参与，主要目的是达到收入支持。由于这一做法具有普惠性，有利于农户，故农户参与的积极性会很高。

本章所讨论的农业保险的参与对象主要是小规模农户，而对于大规模农户来说，由于他们种植的作物品种相对单一，同时专业化程度高，收入来源也较为单一，不能同小规模农户那样进行风险分散，需要寻找其他分散风险的方式，而农业保险可以发挥风险管理功能来满足大规模农户风险转移的需求。另外，现实中保险赔偿金对大规模农户的重要性要大于小规模农户，因而农业保险在风险管理方面的作用也是大规模农户大于小规模农户。总体来看，大规模的农户对于农业保险分散风险的需求会较大，对于这类农户农业保险的政策目标需要定位为风险管理，下一步改进完善的途径就是在重新测算保险费率基础上（逐渐向全成本保障发展）来提高农业风险管理水平，增加相应的赔偿标准，正如我国在很多地区开始试点实行的"大灾保险"，逐渐增加多种保障水平的保险产品供农户选择，促进农业保险风险管理目标的实现。

综上，目前我国实行的政策性种植业保险保障水平低、保险产品单一，既不能满足小规模农户对农业收入支持的需求，也不能满足大规模经营农户转移风险的要求。因此需要有针对性地探索创新我国农业保险制度，综合上文中提到的以收入支持为目标的农业保险创新思路和以风险管理为目标的改进思路，本章建议构建出能够实现灾前和灾后相配合、收入支持与风险管理相协调、大小规模农户有侧重的种植业保险体系，如图11-2所示。

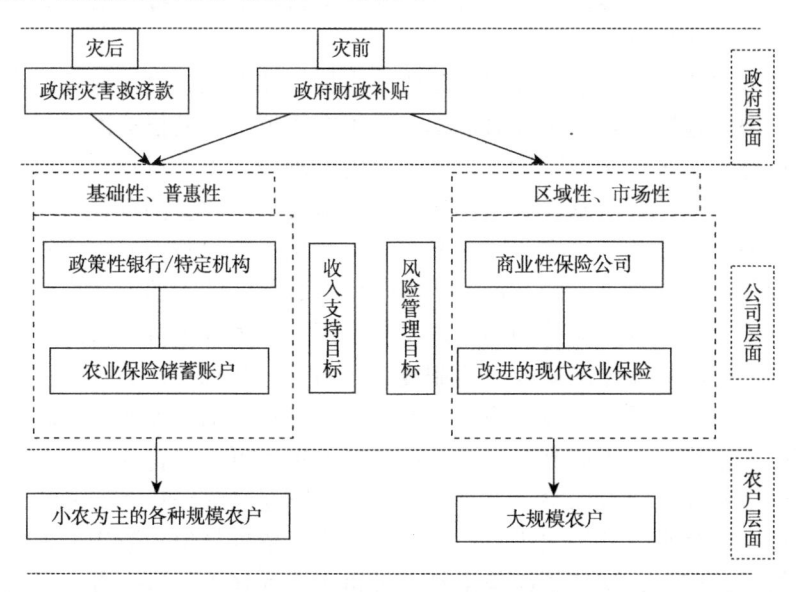

图11-2 中国种植业保险体系构建

参 考 文 献

陈璐. 2004. 我国农业保险业务萎缩的经济学分析[J]. 农业经济问题，（11）：32-35.

陈文辉. 2013-12-21. 完善农业保险制度的几点思考[N]. 人民日报，12.

冯文丽. 2004. 我国农业保险市场失灵与制度供给[J]. 金融研究，（4）：124-129.

关伟，郑适，马进. 2005. 论农业保险的政府支持、产品及制度创新[J]. 管理世界，（6）：155，156.

黄英君. 2009. 保险的性质、职能、功能和作用[J]. 保险职业学院学报，23（4）：31-37.

刘亚洲. 2017. 气象指数在农业保险中的应用：目标与成本角度的分析[D]. 南京农业大学博士学位论文.

庹国柱. 2017. 论农业保险市场的有限竞争[J]. 保险研究，（2）：11-16.

庹国柱，李军. 2003. 我国农业保险实验的成就、矛盾及出路[J]. 金融研究，（9）：88-98.

庹国柱，李军. 2005. 农业保险[M]. 北京：中国人民大学出版社.

张占力. 2012. 失业保险新发展：拉美失业保险储蓄账户制度[J]. 中国社会保障，（2）：36-38.

中国赴美农业保险考察团. 2002. 美国农业保险考察报告[J]. 中国农村经济，（1）：68-77.

钟甫宁. 2016-06-24. 从供给侧推动农业保险创新[N]. 人民日报，6.

Coble K H, Barnett B J. 2013. Why do we subsidize crop insurance[J]. American Journal of Agricultural Economics，95（2）：498-504.

Cole S, Stein D, Tobacman J. 2014. Dynamics of demand for index insurance：evidence from a long-run field experiment[J]. The American Economic Review，104（5）：284-290.

Du X, Feng H, Hennessy D A. 2016. Rationality of choices in subsidized crop insurance markets[J]. American Journal of Agricultural Economics，99（3）：732-756.

Miranda M J, Glauber J W. 1997. Systemic risk, reinsurance, and the failure of crop insurance markets[J]. American Journal of Agricultural Economics，79（1）：206-215.

Smith V H. 2016. Producer insurance and risk management options for smallholder farmers[J]. The World Bank Research Observer，31（2）：271-289.

Ward D, Zurbruegg R. 2000. Does insurance promote economic growth? Evidence from OECD countries[J]. Journal of Risk and Insurance，67（4）：489-506.

第12章 农业保险与农用化学品施用[①]

在我国加入 WTO 后,政府已经明确提出将农业保险及其补贴政策作为促进农业发展和稳定农民收入的替代性政策。然而,也引发了农业保险制度可能导致生态环境恶化的担忧。如果保险制度刺激农户施用更多的农用化学要素,从而引起生态环境的恶化,进而影响整个农业的进一步发展和增长,那么,从长期来看,对农业保险进行财政补贴所带来的结果将有悖于保险本身的政策目标。在考虑了农户农用化学品使用与农业保险购买决策的相互影响后发现,与目前平均施用水平相比,化肥使用量增加相对较少且在统计上并不显著,而农药的喷施却是显著减少。因此在现行"低保额、低保费、低理赔"的条款下,鼓励农户参保并不会给环境带来显著的负面影响。

12.1 引　　言

在我国加入 WTO 以后,以小规模、分散经营为主要特点的农业经济脆弱性显得更加突出。同时,农业支持政策已经发生变化,政府决策部门正在寻找符合 WTO 规则的可替代政策来对农业提供财政支持和保护。作为分散农业生产风险、补偿经济损失、稳定农民收入和促进农业发展的一种机制,农业保险及其补贴政策已成为国际上最重要的非价格农业保护工具之一,是 WTO 规则所允许的"绿箱政策"。

已有研究表明,农业保险制度通过刺激农户增加或减少化学要素施用而对生态环境产生负面或正面的影响。如果保险制度刺激农户施用更多的农用化学

[①] 原载《经济学（季刊）》2006年第1期,作者为钟甫宁、宁满秀、邢鹂、苗齐,原题为"农业保险与农用化学品施用关系研究——对新疆玛纳斯河流域农户的经验分析"。

要素①，从而引起生态环境的恶化，进而影响整个农业的进一步发展和增长，从长期来看，对农业保险进行财政补贴所带来的结果将有悖于保险本身的政策目标。显然，农业保险制度的环境效果取决于既定的社会、经济与环境条件以及特定的农业保险条款下农户对农用化学要素的使用决策。那么，我国现行农业保险制度下农户投保决策与化学要素施用行为之间的关系将是怎样？农业保险制度在稳定农民收入的同时会不会带来影响农业可持续发展的生态环境问题，其影响程度又如何？

因此，本章研究的总目标如下：增强对农业保险制度下农户生产行为，尤其是化肥、农药、农膜等施用行为的科学理解，以期对政府农业保险政策的环境效果进行评价②。本章研究主要回答以下几个问题：①农户投保决策是否影响各种化学要素的投入决策？这种影响是否显著？②影响农户购买农业保险以及化学要素施用决策的因素是什么？③现行农业保险制度是否引起生态环境的恶化？

本章结构如下：第一部分是引言；第二部分是文献回顾与简评；第三部分进行理论框架分析；第四部分是构建实证模型，以及说明数据来源；第五部分对实证结果进行讨论；第六部分给出本章的研究结论及政策含义。

12.2　文献回顾与简评

农业生产的环境影响已经引起政策制定者和经济学家的广泛关注。大量学者对农业保险与化学要素投入之间的关系进行了理论探讨和实证研究（Quiggin，1992；Ramaswami，1993；Horowitz and Lichtenberg，1993；Smith and Goodwin，1996；Babcock and Hennessy，1996）。许多实证研究对农业保险与化学要素投入之间的关系进行了分析，却得出相互矛盾的结论。其主要原因在于农业生产条件（如气候、降水量等）、农业保险条款（如保障水平、理赔额度、保费等）因区域和作物的变化而不同，以及对农户决策过程的假设（联立或递归）并不一致。

Smith和Goodwin（1996）运用联立方程对美国堪萨斯州的麦农购买农业保险和化学物质施用行为做了实证分析，表明购买保险的农户的氮肥投入会降低5美元/公顷。他们的研究验证了传统的观点：农业保险制度下的道德风险效应导致农户减少要素投入。相反，Horowitz和Lichtenberg（1993）以以下几点作为基本假定：农业保险影响农户化学品施用行为，但是农户化学品的施用行为对农业保

---

① 因为增加化学要素施用在增加期望产量的同时也增加了产量方差，即波动性，而保险对低于期望产量的部分给予部分补偿的话，农户就有动机去增加化学要素的施用。

② 本章中的农业保险制度仅指作物保险，不包括养殖业保险。尤其是本章以新疆棉花保险作为研究对象。

险影响不大；农户是风险规避者；化肥农药施用较多会引发减产；农业保险的购买决策在化学要素实际投入之前做出，利用递归模型研究发现，美国中西部购买了农业保险的谷农倾向多施用化肥约 19%，农药约 21%，除草剂等的施用也相对较多。

Horowitz 和 Lichtenberg（1994）认为化肥及其他化学要素对产量分布具有两种不同的作用：增加化学要素施用在提高产量预期的同时也增加了产量的方差，即波动性。当产量方差大到足以抵消其期望值时，增加化学要素投入能提高减产概率。如果农业保险对减产带来的损失进行补偿的话，那么农户将增加化学要素的施用。因此在理论上，作为分摊生产风险的农业保险对化学要素施用（包括化肥、农药、农膜）的作用方向并无定论，这除了取决于农业生产区域环境以外，还依赖于农业保险条款的性质。

然而，普遍认为农药不能直接增加产量，它只有在发生病虫害的情况下才能影响产量（Lichtenberg and Zilberman，1986）。因此，增施农药应当降低减产概率。这说明，购买保险的农户应该减少而不是增加农药的投入（Babcock and Hennessy，1996）。

Babcock 和 Hennessy（1996）对艾奥瓦州的农户运用蒙特卡罗模拟进行了分析，发现如果保障水平低于（或等于）70%，农业保险计划会引致氮肥施用的少量减少，而如果保障水平为 90%，高风险规避型的农户会减少化肥施用约 10%。他们的研究结果也说明，农户风险态度与农业保险保障水平对化学要素的施用产生显著影响。

以上文献表明农业保险与农用化学要素投入之间的关系取决于农户决策行为、农业生产环境、化学要素类型以及农业保险条款。因此，任一特定条款的农业保险制度在具体区域内对环境的影响是一个实证研究的课题。

12.3 理 论 框 架

从农户服从"理性经济人"的基本假设出发，在特定的市场环境、技术与风险条件下，农户选择包括购买农业保险在内的各种不同组合的生产要素从事棉花生产，从而使得棉花生产利润的预期效用最大化（Wu and Adams，2001；Babcock and Hennessy，1996；Horowitz and Lichtenberg，1993；Quiggin，1992）。在农业保险制度下，农户将调整其耕作方式以达到投保后农业生产预期收益效用最大化的目的。同时，农户生产方式的调整也会影响到农业保险的购买决策（Smith and Goodwin，1996）。

假设棉花生产函数可以定义为 $y=f(x,v)$，其中，y 代表产出，且有 $y=[y_{\min},y_{\max}]$；$g(y)$ 代表产量概率密度函数；x 代表各种可变投入要素，如化肥、农药等；v 代表随机的自然环境状态，包括所有的气候条件（降水量、土壤肥力等）和农户不能控制的因素等，即产生风险的源泉（旱灾、洪灾、冰雹、病虫害等）。一般地，对任意水平的可变投入要素 $x \geq 0$，有 $y=f(x,v) \geq 0$。令 p 代表产出的单位价格，r 代表可变投入要素的单位价格，且假定 p、r 是确定的，则在没有农业保险框架下，农户从事棉花生产的目标函数是

$$\max_{x} EU(\pi) = \int_{y_{\min}}^{y_{\max}} U(py-rx)g(y)\mathrm{d}y \qquad (12\text{-}1)$$

其中，π 表示棉花生产的利润；$U(\pi)$ 表示冯·诺依曼-摩根斯坦效用函数，并且 $U'(\pi) > 0$，$U''(\pi) \leq 0$。

在农业保险框架下，令 y_c 表示保险理赔临界产量，δ 表示平均每亩费率，且 y_c、δ 是外生变量。当农户的棉花实际产量 y 低于临界产量 y_c 时，农户将会获得保险公司的理赔额为 $\delta,(y_c-y)$。因此，农业保险框架下农户的净收入函数是

$$\pi_2 = \begin{cases} py + I[\delta,(y_c-y)] - \delta - rx & \text{当} y < y_c \text{时} \\ py - \delta - rx & \text{当} y \geq y_c \text{时} \end{cases} \qquad (12\text{-}2)$$

因此，结合式（12-2），农业保险框架下农户棉花生产利润预期效用最大化的目标函数可以表示为

$$\max_{x} EU(\pi) = \int_{y_{\min}}^{y_c} u(py+I[\delta,y_c-y]-\delta-rx)g(y)\mathrm{d}y \\ + \int_{y_c}^{y_{\max}} u(py-rx-\delta)g(y)\mathrm{d}y \qquad (12\text{-}3)$$

式（12-3）说明了农业保险购买决策及各种可变投入要素与农户预期利润效用最大化之间的关系。所以，农户棉花生产预期利润效用最大化的必要条件是式（12-3）分别对 x、δ 的一阶偏导数同时等于 0，则可以得到包括农业保险在内的各投入要素的需求函数，即

$$x = h(p,r,\delta,v)^{①} \qquad (12\text{-}4)$$
$$\delta = h(p,r,x,v) \qquad (12\text{-}5)$$

式（12-4）、式（12-5）表明，农户农业保险购买决策与农用化学品投入决策是一种相互影响的过程，并不意味着两者的决策同时发生，而仅要求决策的过程共同产生作用。由于化肥、农药具有不同的风险性质（Pope and Kramer, 1979；

---

① 给定效用函数的具体形式，从利润的效用最大化函数可以看出，化学品投入要素的需求及投保决策还取决于农户的风险规避度。

Quiggin，1992；Loehman and Nelson，1992）[①]，并且它们各自的风险属性取决于特定的自然环境（如气候、降水量、病虫发生率等），故本章分别考虑三种农用化学品施用决策和农业保险决策之间的联立性关系是非常合理与必要的。

12.4 实证模型与数据

12.4.1 模型构建

根据以上理论分析，本章构建以下联立方程组

$$\begin{cases} y_{1t} = a_1 y_{2t}^i + \beta_1 X_{1t} + \mu_{1t} \\ y_{2t} = a_2 y_{1t} + \beta_2 X_{2t} + \mu_{2t}^i \end{cases} \quad (12\text{-}6)$$

其中，y_{1t}、y_{2t}^i 为内生变量（$i=1,2,3$），分别代表购买农业保险决策（0~1 选择变量）和化肥、农药、农膜施用量；X 为外生变量向量，是与购买农业保险以及化学品投入决策有关的相关变量；μ 为不可测因素，假设其为有常数项方差的正态分布。

以上结构式模型的简化式为

$$y_{1t} = Z_t' \Pi_1 + v_{1t}, \quad y_{2t}^i = Z_t^i \Pi_2 + v_{2t} \quad (12\text{-}7)$$

其中，Z 为适当定义的工具变量。

选用 Maddala（1983）提出的两阶段法来求解以上联立方程组：在第一阶段，运用 Probit 模型估计影响农户购买农业保险的简化式方程；运用多元线性模型估计影响农户化学品投入量的简化式方程。在第二阶段，将 $Z_t^i \Pi_2$ 替代 y_{2t}^i，运用 Probit 模型估计影响农户购买农业保险的结构式方程；将 $Z_t' \Pi_1$ 替代 y_{1t}，运用 OLS 估计影响农户化学要素投入量的结构式方程。但是，对含有限值内生变量的结构方程组，在估计过程中，各参数的方差矩阵及参数的置信区间得不到有效的估计（Maddala，1983），因此，本章研究采用 Efron（1979，1987）提出的 Bootstrap 法对结构方程进行估计以得到一致的方差估计。

利用 Bootstrap 法得到的一致有效的参数估计与方差矩阵计算 Wu-Hausman 统计量，对农业保险与化学要素决策的联立性进行检验。具体计算方法是

$$q = (\beta_0 - \beta_1)[V(\beta_0) - V(\beta_1)]^{-1}(\beta_0 - \beta_1) \quad (12\text{-}8)$$

其中，q 为 Wu-Hausman 统计量，服从 χ^2 分布，其自由度是被检验变量个数；β_0

[①] 化肥、农膜普遍被认为是风险增加型要素，这些要素的施用不仅增加产量均值，更增加了产量的波动性；一般地，农药是抗风险型要素，当存在病虫害时，增加施用农药可减少产量损失，降低产量向下波动的幅度和可能性。

与 β_1 分别为 OLS/Probit 与工具变量法的参数估计，$V(\beta_0)$ 与 $V(\beta_1)$ 为相应的方差矩阵。

12.4.2 数据来源

中华联合保险集团股份有限公司早在 1986 年开始恢复试办农业保险①，尤其是棉花保险，截至 2006 年已经连续开展农业保险长达近 20 年之久。近年来，农险业务已经不再局限于兵团范围内部，逐步扩展到全新疆以及其他省份，农险业务得到持续发展，投保面积稳定增长。兵团范围内种植业投保率从 1986 年的 6.65%发展到 2003 年的 812.56%②。目前，新疆棉花保险的费率约为 20 元/亩，保险金额为物化成本的 60%，即约为 250 元/亩，因此，新疆的农业保险实际上是一种成本保险，而不是产量保险。保险期限确定为生长期保险（即见苗起保，成熟截止），农作物保险责任确定为风、洪、冻、雹、旱五种责任，尽管原则上病虫害不在险责之内，但是一旦发生严重的病虫害，保险公司会通融理赔。农户目前没有保险补贴，保险公司仅有对农业保险免征营业税的优惠政策。

上述条款可以表示为

$$\delta = \delta(c, y, \omega) \approx 20 \text{（元/亩）} \tag{12-9}$$

其中，c、y 分别为历年平均成本和产量数据；ω 为影响生产的自然灾害事件；δ 为平均每亩保费，近两年保费固定不变，且无地区差别。

当农户灾后实际产量低于正常年景产量的 50%时进行赔付，赔付根据出险当日最高赔付比率（由各种作物投入的物化成本价值转移时间表确定）与损失率来确定，最高赔付一般不超过保险金额，即

$$I = \lambda I\left[\delta, (y_c - y)\right] \leqslant 250 \text{（元/亩）}$$
$$\lambda = \begin{cases} 0, \text{当} y < y_c \text{时，农户获得理赔} \\ 1, \text{当} y \geqslant y_c \text{时，农户得不到理赔} \end{cases} \tag{12-10}$$

其中，I 为赔付额；y 为灾后实际产量，且 $y = y(w)$ 表示实际产量是自然灾害随机事件的函数；y_c 为理赔临界产量。

本章研究主要考察农业保险制度下农户生产行为方式对农业生态环境保护的潜在含义，因此，样本选择的基本标准如下：标准一，棉花生产在当地农业生产中的重要性；标准二，农业保险在该流域已经实践长达 18 年，农户参与度的提高

---

① 最初是凭借兵团特有的行政体制在新疆生产建设兵团内部开办，随着市场化改革的不断深入，建设兵团的职能逐渐转向行政管理与服务，随着农户的生产经营权的逐步放宽，农户拥有越来越多的生产决策权和自主权。

② 新疆生产建设兵团以外的农险覆盖率相对较低，全疆的棉花投保率仅为 45%，作物投保率在 25%~30%。

说明，农户对购买农业保险的成本与收益有相当的熟悉程度，从而在农业生产决策过程中会考虑农业保险的购买决策；标准三，该流域生态环境问题已经引起相关部门的关注。玛纳斯河流域地处欧亚大陆中心，远离海洋，干旱少雨，水源不足，玛纳斯河是该流域工、农业生产和居民生活用水的主要源泉；再加上流域的封闭性，对于农作物大田生产所造成的非点源污染的自净能力不够，农作物生产中的化肥、农药等农用化学要素的大量残留主要集中在该流域。因此，该地区生态环境不仅对农业生产，也对当地居民生活条件有很大的影响。

据此，本章研究选择新疆玛纳斯河流域建设兵团和乡镇作为样本点，对棉农进行问卷调查。抽样调查分为三个阶段：第一阶段，在玛纳斯河流域根据棉花播种面积按照等距抽样原则选取五个团（县）；第二阶段，在每个团（县）根据棉花单产按照等距抽样原则选取四个连队（村）；第三阶段，在所抽取的连队和村庄随机选择大约 20 户农户进行问卷调查。调查内容主要包括 2003 年农户种植作物种类、各种作物生产与成本资料，尤其是农用化学品投入量、种植方式、棉花生产风险、是否购买保险、收入来源以及人口统计特征等。

12.4.3　变量定义与描述性统计分析

样本共采 450 份，有效样本有 340 份，购买保险的 113（33.2%）户，不购买保险有 227（66.8%）户。模型的具体设定、变量定义与描述性统计见表 12-1 和表 12-2。

表12-1　模型设定与变量定义

模型设定	
农业保险购买=f（FERTILIZER, PESTICIDES, AGROFILM, CV, FTF, DISR, CA, EDU, FEX-PER, RISKATT）	
化肥施用量=f（COTTINS, EDU, FEXPER, DENSITY, DISEASE, SHROFF, LC, AVGCY, RISKATT）	
农药施用量=f（COTTINS, EDU, FEXPER, DENSITY, DISEASE, SHROFF, LC, AVGCY, RISKATT）	
农膜施用量=f（COTTINS, EDU, FEXPER, DENSITY, DISEASE, SHROFF, LC, AVGCY, RISKATT）	
变量	定义
COTTINS	2003 年农户是否购买农业保险/1=购买，0=没有购买
FERTILIZER	2003 年棉田化肥施用量/（元/亩）
PESTICIDES	2003 年棉田农药施用量/（元/亩）
AGROFILM	2003 年农膜施用量/（元/亩）
DENSITY	2003 年棉花种植密度/（1 000 株/亩）
DISESAE	近四年来棉田遭受病虫害损失程度/1=平均产量损失80%以上，5=平均产量损失20%以下
CV	1980~2002 年各团场和乡镇棉花产量变异系数
AVGCY	近两年棉花平均单产/（千克/亩）

续表

模型设定
农业保险购买=f（FERTILIZER, PESTICIDES, AGROFILM, CV, FTF, DISR, CA, EDU, FEX-PER, RISKATT）
化肥施用量=f（COTTINS, EDU, FEXPER, DENSITY, DISEASE, SHROFF, LC, AVGCY, RISKATT）
农药施用量=f（COTTINS, EDU, FEXPER, DENSITY, DISEASE, SHROFF, LC, AVGCY, RISKATT）
农膜施用量=f（COTTINS, EDU, FEXPER, DENSITY, DISEASE, SHROFF, LC, AVGCY, RISKATT）

变量	定义
CA	棉花播种面积/亩
LC	土地质量（1=高，2=一般，3=差）
SHROFF	养殖业收入与非农收入占总纯收入的比重
DISR	近四年来是否接受政府的救灾补贴（1=是，0=否）
RISKATT	户主对农村医疗保险的风险态度（1=风险爱好，5=风险规避）
FEXPER	户主务农时间/年
FTF	户主是否全职从事农业生产（1=是，0=否）
EDU	户主受教育年限/年

表12-2 变量的描述性统计

变量	均值	标准差
COTTINS	0.332 4	0.471 8
FERTILIZER	94.090 3	37.133 7
PESTICIDES	26.250 2	18.807 4
AGROFILM	31.515 5	8.156 0
EDU	7.741 2	2.618 9
FEXPER	18.620 6	11.322 8
FTF	0.626 5	0.484 5
DISR	0.538 2	0.499 3
CV	16.581 3	7.285 0
CA	68.617 6	75.940 4
RISKATT	3.355 9	1.323 6
DENSITY	15.734 2	6.471 3
DISEASE	2.514 7	1.642 8
LC	2.035 3	0.763 4
AVGCY	206.465 1	53.262 5
SHROFF	8.454 3	17.103 7

数据来源：本章研究计算

为了得到参数的一致估计,对联立方程组模型而言,所有的估计方法都必须对模型外生变量进行过度识别约束(排除性约束)检验,因此,有必要对模型进行理论上合理的先验约束,而后通过实证方法进行检验。一般来讲,那些在较大区域内影响棉花产量年度间波动(或波动期望)的变量将影响农户购买农业保险的决策而不是化学要素施用决策;相比之下,影响棉花产量水平(而不是产量波动)的因素将影响农户化学要素施用行为而不是其保险购买决策。

棉花产量标准差系数反映农户棉花生产的波动性(即生产风险)。我们利用团场(县)1980~2002年棉花产量数据来计算产量变异系数[1]。由于农业保险的理赔临界产量根据团场(县)历年平均产量来确定,故农户根据团场(县)的平均棉花产量波动来选择风险管理措施。产量波动性越大,农户购买农业保险的可能性就越大。该变量反映的是较大范围内每个农户遭受自然灾害的一般趋势,而对单个农户当年种植季节的化学要素施用决策没有明显作用。

棉花播种面积变量反映规模效应,一般认为,棉花播种面积与农户投保决策之间存在正相关关系。相对于小规模农户来讲,规模越大的农户遭受自然灾害的损失越严重,从而更可能购买农业保险。该变量没有包含在化学要素施用方程里,其原因在于要素投入是亩均施用量而不是总施用量。

全职从事农业生产的农户相对于兼业户来讲,更倾向购买农业保险,因为全职农户没有其他收入来源来分摊农业生产风险。但是,正如 Goodwin(1993)指出,全职农户购买农业保险的可能性较小,因为全职农户的专业化生产技能较强。

政府救灾补贴变量主要考察"救灾"项目与"保险"项目之间的关系。一般认为,传统的救灾补贴会降低农户对通过支付保费来分摊灾害损失的农业保险的需求。但是,由于我国政府对农户的灾后救灾补贴不是一种生产补贴,而是为了维持和保障农户基本生活,接受政府救灾补贴的农户说明其受灾程度较严重。因此,对于受灾程度很重的农户而言,即使有政府的救灾补贴,他也可能会选择购买农业保险。

农户的种植方式(如棉花种植密度)影响农户对棉田农用化学物质要素的施用方式,密度越高,棉田农药、农膜施用量相应越高,而化肥的使用量越少,因为高密度导致高频率的病虫害发生,从而损失程度越严重。

此外,近年来棉田遭受病虫害的平均产量损失度反映了单个农户在特定地点、生产环境和气候条件下的受灾情况,与大范围内的产量波动没有多大关系。

---

[1] 团场和县、乡一级 1980~2002 年棉花产量数据来自石河子市统计局与玛纳斯县农业局;Goodwin(1993)、Smith 和 Goodwin(1996)、Goodwin 等(2001)也采用同样的方法来反映生产风险。在实际生产历史农业保险计划下,保障水平与费率根据团(县)级前十年的平均产量确定,目的在于避免逆向选择的严重发生。

因此，该变量仅影响农户化学要素施用行为。

非农业收入与养殖业收入占总收入的比重用以反映其对农户化学要素投入的预算约束。同时，该变量从另一个侧面反映了农户多样化生产程度从而影响农户投保决策。但考虑到联立方程组的可识别性，本章采用是否全职务农这一变量来反映农户多样化生产对投保决策的影响。

土地质量、近两年棉花平均产量也是影响农户化学要素投入决策的直接原因。土地质量对农户棉花产量产生长期稳定的影响，而与产量波动没有明显的关系。同理，前两年的平均单产是过去要素投入的结果，它反映了要素投入与产出之间的生产关系，这种滞后的结果影响现在的要素投入决策而不是农户投保决策。

农户的风险态度同样影响到保险的购买决策与要素施用行为，显然，直接衡量农户的风险态度较为困难。本章采用户主对农村医疗保险的陈述性偏好（利克特五点量表）作为农户对农业风险态度的代理变量。

另外，户主的社会经济统计特征（如务农时间、受教育年限等）影响到农户的技术接受与采纳，从而影响其化学要素投入方式与农业保险购买决策。这些变量对农户生产方式与保险购买决策产生或正面或负面的作用。

为了统计上检验排除性约束的有效性，对农业保险结构方程采用似然比检验（Bollen et al., 1995；Wooldridge，2002），对化学要素使用结构方程采用Hausman过度识别约束检验（Hausman，1978）。具体方法如下。

对农业保险购买方程而言，估计农业保险结构方程与其简化形式方程，分别得到两者的对数似然函数值，对两者的似然函数值进行比较，则有

$$-2\left[L_{ur}(\beta) - L_r(\beta)\right] \sim \chi_n^2 \tag{12-11}$$

其中，$L_{ur}(\beta)$为简化式方程的对数似然函数值；$L_r(\beta)$为结构方程的对数似然函数值；n为自由度，其个数等于被排除的外生变量数减去内生解释变量数（在农业保险结构方程中，被排除的外生变量个数等于5，内生解释变量个数等于3，故自由度等于2）。原假设：两个似然函数值之差在统计上不显著则表示，工具变量可以安全地被排除在农业保险结构方程里。

对化学要素施用方程而言，用两阶段法估计获取化学要素施用结构方程的残差将对所有外生变量回归，获得R^2，在所有工具变量与μ_{2t}^i不相关的虚拟假设下，$nR^2 \sim \chi_q^2$，其中q是自由度，其个数等于被排除的外生变量数减去内生解释变量数（在化学要素施用结构方程中，被排除的外生变量个数等于4，内生解释变量个数等于1，故自由度等于3）。如果原假设不能被拒绝，则工具变量可以安全地被排除在农用化学要素施用结构方程中，即工具变量的选择是合适的。

12.5 实证结果与讨论

12.5.1 农业保险购买决策与化学要素投入决策的内生性检验

通过对农业保险与化学要素施用结构方程组执行 Likelihood ratio 与 Lagrange multiplier test 检验，判断工具变量选择的有效性，对保险购买方程而言，似然比（LR）统计值为 4.11，在 10%的统计水平上不显著（临界值为 $\chi^2_{2,0.1} = 4.61$）；对化肥、农膜与农药要素施用方程来说，其 Lagrange multiplier 统计量分别为 5.88、5.54、2.58，在 10%的统计水平上均不显著（临界值 $\chi^2_{3,0.1} = 6.25$），这说明，我们不能拒绝原假设，换言之，工具变量的选择是有效的。

Wu-Hausman χ^2 统计量用来检验农用化学品施用与农业保险购买决策之间的联立性，具体结果见表 12-3。

表12-3 Wu-Hausman确认检验结果

原假设	Wu-Hausmanχ^2统计量	P 值
保险方程里化学物质要素施用的外生性	33.37	0.000 0***
保险方程里的化肥施用的外生性	32.48	0.000 0***
保险方程里的农药施用的外生性	2.97	0.085*
保险方程里的农膜施用的外生性	4.09	0.043**
化肥方程里农业保险的外生性	0.09	0.76
农药方程里农业保险的外生性	3.11	0.078*
农膜方程里农业保险的外生性	0.59	0.441

*、**和***分别表示在10%、5%和1%水平上显著

农业保险方程里的化肥、农膜、农药施用决策总体外生性在 1%置信水平上具有统计显著性；并且，单个来说，化肥、农膜、农药的外生性分别在 1%、5%、10%显著性水平上拒绝。这表明包含农药、化肥、农膜在内的农用化学物质要素的投入决策对农业保险购买决策而言是内生的；对农用化学品投入方程来讲，农业保险购买决策在农药施用方程里的 χ^2 值为 12.11，且在 10%置信水平上显著，这一结果说明，农业保险购买决策对农户的农药施用而言是内生的；相比之下，农业保险购买决策对农膜、化肥施用的外生性不能在 10%置信水平上拒绝。

Wu-Hausman 确认检验结果表明农户的农用化学要素使用决策对其农业保险购买决策有显著影响；而农业保险购买决策仅对农药的施用决策有显著影响，对

化肥、农膜的施用决策的影响统计上不显著。尽管如此，运用联立方程组来讨论农用化学物质要素投入与农业保险购买决策之间的相互关系是合理的，截至 2006 年，农业保险制度在玛河流域已经开展长达近 20 年之久，农户在做出投保决策的同时就已经做出了整个生产季节农用化学品投入的决策。农业保险购买决策与农用化学物质要素施用决策实际上是联合决定的，换言之，这两者是互为影响但在不同时间上执行的决策。

12.5.2　影响农业保险购买决策的因素分析

对农业保险方程运用 Bootstrap 法（重复抽样 1 000 次）得到各影响因素系数与方差的一致有效估计，表 12-4 中最后一列反映了各影响因素的边际变化对农户购买农业保险边际概率的影响。从表 12-4 中可以看出，似然比统计量在 5%水平上统计显著，拟 R^2 值为 0.929 3，正确预测度达 98.82%，说明该方程总体模拟效果较好。

表12-4　农业保险方程参数Bootstrap估计结果

变量	回归系数	标准误	边际概率（dy/dx）
常数项	−119.324 5**	33.768 3	—
AGROFILM	1.277 5**	0.374 1	0.263 7
PESTICIDES	−0.468 2**	0.160 9	−0.096 6
FERTILIZER	0.216 5**	0.079 7	0.058 1
FEXPER	−0.148 6**	0.052 5	−0.030 7
RISKATT	−0.100 4	0.232 1	−0.020 7
DISR	0.631 9	0.927 2	0.134 6
FTF	3.136 9*	1.395 4	0.782 9
EDU	−0.665 2*	0.288 6	−0.137 3
CV	4.138 4**	1.273 6	0.854 3
CA	0.048 8**	0.016 3	0.010 0

$LR\chi^2$（10）=401.78；Prob>χ^2=0.000 0；
拟 R^2=0.929 3；观测值数目=340
正确预测的百分比=98.82%

*、**分别表示在5%、1%水平上显著
注：dy/dx对虚拟变量是指从0到1的离散变化
数据来源：本章研究计算

如表 12-4 所示，户主务农时间与受教育年限对农户购买农业保险决策的影响为负，且分别在 1%和 5%水平上具有统计显著性。这一结果表明务农时间越长、文化程度越高的农户购买农业保险的概率较低，其边际概率显示，当其他变量保持不变时，务农时间、受教育年限每增加一年，农户购买农业保险的概率将分别降低 3.07%与 13.73%。出现这一结果的可能解释是这些农户具备较好的风险管理技能。

与预期假说相符的是，棉花播种面积与农户是否全职从事农业生产对农户购买农业保险决策的作用分别在 1%和 5%置信水平上显著为正。这说明，全职农户更倾向购买农业保险，因为他们没有其他收入来源来分散农业生产风险；规模越大的农户相对于小规模农户而言，购买农业保险的可能性越大，因为他们遭受自然灾害的损失更严重。棉花产量变异系数对农户的保险购买行为的影响具有高度的正统计显著性，表明产量波动大的团场农户更愿意购买农业保险。

政府救灾补贴虚拟变量反映的是政府的风险管理措施对农户农业保险购买行为的影响，该变量系数为正但不显著，说明农户在遭受自然灾害损失时，尽管能得到政府的部分救灾补贴以维持其基本的生活。但是，这种补贴远远不足以弥补其生产损失，从而难以恢复生产；同时也说明接受救灾补贴的农户棉花生产受灾程度相对较重。因此，政府救灾补贴的存在并没有取代农户对农业保险的需求。户主风险态度对保险购买决策影响并不显著，可能的原因是农户对医疗保险的陈述性偏好度并不是农业风险规避度的理想代理变量，或者农户的实际行为与其陈述偏好不一致。

在农业保险方程里，最为关心的是考察农用化学物质要素的使用量对农户投保决策的作用。如表 12-4 所示，农膜与化肥的施用对农户农业保险的购买决策在 1%的统计水平上具有正的显著性影响；而农药的喷施对农户农业保险购买行为的作用在 1%的置信水平上统计显著为负。这一结果表明，使用更多农膜、化肥的农户购买农业保险的概率较高，与此相反，施用较多农药的农户倾向不购买农业保险。一种可能的解释如下：增加农膜、化肥的投入与施用将导致棉花个体生长过于旺盛，从而带来较高的预期产量以及更大的产量波动性，从而减产概率也随之增加；农药普遍被认为是不能增加潜在产量的生产要素，农药的施用只能使病虫害的产量损失减少（Lichtenberg and Zilberman, 1986），本章的研究结果恰好说明施用更多农药的农户购买农业保险的可能性较低，因为随着农药施用的增加，作物减产的概率将降低。

本章的研究结果验证了传统观点：化肥是风险增加型投入要素，而农药是风险降低型投入要素；同时，在特定的生产环境下，农膜具有与化肥一样的风险属性特征。实证结果表明：在其他条件保持不变的情况下，平均每亩每增加一元钱的化肥、农膜的施用，农户购买农业保险的概率将分别增加 5.81%与 26.37%；而平均每亩每增加一元钱农药的喷施，农户购买农业保险的概率将降低 9.66%。

12.5.3 影响农户化学品施用的因素分析

对农用化学物质要素使用行为的结构方程同样运用Bootstrap法得到各参数标准误的有效一致估计，具体结果见表12-5。

表12-5 化学要素方程参数Bootstrap估计结果

变量	农药方程 系数	农药方程 标准误	化肥方程 系数	化肥方程 标准误	农膜方程 系数	农膜方程 标准误
常数项	18.315***	7.810	61.159***	14.020	24.218***	2.536
COTTINS	−5.083**	2.676	2.671	6.377	5.870***	1.090
EDU	−0.080	0.332	2.565***	0.778	−0.016	0.175
LC	2.194*	1.437	4.242*	2.717	0.370	0.514
SHROFF	0.028	0.052	0.034	0.131	0.046	2.212
DENSITY	0.298**	0.173	−0.163	0.253	0.010	0.060
DISEASE	−1.704***	0.535	1.931*	1.265	0.379*	0.261
FEXPER	−0.177**	0.097	0.207	0.195	0.003	0.044
AVGCY	0.047**	0.021	−0.003	0.049	0.018**	0.008
RISKATT	−0.593	0.850	−0.668	1.614	−0.027	0.286
AdjR^2	0.033		0.019		0.170	

*、**和***分别表示在10%、5%和1%水平上显著
注：样本数=340

棉花种植密度对农户农药、农膜施用的作用为正，而对化肥使用的影响为负，但是只对农药的喷施在 5%的置信水平上具有统计显著性。一方面，表明农户采用高密度的种植方式，棉田发生病虫害的可能性就大，从而农药的喷施量也就多。另一方面，为了保证棉花个体的健康生长，农户种植密度越高，施用的化肥就相应地越少。由于该流域干旱少雨，绝大多数农户采用滴灌等节水灌溉技术，同时农膜的施用主要是为了防止水分蒸发，从而高密度的种植方式必然需要大量农膜的投入。

棉花遭受病虫害的产量损失程度对农药喷施的影响在 1%置信水平上显著为负，而对化肥、农膜使用的作用在 10%置信水平上显著为正。这一结果说明：近几年来棉花生产因病虫害引起的产量损失程度越低，农户对农药的喷施越少，对化肥、农膜的施用越多。这一结果与实际农业生产实践是一致的，即当区域内干旱少雨时，农膜、化肥的施用量和病虫害的发生频率与损失程度之间是正相关关系。

土地质量对农膜、农药、化肥的影响为正，但只对农药和化肥使用在 10%置信水平上统计显著。农户的土地质量越低，倾向施用更多的化学要素。同样地，近两年来棉花平均单产对农膜、农药与化肥的作用为正，且对农药、农膜施用在

5%水平上统计显著，这表明棉株的苗壮生长需要更好地采用防病、防虫及防旱的田间管理措施。养殖业收入与非农收入占总纯收入的比重对农户农用化学物质要素施用的影响为正，但是在三个方程里都不显著，主要原因在于该流域农户主要收入来源是棉花生产，且养殖业不发达、非农就业机会少，故非农收入与养殖业收入对农户生产投入决策的作用较小。

同样，本章最感兴趣的是探讨农业保险制度对农户化学要素施用行为的影响。如表12-5所示，农户的农业保险购买决策与农药施用行为之间是负相关关系，并在5%水平上呈现出统计显著性；而与农户对化肥与农膜的使用行为之间是正相关关系，但是对农膜的使用影响在1%置信水平上统计显著，而对化肥施用的影响并不显著。这一结果表明：农户购买农业保险的概率越高，越倾向施用更少的农药而投入更多的农膜与化肥。这恰好验证了Horowitz和Lichtenberg的假定，即农药是风险降低型投入要素，而化肥与农膜是风险增加型投入要素。事实上，该地区干旱严重[①]，土壤肥力低下，蚜虫的发生率相当频繁，而农膜与化肥的大量使用更加剧了病虫害的大面积泛滥，使得棉花产量损失更为严重[②]。在这种情况下，增加农膜与化肥的投入在增加产量期望值的同时更增加产量的方差，即生产波动性。因此，增施化肥、农膜能提高棉花减产的概率，而增施农药将降低棉花减产概率。这就说明，投保农户将增加化肥与农膜的投入而减少农药的施用。

实证结果显示，其他条件不变，相对于未投保的农户而言，投保农户将平均增加5.87元/亩农膜的投入与2.67元/亩化肥的投入，比未投保农户的施用量分别高出20.20%与2.90%；而减少5.08元/亩的农药施用，比未投保农户的施用量低18.99%。

此外，户主的人口统计特征对其生产投入行为也产生重要作用。结果显示，户主的受教育年限对其化肥的使用在1%统计水平上显著为正。这一结果说明文化程度越高的农户将投入越多的化肥。出现这一结果的原因是受过良好教育的农户更善于采集和加工来自各种渠道的信息，从而综合运用这些信息来处理农业生产过程中的具体问题（Mishra et al., 2005）。但是这一变量对于农药和农膜的使用影响为负，且不显著。户主的务农时间对农药施用的影响为负且在5%水平上统计显著，而对农膜与化肥投入的影响为正，且不呈现统计显著性，这表明，该流域农药总体施用量可能已经过高，经验越丰富的农户对农药的施用种类、时机与施用方法等技能越熟知，从而倾向施用更少的农药。户主的风险态度对其农用

[①] 事实上，该流域的年总降水量在85.7毫米到272.4毫米之间，而且，在作物生产季节（4~9月）的降水量仅为63.9毫米到187.1毫米（2005年石河子市统计局统计数据）。

[②] 已有专家指出，病虫害目前已成为新疆的主要灾害之一，并且其损失严重程度正在加剧。

化学品投入的影响为负，且都不具统计显著性，其原因是农户对医疗保险的陈述性偏好并不是农户风险态度较好的代理变量。

12.6 结论及政策含义

12.6.1 研究结论

本章研究采用类似于 Smith 和 Goodwin（1996）的联立方程组对农业保险购买与农用化学物质要素之间的关系进行了实证分析，但是实证结果有所不同。本章的主要研究结论如下：

第一，农业保险购买决策取决于农户的生产行为。使用更多化肥、农膜的农户倾向购买农业保险，而喷施更多农药的农户购买农业保险的可能性将降低。

第二，农户农用化学要素的使用决策受到农业保险购买决策的影响。购买农业保险的农户将施用较少的农药，而使用较多的化肥与农膜，尽管对化肥投入的影响统计上并不显著；相比之下，Smith 和 Goodwin 的研究结论是购买保险的农户将施用更少的化学要素，其理由是随着要素施用的增加，农户购买农业保险的预期收益下降。

本章的研究结论与 Smith 和 Goodwin 的差异可以由以下两个方面解释：一方面，本章单个讨论化肥、农药、农膜与农业保险之间的关系，与加总的化学要素相比，可能导致不同的结果。既然农药、化肥与农膜对产出的影响并不一致，且具有不同的风险特征，因此，分别讨论三者与农业保险制度之间的关系是非常必要的。本章也确实证明了农业保险对化肥、农药、农膜的作用与影响并不一致。另一方面，新疆农业保险制度仅保大灾之年农业生产过程中的部分物质成本，农户期望理赔额远低于欧美国家产量保险的理赔额。事实上，理赔临界值低于平均产量两倍标准差，绝收之年的最大赔付仅为平均物质成本的 60%，在目前这种条款下，农户通过增加化肥、农膜施用以提高期望产量从而导致更大的产量波动来获取保险理赔的动机较小。因此，目前农业保险条款下道德风险并不是一个大问题。农户购买保险主要是为了防备大灾之年的严重损失而不是因化学要素的增施引起更大的产量波动。

第三，研究结果证明了农药是风险降低型投入要素，而化肥、农膜是风险增加型投入要素，并且对农户的投保决策产生不同作用。

第四，在现行"低保额、低保费、低理赔"的条款下，除了增加残膜碎片在土壤中的积累以外，农业保险制度对环境并没有带来显著的负面影响：与目前平均施用水平相比，化肥使用量增加相对较少且在统计上并不显著，而农药的喷施却是显著减少。

12.6.2 农业保险制度的环境政策含义

如果政府对新疆地区农业保险进行保费补贴鼓励农户购买农业保险,使得棉花投保率由目前的 44.84%增加到 80%,且假定棉花播种面积没有变化,全区农药使用总量将减少约 2%,而农膜使用总量将增加 8.38%。同时,如果忽略化肥的不显著性,化肥使用总量将增加 2.3%。

如果政府对农业保险进行补贴,使得农户的保费保持不变,而理赔额将增加,同时假定棉花播种面积以及农户的投保率不变,这时,农用化学要素施用变化情况与上述情形类似,即当理赔额由目前物质成本的 60%增加到 80%时,农户将进一步增加 1.17 元/亩的农膜、0.53 元/亩的化肥的施用,而减少 1.02 元/亩的农药的施用。这说明,新疆地区农膜使用总量将增加 3.70%,化肥使用总量增加 0.56%,农药施用总量将减少 3.89%。

值得一提的是,新疆地区的农作物主要为单季作物,而我国其他地区大部分的农作物则是双季或三季作物。农用化学要素的使用率以农作物种植为基础,因此,土壤中的化学物质残留却可能很低。同时,新疆地区农膜的高使用率是与当地恶劣的气候条件相联系的,使用农膜主要为了防止土壤水分蒸发以及在作物生长早期阶段以提高土壤温度来保证作物的正常生长。因此,农膜的重要性和使用率在我国中部和南部地区将大大下降。

总之,如果新疆地区现行农业保险条款没有发生显著变化,对农业保险进行补贴是 WTO 框架下支持农业发展和稳定农民收入可接受的政策选择。如果补贴计划设计合理,随着保费下降或理赔增加,农户的整体福利将增加;同时,也有利于刺激农户的农业生产。为了防止农业保险制度下残膜积累对环境的潜在威胁,应该针对农膜不是生产必需要素的地区和作物,实施和运用保险补贴政策。应该鼓励易回收农膜产品的开发与使用以及鼓励对残膜进行机械清理;将参与农业保险与保险补贴政策相联系,如果投保农户不采取农膜回收技术对残膜进行回收清理,就不能享受政府补贴。通过这种利益诱导机制,减少甚至消除农业保险制度下因农膜施用增加而引起的环境恶化问题。

参 考 文 献

Babcock B A, Hennessy D A. 1996. Input demand under yield and revenue insurance[J]. American

Journal of Agricultural Economics, 78（2）: 416-427.

Bollen K A, Guilkey D K, Mroz T A. 1995. Binary outcomes and endogenous explanatory variables tests and solutions with an application to the demand for contraceptive use in Tunisia[J]. Demography, 32（1）: 111-131.

Efron B. 1979. Bootstrap methods: another look at the Jackknife[J]. The Annals of Statistics, 7（1）: 1-26.

Efron B. 1987. Better Bootstrap confidence intervals[J]. Journal of the American Statistical Association, 82（1）: 171-185.

Goodwin B K. 1993. An empirical analysis of the demand for multiple peril crop insurance[J]. American Journal of Agricultural Economics, 75（2）: 425-434.

Goodwin B K, Vandeveer M, Deal J. 2001. Annual meeting, the federal crop insurance program-an empirical analysis of regional differences in acreage response and participation[R]. Papers in The American Agricultural Economics Association, Chicago, Illinois.

Hausman J A. 1978. Specification tests in econometrics[J]. Econometrica, 46（6）: 1251-1271.

Horowitz J K, Lichtenberg E. 1993. Insurance, moral hazard, and chemical use in agriculture[J]. American Journal of Agricultural Economics, 75（4）: 926-935.

Horowitz J, Lichtenberg E. 1994. Risk-reducing and risk-increasing effects of pesticides[J]. Journal of Agricultural Economics, 45（1）: 82-89.

Lichtenberg E, Zilberman D. 1986. The econometrics of damage control: why specification matters[J]. American Journal of Agricultural Economics, 68（2）: 261-273.

Loehman E, Nelson C. 1992. Optimal risk management, risk aversion, and production func-tion properties[J]. Journal of Agricultural and Resources Economics, 17（2）: 1-13.

Maddala G S. 1983. Limited Dependent and Qualitative Variables in Econometrics[M]. Cambridge: Cambridge University Press.

Mishra A K, Nimon R W, El-Osta H S. 2005. Is moral hazard good for the environ-ment? Revenue insurance and chemical input use[J]. Journal of Environmental Management, 74（1）: 11-20.

Nelson F, Olson L. 1978. Specification and estimation of a simultaneous equation model with limited dependent variables[J]. International Economic Review, 19（3）: 695-709.

Pope R D, Kramer R A. 1979. Production uncertainty and factor demands for the competitive firm[J]. Southern Economic Journal, 46（2）: 489-501.

Quiggin J. 1992. Some Observations on insurance, bankruptcy and input demand[J]. Journal of Economic Behavior and Organization, 18（1）: 101-110.

Ramaswami B. 1993. Supply response to agricultural insurance: risk reduction and moral hazard effects[J]. American Journal of Agricultural Economics, 75（4）: 914-925.

Smith V H, Baquet A E. 1996. The demand for multiple peril crop insurance: evidence from montana wheat farms[J]. American Journal of Agricultural Economics, 78（1）: 189-201.

Smith V H, Goodwin B. 1996. Crop insurance, moral hazard, and agricultural chemical use[J]. American Journal of Agricultural Economics, 78（2）: 428-438.

Wooldridge J M. 2002. Econometric Analysis of Cross Section and Panel Data[M]. 2nd. Cambridge: The MIT Press.

Wu D M. 1974. Alternative tests of independence between stochastic regressors and disturbances: finite sample results[J]. Econometrica, 42（3）: 529-546.

Wu J J. 1999. Crop insurance, acreage decisions, and nonpoint-source pollution[J]. American Journal of Agricultural Economics, 81（2）: 305-320.

Wu J J, Adams R M. 2001. Production risks, acreage decisions and implications for revenue insurance Programs[J]. Canadian Journal of Agricultural Economics, 49（1）: 19-35.

第13章 对农业保险补贴的福利经济学分析[①]

经济学通常认为价格补贴会导致无谓损失,而且对无谓损失的估计有可能影响对农业保险业务的政策支持。农业保险是否改变农产品供应曲线、如何影响社会经济福利是一个有争议的问题,如果将保险本身作为特种商品,研究保险市场本身而不是农产品市场的福利变化,仍然可以探讨政策性支持在这一特种商品市场上的作用及其福利含义。在实践中,一个地区是否开展某种保险业务受最低参保率的限制,因而保险市场上的需求曲线并不总能够与供给曲线相交。在两者不相交的情况下存在未实现的潜在经济福利,而政策性支持导致其实现,从而增进经济福利;至少实际福利损失要小于简单假定不存在潜在福利的情况。因此要求政府适当干预,包括提供保费或经营费用补贴。同时也说明农业保险补贴的福利损失远没有通常估计的那么大,从某一侧面支持补贴农业保险业务的经济合理性。但是,我们同时也要注意提高补贴政策的经济效果,优先选择政策成本收益率高的地区和品种推行政策性农业保险业务。

13.1 引　　言

作为一种有效分散农业风险及损失的机制,农业保险是农业保障体系中的一个重要组成部分,也是许多发达国家采用的重要的非价格农业保护工具(邢鹂,2004)。由于逆选择、道德风险及系统风险造成了农业保险的成本过高,而农民的需求相对不足,故农业保险难以完全市场化运行,很多国家的政府必须通过补贴保费或者经营费用的方式介入农业保险市场(格鲁勃和柯林斯,2004)。

[①] 原载《农业经济问题》2008年第2期,作者为孙香玉、钟甫宁。

在一般情况下，补贴政策往往会带来无谓损失。如果农业保险的政策性补贴也会带来社会福利净损失，那么政策性农业保险必然会因为效率问题而遭受质疑和批评。然而，如果我们不去研究农业保险对农产品市场的影响，既不考察农业保险导致农产品供给曲线向外移动还是导致供应量沿供给曲线移动，也不考察农产品市场变化的福利含义，而把研究集中在保险这一特定商品市场本身，探讨政策性补贴如何改变保险市场本身的供求关系以及这种变化的政策含义，就可以从一种新的视角考察政策性农业保险的效率和福利经济学含义。

与大多数保险业务一样，农业保险的供给要求满足特定的最低参保率，投保地区必须达到保险公司规定的参保率，保险公司才可能在该地区提供农业保险（确指作物保险）[①]。由此推论，在达到规定参保率之前的某地区的农业保险需求只能是无法实现的潜在需求；而无法实现的潜在需求实质上是一种消费者福利的损失。因此农业保险补贴政策有可能实现福利的净增加，其必要条件是实现的潜在福利大于政府付出的补贴成本。即使补贴的结果导致福利的净损失，社会福利的净损失数量也远远小于不存在潜在福利时的情况。显然，补贴前后社会福利的变化取决于农户的需求（支付意愿与保费价格的比较）以及最低参保率的高低。

现有的文献对于农业保险的福利经济学分析尚停留在理论层面上（冯文丽，2004；陈璐，2004；庹国柱和王国军，2002；费友海，2005），基本观点认为农业保险会带来农产品产量的增加，从而使整个社会福利增加。2007年美国农业法案报告总结过去的研究结果指出，农业保险对于生产和产量的影响一直都没有得到明确的结论（Glauber, 2007），而国内关于农业保险对于产量的影响的实证研究也尚属空白，所以上述观点是否成立尚欠缺实证的检验。本章研究则从农业保险市场本身的供求变化角度构建一个新的福利经济学分析框架，旨在测度农业保险补贴在这一特定市场上引起的社会福利变化。

13.2 福利经济学分析框架

现实生活中农业保险公司按照固定标准收取保费，在任何时点上保费的高低与农户投保的面积无关，与实际投保农户的数量也无关（当然，必须满足该地区最低投保率的要求，否则根本没有供给）。由于任一时点上只有少数甚至一个保险公司在经营农业保险业务，我们不能假定农业保险的供给处于完全竞争下的长期均衡状态；另一个可能的解释是，在满足最低参保率以后，农业保险的生产

[①] 与中华联合保险公司农险部经理李东方先生座谈时获知，其后在阳光互助农业保险公司的交流中进一步证实此观点。

（供给）处于一个很宽的规模报酬不变阶段，因而其供给曲线呈水平状态，其高度取决于最低平均总成本。由于最低参保率的要求，这条水平的供给曲线并不与纵轴相交，其起点与纵轴的距离取决于要求的最低参保率。在供给曲线呈水平状态的情况下，短期内社会福利的变化完全取决于需求的变化；长期的情况下同时取决于供给曲线的上下移动。

农业保险的需求受多种因素的影响：生产风险①的大小、该项生产对农户收入的重要程度、农户的个体特征（包括收入水平、风险态度等），以及政府和农户其他风险管理措施。对单个农户来说，其决策内容是投保或不投保，不存在根据价格（保费）的高低决定投保面积的情况；但是，不同农户受上述因素的影响程度不一样，因而各农户投保与否的决策必然受价格高低的影响，整个市场需求曲线仍然呈现出通常的数量与价格反向移动的关系。

根据上述假设，我们可以按照常规的福利经济学框架来分析农业保险补贴政策的可能结果。首先假定农业保险的供给不存在最低投保率的限制，或者当地的实际投保率高于最低投保率。如图13-1所示，假如某地区农业保险的需求曲线为D_0，供给曲线为S_0，此时消费者剩余为△a的面积。如果政府为农民提供保费补贴（P_0-P_1），此时达到的参保率为R，政府付出的成本为P_0P_1与虚线所围成的矩形的面积，补贴后的消费者剩余为需求曲线与P_1所夹的大三角形的面积，则补贴后的社会福利为（△a-△b）的面积。补贴带来社会福利的净损失为△b的面积。

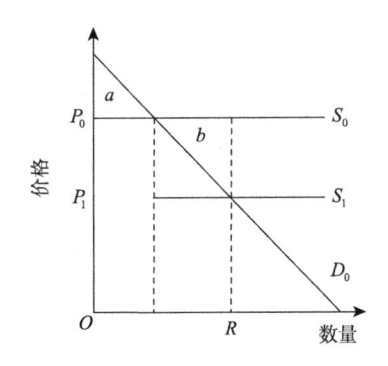

图13-1 供给不受限制的补贴福利变动

现在假定农业保险要求最低投保率，且该地区农户的投保需求不能满足规定的最低投保率。这种情况下远离纵轴的供给曲线无法与需求曲线相交，使得愿意购买农业保险的农户无法参保，市场需求表现为潜在的需求曲线，社会福利为0。如果政府对农业保险实行价格补贴，保费的降低导致供给曲线下移并与需求曲线相交，此时消费者剩余增加，如果其数量大于政府补贴的总成本，补贴就带

---

① 目前我国只有产量保险而没有价格保险。

来福利的净增加；如果增加的消费者剩余小于政府补贴数量，就会有社会福利的净损失，但其数量将小于没有潜在福利时的情况。

具体的分析如图 13-2 所示：假定需求曲线为 D_0，供给曲线为 S_0，初始保费为 P_0，保险公司要求的最低参保率为 R_0，原来的需求达不到最低参保率，此时的市场需求为潜在需求，保险市场不存在均衡点。当政府补贴保费以后，农民实际缴纳的价格降低到 P_1，相当于供给曲线下移到 S_1，与需求曲线相交于 C 点。此时，消费者剩余为 $\triangle AP_0D$ 的面积，而政府的补贴为长方形 P_0P_1CD 的面积，福利的变动为二者之差，即图 13-2 中 $\triangle a-\triangle b$ 的面积。

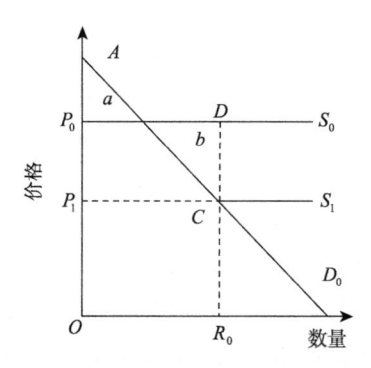

图13-2 供给限制下的补贴福利变动

存在限制需求模型的补贴的福利比传统模型的多了 $\triangle a$ 的面积，这部分福利我们称为潜在的福利。实质上是愿意以保费 P_0 购买农业保险的农户的消费者剩余之和，只要有农户对农业保险的出价高于保费，则潜在福利总是存在的。如果不实行政策性农业保险，不对保费进行补贴，则这部分福利是无法转化为实际的，实际上是社会福利的潜在损失，而保险补贴能实现这部分潜在福利。

值得指出的是，保险业通常存在规模经济，其平均总成本曲线向右下方倾斜，即随着保险业务规模的扩大，单位总成本呈下降趋势。如果仍然保持收费标准不变，其利润率必然提高，社会福利也相应增加。因此，按本章方式计算的结果可能低估了补贴的福利效果。

13.3 研究方法

13.3.1 福利的衡量方法

本章福利的概念为消费者剩余（consumer surplus，CS），个人消费者剩余为支付意愿与实际支付价格之差,即 CS=WTP−P;因为每个农户对于参加农业保险后获得的福利互相独立,总福利(total consumer surplus,TCS)为个人福利的加总,净福利(net consumer surplus,NCS)则等于总福利减去政府补贴的成本(S):

$$NCS = \sum_{i}^{n}(WTP - P) - S$$

对于农户支付意愿(willingness to pay,WTP)的获得,则需要借鉴环境经济学中关于非市场产品(non-market goods)福利测度的方法——条件估价法(contingent valuation method,CVM),即给定受访者一个假想的交易市场,询问受访者对于某产品或者政策愿意支付的最高价格。具体询价模式为开放的二元选择模式:首先询问在既定的价格范围内是否愿意支付,确定消费者愿意支付的价格范围(宁满秀等,2006);在此基础上询问在该支付范围内的具体数值,此方法称为开放式二分选择法(吴珮瑛等,2005)。

13.3.2 问卷设计与数据来源

本章研究选择了新疆的棉花保险,黑龙江的玉米保险和江苏的小麦、水稻保险进行调查。选择这些地区的理由如下:上述三个地区都有农业保险业务开展,可以降低因为对农业保险的不了解带来的假想性偏误,并且已有的保险条款(表 13-1)为询价中的"假想情景"提供了参考。

表13-1 三个地区四种作物的保险条款

调查地区	保险标的	保险责任	条款[a]	保费/(元/亩)	保险金额/(元/亩)	免赔率	政府补贴率
新疆	棉花	风、洪、冻、雹、旱		20	250	20%	
黑龙江	玉米	涝、旱、洪、风、雹	条款一	4	80	30%	35%[b]
			条款二	4.5	90	30%	
江苏	小麦、水稻	8级以上大风、暴雨、病虫害[c]、旱、冻、洪、火、雹	条款一	5	100	70%	50%[d]
			条款二	10	200	70%	
			条款三	15	300	70%	

注:a. 调查有关作物的保险条款均是实际发生的农业保险的条款。新疆玛纳斯县农业保险的条款由中华联合保险石河子分公司提供,黑龙江双城玉米保险条款由阳光互助农业保险公司提供,江苏淮安小麦、水稻保险条款由中华联合保险公司淮安分公司提供。b. 其中农场补贴为15%,总局补贴为20%。c. 水稻的病虫害包括稻瘟病、纹枯病、稻纵卷叶螟、稻飞虱、螟虫;小麦的病虫害包括纹枯病、白粉病导致小麦减产70%以上;发生流行性的赤霉病,用药防治无效,导致保险地块的病穗率在40%以上。d. 财政补贴为50%,其中市级财政补贴为60%,县级补贴为40%。棉花和玉米保险的赔付按损失比例赔偿的方式,水稻和小麦则是按绝收赔付,而2005年江苏的农业保险制定的绝收标准为90%损失,2006年以后制定的绝收标准则为70%

抽样的方法为多阶段抽样:根据随机的原则,分别选择了黑龙江哈尔滨市双城市[1]、新疆玛纳斯县、江苏淮安市淮阴区。然后根据等距离抽样原则，从这3个县（县级市或区）分别抽取了4个乡镇，每个乡镇抽取4个村，每个村抽取25~30户农户进行调查。黑龙江哈尔滨和新疆的农业保险业务均在农垦集团或团场开展，地方上尚无此业务。而且农场或团场的农工与地方农民有很大的差异，特别在决策自主权上。因此，我们的调查特意回避了农场与团场。本章研究获得样本数黑龙江为441份、新疆为446份、江苏为441份；扣除无效及遗漏的问卷，有效样本分别为435份、432份、430份。

13.3.3 支付意愿的调整

调查所得的支付意愿未必一定是真实的支付意愿。除了需要调整和完善设计调查技术（包括问卷设计、支付模式的选择、调查员的偏误等）以外，数据获得后还需要进行"抗议"标价的调整[2]。除此之外，出现非独立决策时的情况也会影响到支付意愿的稳定性。调查中发现，三个地区出现受访者依赖他人决策而决策的农户比例分别为18.2%、29.2%、39.2%。因为调查是单独进行的，无法独立做出决策的农民，其效用函数是建立在别人的效用函数之上的，只有当他支付的价格等同于大多数人愿意支付的价格时，他的效用才会最高，因此给出的支付意愿不能确保稳定，通常会根据周围的情况而改变。鉴于此方面的考虑，对于自己无法做出购买决策的农户的支付意愿以村为单位进行调整，用村中独立决策者支付意愿的众数值来代替此类农户的支付意愿[3]。

13.4 样本地区农业保险补贴的福利测度

各地的最低参保率由保险公司规定，与各地区人口数量与密度、种植规模等

---

[1] 2014年5月2日，国务院批准撤销县级双城市，设立哈尔滨双城区。

[2] 在支付意愿的调查中经常出现0值，而有的0值是受访者对此项政策表示抗议，拒绝给出其真实的支付意愿。"抗议"标价为0并不真正表示被调查者对该政策的价值评估为0。对于出现0支付意愿的受访者需要询问其原因。问卷中设计了以下几种原因：a. 我支付不起农业保险；b. 农业保险对我来说并不重要；c. 我认为我不该付钱，应该由政府付钱；d. 农业保险的条款不合理；e. 我对保险公司或政府不信任。凡是回答的原因是c，均认为是属于"抗议"出价，应当从样本中剔除。

[3] 对各乡镇的调整数据与原始数据进行配对T检验后发现，新疆4个乡镇的数据调整后，平均支付意愿有所提高，而黑龙江和江苏的4个乡镇数据调整后支付意愿大多有所降低。主要原因是黑龙江和江苏的众数多为0值，所以用众数调整后降低了支付意愿的平均水平。各个地区的差异虽然统计上显著，但大多数乡镇绝对值的差异并不大（差异的均值为0.96，方差为0.74），因此计算出来的福利大小及方向并未受到太大的影响。下文中对于潜在需求及其福利的分析皆采用调整后的数据。

有关，因此不能给出具体的各地最低参保率。本章研究将模拟不同的最低参保率（如乡镇最低参保率为 80%）条件下所需要的最低补贴率，及实现一定政策目标的最低成本，然后计算相应的社会福利变化。调查所得的支付意愿的分布呈离散的阶梯状而不是平滑的曲线，因而当按照最低参保率进行补贴时，实际达到的参保率可能远远大于最低参保率。我们将先计算出达到最低参保率所要求的补贴，然后计算在该补贴水平下实际达到的参保率，并据以计算社会福利变化。

13.4.1 农业保险的潜在需求

根据对三个地区农户支付意愿的调查和统计整理，可以按照各地农户边际支付意愿[①]的排列描述其保险需求（支付意愿）的分布曲线。从图 13-3 看新疆地区支付意愿基本位于 5~25 元，其中 20 元和 10 元的频率最高，46%的人可以接受每亩 20 元的保费价格，即政府不给予补贴情况下可以达到的参保率。图 13-3 中段部分比较平缓，说明补贴后参保率会有较大的提高幅度。鉴于新疆团场近 20 年农业保险的实践，地方上的农户对于农业保险也有一定的认识，出价比较理性。另外，测算出来该样本地区的潜在福利值为 36 172.5 元，覆盖 46%的农户。

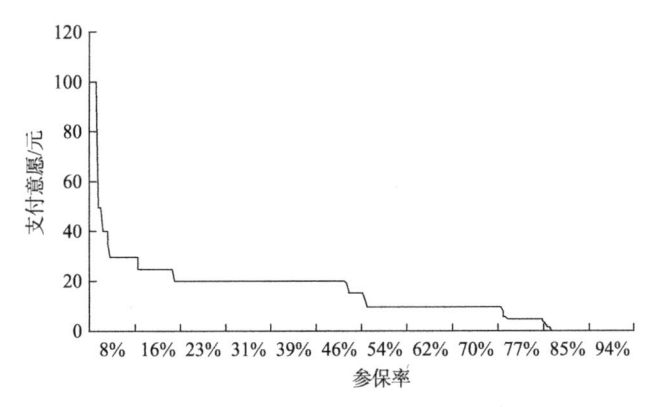

图13-3 新疆棉花保险的支付意愿分布

黑龙江在条款一和条款二下自愿参保率分别可以达到 54%（即大于等于 2.5 元保费的比例）和 49%（即大于等于 3 元保费的比例），这是政府已经补贴 35% 的情况下自愿参与的结果。从图 13-4 可以看出，玉米保险支付意愿分布有以下几个特点：①两条支付意愿曲线的形状比较一致，二者有很强的相关性；②支付意

[①] 萧代基等（2002）在《环境保护之成本效益分析——理论、方法与应用》中指出，需求曲线既可以表示在不同价格水准下的需求量，也可以表示在各种数量下需求者的边际支付意愿（marginal wilingness of pay，MWTP）。

愿分布在 0~10 元/亩，平均支付意愿较低，而且 0 支付意愿的比例很高，大概为 35%，说明农户对于农业保险的需求并不太高；③曲线梯度较多，说明农户对农业保险没有相对集中的认识，给出的价格比较分散；④曲线比较陡峭，补贴并不能大幅度提高参保率。测算结果表明，在条款一下大约有 21%农户的 2 037 元（平均每户 22.2 元）的潜在福利可以通过补贴政策得以实现，而在条款二下大约有 18%农户的 2 446 元（平均每户 28.7 元）的潜在福利有待实现。

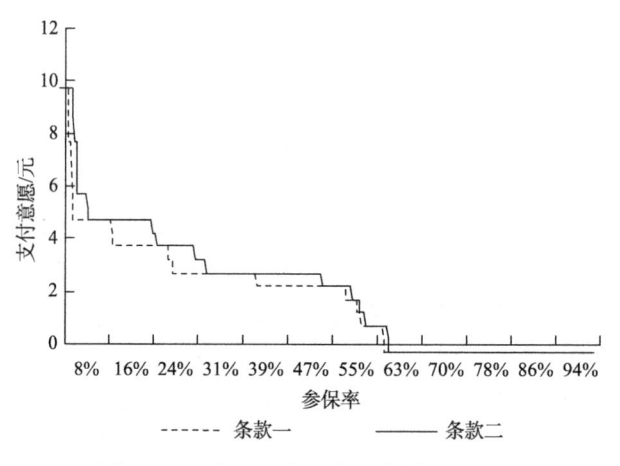

图13-4 黑龙江玉米保险的支付意愿分布

江苏地区水稻三个条款的自愿参保率分别为 43%、41%和 28%，小麦三个条款的自愿参保率分别为 36%、34%和 23%，这是政府已经补贴了 50%的参保率[①]。从图 13-5 和图 13-6 我们可以看出：①支付意愿集中在 0~10 元/亩，频率最高的基本上是 5 元，10 元以上的极端值也相对较多，而且 0 支付意愿的比例为 47%，高于另外两个地区，说明农户对于农业保险不了解，能接受的不多；②不同的保险条款之间有很强的相关性，保险金额越高农户的支付意愿也越高，但并没有完全成比例提高，如一些农户不管多高的保险金额都支付同等的保险费用；③水稻、小麦的支付意愿曲线比较吻合，水稻略微高于小麦，说明两个品种之间差异不大，这几年水稻虫灾发生率较高，而且水稻价格比小麦更高，每亩收益也高，所以风险更大。对该样本地区的潜在福利计算，水稻三个条款的潜在福利分别为 1 124 元、1 039 元和 1 848 元，这部分农户的比例分别为 27%、13%和 6%，平均每户的潜在福利分别为 9.7 元、18.6 元和 71.6 元；同理，小麦三个条款的潜在福利分别为 1 222 元、1 070 元和 1 731 元，这部分农户的比例分别为 22%、11%和 6%，平均每户的潜在福利分别为 12.9 元、22.6 元和 67.1 元。

---

① 淮安地区参加保险乡镇的实际参保率远远高于我们调查的数据，这可能是政府行政力量推动的结果。

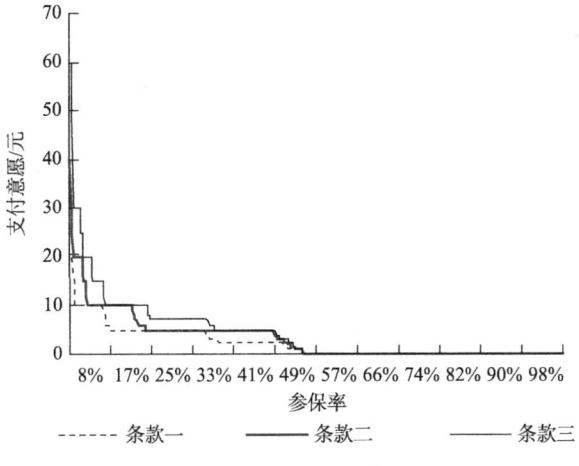

图13-5　江苏水稻保险的支付意愿分布

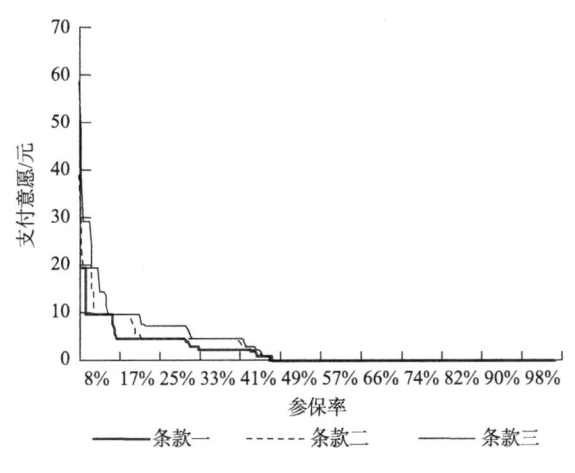

图13-6　江苏小麦保险的支付意愿分布

13.4.2　农业保险补贴的福利分析

本章按照 80%的参保率计算[①]保险补贴的社会福利变化。因为福利的绝对值涉及保险的总面积，故采用每亩净福利指标（即每亩的福利变化）进行比较，同时计算了每亩所需补贴。因为三个地区的保险作物不同，保费也有差异，因此亦给出了成本收益率这个指标，表明政府每 1 元钱的补贴会带来多少的福利变动，也可以说明福利损失占投入成本的比重是多少。本章最终进行比较的对象是不考

---

① 这是因为80%更加接近实际中一般保险公司的要求，另外如果按照更低的参保率限制进行福利测算，其福利有可能是净增加的情况更加明显。

虑潜在需求的传统模型,所以计算了两种模型的福利差异,即采用"潜在福利"指标衡量社会福利的变化,具体的结果见表 13-2。

表13-2 当最低参保率为80%时各地区的成本收益的分析(调整后数据)

保险标的及条款		乡镇	补贴/(元/亩)	补贴率	实际参保率	净福利/(元/亩)	成本收益率	潜在福利/元
棉花		乐土驿	15	75%	86%	-4.11	-27%	5 280
		包家店	20	100%	100%	-10.38	-52%	7 450
		北五岔	15	75%	83%	0.13	1%	12 662
		六户地	10	50%	92%	-1.86	-19%	10 780
玉米	条款一	周家	3	75%	80%	-0.99	-33%	387.5
		五家	4	100%	100%	-2.45	-61%	204.2
		兰陵	4	100%	100%	-1.74	-44%	1 033
		韩甸	4	100%	100%	-1.83	-46%	406
	条款二	平均	4.5	100%	100%	-2.14	-47.5%	611.5
水稻	条款一	老张集	5	100%	100%	-1.83	-37%	73.5
		刘老庄	5	100%	100%	-2.94	-59%	274.5
		三树	5	100%	100%	-2.81	-56%	335
		凌桥	5	100%	100%	-3.02	-60%	441.5
	条款二	平均①	10	100%	100%	-6.7	-67%	259.8
	条款三	平均	15	100%	100%	-10.61	-71%	462.1
小麦	条款一	老张集	5	100%	100%	-2.7	-54%	149.5
		刘老庄	5	100%	100%	-2.94	-59%	409
		三树	5	100%	100%	-2.97	-59%	302.5
		凌桥	5	100%	100%	-3.14	-63%	361
	条款二	平均	10	100%	100%	-7.05	-71%	267.5
	条款三	平均	15	100%	100%	-11.14	-74%	432.8

注:第一,为了减小篇幅,此处以及下面的三处"平均"是将四个乡镇的指标进行简单平均后得到的结果。第二,本章成本收益率是用净福利值比上政府补贴成本,表示每元政府补贴会带来社会福利净增加多少,或者表示净损失的福利占成本的多少比例。潜在福利是指跟没有最低参保率限制时相比,福利值在这样的补贴率下增加了多少,实际上就是那些不用补贴就愿意购买农业保险农户的福利值的大小

表 13-2 的数据显示:①在 80%的最低参保率下,新疆的北五岔镇测算的亩净福利值大于零,证明某些地区对农业保险进行补贴有可能实现福利的净增加。虽然大部分乡镇的净福利是负值,但潜在福利均为正值,证明社会福利损失减少了,或者说社会损失并没有反对者声称的那么大。从样本地区来看,棉花、玉米和小麦、水稻保险补贴的社会福利净损失大约分别为补贴总额的 33%、50%和 60%左右,平均 50%左右的财政补贴为农户所得。②新疆的三个乡镇和黑龙江的一个乡镇为了达到 80%的参保率不需要政府全额补贴,其余的乡镇,尤其是江

苏，需要政府全额补贴才能实现这个目标①。当然调查的数据可能存在一定误差，但同时也说明某些地区农民对农业保险的需求并不高。③如果以成本收益率指标为标准，应当优先考虑对新疆的棉花生产实行政策性保险，然后针对黑龙江的玉米生产；对江苏的水稻、小麦保险实施补贴效果并不理想。对不同条款的比较发现，保险金额越高成本收益率越低，说明高保障水平相对于目前的农户需求来说其经济效率并不高。

我们按照同样方法计算了 50%最低参保率下的社会福利及成本收益率，因为篇幅限制结果并没有列出。与 80%最低参保率相比，新疆的大部分乡镇以及黑龙江和江苏的少数乡镇的亩净福利有所增加，政府的补贴相应减少，成本收益率则相应提高。这进一步说明，当前情况下实行"低保障、低保费"的保险政策合理，因为提高保障率和保费的结果相同，都会降低每亩净福利，增加政府的补贴数量；尽管保险本身的社会福利可能有所增长，但社会福利则减少更多。在经济发展的现阶段，高补贴政策不但受到政府预算的强约束，而且不一定符合社会福利最大化的原则。

13.5 结论及讨论

本章利用开放的二分选择式条件估价法获得新疆、黑龙江和江苏三个地区、四种作物、多个条款的农业保险的支付意愿，以此为依据测度农户对现行保险条款的需求曲线，进而测算实现特定参保率所必需的财政补贴及相应的福利变化。研究表明：

（1）在一定的参保率下，对某些地区农业保险的财政补贴的确可能带来社会福利的净增加，而多数地区的补贴可能导致社会福利的净损失。但是，即使补贴会带来福利的净损失，其数量也明显低于传统福利经济学分析所预测的数量，差额就是本来愿意支付保费但因为参保率过低被保险公司拒之于门外的那部分农户的消费者剩余，即本章所称的"潜在福利"。

（2）对同一品种不同保险金额的条款的支付意愿随着保险金额的提高而提高，但政策支持的成本收益率则下降，说明目前农业保险的方向应当是"低保障、低保费"，以提高社会福利和政策支持的经济效率。

（3）三个样本地区的保险需求存在一定差异：新疆棉农的保险需求最高，然后是哈尔滨的玉米保险，江苏农民对于作物保险的需求并不高。产生这种差异

---

① 即无论保费如何低都无法吸引足够的参保率，而政府又无法按照个别农户的意愿制定每户的补贴标准；因此，为了实现80%参保率目标，只能由政府负担全部保费。

的原因主要是各个地区的农业生产风险不同,农户对农业保险中获得的预期收益自然会存在差异。保险补贴政策的福利效果受许多因素的影响,受财政资源约束,要极大化补贴的福利效果就应当适当选择地区和品种,而不是盲目地全面推广农业保险补贴政策。

农业保险的规模限制构成市场失灵的一种表现,因而加剧的农业保险市场供求的不平衡状况要求政府适当干预,包括提供保费或经营费用补贴;同时也说明,农业保险补贴的福利损失远没有通常估计得那么大,从某一侧面支持补贴农业保险业务的经济合理性。但是,我们也要注意提高补贴政策的经济效果,优先选择政策成本收益率高的地区和品种推行政策性农业保险。

参 考 文 献

陈璐. 2004. 政府扶持农业保险发展的经济学分析[J]. 财经研究,30(6):69-76.
费友海. 2005. 我国农业保险发展困境的深层分析——基于福利经济学角度的分析[J]. 金融研究,(3):133-144.
冯文丽. 2004. 我国农业保险市场失灵与制度供给[J]. 金融研究,(4):124-129.
格鲁勃 J W,柯林斯 K J. 2004. 农业风险管理和政府的作用[C]//李军,段志煌. 农业风险管理和政府的作用——中美农业保险交流与考察. 北京:中国金融出版社:1-23.
宁满秀,苗齐,邢鹂,等. 2006. 农户对农业保险支付意愿的实证分析——以新疆玛纳斯河流域为例[J]. 中国农村经济,(6):43-51.
庹国柱,王国军. 2002. 中国农业保险与农村社会保障制度研究[M]. 北京:首都经济贸易大学出版社.
吴珮瑛,刘哲良,苏明达. 2005. 受访金额在开放选择条件评估支付模式的作用——引导或是误导[J]. 台湾大学农业经济学农业经济半年刊,(77):1-43.
萧代基,郑惠燕,吴珮瑛,等. 2002. 环境保护之成本效益分析——理论、方法与应用[M]. 台湾:俊杰书局股份有限公司.
邢鹂. 2004. 中国种植业生产风险与政策性农业保险研究[D]. 南京农业大学博士学位论文.
Glauber J W. 2007. Double indemnity:crop insurance and the failure of U.S agricultural disaster policy[R]. Paper Prepared for American En-terprise Institute Project,Agricultural Policy for the 2007 Farm Biland Beyond.

第14章 福利损失、收入分配与强制保险[①]

一般来说，强制选择往往会带来社会福利的损失。由于农业保险存在外部性，故农业保险的强制参与一直存在争议。本章在农业保险存在供给限制的条件下，无论何种强制方式，其带来社会福利的变动是增是损取决于农户支付意愿的高低，即对农业保险需求的大小。与补贴政策相比，如果达到相同的参保率效果，强制政策带来的社会福利损失更大，至少多出强制的行政成本。强制农户的数量、比例也代表了强制执行成本的高低。因此，政府在财政有限的情况下意欲提高农业保险的参保率，可以采取强制保险的办法，但也必须看到强制付出的代价。如何既能够减少农户的抱怨，又可以提高农户的参保率，是一个需要实证的问题。总体来看，部分的强制参与要优于完全的强制，而到底是强制哪一部分农户参与，则需要考察哪部分农户参与可以较快的提高参与率且不损失低收入群体的利益。实施有条件的强制参与，再给予一定的补贴，会提高参与率并减少农户的抱怨。

14.1 引　　言

在经济人的理性行为的假说下，经济学倡导自由选择。由于市场失灵的存在，强制消费者或者生产者的政策也可能被接受。对于保险来说，我国法律规定的强制保险包括强制井下职工意外伤害保险、强制危险作业职工意外伤害保险、机动车第三者责任强制保险、强制旅客旅游意外保险等，既有第三方责任强制保险又有第一方意外伤害强制保险。Faure（2006）在讨论强制保险的经济

[①] 原载《管理世界》2009年第5期，作者为孙香玉、钟甫宁。

学理由时指出，强制的理由是外部性：伤害险会因为受害人付不起医疗费用而把成本转移给社会，同样责任人也存在赔偿不起的可能性，因此把受害人的赔偿转移给社会。

对于农业保险应该实施强制保险还是自愿保险，学术界也有很大的争论：刘京生（2000）认为，不应实行强制保险，其反对理由有两点，一是我国现行的《中华人民共和国保险法》明确规定自愿投保的原则，强制保险违反了该原则，无法律的支持；二是农业保险的监督手段不完善，强制保险无法实施。庹国柱和王国军（2002）则认为我国应实行强制保险，首先，担心自愿保险参与率过低，只有强制才能保证参与率。其次，认为《中华人民共和国保险法》是不构成对政策性农业保险的约束的。最后，认为强制保险有诸多的"好处"：避免逆向选择、有效防止道德风险、解决收保费的交易费用过高等。冯文丽（2004）认为应该实施"诱导型"强制，即有条件的强制，把强制保险和我国当前的一些惠农政策相挂钩，如直接补贴、农业贷款和农业技术服务。而且也有很多研究提出政策性农业保险就是带有强制性质的保险，而且很多试点地区开展的农业保险即事实上的强制保险（孟春，2006；张文武，2005；张跃华和张宏，2006）。

与大多数保险业务一样，农业保险的供给要求满足特定的最低参保率，在达到规定参保率之前的某地区的农业保险需求只能是无法实现的潜在需求，而无法实现的潜在需求实质上是一种消费者福利的损失（孙香玉和钟甫宁，2008）。强制参与可以使得潜在福利得以实现，但对于不愿意参与保险的农户来说是一种福利的直接损失。因此总福利是净增加还是净损失，要看这二者（实现的潜在福利和受强制农户的福利损失）之间的大小。而且不愿意参与保险的农户往往是低收入群体，那强制保险岂不成为一种"劫贫济富"的手段？因此有必要对强制保险带来的福利及其收入分配影响进行分析，才能对是否该实行强制保险以及在什么条件下实行提供合理的思路。

14.2　外部性与强制保险

国内已有很多研究应用福利经济学的理论来探讨农业保险的需求不足和外部性问题（冯文丽，2004；陈璐，2004；庹国柱和王国军，2002；费友海，2005），其分析的出发点和理论集中于探讨农业保险是否会带来农产品产量的供给增加，社会福利的增加，从而产生正的外部性。2007年美国农业法案报告总结过去的研究结果指出，农业保险对于生产和产量的影响一直都没有得到明确的结论（Glauber，2007），而国内关于农业保险对于产量的影响的研究也尚属空白；

国内一些现有的调查研究也没有发现农业保险后对作物产量的影响（张跃华等，2006）。即便可能会带来产量的增加，社会福利也未必是增加的，否则我们可以推论出任何生产要素的成本补贴都会带来社会福利的增加的谬论。实际上，无论生产要素补贴带来的供给是否增加，都会带来社会福利的无谓损失。现在也有学者开始反思这种一贯的福利分析思路，官兵（2008）在"农业保险是公共品吗？——既有理论的反思与修正"一文中，也提出了同样的质疑，文章从两个角度来反驳农险是公共品的观点。一个角度是从传导机制上，其观点如下：即使承认农险是公共品，但购买足量的农险也不一定就能达到国民经济和社会发展稳定繁荣的目的。另一个角度是，如果粮食等商品不是公共品的话，那么农险更不应该是公共品。

因此需要从另外的视角重新探讨农业保险强制执行的理论基础。前面已经阐述，强制存在的理由还要看风险的发生是否会存在外部性，是否会给社会增加成本。对于农业保险来说，重大农业灾害的发生往往会影响到农业的安全和农村的稳定，因此会威胁到政府的行政安全。从这个角度来看，当灾害发生时政府会产生额外的成本，尤其是地方政府。因为政府需要支付一定的灾害补偿，这个就是政府的经济成本，即历年增长的救灾支出（包括生活救济费、灾民抢救转移安置费、扶持灾民生产经费、救灾储备），见图 14-1。而且在这些费用支出上，地方政府也承担着近 1/3 的财政负担（表 14-1）。外部性的存在往往会出现搭便车的现象，农民是否会因为政府救济就减少对农业保险的需求呢？这要看农民从灾害救济中能够得到多少，以及得到的概率有多高。

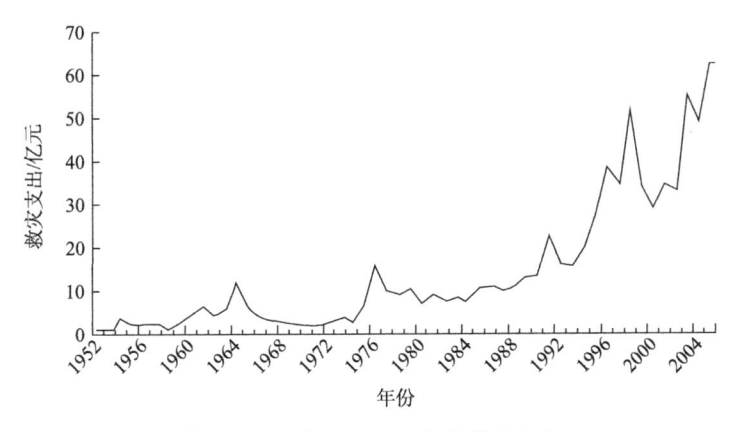

图14-1 中国1952~2004年的救灾支出

表14-1 中央和地方政府2001~2005年来的灾害救济支出（单位：亿元）

项目	合计	2001年	2002年	2003年	2004年	2005年
全国	247.33	35.86	38.62	56.95	52.94	62.97

续表

项目	合计	2001年	2002年	2003年	2004年	2005年
中央	173.99	25	25	41.5	40	42.49
中央本级	8.76	0.22	0.63	2.3	4.01	1.6
补助地方	165.23	24.78	24.37	39.2	35.99	40.89
地方	73.34	10.86	13.62	15.44	12.94	20.48
地方占比	29.65%	30.28%	35.27%	27.11%	24.44%	32.52%

数据来源：《中国财政年鉴2006》

利用前期调查的数据[①]，调查了新疆、黑龙江和江苏1 297户的政府灾害救济情况。其中，89.4%的农户从来没有得到过政府的灾害救济，而统计下来政府户均灾害救济额只有9.7元。当农户受灾时对政府的经济救助不抱太大的希望。当然这也可能因为政府直接发放到农户手中的资金较少，更多的用于公共投资和农用物资补贴中。

虽然上述论述说明农业保险存在一定的外部性，但这并不是实施强制性农业保险的充分条件，因为农业保险实施强制参保还必须要考虑到社会福利的损失以及对于收入分配的影响。这关系到农业保险强制参与的可能性大小。

14.3 强制保险的福利经济学分析

由上述的分析可知，农业保险对于农产品供给的影响存在异议，而我们则需要跳出这一有争议的角度，从农业保险市场本身来探讨农业保险的福利。

现实生活中农业保险公司按照固定标准收取保费，在任何时点上保费的高低与农户的投保的面积无关，与实际投保农户的数量也无关（当然，必须满足该地区最低投保率的要求，否则根本没法供给）。由于任一时点上只有少数，甚至一个保险公司在经营农业保险业务，我们不能假定农业保险的供给处于完全竞争下的长期均衡状态；另一个可能的解释是，在满足最低参保率后，农业保险的生产（供给）处于一个很宽的规模报酬不变阶段，因而其供给曲线呈水平状态，其高度取决于最低平均总成本。由于最低参保率的要求，这条水平的供给曲线并不与纵轴相交，其起点与纵轴的距离取决于要求的最低参保率。在供给曲线呈水平状态的情况下，短期内社会福利的变化完全取决于需求的变化；长期情况下可能取决于供给曲线的上下移动。

---

① 具体的调查方案见文中第三部分。

农业保险的需求受多种因素的影响：生产风险[①]的大小、该项生产对农户收入的重要程度、农户个体特征（包括收入水平、风险态度等），以及政府和农户其他风险管理措施。对单个农户来说，其决策内容是投保或不投保，不存在根据价格（保费）的高低决定投保面积情况。但是，不同农户受上述因素的影响程度不同，因而各农户投保与否的决策必然受价格高低的影响，整个市场需求曲线仍然呈现出通常的数量与价格反相移动的关系。而且参加农业保险必须是以户为单位的统一购买且只能购买一份，因此农险保单是离散的消费，市场的农业保险需求曲线实际上是一条由每个农户的支付意愿的向下累积排列的曲线。而且因为很多农户的支付意愿相同而出现阶梯形的向下倾斜的一条曲线。

在参保率达不到规定要求的情况下，保险市场不存在。政府通过强制保险的手段，使得农业保险的参保率提高，达到规定要求，潜在的福利实现。消费者剩余增加，但对于那部分被强制参与的农户来说，福利是损失的。如果我们不考虑政府强制政策的行政成本，只分析强制保险前后的社会福利变化，那么社会福利的变动既可能是增加的，也可能是损失的，而关键的是我们需要与补贴的政策进行对比分析。农业保险的参与方式包括强制参保、有条件的强制和自愿参保。有条件的强制保险（也被称为诱导式参与）是指对符合某些条件（如一定的保险规模）或与某些条件相挂钩（如与福利计划的挂钩）的参保者被强制参与保险。例如，美国曾经实行过一段时间的巨灾保障计划和一些福利计划相挂钩的政策，如果农民想获得政府支持的福利计划，就必须参与巨灾保障计划，购买旱灾、洪灾等保险。亚洲的很多国家也实行有条件的强制保险，主要是与政府贷款相挂钩；日本则是与种植面积相挂钩，达到法定规定的种植面积就必须参加农业保险。还有的就是统保与补贴相结合的做法，如上海安信的农业保险，即强制所有的农户参加保险，但对其保费有较高的补贴，这也是多数地区采取的做法。从不同参与方式保险的性质来看，强制保险和与面积挂钩的强制参保，是利用国家强权要求农户参保；与福利相挂钩的做法，实际上也是一种财政的收入转移，与补贴有类似之处。

14.3.1 完全强制保险的福利分析

假设政府不采取强制保险，则市场的参与率达不到保险公司的规定，需求曲线为潜在的需求曲线，如图 14-2 所示为 AD_0，政府强制保险，要求低于保费（P_0）以下的那部分农户都要购买农业保险，即交点 B 以下的需求曲线发生拐折，为与供给曲线重合的一段，这时整个保险市场的需求曲线是一条拐折的需求

[①] 目前我国只有产量保险而没有价格保险。

曲线，高于保费以上的部分仍然呈现出向右下倾斜的特点，而低于保费的部门因为强制的原因都要购买保险，所以是一条保费价格上的水平线 BD_1。强制保险前的保险市场不存在社会福利为 0，强制保险以后，潜在的消费者剩余得以实现，为 △a 的面积，而那部分不愿意购买农业保险的农户被强迫购买了农业保险，实际上是消费者剩余的损失，损失的部分为 △b 的面积。如果 △a 的面积大于 △b 的面积，表明虽然损失使得一部分人的福利受损，但总福利是增加的，反之则福利净损失。这取决于农业保险需求的高低，图 14-2（a）反映的是福利净损失的情况，图 14-2（b）则是福利净增加的情况，显然图 14-2（b）中的需求明显高于图 14-2（a）。我们也可以看到福利损失越高、受损的农户越多，政府强制保险的代价就越大。

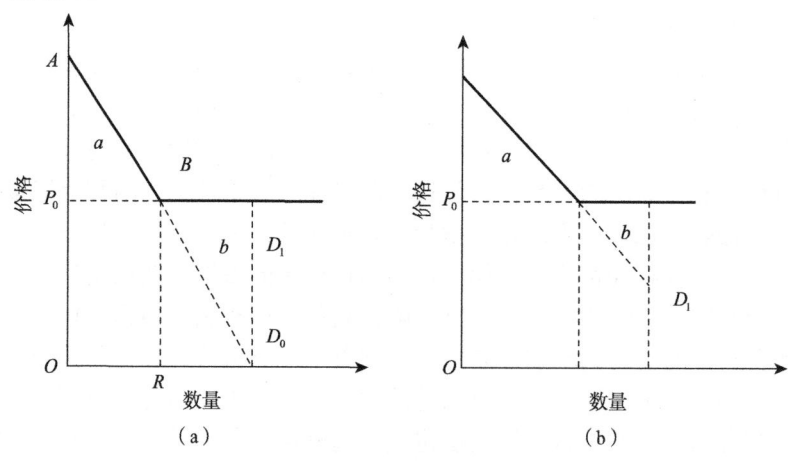

图14-2　完全强制保险的福利分析

如果保费由政府全额补贴，即政府买单，同样可以达到 100%的参保率，这时政府的成本为图 14-2（a）中 $P_0D_1D_0O$ 的面积，而实现的消费者剩余为 △aAD_0O。用消费者剩余去掉政府补贴的成本，全额补贴的社会福利为 △a-△b 的面积，与完全强制保险相同，但值得注意的是，政府强制保险还有一块行政成本。因此，如果政府意欲达到全部参保，强制要比补贴多增加一块行政成本。

14.3.2　有条件的强制保险的福利分析

与完全强制不同的是，有条件的强制参与只是使得不愿意参加保险的部分群体受损，如果受损的这部分群体恰恰是需求可能较高的这部分群体，那么社会的福利损失可能就会较少，反之则社会福利的损失比较高，而且政府的行政成本也会很高。具体的分析如图 14-3 所示。

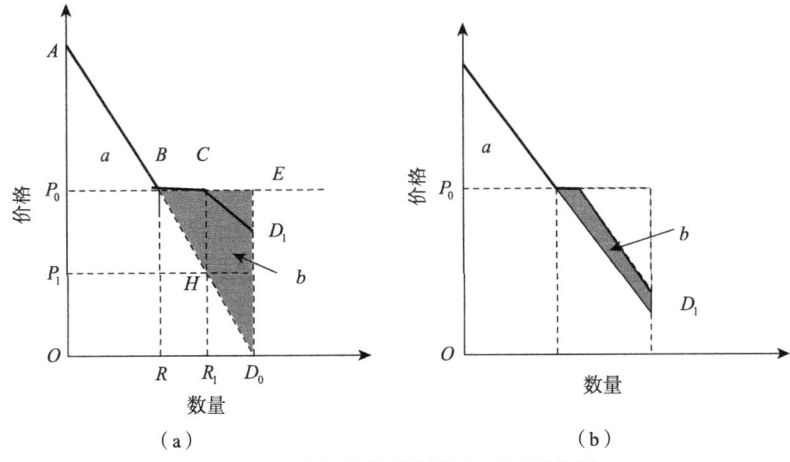

图14-3 有条件的强制保险的福利分析

如图 14-3（a）所示，所有的假设与上文相同，政府采取有条件的强制参与，使得一部分原来不愿意购买农业保险的农户不得不参与保险，原来的需求曲线为 D_0，部分强制保险以后使得参保率提高，达到了规定的参保率要求 R，而需求曲线发生了拐折，一部分农户需求被强制为保费价格上的水平需求曲线，剩下的低于保费价格的农户的需求曲线为 CD_1，整个需求曲线就呈现出三折的拐折曲线。原来的社会福利仍然为0，强制保险后，消费者剩余为△a 的面积，政府的成本暂且不算，被强制参保的农户的福利损失为阴影部分的面积：完全被强制的福利损失为△BED_0 的面积，而△CED_1 的面积为没有被强制的农户的福利损失，所以部分被强制的农户的福利损失，应该是完全被强制的农户的福利损失减去没有被强制的农户的福利损失，即阴影部门的面积。所以有条件强制的社会福利为△a 的面积减去阴影部分的面积。

如果政府强制的那部分农户支付意愿较低，则社会福利的损失就会比较大。如图 14-3（b）所示。

如图 14-3（a）所示，假如政府采用补贴的方式，使得参保率从原来的 R 增加到 R_1，政府补贴的金额为 $P_0 - P_1$，政府所花的成本为 P_0CHP_1 的面积，而实现的消费者剩余为△AHP_1，所以达到同样参保率补贴政府的社会福利为△a-△b 的面积。显然△b 的面积是阴影部分面积的一部分，所以在达到同等参保率的条件下，有条件的强制保险的社会福利损失要高于补贴政策的福利损失。

14.3.3 补贴与强制相结合的福利分析

正如很多地方的做法一样，为了降低强制保险的行政难度，政府往往是将补贴和强制结合起来使用，即补贴后再统保。强制保险的做法实际上是利用政治强权来实现统一保险的目的,而补贴是利用财政转移支付的方式来促进农户参加保险。政府想要实现 100%的参保率,同时又受到预算的约束,需要在财政约束和农户的满意之间寻求一个均衡点。因为强制的农户越多,幅度越大,不但行政成本很高,而且很可能会引起很多农户的反抗。如果从社会福利的角度来考虑,补贴后会使得原来的潜在福利实现,并且增加了一部分需求,而除了政府的补贴成本外,还会有一部分的农户因为被强制参保而遭受福利损失。具体的分析见图14-4。

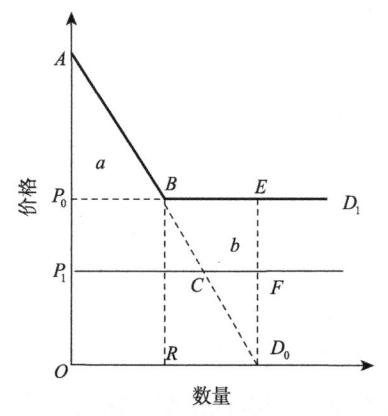

图14-4 补贴与强制相结合的福利分析

强制保险的福利在第一部分已经分析过,是 $\triangle a-\triangle b$ 的面积。如果先进行补贴,使得供给曲线下移到 CP_1,与需求曲线相交于 C 点,此时,消费者剩余增加到 $\triangle AP_1C$ 的面积(原来的消费者剩余为 0,因为需求不存在),政府补贴的成本为长方形 P_0P_1FE 的面积,而支付意愿低于 P_1 的农户还是要强迫参与保险,其福利损失为 $\triangle CFD_0$ 的面积,其总福利也是 $\triangle a-\triangle b$ 的面积。也就是说,强制保险和补贴后再强制参加保险,在不计算行政成本的情况下,社会福利的变化是一样的。政府用一部分财政转移弥补了部分农户的福利损失,降低了农民的不满。从行政难度来说,显然先补贴再强制的做法难度要小,相应的行政成本要低。当然,如果与完全补贴相比,在不考虑行政成本的情况下,社会福利的变动是一样的。

14.4 强制保险的福利测度与收入分配效应检验

14.4.1 实证方法

(1)福利的衡量方法。本章福利的概念为消费者剩余(CS),Marshall 首先提出以需求曲线导出消费者剩余的概念。Marshall 的需求曲线是单独考虑价格的变动对商品需求量的影响关系,而将其他相关商品的价格与收入水平固定不变。理论上正确衡量福利变动的是希克斯经济剩余概念，即补偿剩余、对等剩余、补偿变量和对等变量等。但是对于离散商品来说，消费者剩余就等同于支付意愿[①]减去实际消费的支出（范里安，1994）。而且诸消费者剩余（即总消费者剩余）等于个人消费者剩余的加总。

个人消费者剩余为支付意愿与实际支付价格之差，即 CS=WTP-P；因为每个农户对于参加农业保险后获得的福利互相独立，总福利（TCS）为个人福利的加总，净福利（NCS）则等于总福利减去政府补贴的成本（S）：

$$NCS = \sum_{i}^{n}(WTP - P) - S$$

农户支付意愿（WTP）的获得，需要借鉴环境经济学中关于非市场产品福利测度的方法——条件估价法（CVM），即给定受访者一个假想的交易市场，询问受访者对于某产品或者政策愿意支付的最高价格。具体询价模式为开放的二元选择模式：首先询问在既定的价格范围内是否愿意支付，确定消费者愿意支付的价格范围（宁满秀等，2006）；其次询问在该支付范围内的具体数值，此方法称为开放式二分选择法（吴珮瑛等，2005）。

（2）关键的衡量指标定义：①强制。本章界定强制与否的标准在于农户的支付意愿是否低于保险公司给定的保费，如果低于，则在本章中认为是要被强制的。其强制的福利损失为保费与支付意愿的差额。当然农户的福利损失要乘以参保面积。②户均福利损失。户均福利损失为支付意愿低于保费农户的平均消费者剩余损失。③户均福利增加。户均福利增加为支付意愿高于保费农户的平均消费者剩余。④法定参保面积。法定参保面积是指参与农业保险的最低参保面积，以及高于等于该面积的农户都要强制参保。其计算是根据参保率要求计算出边际的种植规模。⑤补贴成本。补贴成本是政府的支出，其补贴金额的确定取决于要求参保率规定数量的农户参保，农户最低愿意支付的价格与保费之间的差额由政府补贴，也就是计算出政府需要最低支出多少费用才能达到参保率的要求。补贴成本需要计算出每户农户的补贴金额，再乘以农户的种植面积。

（3）问卷设计与数据来源。本章采取的数据是来自 2006 年南京农业大学对新疆的棉花保险，黑龙江的玉米保险和江苏的水稻、小麦保险的调查数据[②]。该调查根据随机的原则，分别选择了黑龙江哈尔滨双城市、新疆玛纳斯县、江苏淮安市淮阴区。然后根据等距离抽样原则，从这3个县（县级市或区）分别抽取了4个乡镇，每个乡镇抽取 4 个村，每个村抽取 25~30 户农户进行调查。黑龙江哈尔

[①] 范里安在《微观经济学：现代观点》一书中并没有采用支付意愿的名称，而是保留价格，但二者实际上是一个概念。

[②] 选择这些地区的理由如下：上述 3 个地区都有农业保险业务的开展，可以降低因为对农业保险的不了解带来的假想性偏误；并且已有的保险条款（表 14-2）为询价中的"假想情景"提供了参考。

滨和新疆地区的农业保险业务均在农垦集团或团场开展,地方上尚无此业务。而且农场或团场的农工与地方农民有很大的差异,特别在决策自主权上。因此,调查特意回避了农场与团场。本章研究获得样本数黑龙江为441份、新疆为446份、江苏为441份;扣除无效及遗漏的问卷,从中选出有效样本分别为435份、432份、430份。

表14-2 3个地区4种作物的保险条款[①]

地区	保险标的	保险责任	保费/(元/亩)	保险金额/(元/亩)	免赔率	政府补贴率
新疆	棉花	风、洪、冻、雹、旱	20	250	20%	0
黑龙江	玉米	涝、旱、洪、风、雹	4	80	30%	35%[a]
江苏	水稻、小麦	8级以上大风、暴雨、病虫害[b]、旱、冻、洪、火、雹	5	100	70%	50%[c]

a. 其中农场补贴为15%,总局补贴为20%。b. 水稻的病虫害包括稻瘟病、纹枯病、稻纵卷叶螟、稻飞虱、螟虫;小麦的病虫害包括纹枯病、白粉病导致小麦减产70%以上;发生流行性的赤霉病,用药防治无效,导致保险地块的病穗率在40%以上。c. 财政补贴为50%,其中市级财政补贴为60%,县级补贴为40%。数据来源于中华联合保险公司、阳光互助农业保险公司。棉花和玉米保险的赔付按损失比例赔偿的方式,水稻和小麦则是按绝收赔付,而2005年江苏的农业保险制定的绝收标准为90%损失,2006年以后制定的绝收标准则为70%。

(4) 支付意愿的调整。调查所得的支付意愿未必一定是真实的支付意愿。除了需要调整和完善设计调查技术(包括问卷设计、支付模式的选择、调查员的偏误等)以外,数据获得后还需要进行"抗议"标价的调整[②]。此外,出现非独立决策时的情况也会影响到支付意愿的稳定性。调查中发现,三个地区出现受访者依赖他人决策而决策的农户比例分别为18.2%、29.2%、39.2%。因为调查是单独进行的,无法独立做出决策的农民,其效用函数是建立在别人的效用函数之上的,只有当他支付的价格等同于大多数人愿意支付的价格时,他的效用才会最高。因此给出的支付意愿不能确保稳定,通常会根据周围的情况而改变。鉴于此方面的考虑,对于自己无法做出购买决策的农户的支付意愿以村为单位进行调整,用村中独立决策者支付意愿的众数值来代替此类农户的支付意愿[③]。

---

① 调查有关作物的保险条款均是实际发生的农业保险的条款,新疆玛纳斯县农业保险的条款由中华联合保险石河子分公司提供,黑龙江双城玉米保险条款由阳光互助农业保险公司提供,江苏淮安小麦水稻保险条款由中华联合保险公司淮安分公司提供。

② 在支付意愿的调查中经常出现0值,而有的0值是受访者对此项政策表示抗议,拒绝给出其真实的支付意愿。"抗议"标价为0并不真正表示被调查者对该政策的价值评估为0。对于出现0支付意愿的受访者需要询问其原因。问卷中设计了以下几种原因: a. 我支付不起农业保险; b. 农业保险对我来说并不重要; c. 我认为我不应付钱,应该由政府付钱; d. 农业保险的条款不合理; e. 我对保险公司或政府不信任。凡是回答的原因是c,均认为属于"抗议"出价,应当从样本中剔除。

③ 对各乡镇的调整数据与原始数据进行配对T检验后发现,新疆4个乡镇的数据调整后,平均支付意愿有所提高,而哈尔滨和江苏的4个乡镇数据调整后支付意愿大多有所降低。主要原因是黑龙江和江苏的众数多为0值,所以用众数调整后降低了支付意愿的平均水平。各个地区的差异虽然统计上显著,但大多数乡镇绝对值的差异并不大(差异的均值为0.96,方差为0.74),因此计算出来的福利大小及方向并未受到太大的影响。

14.4.2 实证结果

（1）农业保险的需求分析。作为商品，农业保险是离散的，而且由于农户只能购买一份保险，其本身不存在效用递减的情况，故支付意愿的向下累积就构成了农业保险的需求曲线。由于许多农户愿意支付的价格相同，故按照从高到低支付意愿排列起来的需求曲线就是一条阶梯状的曲线。图14-5代表了3个地区4个品种的农业保险的需求曲线。可以看到，在没有政府干预（行政的强制或者补贴政策）的情况下，愿意购买农业保险的农户还是小部分，新疆为36%，黑龙江为22%，江苏的水稻、小麦保险为32%、27%。如果强制保险的话，保费线以下的农户都是要被强制的，其支付意愿距离保费的水平就是每个农户被强制的福利损失大小。

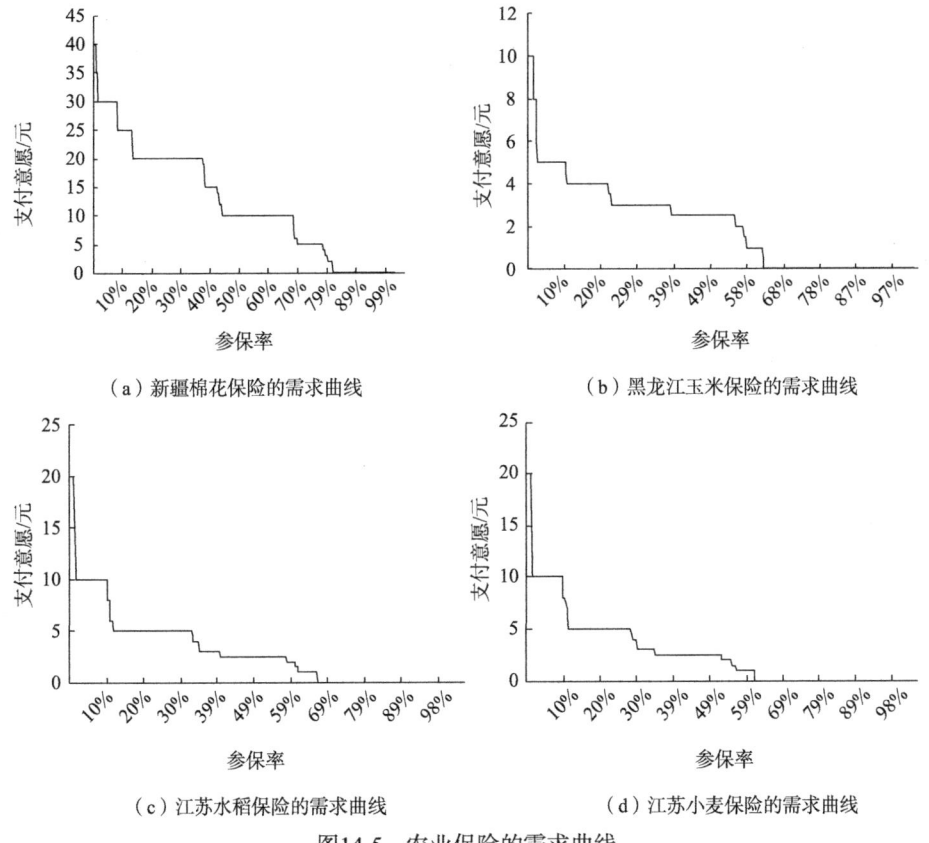

（a）新疆棉花保险的需求曲线

（b）黑龙江玉米保险的需求曲线

（c）江苏水稻保险的需求曲线

（d）江苏小麦保险的需求曲线

图14-5 农业保险的需求曲线

（2）福利测算以及收入分配效应。我们从完全强制（即统保）和有条件的强制以及强制与补贴相结合3个方面来进行福利测算。由于受到数据的限制，有条件的强制我们只能模拟强制不同参保面积的情况，对于与信贷挂钩或者与其他福利挂钩的情况在本样本中无从测度，而这些方面福利的测度，先是测算了强制前后的社会福利变动，最后与补贴的社会福利变动情况进行了总的对比分析。收入分配的效应测度，本章采用简单统计分析，比较强制参与者与自愿参与者两个群体之间是否存在显著的收入差异，如果强制参与者的收入显著低于自愿参与者的收入，则存在明显的收入差距的恶化效益，而影响这个结果的关键因素在于收入是否是影响支付意愿的主要因素。

完全强制保险的福利测算及收入分配影响。根据研究方法，我们可以计算出各个地区各作物保险被强制参保的户数和比例及被强制后的户均福利损失情况。因为采取强制，也使得原来不存在的需求得以实现，所以有一部分农户（即支付意愿高于保费的那部分）的潜在福利得以实现，因此通过强制福利的损失和强制参加保险福利的增加两部分的比较就可看出强制保险的实施对总福利的影响。我们这里的强制是假设支付意愿低于保费的农户是被强制的农户，而高于保费的农户是自愿参保的农户，因此被强制的农户会产生福利的损失，自愿参保的农户因为供给得以实现而使得潜在福利实现，是福利的净增加（表14-3）。

表14-3 强制参保后的社会福利计算

险种	户均福利损失/元 [a]	被强制户数/户	被强制户数的比例	户均福利增加/元 [b]	总福利/元 [c]
棉花	641	277	64%	127.71	−157 505.2
玉米	60.16	329	78%	25.23	−17 470.35
水稻	19.56	293	68%	11.28	−4 209.3
小麦	21.43	311	73%	14.21	−5 002.4

a. 户均福利损失是用保费减去被强制农户的支付意愿的加总除以被强制户数。下同。b. 户均福利增加是用自愿参与农户的支付意愿减去保费的加总除以自愿参与户数，下同。c. 强制参保的总福利变动等于户均福利增加减去户均福利损失得到的户均福利变动，再乘以样本总户数。表14-4、表14-6、表14-8的总福利即强制参保的总福利变动，计算方法相同

表14-3显示，对于新疆棉花保险来说，如果强制参保，有64%的农户被迫参加，他们因支付意愿低于强制支付的保费而遭受福利损失，户均福利损失641元；而剩下36%农户的支付意愿高于实际支付的保费，他们的潜在福利因实施强制参保制度而得以实现，户均福利增加为127.71元；强制参保后总福利是负的。黑龙江的玉米保险实施强制参保制度意味着用78%的农户福利损失去实现22%农户的福利，户均福利损失为60.16元，而户均福利增加为25.23元。江苏水稻强制参保的结果是68%的农户被强迫参与保险，户均福利损失为19.56元；32%的农户得到好处，户均福利增加为11.28元，但总福利还是净损失的；小麦保险则是73%的农户被强制参加保险，而27%的农户每户得到了14.21元的福利增加。

值得注意的是，农业保险工作的开展离不开地方干部的宣传动员。而且这种宣传动员往往会改变农户的支付意愿，不管是出于信息的改变还是对基层政府或村干部的信任，这样的情况在调查中并非个案。因此我们在对江苏省农户的调查问卷中增加了此类问题，即如果村干部上门宣传动员，你是否会改变初衷而接受农业保险。如果农户改变态度愿意参保，就假定这部分农户的支付意愿等同于保费价格，参保后福利既没有损失也没有增加。我们在根据新的样本，重新估计至少有多少农户被强制参保才能满足最低参保率的要求，以及这种情况下新的福利损失为多少。

从表14-4的结果可以看到，扣除那部分通过宣传动员就可能改变支付意愿并自愿参加农业保险的农户，强迫参与的比例就不像原来这么高了：非自愿参加棉花保险的减少了68户（16%）；非自愿参加玉米保险的减少了58户（14%）；非自愿参加水稻保险的减少了156户（36%），非自愿参加小麦保险的减少了164户（39%）。由此可见，对于江苏地区的农户进行宣传动员的效果最好，较多的农户相信政府的宣传。不过，结果仍然显示研究样本地区和保险种类会导致福利损失。虽然扣除掉信任政府农户的福利损失后总福利的损失降低了，但各种作物保险的福利还是面临净损失。值得注意的是，3个地区的户均福利损失差异很大，但这不具有可比性，因为福利损失的大小与保费高低和种植面积相关。

表14-4　扣除掉对政府信任农户的强制保险的福利损失

险种	户均福利损失/元	被强制户数/户	被强制户数的比例	户均福利增加/元	总福利/元
棉花	668.31	209	48%	127.71	−1 782.99
玉米	64.02	271	64%	25.23	−120.70
水稻	20.17	137	32%	11.28	−1 446.45
小麦	21.15	147	34%	14.21	−1 894

除了总福利的变动外，福利在不同人群中的分配也值得注意。如果被迫参与保险的群体的收入低于获得好处的群体的收入水平，即收入相对较高的人群福利增加的代价是收入较低人群的福利损失，那农业保险的强制措施就加剧了收入分配的不公平。因此我们对被强迫参加保险的农户和自愿参加保险的农户进行收入差异的检验。利用两样本等方差的均值T检验。

原假设：自愿参与者的收入与强制参与者的收入之差为0。

备择假设：自愿参与者与强迫参与者收入之差不为0，即存在收入差距。

首先进行同方差的检验，其次进行了T检验，检验结果见表14-5。从检验结果来看，大部分地区强迫参与者的平均收入低于自愿参与者，但在统计上不显著，说明两类农户的收入差异不明显。这就是说，虽然强制参保制度可能降低总福利，但是并没有在收入分配上造成新的不公平现象。

表14-5 强制保险的收分配效应

指标	棉花保险		玉米保险	
	强制参保者	自愿参保者	强制参保者	自愿参保者
平均收入	31 583.35	31 155.35	12 376.68	13 235.54
标准差	1 611.698	1 948.524	721.945	1 210.447
差	428.002		−858.862	
t	0.165		−0.575	
Pr(T>t)	0.869		0.565	

指标	水稻保险		小麦保险	
	强制参保者	自愿参保者	强制参保者	自愿参保者
平均收入	11 225.79	13 886.99	11 637.88	13 201.00
标准差	714.858	1 531.283	742.325	1 570.133
差	−2 661.2		−1 563.119	
t	−1.799*		−1.011	
Pr(T>t)	0.073		0.313	

*表示在10%水平上显著

有条件强制的福利测算。有条件的强制是另一种强制参保的措施，通常的做法是将参保与福利政策挂钩、将参保与参保面积挂钩。将参保与福利政策挂钩也是一种转移支付的方式。因为数据、方法的限制，我们无法考虑这块的福利变化。本章我们重点分析将参保与参保面积挂钩的方法。因为只要参与农业保险，该农户所有的播种面积都要购买保险，而生产面积越大的农户其风险越高，因此通常的做法是面积达到一定规模后被要求参加保险。我们将此规模在文中称为法定参保面积。为了兼顾参保率和社会福利两个目标，需要模拟的生产规模在一定的适度范围内，因为如果过小，带来的社会福利的损失会比较高，而过大则达不到要求的参与率。

我们首先根据参与率要求，计算出各地的法定参保规模，其次计算出福利的损失情况。我们的模拟方案为参保率达到80%情况下的法定参保规模和福利变化。需要指明的是，这里的参保率计算的是可保面积的参保率，而不是参与的户数的比例。

从表14-6中可以看到，若要求种田大户必须参保以达到参保面积占播种面积80%的最低要求，新疆棉花保险的法定参保面积为45亩；黑龙江玉米保险的法定参保面积为18.4亩；江苏水稻、小麦保险的法定参保面积分别为4.5亩和5亩，即播种面积达到或超过这些法定参保面积的农户要被强制参与保险。我们可以看到，这种与农户播种面积挂钩的强制保险，与完全强制相比，被强制的农户减少了一半，而且社会总的福利损失也减少了，但被强迫的这部分农户的户均福利损失增加了。这说明与生产面积相挂钩的做法减少了被强制参保的户数,但被强制参保农户的平均损失比较大。分地区来看,新疆棉花保险按照测算的法定参保面积强制保险后,被强制参保的农户比例只有 26%,减少效果比较明显,而江苏地区生产规模比较小,测算的法定参保面积也比较小,因而被强制参保的农户数量还是比较多。

表14-6　参保率80%时规定参保面积情况下的福利计算

险种	法定参保面积/亩	户均福利损失/元	强制户数/户	强制比例	户均福利增加/元	总福利/元
棉花	45	1 012	112	26%	127.71	-93 293
玉米	18.4	84.67	169	40%	25.23	-11 988.7
水稻	4.5	28.97	138	32%	11.28	-2 474.8
小麦	5	28.15	170	40%	14.21	-3 242.89

在考察收入分配效应时,我们可以推论,如果生产规模较大的农户是相对富裕的农户,对其强制保险并不会导致收入分配状况的恶化;反之,如果被强制参保的农户是低收入者,强制参保制度就可能导致收入分配恶化。统计检验方法与前面相同,T检验的结果见表 14-7。

表14-7　法定参保面积强制参保的收入均值T检验

指标	棉花保险		玉米保险	
	强制参保者	自愿参保者	强制参保者	自愿参保者
平均收入	42 534.19	31 155.35	16 272.91	13 235.54
标准差	3 282.998	1 948.524	1 206.833	1 210.447
差	11 378.84		3 037.37	
t	3.155***		1.646*	
Pr($T>t$)	0.002		0.1	
指标	水稻保险(保额100元)		小麦保险(保额100元)	
	强制参保者	自愿参保者	强制参保者	自愿参保者
平均收入	12 371.61	13 886.99	12 776.83	13 201
标准差	905.165	1 531.283	870.787	1 570.133
差	-1 515.38		-424.17	
t	-0.85		-0.254	
Pr($T>t$)	0.393		0.8	

*、***分别表示在10%、1%水平上显著

从表 14-7 中我们可以看出,对于新疆、黑龙江地区来说,按照法定参保面积的方法实施农业保险,被强制参与保险的农户收入要高于自愿参保者,说明新

疆、黑龙江地区主要以种植业收入为主，生产规模越大，其收入越高，因此强制大户参加保险，并没有使得收入分配恶化，尤其没有损害穷人的利益。对于江苏地区来说，基本上都是被强制参保的农户收入低于自愿参保者，但统计上不显著，收入分配上影响不大。江苏地区播种面积大的农户收入并不必然高于其他农户，主要原因在于农户的主要经济收入是非农收入，因此生产规模大的农户家庭平均收入不一定高。

强制与补贴结合参保方式的福利测度及收入分配分析。此部分我们关注的是政府给予一定的补贴后，强制的强度和范围是否会降低和缩小。因此我们分别模拟政府保费补贴率为50%和30%情况下的强制比例、补贴成本及其总福利大小。具体的结果见表14-8。

表14-8　50%和30%补贴率与强制保险结合的社会福利计算

险种	户均福利损失/元	户数/户	强制比例	户均福利增加/元	补贴成本/元	总福利/元
补贴50%的方案下							
棉花	367.78	146	34%	336.12	200 611	−157 505
玉米	38.53	186	44%	38.02	19 238.8	−17 470.4
水稻	11.42	191	45%	13.68	5 269.07	−4 209.3
小麦	12.11	212	50%	15.31	5 740.2	−5 002.4
补贴30%的方案下							
棉花	397.07	255	59%	358.18	120 366.6	−157 505
玉米	41.75	266	45%	33.41	11 543.28	−17 470.4
水稻	12.5	285	70%	17.59	3 161.44	−4 209.3
小麦	13.67	305	71%	21.22	3 444.12	−5 002.4

从表14-8中我们可以看到，补贴与强制结合的方法与完全的强制保险的总福利大小完全等同，补贴就是把一部分农户的社会福利损失通过转移支付的方式进行了补偿。我们关注的是补贴的方法是否有效地提高了参与率，即减少了强制的比例。与完全强制的情况相比较（表14-3与表14-8），在补贴50%的情况下，强制的比例平均降低了30%左右；在补贴30%的情况下，新疆和江苏地区强制的比例只降低了2%左右，效果非常微弱，而哈尔滨地区降低了33%。可见补贴要达到一定的额度才能达到提高参保率的效果。与完全强制比较，补贴情况下户均福利损失降低了，可见强制的难度也会相应降低。虽然总福利还是损失的，但如果不将政府的补贴成本计算在内，很多保险条款下的农民的消费者剩余表现为净增加，说明补贴后社会潜在福利的增加大于强制带来的福利损失。在考察补贴和强

制结合的收入分配效果时,同样采用了均值 T 检验,结果表明大部分保险的品种强制的农户和自愿参保农户都不存在收入差异。为了节约篇幅具体结果省略。

强制保险与补贴政策的福利比较。由分析框架可以得知,在不考虑行政成本的情况下,完全强制保险和完全的补贴以及补贴和强制结合达到全部参保的情况下,三者的福利大小都是等同的,只有达到等同的参保率的情况下有条件的强制保险的福利损失要大于补贴的福利损失。

表 14-9 则给出了保证 80%的参保率下通过补贴与强制的方法的总福利损失情况以及全部补贴的福利情况。结果我们看到,只有新疆地区 80%参保率下强制的福利损失高于补贴的福利损失,其余地区则出现相反的情况。原因在于,其余地方和保险条款由于其阶梯状的保险需求曲线,如果想达到 80%的参保率,就需要 100%的补贴,实际上达到的参保率是 100%。所以才会出现这种与预期分析不符合的情况。当然,如果我们降低参保率,使得不是 100%补贴的情况出现,那么其结果将与预期相符合。这给我们的启示是,如果一个地区农业保险的需求总体比较低,而且要达到规定的参保率几乎需要政府的全部补贴,那有条件的强制政策将是该地区如果要实施农业保险的一个比较好的操作手段。

表14-9 补贴与强制保险的福利比较

品种	保证 80%参保率补贴的社会福利/元	保证 80%参保率下强制参保的社会福利/元	全额补贴的社会福利/元
棉花	−66 759.98	−93 293	−157 505.24
玉米	−17 470.35	−11 988.7	−17 470.35
水稻	−4 209.3	−2 474.8	−4 209.3
小麦	−5 002.4	−3 242.89	−5 002.4

14.5 结论及讨论

本章的核心贡献在于基于供给的规模性限制,利用福利经济学的分析框架分析了强制保险的福利损失,并探讨了强制可能隐含的收入分配问题。福利经济学的分析框架告诉我们,无论何种强制方式,其带来社会福利的变动是增是损取决于农户支付意愿的高低,即对农业保险需求的大小。而且与补贴政策相比,如果达到相同的参保率效果,强制政策带来的社会福利损失更大,至少多出强制的行政成本。强制农户的数量、比例也代表了强制执行成本的高低。

福利测算的结果表明:如果完全强制参保,则 3 个地区的各个保险品种或条款都是用损害大多数人的福利来实现小部分人的福利,从而总福利是负的。如果将强制和补贴的方法相结合，结果发现，总福利变化跟完全强制是一样的，只是政府用财政转移弥补了一部分农户的福利损失。从收入分配的角度来看，受到调查样本的限制，并没有证明在调查的样本地区强制会带来收入分配的恶化。若采取与参保面积挂钩的有条件的强制参与方式，会减少强制的农户，而且总福利损失也小了。从收入分配的角度来看，新疆、黑龙江地区主要以种植业收入为主，生产规模越大，其收入越高，因此强制大户参加保险，没有损害穷人的利益，反而会出现"劫富济贫"的效果；江苏地区则对于收入分配的影响并不明显。

综上所述，我们可以得到以下启示。政府在财政有限的情况下意欲提高农业保险的参保率，可以采取强制保险的办法，但也必须要看到强制付出的代价。如何既能够减少农户的抱怨，又可以提高农户的参保率，是一个经验问题。总体来看，部分的强制参与要优于完全的强制，而到底是强制哪一部分农户参与，则需要考察哪部分农户参与可以较快的提高参与率且不损失低收入群体的利益。本章认为，实施有条件的强制参与，再给予一定的补贴，会提高参与率并减少农户的抱怨。

参 考 文 献

陈璐. 2004. 政府扶持农业保险发展的经济学分析[J]. 财经研究, 30（6）: 69-76.
范里安 H. 1994. 微观经济学：现代观点[M]. 费方域等译. 上海：生活·读书·新知三联书店上海分店, 上海人民出版社.
费友海. 2005. 我国农业保险发展困境的深层分析——基于福利经济学角度的分析[J]. 金融研究, （3）: 133-144.
冯文丽. 2004. 我国农业保险市场失灵与制度供给[J]. 金融研究, （4）: 124-129.
官兵. 2008. 农业保险是公共品吗？——既有理论的反思与修正[J]. 财经科学, （4）: 21-29.
刘京生. 2000. 中国农村保险制度论纲[M]. 北京：中国社会科学出版社.
孟春. 2006. 中国农业保险试点模式研究[M]. 北京：中国财政经济出版社.
宁满秀, 苗齐, 邢鹂, 等. 2006. 农户对农业保险支付意愿的实证分析——以新疆玛纳斯河流域为例[J]. 中国农村经济, （6）: 43-51.
孙香玉, 钟甫宁. 2008. 农业保险补贴的福利经济学分析[J]. 农业经济问题, 29（2）: 4-11.
庹国柱, 王国军. 2002. 中国农业保险与农村社会保障制度研究[M]. 北京：首都经济贸易大学出版社.
吴珮瑛, 刘哲良, 苏明达. 2005. 受访金额在开放选择条件评估支付模式的作用——引导或是误导[J]. 农业经济半年刊, 77: 1-43.

张文武. 2005. 我国农业保险的难点与对策[J]. 保险研究,(9): 61-63.

张跃华,史清华,顾海英. 2006. 农业保险对农民、国家的福利影响及实证研究——来自上海农业保险的证据[J]. 制度经济学研究,(2): 1-23.

张跃华,张宏. 2006. 农业保险、市场失灵及县域保险的经济学分析[J]. 山东农业大学学报(社会科学版), 8(2): 17-21.

Faure M G. 2006. Economic criteria for compulsory insurance[J]. The Geneva Papers on Risk and Insurance-Issues and Practice, 31(1): 149-168.

Glauber J W. 2007. Double indemnity: crop insurance and the failure of U.S. agricultural disaster policy[R]. Paper Prepared for American Enterprise Institute Project, Agricultural Policy for the 2007 Farm Bill and Beyond.

第四篇
农民收入

第四章

天災與人

第15章 增加农民收入的关键：扩大非农就业机会[①]

本章研究详尽分析了农民务农收入变化规律并评价了主要农业政策的可能影响，通过计算认为今后一个时期内需要转移出大量农业劳动力，进而认为在公共政策层面上提高农民务农劳动收入的关键是扩大和统一劳动力市场，最终目标是大规模转移农业劳动力。为此，政府应当把工作重心放在扩大就业，创造更多的非农就业机会；逐步消除劳动力转移的各种制度性障碍；增加对农村教育支出的比重，加强义务教育、职业教育和就业技能培训，为农民抓住和创造就业机会提供现实可能性。

15.1 引　言

改革开放以来，我国农业生产取得了举世瞩目的成就，农民收入也显著增长。1978~2004 年农村居民家庭人均纯收入从 133 元增长到 2 936 元，按可比价格计算增长了近 5 倍，26 年里平均每年递增 7%。从国际比较的角度来看，这么长时间的高增长速度举世无双。然而，如果从绝对水平来看，我国农村居民家庭人均纯收入仅略高于世界银行早年提出的每人每天 1 美元的贫困线水平，大大低于世界银行近年来提出的每人每天 2 美元的贫困标准。如果从建设和谐社会的目标来看，农民与社会其他阶层相比较而言的相对收入更值得关注，而这一比较恰恰揭示了十分严重并且还在恶化的农民收入问题。1978~1985 年农村居民家庭人均纯收入按可比价格计算增长了 168.9%，同期城镇居民家庭人均可支配收入增长了 60.4%，城乡居民家庭人均收入的差距大体上从 2.57∶1 降低到 1.86∶1（分别按

[①] 原载《农业经济问题》2007 年第 1 期，作者为钟甫宁、何军。

当年价格计算）。然而，1985~2004年农村居民家庭人均纯收入按可比价格计算增长了107.5%，城镇居民家庭人均可支配收入增长了245.1%，城乡居民家庭人均收入的差距按当年价格计算从1.86∶1扩大到3.21∶1，甚至大大超过了改革前的水平。从统计数据中还可以看到，农村居民家庭人均纯收入中来自农业的部分自20世纪90年代中期以来基本停滞不前，农民收入的增长几乎完全来自非农经营和外出打工。

这一状况理所当然地引起了中国政府的注意。继十六届三中全会提出"五个统筹发展"的目标以后，十六届五中全会又提出了建设社会主义新农村的重大历史任务，并且由《中共中央国务院关于推进社会主义新农村建设的若干意见》进一步明确规定要推进现代农业建设、促进农民持续增收、加强农村基础设施建设、加快发展农村社会事业、全面深化农村改革和加强农村民主政治建设。中央的政策调整十分鼓舞人心，诱发出大力改善农民收入的呼声和种种政策建议，包括继续实施和扩大农产品价格补贴、农业生产资料补贴、直接补贴；增加对农业科技和生产性基础设施与农村非生产性基础设施的公共投入；土地产权（发展权）及其收入归农民，以及加快劳动力转移等。

毫无疑问，增加农民收入是一个系统工程，需要多方面的政策和社会各方面的共同努力。但是，系统工程不等于各方面齐头并进、资源平均分配。问题的关键在于如何保证农民收入的长期稳定增长，如何保证农民的收入能够与其他社会阶层趋同。因此，有必要深入系统地分析农民收入的来源及其变化趋势，同时分析农民与其他社会阶层以及农民内部的收入分配取决于哪些因素，从而保证有限的政策和公共资源能够最大限度地增加农民收入并改善其分配状况。

15.2 农民务农收入来源与分配的理论分析

如果严格地以产业为标准，农民应当是单纯的农业部门的就业者，其收入来源于农业部门向社会提供的产品和服务，因而最终受限于社会对农产品的需求。现实生活中大多数农民或多或少地从事农业以外的生产经营活动，因而同时拥有非农兼业收入。如果农民和非农民的"身份"在一段时间里保持不变，从总体上来看，农民收入中来自农业的部分将不断减少，而非农收入的比重将不断上升。由于农业和非农收入在农民群体中的分配极不均匀，非农收入比重达到一定程度（即主要就业于非农部门）的农民将转换身份，重新归类为非农居民。随着这种身份转换，以农为生农民的非农收入比重短期内可能会突然下降，然后重新开始上升。如果我们关注的重点是相对典型的农民，以及主要靠农业为生特别是主要靠大田劳动为生的低收入农民，分析的重点就应当是务农收入，特别是农业劳动力的收入。

无论是经济理论还是国内外的历史发展过程都证明农产品的收入需求弹性很低。更严重的问题是，随着经济发展和收入增加恩格尔系数必然不断下降，任何原因、任何方式的农业生产增长都可能同时表现为农业收入绝对量的增长和占国民收入比重的下降。如果以当年价格计算，短时间内农业生产的大幅度增长甚至可能导致农业总收入的绝对下降，而农业净收入将下降更多。"谷贱伤农"就是对这一现象的形象描述。从长远来看，如果农民（以就业为衡量标准）占劳动力总量的份额不能与农业 GDP（gross domestic product，国内生产总值）的比重同步下降，农民的人均收入必然相对下降，而其中务农劳动收入部分下降更快。

同时，农民内部的角色分工是一个值得注意的问题。传统的农业经济学把农民作为一个同质的总体，等同于家庭农场的经营者；相应地，农民的务农收入即家庭农场经营的全部收入，也是一个不需要区分来源并进行相应分配的同质总体。这样的农民事实上身兼三任：既是土地（使用权）的所有者，也是家庭农场的投资人和经营者（为简化起见，经济学中经常将小企业的投资人和经营者合二为一），同时又是直接从事大田生产的劳动者。从理论上来看，这种农民的收入实际上是投入土地、资本（经营）和劳动这三种资源所获得的总报酬。在农业生产规模很小、农业资源转换用途较为困难和农民角色没有实际分化的情况下，对农民角色的认定和农业收入来源的区分确实没有多大必要，农民自己对此更没有认识，因而也不影响其行为决策。但是，如果现实生活中农民的角色已经发生分化，土地（使用权）出租者、租地经营者和雇佣劳动者的区分开始出现并不断扩大，对务农收入的来源、分配及其政策含义的研究，特别是对影响务农收入来源和分配的公共政策的研究，就具有越来越重要的理论和实践意义。

从社会生产分工的角度来看，农民是农产品的生产者，其总收入来源于出售农产品所得到报酬和以实物形式消费（包括生产和生活消费）的自身产品的价值，而净收入则是总收入减去物质生产成本以后的剩余部分。在现实生活中，相当一部分农民同时从事非农生产经济活动并获得相应非农收入。在农民"身份"固定不变的情况下，农民收入中非农部分呈现明显上升的趋势。但是，这一事实并不妨碍我们分析农民务农收入的变化趋势。从长远来看，特别是农产品供应严重短缺的状况结束以后，农民的务农总收入必然取决于整个社会（包括贸易部门）对农产品的需求，而净收入及其分配则同时取决于生产函数的变化，即技术进步和制度、政策等因素对要素需求的影响。更重要的指标（即农民人均收入）还同时取决于农民人数的变化，这更受技术进步和制度、政策等因素的影响。

农民的务农总收入来自社会（包括农民自己）对农产品的消费支出（包括农民自己的实物消费）与农产品流通、加工和储藏等费用之间的差额，扣除农业生产物质成本后即得到农业净收入并可以分解为不同生产要素的报酬。全社会农产品（及其制成品）的消费总支出取决于社会总收入、边际（或平均）消费倾向和恩格尔系数；在不同人群边际（或平均）消费倾向和恩格尔系数不同的条件下，收入分配也会影响社会农产品消费总支出（孙江明和钟甫宁，2000）。作为初级产品生产者农民得到的农业总收入，仅仅是社会农产品消费总支出的一部分，并且是份额日益减少的一部分；不断增长的另一部分则成为农产品加工和营销部门的产值与收入。因此，经济发展和人民收入的增长不会自动带来农民总收入的增长；相反，随着边际消费倾向特别是恩格尔系数的不断下降以及加工、流通部门的发展，农产品最终生产者获得的农业总收入占国民总收入的比重趋于持续下降。

农业总收入扣除农业生产本身的物质费用就得到农业净收入。从历史发展的长期趋势来看，经济发展和科技进步的重要表现形式之一就是不断利用资本和物质要素投入代替劳动，农业部门也不例外，因而农业净收入占总收入的比重必然不断下降。美国农业经济学会前主席 Gardner 教授（1992）在回顾大量文献和实证研究后指出了这一趋势。我国的情况也一样。如果以第一产业 GDP 代表农业净收入，以农业总产值代表农业总收入，那么，以当年价格计算，农业净收入占总收入的比重 1978 年为 72.9%，到 2004 年这一数值已下降到 57.3%（国家统计局 2005 年数据），即在总收入不变的条件下农民净收入减少了 20%以上。这就是说，即使对农产品的社会总需求不受恩格尔系数下降规律的支配而与 GDP 总量保持同步增长，随着经济和科技的发展，物质要素对劳动力的替代作用仍然将导致农民务农净收入持续相对下降。

农业净收入可以进一步分解为对土地、经营（投资）和劳动三种要素投入的报酬。土地的报酬就是地租，即经营农业生产所获得的超额利润，或扣除支付给经营者和劳动者的必要报酬以后的剩余部分。对于经营规模小、收入低的小农来说，经营者和劳动者的分工还不普遍，农业净收入在勉强维持生计以外没有多少剩余，因而地租的数量也不大；如果与土地相关的强制性负担很重，地租完全可能表现为负值，即超额利润在一定条件下可能为负值。我国大多数地区土地有偿转让的现状，以及 20 世纪 80~90 年代某些地方外出打工者转让土地时不仅不能收取报酬反而要支付一定代价的事实，从正反两面证明了地租就是超额利润的转化形式。只要存在资本（经营）和劳动力的市场，无论这些市场是高度统一、整合的还是孤立、分割的，资本和劳动力的报酬（价格）都将决定于相应的市场供求关系，而扣除对资本（经营）和劳动力的报酬之后的剩余（或亏损）部分就构成地租。显然，在资本（经营）和劳动力市场供求不变的条件下，农业净收入的增长一定转化为地租（和地价）的上升，反之亦反。如果要增加农民务农的劳动收入，显然不是增加农业净收入就可以简单实现的。

综上所述，随着经济的发展和收入的提高，恩格尔系数必然不断下降，加工、营销等流通部门分享的份额则必然不断上升，农民作为整体所得到的农业总收入必然不断下降，其净收入特别是务农的劳动收入占 GDP 的比重将下降得更快。现实生活中就是这样。我国农民的平均收入远远低于社会其他阶层的平均水平，而且差距还在不断扩大。同时，如果以务农收入的分配作为划分标准，主要依靠劳动报酬作为收入来源的大田劳动者的收入又处于农民收入的底层。因此，建设和谐社会，不仅要关注农民绝对收入，更要关注其相对收入；不仅要关注农民总体的平均收入，更要关注其务农收入，特别是务农的劳动收入。

15.3 对主要农业政策或政策建议的反思与评价

如上所述，农民收入问题是一个普遍的、历史性的问题。早至工业革命时代英国议会中就已经为是否要保护本国的粮食生产爆发了长期的激烈争论。即使是经济最富裕、农业最发达的美国，一个世纪以来农民收入一直是公共政策领域的主要争论议题之一。尽管许多著名经济学家已经证明农民收入的根本问题在于劳动力市场的调节（Johnson，1959，1963；Gardner，1992，2000），各种补贴和其他形式的政府直接支持仍然成为长期实施的公共政策。原因很简单，面对现实困难，农民和相关利益集团要求立竿见影的直接效果，而政府则需要这些利益集团的支持。但是，问题在于这些公共政策是否可持续、是否能够解决根本问题。

价格支持的即期增收效果最显著，也是发达国家采用时间最长、支持强度最大的公共政策。然而，正因为价格支持的短期收入效果十分显著，一旦实施就很难取消。即使客观条件已经发生显著变化，既得利益集团也会对政府施加压力迫使其继续执行已有政策。短期收入效果越显著，既得利益集团的压力就越大。欧美和日本等发达国家的实践证明价格补贴不利于农业的长期发展：它不但不断增强农业经营者对补贴的依赖，而且因超额利润转化为地价和地租而不断增加农业生产成本、降低农产品竞争力，从而导致国际市场竞争地位的恶化和本国市场（包括出口市场）的萎缩，从市场和成本两方面减少农民务农的劳动收入。

此外，价格支持的短期效果可能带来今后一段时间更大的副作用。偏离市场供求平衡的价格政策必然刺激今后的生产更大程度偏离原有的市场均衡点，从而导致更严重的供求失衡、更大幅度的价格下降。受 1993 年粮食市场价格大幅度上扬的刺激和两位数通货膨胀的影响，我国粮食合同定购价格在 1993~1995 年提高了大约一倍，确实提高了农民的即期收入；但是，随之而来的是 1996 年 12 月粮食价格突然下降 40%并长期保持在这一低水平上，对农民增收带来长期的负面影响。为了减少这种副作用,发达国家在采用价格支持政策的同时往往利用配额等措施限制生产,或者利用出口补贴扩大需求。但是,前者可能导致配额的市场价格并且资本化为相应的地租和地价,从而进一步增加生产成本、降低竞争力;后者则可能触发贸易摩擦。由于两者都会产生一系列的严重后果,价格支持政策的长期效果很可能与短期效果明显矛盾,或者政府将被迫不断加大支持力度。

生产资料补贴是另一种常见的公共政策选择。从直接作用来看,生产资料补贴降低了物质要素投入的成本,提高单位物质要素投入的收益,因而刺激农民增加投入、增加生产。但是存在一个问题:生产资料补贴能否增加农民净收入。如果农民不增加投入,那么,生产资料补贴就意味着成本降低而总收入不变,农民净收入毫无疑问会增加;如果农民因生产资料补贴降低要素投入的成本而增加投入,以致达到该要素边际成本和边际收入新的平衡点,那么产出和总收入都增加了,成本也增加了,净收入未必相应增加,至少增加幅度没有那么大。这就是说,生产资料补贴可能加重我们经常见到的增产与增收的矛盾。

更实际的问题在于上面已经提到的要素替代。生产资料补贴通常更加刺激农民用物质生产要素投入替代劳动,从而减少劳动力的收入。Buck 和 Conference（1947）早已指出,农业机械化只有在两种情况下才有实际意义:①完成人力无法进行的工作;②替代已经找到其他工作的农民。用生产资料补贴来促进机械化（现代化）的政策,应当是对劳动力转移政策的补充,而不应当或不可能是对劳动力转移的推动。此外,在农民角色分化的条件下,大型机械设备购置补贴可能一方面降低大型设备专业户的购置成本并增加其收入,另一方面减少对劳动力的需求、压低当地劳动力市场价格从而减少大田劳动者的务农收入,即在上层农民增收的同时损害最底层农民的利益。

农业生产、流通领域基础设施和农业科研推广的公共投资是另一项获得广泛支持的公共政策。毫无疑问,这些支持政策可以提高具体地区、具体产品的生产、流通效率,提高相关农产品竞争力,也能够有效增加直接受益者的收入。但是,对于农民整体而言,这类公共支持的增收效果有很大局限。在农产品基本供求平衡的条件下,促进生产的公共政策不但不能解决,反而可能加剧总体上增产与增收的矛盾;其局部增收效果实际上必然加剧不同地区、不同农产品生产者之间的竞争,并且减少其他地区、其他产品生产者的收入。这类支持的实际效果类似于新产品的开发或新技术的采用过程,先行者获得额外利益的另一面必然是后进者遭受损失,因而其效果往往表现为农民内部收入重新分配而不是全体农民收入的增加。

当然,新品种、新技术可能刺激农产品需求的扩大或者成本的降低,从而增加农民收入而不带来收入分配方面的副作用。但是,无论对农产品需求的刺激如何强劲有力，都无法抵消恩格尔系数下降这一客观规律的作用，顶多只能减缓农产品支出比重下降的速度；而成本的下降又往往诱导投入的增加和生产的扩大，农业、农民内部竞争的加剧似乎是不可避免的。因此，如果没有劳动力的同步转移，基础设施建设和农业科技投资对农民增收的长期、全局作用就会受到严重限制。发达国家农业发展史早已证明，随着经济和科学技术的发展，农场规模将不断扩大，农场数目将不断减少，越来越多的劳动力转入其他行业。

直接补贴是近年来的一个热门话题，主要原因在于我国加入 WTO 以后农业政策的选择受到严格限制。从表面上来看，直接补贴的增收效果十分明确，补多少就增收多少，同时不影响其他生产决策，也不会产生上面提到的各种副作用。但是，现实中执行的政策是否真正与生产脱钩、是不是真正的直接补贴却有疑问。如果与生产不完全脱钩，那么，除了即期的直接增收效果以外，后续的反作用以及收入分配方面的副作用将随之而来，差别仅仅是程度和时间而已。进一步看，即使是完全的"脱钩"，事实上也仅仅是不直接影响任何具体农产品的生产和市场而已，整个农业的生产仍然或多或少受到刺激作用，至少提高了农业生产的退出成本，因而将生产过剩的压力分摊到全部农产品供应上，副作用由全体农民分担。

从我国近两年的实践来看，直接补贴的受益对象不但与土地和农产品生产不完全"脱钩"，而且与生产者的身份"挂钩"，即外来承包人不能享受直接补贴。在这种情况下，由于无法提高地租同时又想得到直接补贴的好处，部分土地出租者（本地的原承租人）就收回出租土地用于自身经营。很显然，这样的政策不利于土地流动，不利于提高资源配置效率。虽然具体措施可能有别，但是，只要实行直接补贴就必须确定具体受益者，因而必须与身份或土地挂钩。在这种情况下，即使不直接影响资源流动，也会转化为地租或地价，提高后续者的生产成本。

土地产权及其收益，特别是农用土地转变用途以后的增值部分被一些人看作农民应得的权利，土地收益归农民成为保护农民权益和增加农民收入的重要措施与政策建议。农用土地因转变用途而增值的源泉及其归属或分配是一个重大的理论和实践问题，它所影响的范围远超出农业和农村之外。本章研究不打算介入这一领域的争论，只想说明将农用土地改变用途的增加值完全给予具体地块的产权所有者并不能增加真正农民收入，而且对农业的长期发展不利。如果将农民定义为职业而不是"家庭成分"，就很容易看到，上述政策建议付诸实施后只能增加转变职业成为非农民的"前"农民的资产和收入；与继续从事农业的真正农民的收入无关。相反，对于继续从事农业的真正的农民来说，这种制度安排将导致对土地升值的预期，从而使地价和地租超出农业土地市场的均衡水平。在这种情况下，或者是真正的农用土地市场有行无市，土地使用权交易受到严重阻碍，或者是因地租和地价的上升增加农业生产成本、减少农民务农收入。解决失地农民的收入和就业保障是一个十分重大的政治与社会问题，但它与提高农民收入是两个性质完全不同的问题，不应混为一谈。

综上所述，绝大多数现行政策或政策建议（土地增值收益除外）直接刺激对象实际上是农业生产。虽然或多或少有利于增加农民的即期收入，但根本目的似乎仍然是刺激农业生产，对农民增收的长远作用存有疑问，对农民内部的收入分配也可能有副作用。退一步看，任何一种补贴政策，只有是大多数补贴少数人时才可能达到一定力度并维持下去；否则只能是象征性意义大于实际作用。

从根本上来看，解决农民收入的问题只能依靠劳动力转移。美国农业经济学会前主席 Johnson 教授（1959）早就指出，农民问题就是农民收入问题，它实际上是农业部门劳动者数量过多，超出其能够提供可比收入能力的结果。Gardner 教授（1992，2000）也一再强调，美国政府的农业政策仅提高了地价和地租，与农民的务农收入无关；美国过去40年间农民收入不但地区间趋同而且与其他阶层趋同，完全是劳动力市场调节的结果。我国过去十多年的实践也证明了这一点，即农民收入的提高主要依靠非农收入的增长部分。实际上，非农就业对农民增收的作用被大大低估了。在统计资料中仅计算了现有农户从非农就业中得到的收入，没有计算因全家转移或者建制变更而减少农民人数的影响，既没有计算这一部分"原"农民增加的收入，也没有计算如果他们留在农业内部分享农业净收入是对农民平均收入水平的可能影响。

转移劳动力绝不是单纯取消户口制度或一纸法令就可以奏效的，它需要大量公共投入。要转移农业劳动力，不仅要消除制度障碍、统一劳动力市场，更要创造大量就业机会并且帮助农民提高抓住这种机会的能力，而这就需要大量的公共投入，并且其数量与需要转移的农业劳动力数量直接相关。

15.4　农民适宜数量的估算

估算农民数量多少为宜的研究很多，依据的理由各不相同。如果从农民收入的角度来看，农民数量的问题就是农产品的需求问题，即整个社会购买农产品的总支出是多少，农民得到的份额是多少，这些收入能够使多少农民保持和社会其他阶层大体相当生活水平的问题（钟甫宁，2003）。农民相对收入模型可以计算农民人均相对收入与农业劳动力比重的关系（钟甫宁和何军，2004），这一模型可以简单表达如下：

如果假定农民在一个封闭的经济中仅仅生产食品,其务农的净收入总额为

$$Y_F = (1-\alpha)(\delta_N C_N Y_N + \delta_F C_F Y_F) \tag{15-1}$$

其中,Y_F 表示农民净收入总额;Y_N 表示其他居民净收入总额;C_F 表示农民的边际消费倾向;C_N 表示其他居民边际消费倾向;δ_F 表示农民的恩格尔系数;δ_N 表示其他居民的恩格尔系数;α 表示物质生产成本占食品总产值(销售收入)的比重。为简化计算,所有食品加工和流通部门的增加值均作为食品生产的物质成本看待。

假设农民在一个开放的经济中从事包括食品和非食品的农业生产,同时也从事农业以外的兼业生产经营活动,他们从非食品农产品的销售中得到的收入[①]、从食品净出口中得到的收入和从非农兼业经营中得到的收入占其净收入总额的比重分别为 k、m 和 n,其净收入总额的方程可以改写如下:

$$Y_F = (1-\alpha)(\delta_N C_N Y_N + \delta_F C_F Y_F) + kY_F + mY_F + nY_F \tag{15-2}$$

根据式(15-2),我们可以得到农民和其他居民净收入总额之比;如果农民和其他居民的人均收入相等,则应当有两者的人数之比等于两者的总收入之比:

$$\frac{N_F}{N_N} = \frac{Y_F}{Y_N} = \frac{(1-\alpha)\delta_N C_N}{1-(1-\alpha)\delta_F C_F - (k+m+n)} \tag{15-3}$$

或者农民占总人口的比重等于农民净收入总额占国民收入的比重:

$$\frac{N_F}{N} = \frac{Y_F}{Y} = \frac{(1-\alpha)\delta_N C_N}{1-(1-\alpha)(\delta_F C_F - \delta_N C_N) - (k+m+n)} \tag{15-4}$$

其中,Y 表示居民总收入,且 $Y = Y_N + Y_F$;N_F 表示农民人数;N_N 表示其他居民人数,且 $N = N_N + N_F$。

居民边际消费倾向通常比较稳定,但恩格尔系数将随着居民收入的增加持续下降,因而当其他条件不变时农民净收入总额占国民收入的比重也不断下降。食品产业链加长,附加值提高,通常消费者愿意为高附加值和深加工的食品支付较高价格,食品总支出可能相应增加,但增加部分归加工营销部门所得,初级产品生产者得到份额反而会减少。为了简便起见,本章将居民的食品消费直接等同于农民总收入,将加工和营销部门的收入作为农业生产的成本看待,在公式中表现为 α 值的组成部分[②]。不难证明,随着食品链条的加长和加工程度的提高,初级生产者得到的比重一定减少;如果农民从链条延长部分(加工、营销)得到的不多(即实际劳动力转移不多),农产品生产链条的延伸可能降低农民的相对收入(为简化分析起见,本章的计算中假定城乡销售的食品 α 值相同)。显然,由于

---

① 包括其出口部分,也包括种种用于非食品的副产品。

② 也可以增加一个系数,表示食品消费支出中初级产品生产者得到的份额,这一份额可能随农产品加工程度的提高而降低。

恩格尔系数趋于下降且物质成本比重趋于上升，农民总收入必然相对下降；如果要保持人均相对收入不变，农民占总劳动力的比重就应当持续减少。如果要增加农民的相对收入，缩小以至消除农民与非农民的收入差距，农民人数应当减少得更快。

式（15-2）~式（15-4）表明，非食品收入、食品净出口和非农兼业收入的增加既可以增加农民总收入又可以增加农民收入占国民收入的比重，从而可以在农民人数不变的条件下增加其绝对和相对收入。从近年来的趋势看，花卉、苗木、草坪等非食用园艺产品的增长速度很快，畜产品、水产品和蔬菜、水果等劳动力密集型食品的出口增长潜力很大，非农兼业收入更是农民收入增长的主要来源。显然，这些因素在今后一段时间内仍将是农民增收的主要来源。农民非农收入的增加实际上就是农业劳动力转移的一种形式，它从另一个侧面支持了上述公式得出的结论。

根据国家统计局（2005年）数据，2004年我国农业总产值为36 239亿元，农业GDP为20 768亿元。如果暂时不考虑流通和营销部门的收入，$(1-\alpha)$的数值大约为57.3%；如果假定农民最终得到的份额大约占农产品净收入的一半[①]，那么$(1-\alpha)$的数值大约为28.7%；城市居民人均可支配收入为9 421.6元，消费支出为7 182.1元，平均消费倾向大约为76.2%，农村居民人均纯收入为2 936.4元，生活消费支出为2 184.7元，平均消费倾向大约为74.4%；城市居民恩格尔系数为39.7%，农村居民恩格尔系数为47.5%。近年来，我国活动物和动物产品、植物产品、动植物油脂及分解产品、食品饮料酒醋和烟草等农产品及其加工品的净出口额大约每年为60亿美元，如果农民获得70%的份额，即约42亿美元，折合人民币为340亿元，约占农民纯收入总量[②]的1.5%；目前我国林业产值占农业总产值的比重不到4%，加上种植业中的花卉、苗木、草坪等非食用园艺产品，以及纤维、非食用油脂和皮革等工业原料，再加上种种用于非食品的副产品（包括植物类燃料），来自非食品产品的收入可能占农民纯收入的15%左右；非农收入占农民纯收入的比重则超过了50%。

将上述数据[③]代入式（15-3）、式（15-4）得 $Y_F/Y_N = 0.372$ 和 $Y_F/Y = 0.271$，这就是说，在目前的情况下，如果城乡居民收入水平相同，农村人口应当占全国总人口的27%。实际上，我国农村居民的总数仍然占全国人口的60%左右，其相对收入必然明显低于社会其他阶层，这也是我国农民人均收入明显低于其他社会

[①] 发达国家居民食品支出中初级产品生产者得到的份额约为30%，我国对城市居民食品消费支出分配的一些研究也表明同样的趋势。考虑到我国农民自身消费比重大，暂且假定加权平均为50%。

[②] 农民人均纯收入乘以农民人数。

[③] 以平均消费倾向代替边际消费倾向。

阶层的平均水平的根本原因。2004年底我国就业人员总数为7.5亿人,其中第一产业就业人员为3.5亿人,约占47%。如果务农劳动力(即第一产业就业人员)的比重下降到27%,在其他条件包括非农收入比重不变的情况下,农民人均净收入将达到其他社会阶层的平均水平。然而,要实现这样的就业比例,至少应当有1.5亿劳动力从农业转入其他部门。这是一个十分艰巨的任务,只能在数十年时间内逐步完成。

假定我国实现到21世纪中期赶上中等发达国家的目标,同时实现城乡居民收入相等的政策目标,那么,到2050年时城乡居民收入相等而且社会文化事业普及程度大体相同,因而边际消费倾向和恩格尔系数也相同,假定分别为0.85和0.2;同时假定农产品物质生产成本占销售收入的比重为50%,农民得到食品销售收入的30%,即$(1-\alpha)=0.15$;在其他因素不变的条件下,农村人口应当占全国总人口的7.6%左右,务农劳动力则占全国劳动力的3.8%左右,另有相同数量的农村劳动力从事非农兼业生产。这就是说,如果不考虑人口总数的变化,50年内农业劳动力的比重应当从50%降到3.8%,平均每年减少大约一个百分点,即730万人。

当然,城乡劳动力的质量不同,因而一定的收入差距不仅是合理的也是农民可以接受的。据已故Johnson教授(1953)的估计,由于年龄、性别和技术方面的原因,在完全可比的情况下,当时美国农民的人均收入大约应当比其他劳动者的平均收入低14%。如果我国到21世纪中期农民可以接受的城乡收入差距为20%~30%,那么,农村就可以容纳全国总人口的9.12%~9.88%,农业可以容纳全国劳动力总量的4.56%~4.94%。即使如此,每年需要转移的农村劳动力仍然在700万左右,仍然是一个巨大的数字。

15.5 结论及政策建议

从上面的分析中可以得出这样的结论:原有的大多数农业政策最终目标是促进农业生产的增长,农民增收多半被看作实现这一目标的手段或必要保障;同时,大多数政策支持手段的长期结果可能与最初的目标相背离,或者必须从原先设计的短期、暂时和有限支持转变为长期甚至永久并且不断加大支持力度的措施,最终变为降低资源配置效率且不断加重的财政负担。如果把增加农民收入本身作为核心目标,我们显然需要远远超出传统农业政策的一系列公共政策,首先是扩大就业机会和统一劳动力市场的政策。由于食品安全的重要性,我们仍然需要传统意义上的农业政策;由于农民收入和劳动力转移制度方面的长期"欠账",我们也需要短期效果的支持政策以缓和问题的严重性,并且为长期的改革创造适宜的社会政治环境。但是,扩大就业机会、统一劳动力市场应当成为今后几十年处理"三农"问题的公共政策的中心。

改革开放以来,我国城乡人口结构和劳动力产业结构发生了巨大的变化,亿万农业劳动力已经在正式或非正式的非农产业部门就业。但是,我们仍应当清醒地看到严峻的现实:为了缓解城乡收入差距过大可能造成的严重社会问题,今后四五十年内我国每年需要转移的农村劳动力数量在 700 万以上,最近若干年更可能高达 1 000 万左右。但是,20 世纪 90 年代以来农村劳动力转移的速度明显下降,且城乡居民收入的差距重新扩大,近年来农民务农收入甚至绝对下降,不但社会安定、经济发展面临不断增长的潜在威胁,而且农业生产本身也可以感受到日益严重的危机。

为了实现大规模转移农村劳动力的长远目标,政府应当把工作重心放在以下几个方面:①扩大就业,为农民创造更多的非农就业机会。扩大就业远远超出"三农"政策的范畴。应当协调国家的产业政策、科技政策、教育政策和公共财政政策,将发展劳动密集型产业和劳动力密集型技术放在经济工作的核心地位。国民经济的长期稳定发展需要有效地利用比较优势,充分开发和利用丰富的人力资源。近年来,我国经济发展的瓶颈之一是需求不足,归根结底是最终消费需求不足;而扩大最终消费需求的根本途径则是扩大就业,增加劳动者的收入,尤其是农民的收入。发展劳动力密集型产业和技术可以有效增加农民的非农就业机会、增加农民收入,从而增加对经济发展的拉动力量。②消除制度性障碍,统一城乡劳动力市场。目前的城乡就业结构是长期实施不适当政策的结果。要消除妨碍人口迁移和就业的种种限制,不仅要改变户口等成文的正式制度,更要逐步消除住房、医疗卫生、劳保、养老和子女就学等各种事实上对人口迁移和移动就业的阻碍,真正形成统一、自由的劳动力市场,降低以至消除劳动力流动的制度成本。③增加农村公共教育支出,提高农民非农就业能力。大力加强农村的国民义务教育、职业教育和就业技能培训,为农民抓住和创造就业机会提供现实可能性。所有这些政策都应当有相应的财政拨款和其他公共资源分配做保障,不能仅停留在字面上。④在农业结构调整的过程中重点支持出口产品和非食用产品的生产。农产品出口和非食品生产是农业内部在恩格尔系数下降的条件下保持农产品需求增长和农民增收的主要途径。这种农业内部的结构调整不是真正意义上的农村劳动力转移,而是农业内部的劳动力转移,即从为满足国内食品需求转向满足国际市场和国内非食品市场需求,它同样可以在一定范围内扩大农民"衣食父母"的范围。

参 考 文 献

孙江明，钟甫宁. 2000. 农村居民收入分配状况及其对消费需求的影响[J]. 中国农村观察，（5）：9-13.

钟甫宁. 2003. 我国能养活多少农民？——21世纪中国的"三农"问题[J]. 中国农村经济，（7）：4-9.

钟甫宁，何军. 2004. 中国农村劳动力转移的压力究竟有多大——一个未来城乡人口适当比例的模型及分析框架[J]. 农业经济问题（月刊），（5）：25-29.

Buck J L. Conference I O P R. 1947. Some basic agricultural problems of China[R]. International Secretariat, Institute of Pacific Relations.

Gardner B L. 1992. How the data we make can unmake us: annals of factology[J]. American Journal of Agricultural Economics, 74: 1066-1075.

Gardner B L. 2000. Economic growth and low income in agriculture[J]. American Journal of Agricultural Economics, 82（5）：1059-1074.

Johnson D G. 1953. Comparability of labor capacities for farm and nonfarm labor[J]. American Economic Review, 43（3）：296-313.

Johnson D G. 1959. The dimensions of the farm problem[C]//Heady E O. Problems and Policies of American Agriculture. Ames: Iowa State University Press: 47-62.

Johnson D G. 1963. Agricultural production[C]//Economic Trends in the Soviet Union, A bram Bergson and Simon Kuznets: 218.

第16章　劳动力市场调节与城乡收入差距研究[①]

为重新审视城乡收入差距与居民总体收入分配的关系，重新审视城乡收入差距与劳动力市场调节的关系，本章研究试图首先揭示分解收入差距方法本身存在的问题，其次在区别劳动收入和总收入的基础上重新估计劳动力市场的调节作用，同时指出留在农村的劳动力在年龄结构和人力资本等方面的制约因素，为全面理解劳动力市场在调节城乡收入差距和收入分配中的作用与局限提供新的视角。

16.1　引　　言

统计数据显示，改革开放以来我国城乡居民人均收入差距曾经有过短暂的缩小时期（1978~1984年），以后一直保持扩大的趋势。因为城乡居民收入差距的变化趋势与全国居民总体收入分配的变化方向相同，表现出某种相同的趋势，一般认为城乡居民收入差距扩大是全国居民收入分配状况恶化的主要原因之一。一些研究者利用城乡收入差距解释总体基尼系数与城乡内部基尼系数的差距（中国发展研究基金会，2005），或者利用分解总体收入差距的方法测算城乡居民收入差距的贡献率（Shorrocks and Wan, 2005）；同时，城乡居民收入差距的存在和扩大通常被归因于劳动力市场的分割（Whalley and Zhang, 2004），以及劳动力结构变化与经济结构变化的速度差距。但是，正如蔡昉和王美艳（2009）所指出，城乡收入的系统差距最终应当随着劳动力的充分流动而消失，"何以中国经历了人类和平历史上最大规模的劳动力流动，而这个差距不仅没有缩小，反而呈现扩大的趋势"？因此，我们有必要重新审视城乡收入差距与居民总体收入分配

[①] 原载《经济学动态》2010年第4期，作者为钟甫宁。

的关系，更有必要重新审视城乡收入差距与劳动力市场调节的关系，以便探讨上述矛盾现象的政策含义，进而提出适当的政策选择。

在考察城乡居民收入差距与总体收入分配的关系时，我们注意到了一个被大多数人忽略的问题，即农村劳动力和居民总数的比重也在以较快的速度下降。无论是由于城市化的进展还是因为劳动力流动，转为城市人口的通常是农村居民中收入比较高的人群，而剩余农民则是原有农民总体中相对收入较低的部分；因此，即使单纯因为重新分组的关系，城乡收入的差距也会呈现不断扩大的趋势。这就是说，城乡收入差距的扩大与总体收入分配之间的关系不像看上去那样简单，甚至可能不是总体收入状况恶化的原因。在考察"历史上最大规模的劳动力流动"和城乡居民收入差距扩大这一矛盾现象时，我们同样可以想象，由于劳动力重新分组的原因（适宜转移的劳动力已经基本转移），年龄和知识结构可能成为农村剩余劳动力转移的主要障碍，因而不能简单依赖劳动力市场的调节来缩小以至消除城乡收入差距。同时，还应注意劳动力市场只能调节劳动收入并使之趋同，无法调节非劳动收入并使之趋同。因此，如果非劳动收入的增长大大超过劳动收入的增长，就可能部分甚至全部抵消劳动力市场对收入分配的调节作用。

本章首先应用洛伦茨曲线分析总体基尼系数和城乡人口分组状况的关系，其次联系农村劳动力的现状讨论劳动力转移的非制度性障碍以及非劳动收入的差异对收入分配的影响，借以加深对城乡收入差距以及劳动力市场调节作用的政策含义的理解，进而提出符合实际情况的政策选择。

16.2 城乡收入差距与居民总体收入分配

如上所述，由于城市化的进展和劳动力流动，城镇郊区比较富裕的农民转为城镇人口，人力和其他资本相对丰富、收入相对较高的农业劳动力也较多地获得非农就业机会。按照常住人口的统计原则，他们中的相当一部分也可能被统计为城镇人口，因此不但城乡人口的比例在不断变化，而且这种变化导致统计数据中剩余的农村人口平均收入相对下降。与控制人口分组不变相比较，这种与收入相关的重新分组一定会扩大城乡人均收入的差距，但不一定影响以基尼系数表示的总体收入分配，至少影响程度没有统计数据表面上显示的那么大。

要证明这一点，并且揭示重新分组对城乡收入分配统计数据的影响，我们可以利用洛伦茨曲线（图16-1）。

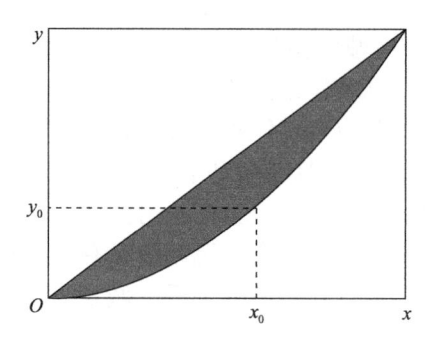

图16-1 洛伦茨曲线（基尼系数和城乡收入差距的关系）

如图 16-1 所示，横坐标 x 表示按收入从低到高排列的累计人口，纵坐标 y 表示相应人口的累计收入，都以占总量的比重表示，从 0 到 1。曲线 $y=f(x)$ 是洛伦茨曲线，洛伦茨曲线与对角线之间的面积（灰色部分）与对角线以下的全部面积（等于 1/2）之比即基尼系数。基尼系数 G 的计算公式如下：

$$G = \frac{1/2 - \int_0^1 f(x)}{1/2} \tag{16-1}$$

分子部分是灰色部分的面积，其中积分部分是洛伦茨曲线下的面积；分母是对角线以下的全部面积。

如果我们假定不但农村居民的平均收入低于城市人口，而且所有农村居民的收入（甚至收入最高的农民）都低于城市居民中收入最低者，那么，我们也可以利用同一洛伦茨曲线计算不同分组条件下城乡居民的收入差距。计算公式如下：

$$D = \frac{(1-y_0)(1-x_0)}{y_0/x_0} \tag{16-2}$$

如果为简便起见，如下文那样假设 $y=x^2$，则式（16-2）可以表达为

$$D = \frac{(1-y_0)(1-x_0)}{y_0/x_0} = \frac{1+x_0}{x_0} \tag{16-3}$$

其中，城乡居民收入差距 D 以城市居民平均收入为分子，农村居民平均收入为分母：农村人口比重为 x_0；累计（总计）收入比重为 y_0，即 x_0^2，人均收入为 x_0；城市人口比重为 $1-x_0$，总计收入比重为 $1-y_0=1-x_0^2$，人均收入为 $\frac{1-x_0^2}{1-x_0}=1+x_0$。

当然，上述假定并不符合现实情况，许多农民的收入高于某些城市居民。但是，考虑到城乡居民平均收入的巨大差距，对多数人或一般情况而言，这种方法仍然可以说明大致问题，至少提供了一种按照统一口径考察城乡居民收入差距与总体收入分配的逻辑一致的方法。

假定洛伦茨曲线可以用 $y=x^z$ 表达，$z>1$，可以证明洛伦茨曲线的弯曲程度与 z 的数值正相关，即基尼系数的值与 z 的数值正相关。为简便起见，假定 $z=2$，即 $y=x^2$，那么，可以根据上述公式算出基尼系数 $G=1/3\approx 0.33$。在洛伦茨曲线和基尼系数不变的情况下，假定农村人口占总人口的比重为 80%（1978 年农村人口占全国人口的比重为82.1%），即 $x_0=0.8$，则城乡居民收入差距 $D=2.25$；如果这一比重下降到75%（1985 年实际为76.3%）或者50%（2007 年实际为55.1%），那么，城乡居民收入差距将分别上升到 $D\approx 2.33$ 和 $D\approx 3$。这就是说，从 1985 年到 2007 年，由于人口重新分组，即使总体基尼系数没有变化，城乡收入差距也会扩大将近60%。同理，如果城乡收入差距扩大的程度低于这一数值，总体基尼系数就应当有所缩小；或者说，组内差距的扩大才是总体差距扩大的原因。

如果按照蔡昉和王美艳提出的合理假设，流动人口完全被漏记了，那么，在总体基尼系数不变的情况下，根据统计计算的城乡收入差距数值将更大[①]。

考虑到我国统计数据得出的城乡人均收入比例从1985年的1.86上升到2007年的 3.33，即增加了大约 80%，看来城乡收入差距的扩大仍然对总体收入分配的恶化起了一定作用，但远没有通常认为的那么大。如果确实有大量中间部分漏记的情况（流动劳动力的收入基本上可以假定大于农村居民但小于城市居民），那么，城乡收入差距也许没有扩大总体收入分配差距，甚至对缩小总体差距有所贡献。

问题在于人口分组。如果控制分组不变，即把已经转为城市居民的原农村居民仍然统计为农村人口，得到的结果显然不同于重新分组后得到的结果。重新分组的结果不但改变了组间差异的数值，即其对总体差异的贡献，而且也改变了各组组内差异的数值。在上述情况下，减少低收入组（农民）的人数并把他们转入高收入的城市居民组并成为其中的低收入者，就会在其他条件不变的情况下降低农民收入的平均水平和组内差异、扩大城市居民收入的组内差异（降低其平均水平），同时也扩大组间差异。很明显，如果这种变化是单纯改变分组的结果而不是经济活动的结果，就应当有不同的政策含义。

更一般地推论，无论用什么方法分解收入差距或其他差异，都不仅要考虑组内差异变化和组间差异变化，还要考察分组情况的变化，特别是分组状况对组内和组间差异的影响。控制分组或把分组的影响正确分解出来，真正理解各种变化的影响及其意义，才能正确分析各种变化背后的社会经济原因。

---

① 假定计算 40%高收入人口与 40%低收入人口的人均收入比例同时保持上述洛伦茨曲线和基尼系数不变，D 值将上升到4。

16.3 城乡收入差距与劳动力市场调节

上一节的分析只能证明城乡居民收入差距的计算可能因城乡人口分组变化而夸大,而且这样统计计算出来的收入差距扩大不一定是总体收入分配恶化的原因。但是,上述分析不能证明控制分组以后城乡收入差距有所缩小。同时,根据统计数据计算得出的收入差距扩大仍然是一个值得注意的问题,即尚未转移的农村居民确实面临收入继续相对下降的现实。因此,蔡昉和王美艳提出的疑问依然没有得到解决:为何经历了历史上规模最大的劳动力流动,城乡收入差距不仅没有缩小,反而有所扩大?难道劳动力市场调节收入的规律在中国失灵了吗?

劳动力市场对城乡收入的调节作用不但是纯理论的推论,而且反复被各国历史发展的现实所证明,即使发达国家(如美国)也不例外。根据 Gardner 的研究以及他在澳大利亚农业和资源经济学会 2001 年年会闭幕式上的演讲,20 世纪中期美国农民的收入不但地区差距很大,而且平均收入比非农低 30%~40%,农村贫困发生率远高于城市;经过大约 40 年时间,到 20 世纪末,美国农民的收入不但地区间已经趋同,而且其平均水平已经赶上甚至超过城市人口收入,农村贫困发生率也低于城市。他的结论是这一变化的基本原因是劳动力市场的调节,40 年间美国农民在地区和行业中流动的可能性不断改善并获得最终实现。他特别强调,这一变化与生产方面的任何因素包括政府对农业的补贴无关,因为所有这些因素的作用一旦长期化、固定化,就会通过超额利润的形式资本化为地价和地租,转变为农场经营者的成本。那么,究竟如何解释我国过去 30 年劳动力流动与城乡收入差距扩大的矛盾呢?

首先,我们应当看到劳动力市场调节的仅是劳动收入,不包括财产收入和转移收入,而城乡收入差距计算的是人均总收入。因此,如果这两部分收入的差距显著扩大,就有可能抵消劳动力市场的调节作用。

从表 16-1 的数据可以看到,从 1985 年到 2007 年,我国城乡居民财产收入和转移收入均大幅度增加(更早年份的数据不全)。城市居民获得的财产收入和转移收入不但大大超过农村居民,而且其增长速度和占总收入比重也遥遥领先。因此,如果不包括财产收入和转移收入,实际上城乡收入差距扩大的程度在 22 年里远没有表面上看上去那么严重:2007 年城乡人均劳动收入之比为 2.65∶1,明显低于 3.33∶1 的人均总收入比。如果按照劳动收入计算,城乡收入差距扩大了大约 43%,而前面估计同期重新分组可能导致这一差距扩大 60%,因此,按照固定分组的假设计算,城乡劳动收入的差距很可能已经有所缩小,即劳动力市场的调节已经发生了作用。

表16-1　1985年和2007年城乡居民人均收入的比较

年份	城市居民人均收入/元			农村居民人均收入/元			城乡人均收入比	
	总收入/元	财产收入/元	转移收入/元	总收入/元	财产收入/元	转移收入/元	总收入	劳动收入
1985	739.1	3.74	65.88	397.6	29.91		1.86∶1	1.82∶1
2007	13 786	348.53	3 384.6	4 140	128.22	222.25	3.33∶1	2.65∶1

数据来源[①]：历年《中国统计年鉴》

财产收入具有自我积累的性质，在国民收入分配中的比重可能呈现不断增长的趋势，因而是导致收入分配差距扩大的一个重要因素。尽管财产收入及其分配目前体现出明显的城乡差别，但它本质上与城乡或产业的划分无关：它取决于初始资产分配，并且有自我加强的倾向。无论如何，财产收入的差距与劳动力市场无关，只能通过开征财产税和遗产税来调节。

转移收入的主体是退休金，它与劳动力市场有一定的关系，但主要表现为社会保障体制的差别。无论现有的劳动力市场如何进一步整合，哪怕是彻底取消一切妨碍劳动力流动的制度障碍，也不等于已经达到退休年龄的农村人口就能立刻享受与城市退休者等量的养老金。根据2009年9月1日国务院办公厅发布《国务院关于开展新农保试点的指导意见》，农村居民将开始享受由中央财政补贴的养老金。但是，如果要达到与城市退休者等量的水平，恐怕还需要很长的时间。也就是说，即使现在建立与个人缴费相联系的社会保障制度，个人缴费部分进入劳动力市场决定的劳动力价格，并且不降低农村转移劳动力现有的货币工资水平，城乡人均收入中转移收入部分的趋同还需要数十年时间。

其次，劳动力市场调节的是劳动者的收入，在理想的情况下可以促使劳动者的收入趋同，但不必然导致人均收入趋同；特别是在赡养系数明显不同的情况下，人均收入和劳均收入之间可能出现较大差异。如果家庭赡养系数和劳动者收入的变化趋势相反，也可能部分抵消劳动力市场的调节作用。

我国自20世纪80年代开始实行独生子女政策，其实施程度在城乡之间明显存在巨大区别。按常理，农村居民家庭的赡养系数应当明显高于城市，并可能在劳均收入差距缩小的情况下表现出人均收入的扩大趋势。但是，考察官方统计数据，却发现农村居民家庭的赡养系数低于城市家庭，而且随着时间的推移这一差距还在扩大：从1985年到2007年，城市居民家庭的赡养系数从1.84上升到1.89，而同期农村居民家庭的赡养系数则从1.74下降到1.42，即农村家庭人口中劳动力的比重不但相对上升而且绝对上升。这显然有违常理，唯一的解释就是农村劳动力的统计没有年龄的上限。

---

① 本章中凡未说明来源的数据均取自国家统计局主编的《中国统计年鉴》或根据其数据计算而得。

上述矛盾很可能是现行劳动就业统计口径的差别造成的。现行统计中计算就业人口的口径时城乡有别：第二、三产业的就业按照实际雇佣（包括自我雇佣）的实际人数计算，而农村就业则推论 14 岁或 16 岁以上人口全部就业，因而高估了农村居民家庭的劳动力数量，即降低了赡养系数。如果按照城乡赡养系数相同的假设估算，即假定农村同样年龄的老人不再计算为劳动者，城乡劳均收入的差距应当与城乡人均收入的差距相同；而如果考虑到城乡独生子女政策执行情况的差异，假定农村的真实赡养系数比城市高 10%，即在 2 左右，那么，城乡劳均收入的差距应当比人均收入的差距小 10%。

最后，劳动力市场的调节作用不仅受限制于各种制度障碍，劳动力的异质性也是一个重要因素。关于劳动力迁移与人力资本等因素的关系已经有很多研究（都阳和朴之水，2003），这里不再重复，而特别提出另一个没有引起足够重视的问题，即农村劳动力的年龄结构问题。

随着青壮年劳动力的大量转移，留在农村的劳动力日益老龄化，他们不但拥有的人力资本较低，转移难度大且预期收入不高，而且相对更偏向于农村生活环境。因此，消除户口和社会保障方面的障碍对这一部分劳动力是否转移、迁移的影响不大。同时，如上所述，现行统计方法高估了农村现有劳动力，即高估了待转移的农村劳动力总量。

根据 2007 年全国人口变动情况抽样调查数据（国家统计局人口和就业统计司 2008 年数据），农村总人口中 50~54 岁的占 7.92%，55~59 岁的占 6.47%，60~64 岁的占 4.52%，65~69 岁的占 3.45%，70~74 岁的占 2.85%，75~79 岁的占 1.82%，80 岁以上的占 1.48%。如果按照 1.42 的赡养系数折算，50~59 岁的劳动力占农村总劳动力的比重为 20.4%，60 岁以上的占 14.1%，两者合计超过农村总劳动力的 1/3。60 岁以上的农村人口虽然可能仍然参加一些劳动并且获得一定收入，但在城市中肯定被统计为退休而非就业人口，因而不应被估计为潜在的劳动力转移数量之中。另外，考虑到人力资本和生活习惯等因素，50~54 岁的农村人口也可以不考虑在待转移劳动力之内。考虑到统计数据中农村劳动力中有许多已经实现长期或季节性转移，实际留在农村的劳动力中有待转移的比例比想象中要小很多，而且，这一比例随着时间的推移还会自动缩小。

显然，在定量分析妨碍农村劳动力转移的制度性障碍及其对劳动力未来可能转移数量的潜在影响时，这些主要因为年龄因素不大可能转移的农村劳动力不应当计算在内；同时，可以合理推论，20~30 年以后，当这些老年农村居民因自然原因退出劳动力市场（或统计）以后，城乡或三次产业的就业结构将表现出明显的变化。这种变化完全是时间流逝的结果而与制度变化无关，基本上无法通过制度变迁来加速，只能等待时间的作用。

16.4 结论及政策含义

本章研究表明，劳动力市场在调节城乡收入差距方面已经发挥了相当大的作用，同时，随着时间的推移，城乡收入差距（特别是其中劳动收入部分）还具有自动缩小的趋势，因而可以部分回答当前的一些疑惑。当然，如果能进一步深入系统分析农村劳动力流入城市的数量及其收入的统计问题，以及继续留在农村的现有人口和劳动力的年龄结构、人力资本状况，应当能够更清楚地理解劳动力市场过去和现在的调节作用，也应当能够更清楚地理解劳动力市场今后继续调节的潜力。

从上述分析中我们可以得到如下初步结论：

（1）在分解收入差距时，特别是做不同时间收入差距的比较时，应当注意分组情况是否发生明显变化。在总体差异不变的情况下，单纯改变分组就可能改变组内差异和组间差异的数值及其对总体差异的贡献率，从而影响对现实情况的判断。应当说，根据分组情况变化后的数据计算的结果自有其特定的现实政策意义；但是，这种变化毕竟是统计分组的结果而不是社会经济活动的结果，应当明确区分两者的差别，最好的办法是同时分解分组状况对组内和组间差异的影响。

（2）考虑到城乡人口结构、收入结构和劳动力年龄结构等因素及其变化以后，可以认为过去20多年中劳动力市场的调节对缩小我国城乡收入差距已经发挥了很大作用，其大小远远超过从统计数据简单计算得到的结果（事实上甚至方向相反）。同时也可以想象，今后农村劳动力的继续流动速度不完全取决于劳动力市场相关制度的改革，还受到农村劳动力本身年龄结构和人力资本的限制。

（3）城乡收入差距不等于城乡劳动者收入差距，城乡居民收入差距的缩小乃至消除不可能完全依赖劳动力市场的调节。逐步缩小城乡收入差距不仅需要系统制定和实施一系列与劳动力相关的政策，也需要制定和实施一系列与社会保障制度、与国民收入再分配相关的政策，而且许多政策的效果需要等待时间自己发挥作用，无法在短期内实现，也不应急于求成。

毫无疑问，我们需要继续推进与劳动力市场相关的制度改革。但是，即使单纯从缩小城乡收入差距的目标出发，帮助仍然留在农村的劳动力提高其实际转移的能力已经成为更加重要的任务，而且其重要性将日益增长；否则，对他们中的许多人来说，城市非农就业市场始终是一个遥不可及的"未来家园"。乐观的是，随着时间的流逝，现在50岁以上的农村劳动力最终将被转移能力更强的年轻人自然取代，劳动力市场对城乡收入差距的调节作用有可能在数十年后得到充分发挥。我们需要开征财产税和遗产税,通过二次分配来缩小社会收入分配的差距,包括城乡居民收入差距。

参 考 文 献

蔡昉,王美艳. 2009. 为什么劳动力流动没有缩小城乡收入差距[J]. 经济学动态,(8):4-10.
都阳,朴之水. 2003. 迁移与减贫——来自农户的经验证据[J]. 中国人口科学,(4):60-66.
中国发展研究基金会. 2005. 中国人类发展报告 2005——追求公平的人类发展[M]. 北京:中国对外翻译出版公司.
Shorrocks A, Wan G H. 2005. Spatial decomposition of inequality[J]. Journal of Economic Geography,(5):59-81.
Whalley J, Zhang S. 2004. Inequality change in China and labour mobility restrictions[R]. NBER Working Paper.

第17章 农民角色分化与农业补贴政策的收入分配效应[①]

任何收入都会分解归之于生产资源的所有者。随着农业的发展，农民原有的三位一体（土地所有者、经营者和劳动者）角色开始分化，不同的农民拥有的资源不但在数量上而且在结构上存在巨大差别。在这种情况下，各种农业政策就可能产生不同的收入分配效应。为了分析各种农业政策的收入分配效应，需要知道不同农民所拥有的农业资源情况和该政策对各种农业资源价格的影响。对江苏省的实证研究发现，农业税减免[②]和粮食直接补贴政策的主要作用是提高地租，增加土地所有者的收入，而对资本和劳动的价格影响不大。这两项政策的资金在农民间的分配比现有收入分配更平均，因而在一定程度上能缩小农村收入差距。但是，收入水平较低的农民从中获得的好处仍然比收入较高的农民少。

17.1 引　　言

20世纪90年代末是我国农业发展的一个重要转折期，农业发展摆脱了农产品长期短缺的局面，实现了主要农产品的供求基本平衡、丰年有余，农业和农村经济发展进入了一个新的阶段。在这一时期，"三农"问题的核心是农民收入问题，农业补贴政策的目标也由提高农业生产转向支持农民收入（经济合作与发展组织，2005）。由此产生的一个重要问题是如何提高农民的收入、提高哪些农民的收入。毫无疑问，从长远和总体来看，提高农民收入的根本途径是大幅度创造非农就业机会并提高农民抓住非农就业机会的能力，大规模转移农村劳动力。只

[①] 原载《管理世界》2008年第5期，作者为钟甫宁、顾和军、纪月清。
[②] 2004年开始，实行减免或部分免征农业税，降低农业税税率；2005年，全国有28个省份全面免征了农业税；2006年全面取消农业税。

有减少农民数量才能真正扩大剩余农户的经营规模、增加其务农收入；只有非农就业机会的大幅度增加才能拓宽小农户的就业和收入来源并增加其收入。

从近期来看，我们面临的农民收入问题不仅是平均水平过低的问题，更是收入差距过大的问题。为了实现构建和谐社会的目标，解决提高哪些农民收入的问题也许具有同等的重要性，甚至更为重要。农民不是一个同质的整体。农户之间在资源禀赋（包括人力资源）方面存在巨大差距，因而同样的农业政策对不同的农户可能产生不同的收入效应。更重要的是，农民在生产中的角色已经开始分化，不同农户的收入来源已经有所区别。有的农户已经基本完成劳动力转移，其来自农业的收入基本上是出租土地的收入，取决于地租水平；有的农户主要靠做农业雇工获取收入，其来自农业的收入基本上是劳动收入，因而取决于劳动力的市场价格；另一些农户的角色分化不明显，但其收入仍然可以在理论上区分为地租、劳动力收入和资本收入三部分，而前两部分的收入可以从土地和劳动力市场价格得到参考。由于农民的角色分化，同样的农业政策在增加某些农户务农收入的同时可能对一些农户的收入完全没有作用，甚至可能减少另一些农户的收入。

在当前情况下，农民中的低收入者（包括主要提供劳动力获得务农收入者和单纯务农或主要务农的小农户）应当是国内农业政策的主要目标人群。为了提高政策和公共支出的效率，有必要全面审视现有的和近期内可供选择的农业及相关政策的收入分配效应，根据构建和谐社会的目标确定制定和实施政策的优先序。

农业税减免和粮食直接补贴政策（以下简称"粮食直补"）是政府近年来实施的两项重要农业政策，本章研究的目标是从农民开始角色分化和农业政策对不同来源的收入影响有别这一事实出发，以这两项政策为例分析和评价上述两项农业政策的收入分配效应。结构安排如下：第二部分回顾相关文献；第三部分阐述分析框架及数据来源；第四部分描述农民分化情况，阐明农民分化对农业政策收入分配效应的影响，以及分析农业税减免和粮食直补对不同资源所有者收入的影响，还有实证分析农业税减免、直接补贴对农民收入分配的影响；第五部分为全文的总结和讨论。

研究结果表明农民已经有所分化，农民拥有的农业资源不但在数量上而且在结构上存在巨大差别。农业税减免和粮食直补会增加地租、提高土地所有者的收入，但对劳动力和资本所有者的收入影响不大。这两项政策的政策支出归属曲线位于收入分配曲线上方但位于对角线下方，说明这两项政策能缓解收入不平等，但缓解收入不平等的效果小于按人头补贴的情形。农村收入最低的10%人口只获得了这两项政策支出的 4.39%，而收入最低的 20%人口也仅仅获得了 11.36%。

17.2 文献回顾

经济学理论告诉我们，产出来自投入的贡献，因而收入相应归之于资源的所有者，即一般分解为地租、利润和工资，一国土地和劳动的全部年产物，或者说年产物的全部价格，自然分解为土地地租、劳动工资和资本利润三部分。这三部分构成3个阶级成员的收入，即以地租为生、以工资为生和以利润为生这3种人的收入（斯密，1972）。

对于不同的资源所有者而言，其拥有资源的数量和价格决定了其收入的多少，在不同的社会阶段中，全部土地产品在地租、利润和工资的名义下分配给各个阶级的比例是极不相同的，这主要取决于土壤实际肥力、资本积累和人口状况以及农业上运用技术、智巧和工具（李嘉图，1962）。因而在资源数量一定的情况下，任何提高要素价格的政策都会提高相应资源所有者的收入。

在农业政策对要素价格的影响方面，已有研究表明，与生产相关的政策和补贴最终都转化为土地价格与地租的上升并且增加投资及经营成本，对农民作为劳动者的收入没有作用或作用甚微，因此劳动力市场的调节才是提高农民收入的根本途径（Gardner，2002）。另外一些研究表明，除了刺激地价和地租的上涨、不增加农业劳动者的收入以外，发达国家的农业支持和补贴政策实际上可能扩大农民内部的收入差距，即大农场受益更多（OECD，1999）。据估计，欧盟和美国价格支持的基尼系数分别是0.74和0.98，即使是对农户直接补贴，其基尼系数也分别高达0.56和0.61（von Braun，2005）。此外，大多数评价农业政策的研究基本达成这样的共识，即发达国家现行补贴政策不但效率低下甚至有副作用，而且是政府和利益集团博弈的结果，表现出强烈的路径依赖特征，一旦开始实施这样的政策，就很容易陷入难以自拔的陷阱。

现有国外文献表明，在经济发展过程中农业在国民经济中的份额持续下降，农民收入问题只能依靠劳动力市场的调节才能得到最终解决。在这一过程中，不同的农业政策可能以不同的方式影响农民的收入。由于农民不是同质的整体，收入来源的差别必然影响政策的效率和政策目标的实现程度。简单的补贴政策的短期效果可能适得其反，即诱发更严重的供过于求和价格下降；长期效果更是多半与初衷背道而驰，即提高地租和地价导致农业固定投资和经营成本进一步上升。

国内现有关于农民职业和阶层分化的文献大多关注其社会学含义，即对农民的政治经济社会地位有何影响。不同的研究者将农民分成数量不等的阶层，少的两个阶层，多的几个阶层：多数依据职业（刘洪礼和李学广，1983；钟鸣和王逸，1999；武言等，1999；陆学艺，1989），也有少数依据收入水平（唐忠新，1998）。但是，没有一种分类依据农民务农收入的来源，即使像国外那样简单区分地租和劳动收入的也没有。绝大多数研究农民分化、分层问题的着眼点是农民的相对经济、社会地位问题，还没有涉及农民在农业生产中的角色分化和收入来源分化；也就是说，就农业生产而言，农民仍然被多数人看作土地所有者、劳动者和资本拥有者"三位一体"的同质主体，还没有察觉到公共政策效果可能因农民在农业生产中的角色分化和收入来源分化而偏离初始目标。因此我们必须对中国的现状尤其是农民的分化有清醒的认识，对不同政策的作用有正确的把握，以便根据当前和今后一段时期农业和农村工作的主要目标选择适当的政策组合并确定其优先序。

17.3　分析框架及数据来源

17.3.1　分析框架

经济学理论告诉我们，产出来自投入的贡献，因而收入相应归之于资源的所有者，即一般分解为利润和工资；在农业部门则通常分解为地租、利润（经营收入）和工资（劳动收入）。农业总收入扣除农业生产的物质费用之后的净收入可以分解为对土地、经营（投资）和劳动3种要素投入的报酬。

农业收入分解之后归之于农业资源的所有者，对农业生产提供公共支持，其收益也会相应分解为不同资源所有者的收入。部分农业资源被农村居民以外的个人或机构拥有，所以农业补贴支出并不完全被农民所享有。即使在农民内部，随着农民分化的产生和加强，农村居民间拥有的资源数量和结构上的差异也在日益扩大，因而同一补贴政策对不同农民的收入可能产生不同的影响，同样的补贴政策在增加某些农户务农收入的同时可能对另一些农户的收入完全没有作用，甚至可能减少另一些农户的收入，因而会产生新的收入分配效应。

在我国，农业税费是农民必须承担的短期固定的负担，不论农民是否生产、生产多少农产品，农民都必须缴纳相同数额的税费。农业税费是农民进行农业生产的固定成本。税费减免政策既不会改变农产品的价格，也不会改变农产品的边际成本。因此，税费减免并不会刺激农业生产，也不会扩大对资本和劳动的需求。由此我们提出如下假说：税费减免政策不会增加农业生产中资本和劳动的价格，农业资本和劳动所有者不会从税费减免政策中受益，所有的好处都将以地租①提高的方式被土地所有者获得。

首先，粮食直补政策可能会增加粮食种植面积，减少其他农作物种植面积。但由于补贴金额较小，加上政策执行中的种种疏漏（如并非根据农民实际种粮面积补贴），粮食直补增加粮食种植面积的效果并不大（马彦丽和杨云，2005）。其次，粮食直补并不影响单产，就某块粮田而言，粮食直补既不能降低粮食生产的边际成本，也不能增加种粮的边际收益。因此，粮食直补对刺激粮食生产的总体效果并不大。即使粮食直补使粮食生产面积有较大幅度的增加，也未必会使农业资本和劳动的需求增加，除非粮食生产的资本和劳动密集程度大于其他农作物。因此，我们预期粮食直补和税费减免政策效果一样，并不会增加农业资本和劳动的价格，只会增加地租。

为了分析某项农业补贴政策的收入分配效应，不但需要知道农民所拥有的各种资源在数量和结构上的差异，而且需要知道该项政策对地租、利润和工资等各种资源市场价格和需求数量的影响。从上文的分析可知，农业税减免和粮食直补由于不改变农业生产的边际成本和边际收益，故不会改变农民的生产行为，不会增加农业生产中资本和劳动的价格，只会增加地租。因而下文将在分析农民拥有的资源数量及其结构差异的基础之上，分析上述两项政策对土地租金，进而对不同资源所有者收入的影响，最后，分析上述两项政策的收入分配效应。

17.3.2　数据来源

本章研究所选区域为东部沿海省份江苏，研究主要考察补贴政策对土地租金的影响，一般经济发达地区土地市场相对比较发达，因而本章研究的调研的重点主要放在苏南地区，包括无锡、常州；此外，为了比较不同经济发展水平下农民收入的分化情况，苏中地区的兴化、苏北地区的灌南也纳入调研范围之内。调查内容包括2006年农户层面的收入、土地租赁、农业生产等情况，以及2001~2007年村级层面的土地租金、人均收入等情况。我们在上述地区分别选择了两个乡镇，每个乡镇选4个村，每个村随机抽取15户进行了调研，一共走访了37个村，农户层面的有效样本一共440个，其中无锡59个，常州164个，兴化102个，灌南115个；此外，由于土地租金的考察是以村为单位的，37个村样本量对于研究而

---

① 地租是指经营农业生产所获得的超额利润，即扣除支付给经营者和劳动者的必要报酬以后的剩余部分。其剩余部分的来源主要包括两个方面，一是农产品的市场收益扣除物质费用之后的剩余，二是政府补贴。对于政府补贴对地租的影响程度，取决于补贴对生产的影响程度，如果补贴会刺激农民增加投入扩大生产（如价格支持政策），则会导致边际成本上升，净收益会随之下降，而地租是整个超额利润的转化，市场净收益的下降会导致超额利润的下降，补贴对租金的作用就会打一定折扣，因而对生产没有扭曲作用的补贴政策对租金的影响要大于有扭曲作用的补贴政策（Roberts，2002）。

言偏少，所以我们在实地调查的基础上进行了电话调查，最终村级层面的有效样本一共有 70 个。在这 70 个村，有 15 个村的农业税减免和粮食直补是补给土地的原承包方的，占总样本量的 21.43%，其余的 78.57%是补给经营者的，前者直接转化为土地所有者的收益；后者会通过土地市场的作用，最终以租金上升的方式被土地所有者获取，因而是分析的重点，剔除补给土地原承包方的部分，最后进入模型的一共是 55 个样本。

17.4 结果分析

17.4.1 农民分化及其对农业政策收入分配效应的影响

在完全竞争市场上，如果资源能无成本地自由流动，所有的生产者将使用相同的技术（因为在竞争压力下落后技术将被淘汰），这意味着不同生产者所使用的资本、劳动和土地之间的比例（简称"资本劳动土地比"）是相同的。农产品市场是最接近完全竞争的市场，农地、劳动和农业机械的使用权在农户间也有一定的流动性，不同的农户使用相似的资本劳动土地比进行生产。如果农户所使用的生产资料都归自己所有（分田到户初期的情形），那么各种农业政策，无论其作用是提高地租、工资抑或资本所得，对农户间收入分配的影响将是相同的。在经济发展过程中随着土地转租、雇佣劳动和雇用机械的大量发生，农民逐渐分化为主要依靠地租收入的土地所有者、主要依靠工资收入的劳动者和主要依靠资本收入的经营者；农民间使用的资本劳动土地比虽然相似，但是其拥有的资本劳动土地比已经有所差别。农业生产资料外雇的比例越大，农民拥有的资源和使用的资源越不一致，农民间资源禀赋结构（所拥有的资本劳动土地之比）的差异越大，农民分化程度越高。在农民已经分化的情况下，不同农业政策对农村居民间收入分配的影响也往往不同。

上述分析为我们测量农民分化程度提供了两种方法：一是将农业资源所有者拥有的土地、劳动和资本根据使用情况划分为自我使用和出租，并计算出租的比例；二是将农民使用的土地、劳动和资本依据来源情况分别划分为自有的和外雇的，并计算其雇用的比例。如果农业资源全部归农村居民所有，根据农村调查数据使用上述两种方法计算出来的结果是相等的。在实际应用中，后者往往大于前者，其差值反映了农业资源被农民以外的群体（如城镇居民和村集体等）占有的程度。因此，农民所使用的资源能更准确地反映农业资源总量的分配和占有情况，因而能更准确地反映农业收入的分配去向。我们将同时使用上述两种方法进行测量，农民出租资源占拥有量的比例反映的是农业资源在农村居民之间的分化程度，农业资源的雇用比例与出租比例的差值反映的是农业资源在农村居民和其他群体间的分化程度。

从农业资源所有者资源出租的情况来看，资本、劳动、土地的出租量占拥有量的比重分别为 68.14%、9.41%、4.50%，说明在农民内部分化程度最深的是资本，其次是劳动，最后是土地（表 17-1）。样本县农户的资本总量中有 68.14%专门用于出租，他们提供农机服务，获得资本收入；农户的农业劳动力中有 9.41%用于出租，他们出租劳动力，获得工资收入；农户的土地中仅有 4.50%用于出租，他们租出土地，获得地租收入。此外，从农民使用的资本、土地、劳动中外雇的比例来看，分别有 77.10%、38.09%和 28.76%的资本、土地、劳动来源于农机服务市场、土地市场和劳动力市场，此比例远高于农业资源所有者所提供的，说明目前农民所使用的资源中有很大一部分是农民以外的群体提供的。通过计算发现，在我们的调研地区，分别有 35.17%、21.37%和 28.12%的土地、劳动和资本来源于样本县农民以外的群体；其中，土地主要来源于村集体，劳动主要来源于安徽等其他省份的农民，资本主要来源于城镇居民或机构。

表17-1 样本市（县）农民分化情况

项目	地区	平均每户自给自足量/亩或工 (1)	平均每户出租量/亩或工 (2)	平均每户雇佣量/亩或工 (3)	出租量占拥有量 (2)/[(1)+(2)]	雇佣量占使用量 (3)/[(1)+(3)]	来自农村外部 [(3)-(2)]/[(1)+(3)]
土地	总体	3.82	0.18	2.35	4.50%	38.09%	35.17%
	无锡	2.65	0.03	11.78	1.12%	81.64%	81.43%
	常州	2.23	0.40	0.95	15.21%	29.87%	17.30%
	兴化	6.09	0.09	1.39	1.46%	18.58%	17.38%
	淮南	4.65	0.04	0.37	0.85%	7.37%	6.57%
劳动	总体	24.84	2.58	10.03	9.41%	28.76%	21.37%
	无锡	49.62	0	8.90	0	15.21%	15.21%
	常州	13.81	3.78	10.51	21.49%	43.22%	27.67%
	兴化	24.78	2.90	11.35	10.48%	31.41%	23.39%
	淮南	27.23	1.90	8.97	6.52%	24.78%	19.53%
资本	总体	4.61	9.86	15.52	68.14%	77.10%	28.12%
	无锡	21.82	15.25	29.22	41.14%	57.25%	27.37%
	常州	0.04	3.43	10.75	98.85%	99.63%	67.84%
	兴化	4.01	16.06	17.60	80.02%	81.44%	7.13%
	淮南	3.31	10.75	13.88	76.46%	80.74%	18.21%

注：土地包括村民的土地和村机动地，村机动地既算作农民租入的土地又算作农民出租的土地；资本雇佣百分比是通过询问主要农作物（水稻和小麦）的耕地、播种（或插秧）和收割的机械作业面积中雇佣机械作业的比例计算而得

数据来源：根据笔者调研数据整理所得

在农民分化的背景下，不同农业资源在农民间分布也不相同。图 17-1 刻画的是农村最贫穷 x%人口拥有的某一资源占总人口拥有的百分比。从图 17-1 中可以看出土地和农业劳动力分布较为均匀；资本分布最不平均，最富 10%家庭拥有接近一半的农业资本。从穷人拥有的资源来看，最贫穷的 20%家庭拥有较多的农业劳动力资源（16.79%），而拥有较少的土地（12.83%）和更少的资本（8.98%）。这意味着在当前情况下，主要作用是提高农业工资的农业政策最有利于提高农村低收入者的收入。

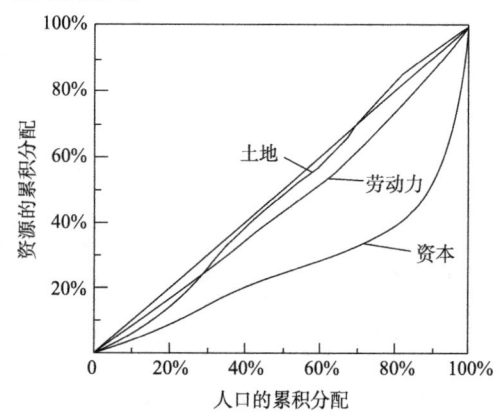

图17-1　不同收入阶层农民的资源禀赋情况

17.4.2　农业税减免和粮食直补对不同资源所有者收入的影响

1. 实证模型

从上文的分析可知，农业税减免和粮食直补由于不改变农业生产的边际成本和边际收益，因而不会改变农民的生产行为，不会增加农业生产中资本和劳动的价格，只会增加地租。

为了验证上述假说，我们设立如下非观测效应纵列数据模型：

假设有一个村庄随机样本，y_{it} 是我们关注的 i 村 t 时期的土地租金，研究采用的非观测效应纵列数据模型如下：

$$y_{it} = \alpha_0 + \delta at_{it-1} + \beta dp_{it-1} + \gamma in_{it-1} + c_i + \mu_{it} \tag{17-1}$$

其中，at_{it-1} 是 i 村庄 $t-1$ 期单位面积土地农业税缴纳情况；dp_{it-1} 是 i 村庄 $t-1$ 期单位面积粮食直补情况；in_{it-1} 是 i 村庄 $t-1$ 期每亩农业净收益数据，用以控制市场收益对地租的影响；c_i 是非观测效应，控制随时间不变的不可观测因素；μ_{it} 是特异性扰动项，代表村庄因时而变且影响 y_{it} 的那些非观测扰动因素。

α_0、δ、β 和 γ 是待估计参数，其中 δ 和 β 是研究最为关注的参数，衡量了

农业税减免和粮食直补对变量 y_{it} 的影响。我们将检验 δ 和 β 是否显著异于 1。如果不显著异于 1，说明农业税减免的金额和粮食直补的金额全部转化为地租，被土地所有者获得。

2. 实证结果

表17-2是模型回归结果，模型的拟合程度良好，R^2 值接近80%，我们所关注的变量的回归系数符合预期，并且在统计上都是显著的。计量结果表明上一年农业税对土地租金有非常显著影响，上两年农业税对土地租金有较显著的影响。农业税对土地租金的长期影响为-1.068 1，也就是说农业税每永久性地减少1元，土地租金将永久性地提高 1.068 1元。上一年单位面积粮食直补对土地租金有显著的正向影响，粮食直补金额每增加1元，土地租金将提高 0.97 元。另外，每亩农业净收益每增加1元，土地租金将提高 0.186 元。农业税和粮食直补系数的绝对值都非常接近于1，统计检验显示，这两个值并不显著异于1，这说明农业税减免和粮食直补的收益全部转化为土地租金，被土地所有者获得。

表17-2 模型回归结果

变量	回归系数	标准误	Prob	系数是否显著异于1的检验
AT（-1）	-0.739 6***	0.189 320	0.000 1	-0.359 7
AT（-2）	-0.328 5	0.235 824	0.165 1	
DP（-1）	-0.974 5*	0.440 512	0.028 0	-0.058 0
IN（-1）	-0.186 299***	0.035 046	0.000 0	-23.218 1***
	R^2=0.794 465			
	F 检验=273.151 9			
	Prob（F 检验）=0.000 000			
	D.W.检验=1.756 069			

*和***分别表示在10%和1%水平上显著
数据来源：同表17-1

从上文农民角色分化的描述可以看出，在我们的调研地区有 35.14% 的土地来源于农民以外的群体（主要来源于村集体和非农户），这意味着农业税降低及取消和粮食直补政策支出的 35.14% 转入非农民之手，并不直接用于提高农民收入。在农民内部，不同农民拥有的土地数量存在差别，因此，不同农民从这两项政策中获得的好处也不相同。

17.4.3 农业税减免、粮食直补的收入分配效应

从上文的分析可以看出，农业税减免和粮食直补这两项公共财政支出最终

被转移给土地所有者。由于调研区 35.14%的土地被村集体和非农民占有，故这两项政策在提高农民收入方面存在 35.14%的政策漏出。在集体拥有土地并出租给农民的情况下，新增地租收入可能通过增加公共投资、减免税费负担、直接转移支付等形式转移给农民并影响其收入和收入分配。因此，这两项政策支出的漏出效应可能小于 35.14%。由于数据的限制，本章不考虑集体再分配对农民收入分配的影响，只考虑剩下的 64.86%（100%–35.14%）政策支出在农民间的分配问题。

为了分析这两项财政支出的收入分配效应，首先构造在没有该政策情景下的收入分配曲线（收入洛伦兹曲线构造方法是按收入大小排序，测量收入最低的 x%的人口其拥有的收入所占的百分比）。其次构造政策支出归属曲线（仍然按收入大小排序，测量收入最低的 x%的人口其拥有的政策支出所占的百分比）。如果政策支出归属曲线位于对角线（按人头补贴的情形）上方，说明最贫穷的人获得较多的政策支出；如果政策支出归属曲线位于收入分配曲线上方，说明政策资金的分配比收入分配平均，政策能减小收入不平等程度；如果政策支出归属曲线位于收入曲线下方，说明政策资金的分配比收入分配更加不平等，政策会增加不平等程度（德梅里，2007）。

图 17-2 所描述的是没有这两项政策补贴背景下的收入分配曲线（曲线 1）以及政策支出的归属曲线。考虑到政策实施过程中，补贴一般是直接给经营者的（在调查样本中这一比例达到 78.57%），然而根据上文的分析可知，政策的收益最终转化为土地租金，被土地所有者获得。所以在构造政策支出的归属曲线时，区分了账户归属曲线（归经营者所有的情形，图 17-2 中的曲线 3）和实际归属曲线（转归所有者的情形，图 17-2 中的曲线 2）。

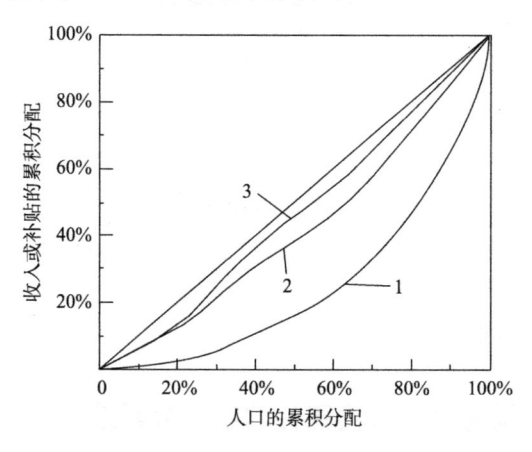

图17-2 收入分配和政策支出归属曲线

从图 17-2 中可以看出政策支出的实际归属曲线位于收入分配曲线的上方，说明政策资金的分配比收入分配平均，这在一定程度上缩小了农村的收入不平等（基尼系数由 0.459 下降到 0.438）。曲线 2 和曲线 3 位于对角线以下，说明最贫穷的人获得较少的政策支出，农村最贫穷的 10%人口只获得了这两项政策支出的 4.39%，最贫穷的 20%人口获得了 11.36%。此外，比较账户归属曲线和实际归属曲线可以发现，账户归属曲线（曲线 3）位于实际归属曲线（曲线 2）的上方，说明这两项政策表面上给了低收入者较多的补贴资金，但由于通过市场作用土地经营者转手将补贴资金转交给土地所有者，政策支出实际被穷人获得的部分比表面上看起来得要少。

17.5 结　　论

农业收入分解之后归之于农业资源的所有者；对农业生产提供公共支持，其收益也会相应分解为不同资源所有者的收入。部分农业资源被农村居民以外的个人或机构拥有，所以农业补贴支出并不完全被农民所享有。即使在农民内部，随着农民分化的产生和加强，农村居民间拥有的资源数量和结构上的差异也在日益扩大，因而同一农业政策对不同农民的收入可能产生不同的影响。在这种情况下，为了分析某一具体农业政策的收入分配效应，不但需要知道农民所拥有的各种资源在数量和结构上的差异，而且需要知道该项政策对地租、利润和工资等各种资源市场价格和需求数量的影响。

我们的研究表明，农业税减免和粮食直补支出中的一部分被拥有机动地的村集体而不是直接被农民获得，另一部分则被已经离开农业生产但仍然拥有土地的人获得。对于真正的实际从事生产的农民而言，前者造成政策支持的部分漏出，后者则是全部漏出。就收入分配而言，农业税减免和粮食直补会提高地租，从而增加土地所有者的收入，但对资本和劳动力的市场价格影响不大。在现阶段的现实生活中，这两项政策支出在农民间的分配比现有收入分配更平均，但是，低收入人群获得的支持仍然低于其人口比例：收入最低的 10%农户只获得了这两项政策支出归于农民部分的 4.39%，收入最低的 20%农户仅获得了归于农民部分的 11.36%。因此，尽管政策支持的分配平均程度高于现有的收入分配状况，它仍然会继续扩大农民收入的绝对差距。

根据我们对农业资源分布的分析可知，农村收入最低的 20%农户拥有较多的农业劳动力，较少的土地和更少的资本；因此，提高农村劳动力市场价格和增加农村劳动力需求的政策比提高地租的政策更有利于提高农村低收入者的收入。

参 考 文 献

德梅里 L. 2007. 分析公共支出归属[C]//布吉尼翁 F，达席尔瓦 L A P. 经济政策对贫困和收入分配的影响：评估技术和方法. 史玲玲，周泳敏译. 北京：中国人民大学出版社：29-48.

经济合作与发展组织. 2005. 中国农业政策回顾与评价[M]. 李先德等译. 北京：中国经济出版社.

李嘉图 D. 1962. 政治经济学及赋税原理[M]. 郭大力，王亚南译. 北京：商务印书馆.

刘洪礼，李学广. 1983. 试论我国现阶段农民队伍的构成[J]. 学术月刊，（6）：39-43.

陆学艺. 1989. 重新认识农民问题——十年来中国农民的变化[J]. 社会学研究，（6）：1-14.

马彦丽，杨云. 2005. 粮食直补政策对农户种粮意愿、农民收入和生产投入的影响——一个基于河北案例的实证研究[J]. 农业技术经济，（2）：7-13.

斯密 A. 1972. 国民财富的性质和原因的研究（上卷）[M]. 郭大力，王亚南译. 北京：商务印书馆.

唐忠新. 1998. 贫富分化的社会学研究[M]. 天津：天津人民出版社.

武言，廖树芬，秦兴洪. 1999. 中国农民的变迁[M]. 广东：广东人民出版社.

钟鸣，王逸. 1999. 两极鸿沟？当代重构贫富阶层分析[M]. 北京：中国经济出版社.

von Braun J. 2005. 全球化及其对小农户的挑战[J]. 朱亮，陈晓艳，李倩译. 南京农业大学学报（社会科学版），5（2）：8-22.

Gardner B L. 2002. U.S. commodity policies and land prices, paper prepared for the conference on government policy and farmland markets[R]. USDA-ERS, Washington, D.C.

Lence S H, Mishra A K. 2003. The impacts of different farm programs on cash rents[J]. American Journal of Agricultural Economics, 85（3）：753-761.

OECD. 1999. Distributional effects of agricultural support in selected OECD countries[R].

Roberts M J. 2002. Effects of government payments on land rents, distribution of payment benefits and production[EB/OL]. https://www.ers.usda.gov/webdocs/publications/41708/30388_aer838g_002.pdf?v=41271.

第18章　增加农民收入与调整经济结构[①]

近年来，我国农民收入增长速度减缓，城乡居民收入差距重新拉大，已经成为影响经济发展和社会安定的重大隐患。随着农产品供应过剩同时国内市场逐步对外开放，原有的政策手段更加显得力不从心。在这种背景下，我国政府提出了农业生产结构战略性调整的重大目标。农业生产结构的调整是过去20多年农业和农村经济发展的重要因素之一，但国民收入初次分配格局和农业劳动者人数才是决定农民人均收入的根本问题。随着人民生活的不断改善，恩格尔系数不断下降，全社会食品支出中加工和流通部门得到的份额不断增长，初级产品生产者获得的份额必然加速减少。如果农业劳动者所占就业总人口的比重不能相应下降，农民收入相对减少的局面就无法改变。因此，整个国民经济结构的战略性调整，通过大力发展劳动力密集型加工业，为农村劳动力转移提供现实可能性，同时加强教育与培训，帮助农民抓住以致创造非农就业机会，应是今后发展经济的中心任务之一。

18.1　引　　言

改革开放以来，我国农民人均纯收入总体上看增长很快，从1978年的133.6元增加到2002年的2 475.6元，平均每年增长12.9%，按可比价格计算平均每年增长7.2%。但是，存在的问题也很多。首先，农民收入增长速度明显呈下降趋势。按可比价格计算，全国农民人均纯收入从1978年到1985年7年增长了168.9%，而从1985年到2002年17年才增长96.4%，后17年增长的总幅度只有前7年的一半

[①] 原载《农村经济》2004年第3期，作者为钟甫宁。

多一点。其次，农民纯收入中来自农业的部分明显减少。1985年农村居民家庭人均纯收入为397.6元，其中，有298.28元来自第一产业（即农业），占75%；2002年农村居民家庭人均纯收入增加到2 475.6元，其中，有1 167.8元来自农业，其比重下降到47%。很明显，农民收入增量中来自农业的比例更低。最后，城乡居民收入的差距重新扩大。城市居民家庭人均可支配收入与农村居民家庭人均纯收入的比例，1978年为2.57∶1，1985年下降到1.86∶1，2001年上升到3.11∶1；如果考虑城乡物价指数的差异并且假定1978年城乡居民收入的货币购买力相等，那么，按可比价格计算这一比例，1978年为2.57∶1，1985年下降到1.53∶1，2001年上升到2.30∶1[①]。

此外，我们还应当看到城乡居民实际收入存在其他不断扩大的差距。首先，城市居民在工资收入以外享受许多社会保障和福利，也享受政府提供的许多公共产品，包括教育等；而农民的实际收入基本上局限于国民收入初次分配所得。其次，农民是个体经营者，其纯收入中虽然扣除了当年生产成本，但没有提留扩大再生产所必要的追加投资，因此还不能完全用于消费；而绝大多数城市居民是工薪劳动者，其可支配收入原则上可以完全用于消费。虽然部分城市居民利用储蓄从事投资，但这种投资与大多数农民的扩大再生产所必需的投资有所不同。在许多情况下，农民的追加投资实际上是不可缺少的，否则连维持原有生产都困难。在技术不断进步、结构不断调整的今天，这种必要的追加投资数量也将越来越大。因此，城乡居民实际收入的差距，特别是实际消费水平的差距，可能远高于单纯收入统计所显示的差距，而且扩大的趋势也可能更加明显。因而应当清醒地认识到，农民收入问题不仅是农民问题，它同时也是整个国民经济能否继续高速、稳定增长的问题，更是整个国家能否保持政治和社会安定的问题。

十六大以后，我国进入了建设全面小康社会的历史新阶段，目标是维护国家的长治久安，保证政治、经济和社会的长期、高速和协调发展。在新形势下，增加农民收入、缩小城乡居民和地区收入差距无疑成为今后一段时期经济工作的重点，而结构调整则被视为实现这一目标的重要手段。本章研究全面回顾过去20多年农业和农村结构调整对农业和农村经济增长和农民收入增长的历史作用，分析加入WTO以后农业和农村结构进一步调整的重要性，同时着重指出，只有在更大范围内调整结构，包括整个国民经济层面上的产业结构和就业结构调整，才能为真正实现建设全面小康社会奠定基础。

---

① 数据取自国家统计局：《中国统计年鉴（2003）》。

18.2　农业结构调整的历史意义和作用

由于食品供应的短缺，加上实施优先发展重工业战略的需要，我国在农业和农村经济领域中曾经长期实行"以粮为纲、全面发展"的指导方针。这一方针在实践中则表现为"以粮为纲、全面砍光"，结果导致农业生产结构单一，农业生产的比较优势下降，农民人均年收入长期维持在 100 元上下的水平上，生产积极性长期受到严重的压抑，粮食生产自身也停滞不前。改革开放以后，在实行家庭联产承包责任制的同时，农产品流通体制的改革不断深入，农民的生产自主权逐步恢复，农业和农村经济结构发生了重大变化，农业资源配置的效率大为提高，农产品的种类和品质更加符合消费者的需要，因而农业生产的增长速度长期保持在较高水平，农民收入也大幅度提高，粮食供应的自给率和食品安全也得到更高程度的保障，为整个国民经济的长期高速发展提供了更可靠的基础。

1978 年我国农业总产值中种植业产值的比重高达 80.0%，而作物播种总面积中粮食播种面积的比重超过 85.0%，这种结构本身就是农民收入低下、生产积极性低下和农业生产增长速度低下的重要原因。1978 年以后，一方面，种植业本身的增长速度加快；另一方面，林业、畜牧业和渔业生产的增长速度更快，从而推动农业总产值以前所未有的速度增长，农业内部的生产结构也发生了根本变化。从 1978 年到 2002 年，按可比价格计算，种植业产值增长了 182.3%，林业产值增长了 234.6%，而畜牧业和渔业产值则分别增长了 716.1% 和 1 326.7%，远远高于种植业的增长速度。结果，农业总产值中种植业的比重从 80.0%下降到 54.5%，而畜牧业产值的比重则从 15.0%上升到 30.9%，渔业的产值更从 1.6%跃升到 10.8%。正是由于畜牧业和渔业的增长速度远远高于种植业，受其拉动，农业总产值在这 24 年中增长了 325.8%，也远远高于种植业 182.3%的增长率[①]。

即使种植业本身的增长也在很大程度上受益于结构调整。种植业的总产值可以表现为各种作物的播种面积、单位面积产量和价格的乘积之和，即

$$\text{种植业总产值} = \sum (\text{播种面积} \times \text{单位面积产量} \times \text{价格}) \qquad (18\text{-}1)$$

同理，种植业总产值的增长也可以分解为总播种面积、加权平均单位面积产量和加权平均单位产品价格的增长，即

---

① 数据取自国家统计局：《中国统计年鉴（2003）》。

$$G_{总产值}=G_{面积}\times G_{单产}\times G_{单位产品价格} \qquad (18\text{-}2)$$

如果采用不变价格或可比价格计算,那么单位产品加权平均价格的任何变化就与价格水平无关,而仅代表作物结构的变化。如果农民用高价值的作物代替低价值的作物,或者在同一种作物内部用高价值的品种代替低价值的品种,在播种总面积和加权单位面积平均产量不变的情况下,即使各种作物的价格本身也不变,加权平均单位产品的价格却会上升,反之亦反。这就是结构变化对总产值增长的贡献。

《中国统计年鉴》提供了各种作物的播种面积、单位面积产量和按可比价格计算的种植业总产值,因此我们可以将式(18-2)变形为式(18-3),从而计算结构变化对种植业产值增长的贡献。

$$G_{单位产品价格}=G_{总产值}/\left(G_{面积}\times G_{单产}\right) \qquad (18\text{-}3)$$

根据计算,在过去20年时间里,种植业因结构调整导致单位农产品按可比价格计算的加权平均价格提高了45.1%。如果换算成年均增长速度,种植业总产值、播种面积、加权单产和单位产品加权平均价值每年分别递增5.2%、0.2%、2.8%和2.1%;播种面积、加权单产和结构调整(即单位产品加权平均价值)对总产值增长的贡献率分别为3.9%、54.9%和41.2%(钟甫宁和朱晶,2000)。

在分析结构调整对农业总产值增长的贡献时我们可以这样看:种植业的生产曾经占有绝对的主导地位,但是其持续增长受到耕地面积的限制和边际生产力递减的影响,因而农民或主动或被动地将新增投入较多地投入畜牧业和渔业。因此,如果以种植业的增长为参照,假定当没有结构调整时农林牧渔各业的增长速度相等,都等于种植业的增长速度,那么,超出种植业增长速度的部分即可大体上看作农林牧渔各业之间结构调整,即资源从种植业向林牧渔业转移的结果。按这样的逻辑计算,过去20多年中农业总产值增长总量的67%来自农林牧渔各业的增长,33%来自农林牧渔各业之间的结构调整。

当然,正如以上对种植业所做的分析那样,种植业增长本身有一部分来自结构调整,因此,计算结构调整对农业总产值的全部贡献时还要加上各业内部结构调整的部分。这就是说,结构调整对农业总产值的贡献来自两方面:农林牧渔各业之间的结构调整和各业内部的结构调整。用公式可表示为

结构调整的总贡献率=各业之间结构调整的贡献率+各业内部增长的贡献率
×各业内部结构调整对自身增长的贡献率

$$(18\text{-}4)$$

根据式(18-4)计算,结构调整对农业总产值增长的总贡献率大约为60%,其中33%来自农林牧渔各业之间的结构调整,其余部分(27%)来自各业内部的结构调整(钟甫宁,2003;钟甫宁和朱晶,2003)。

当然，结构调整不是单纯地改善现有品种的布局。从长远来看，结构调整需要农业科技人员提供更加适合消费者需要的高价值农产品，因而依赖于政府增加对农业科研和推广系统的公共投入。同时，从低价值产品转向高价值产品的生产通常需要生产者投入更多的生产要素，从而提高单位产品的生产成本，因此结构调整对生产者收入的贡献要低于对总产值增长的贡献。

18.3 WTO框架下农业结构战略性调整的重要意义

加入 WTO 以后，我国农产品特别是粮棉油等大宗农产品面临来自国外的强力竞争，农业结构的战略性调整具有与以前不同的重要意义。如果加快全国统一市场建设的步伐，增加对农产品流通的基础设施建设的投资，就可以在更大范围内调整农业生产结构，促使大宗农产品的生产向具有比较优势的地区集中，以降低农产品的平均成本，提高其国际市场竞争力，同时增加农民收入。

根据我们的一项研究结果，如果将大宗农产品生产成本相对较低的地区集中，我国主要农产品的平均成本可以降低 10%左右，农民来自种植业的收入也可以增加 8%左右。由于目前我国大宗农产品市场价格与国际市场价格差距大体上在 10%以内，这样的结构调整就可以改善以致转变我国大宗农产品在国际市场上的竞争地位，减少进口对国内农业生产的冲击，在一定时期内保障农民的生产和收入，减轻过渡期的痛苦，为今后进一步调整结构和发展经济争取宝贵的时间。

与改善、提高粮棉油等大宗农产品的国际市场竞争力相比较，结构调整可以而且应当在扩大园艺产品、畜产品和水产品的生产方面发挥更大作用。粮棉油等大宗农产品是土地和资金密集型产品，以美国为首的主要输出国不但在生产上具有比较优势，而且政府对这些产品的生产和出口都给予大量的财政支持；而我国在这些产品的生产上不具有比较优势，且政府又无力与之在财政支持上抗衡，国际市场竞争力的相对下降是不可避免的趋势。反之，蔬菜、水果、畜产品和水产品是劳动力密集型产品，我国在这些产品的生产上具有一定的比较优势，在国际市场上也有较强的竞争力；同时，随着人民收入的提高和生活的改善，对这些产品的需求将不断增加。因此，适当减少土地密集型产品的生产，增加劳动力密集型农产品的生产，不但可以更好地满足消费者的需要，而且可以更好地优化农业生产资源的配置，在增加农民收入的同时提高我国农产品的综合竞争力，加强我国加入 WTO 以后应对农产品国际市场竞争的能力。

加入 WTO 以来，由于发达国家在动植物检疫和技术措施等方面设立的非关税壁垒迅速提高，我国劳动力密集型产品的出口受到越来越严重的阻碍。事实上，自从乌拉圭回合农产品贸易协议签订以后，发达国家就在不断地以食品安全和环境保护为由提高农产品的非关税壁垒。这正说明我国农业生产结构的调整需要政府在科学技术、基础设施和贸易政策等方面给予全面支持，否则就难以深入下去，也不能真正优化资源配置、提高农产品综合竞争力并且增加农民收入。

18.4 更大范围调整产业和就业结构的必要性

从更基础的层面上来看，增加农民收入的根本途径在于减少农民人数，特别是减少务农劳动力占全国总劳动力的比重。任何从农业生产本身寻求出路的办法，无论是增加农产品的产量还是提高农产品的品质，都不能解决根本问题。增加农产品供应总量可能供过于求，市场价格更大幅度下降，造成"谷贱伤农"的后果；而改善农产品品质多半形成产品替代，可能在某些时间增加局部范围内农民收入，但不能或难以增加农民作为整体的总收入。从总体和根本上来看，农民务农收入的总量取决于国民收入中有多大份额支付给初级农产品生产者，而人均收入则同时取决于多少人分享这一收入总量。如果分子不能扩大甚至趋向于缩小，要扩大分数的值就必须缩小分母的数值。

很明显，随着国民收入的不断提高，人民生活水平也不断提高，其基本标志之一就是恩格尔系数不断下降，即居民消费总支出中用于食品的部分不断减少，同时用于食品的支出中购买加工产品的部分却越来越大，因而支付给初级产品生产者即农民的份额将不断减少。因此，如果农民人数不能相应减少，特别是依赖务农收入的农村居民占全国总人口的比重不能相应减少，农民收入就会相对下降，城乡收入差距就会扩大；某些地区农民人均收入在一定时期内甚至可能绝对下降。1985年以来第一产业（即农业）就业人员占全国就业人员总数的比重从约70%下降到50%，减少了20个百分点；同时，城镇居民家庭恩格尔系数从57.5%下降到37.9%，减少了19.6个百分点，加上居民食品支出中加工和流通部门得到的份额急剧上升，国民收入初次分配中农民获得的部分必然减少得更多，远远超过务农劳动力比重下降的幅度，因而必然导致城乡居民人均收入差距扩大。

根据笔者计算，如果要保持城乡居民的收入和生活水平大体相同，现阶段务农劳动力应当占全国劳动力总数的20%左右。如果苗木花卉等非食品生产的份额显著上升，务农劳动力的数量可以相应增加；加上在非农部门的兼业，农村总劳动力可以保持在全国劳动力总量的25%到30%之间，农村人口的比重可以再高一些。但是，随着经济的进一步发展和人民生活水平的进一步提高，恩格尔系数将持续下降，农村劳动力和农民人数也应当随之减少。如果 21 世纪中叶我国的人均收入赶上中等发达国家的水平，恩格尔系数下降到 0.2 甚至更低，务农劳动力就只能维持在总劳动力的 10%左右，加上兼业，农村人口占全国总人口的比重应当下降到 20%甚至更低。当然，还应考虑人力资本的差异、乡村生活的环境、文化和社会价值以及劳动力市场的进入和退出成本。从目前情况来看，农村劳动力普遍素质较低，人力资本投资较少，因而劳动力的报酬自然相对较低。与大城市相比，农村生活的自然环境价值、传统的社会文化价值都可以部分补偿经济收入的低下。因此，在一定时期内，城乡收入水平仍然可能保持一定差距而不会出现严重的政治和社会问题。

据有关部门统计，2002 年底我国就业人员总数为 73 740 万人，其中第一产业为 36 870 万人，占 50%。如果务农劳动力（即第一产业就业人员）的比重下降到 20%，应当有 22 000 万劳动力从农业转入其他部门。如果准备用 20 年时间实现这一目标，每年净转移的劳动力数量高达 1 100 万；如果分 30 年完成这一任务，每年净转移的数量也高达 700 万以上。如果考虑到农村人口的自然增长，考虑到国民收入的持续上升和恩格尔系数的相应下降，今后 40~50 年每年农村劳动力净转移的数量应当在 1 000 万左右，才能在 50 年后真正实现城乡人均收入的大体平衡，保证留在农村的农民有足够的积极性继续从事农业生产。

综上所述，增加农民收入的根本途径在于整个国民经济的战略性调整，在于大幅度增加非农就业机会，同时真正开放劳动力市场，从制度上保障农民能够顺利实现就业结构的转移。否则，提高农民收入就是一句空话，充其量是一个无法实现的良好愿望。

18.5 结　　论

1978 年以来，我国城乡人口结构和就业结构发生了巨大的变化。但是，近年来农村劳动力转移的速度却明显下降，而城乡居民收入的差距则不断扩大，农民务农收入甚至绝对下降，不仅社会安定、经济发展面临不断增长的威胁，而且农业生产本身也感受到日益逼近的危机。在目前情况下，转移农村劳动力的任务显然无法通过市场机制自发完成，政府必须承担起自己的职责。

首先，取消对人口迁移和就业的种种限制。除了户籍制度等正式制度外，更重要的是逐步消除住房、医疗卫生、劳保、养老和子女就学等事实上对人口迁移和移动就业的阻碍，降低以致消除妨碍人口迁移和劳动力流动的制度性成本。

其次，将扩大就业放在经济工作的首位。将发展劳动力密集型产业作为产业政策的核心，将鼓励开发劳动力密集型技术放在科技政策的首位。同时，将农村国民义务教育、职业教育和就业技能的培训特别是帮助农民抓住非农就业机会的职业培训放在教育政策的首位。所有这些政策不能仅停留在字面上，都应当有相应的财政拨款和其他公共资源做后盾。

我国的最大问题是人口和劳动力，最大的潜在优势也是人口和劳动力，发展经济的关键在于如何将潜在的优势发挥出来。很显然，最有效的政策，或者说唯一有效的政策，只能是以扩大就业为中心。对于提高农民收入而言，最有效的政策是扩大非农就业机会，同时帮助农民抓住这一机会，并且在有条件的情况下自己创造非农就业机会。

参 考 文 献

钟甫宁. 2003. 我国能养活多少农民？——21世纪中国的"三农"问题[J]. 中国农村经济，（7）：4-9.

钟甫宁，朱晶. 2000. 结构调整在我国农业增长中的作用[J]. 中国农村经济，（7）：4-7.

钟甫宁，朱晶. 2003. The contribution of diversification to China's rural development: implications of reform for the growth of rural economy[C]//中印经济和农业改革比较研究国际研讨会：23-26.

第五篇
农村社会保障

第19章 坚持"四个"精准，坚决打赢脱贫攻坚战[①]

习近平总书记在党的十九大报告中指出，"让贫困人口和贫困地区同全国一道进入全面小康社会是我们党的庄严承诺。要动员全党全国全社会力量，坚持精准扶贫、精准脱贫"，"确保到二〇二〇年我国现行标准下农村贫困人口实现脱贫，贫困县全部摘帽，解决区域性整体贫困，做到脱真贫、真脱贫"。

改革开放以来，我国农村和农业经济的发展取得举世瞩目的成就，农村贫困人口迅速下降：我国农村贫困发生率1978年为97.5%，1990年下降至73.5%，2000年进一步降至49.8%，2010年和2015年分别为17.2%和5.7%。特别是党的十八大以来，脱贫攻坚战取得决定性进展，六千多万贫困人口稳定脱贫，贫困发生率进一步降至4%以下。在全球绝大多数国家无法完成联合国有关脱贫的千年目标、部分国家甚至出现贫困人口上升的情况下，中国贫困发生率不仅持续快速下降，且下降速度呈加快趋势，堪称国际扶贫史上的奇迹。

中国奇迹的背后是中国经验。不同于国外主要依靠救助性的转移支付，中国一直坚持开发式扶贫，即主要帮助具有潜在能力的贫困农民通过发展生产增加收入，同时兼顾对丧失能力或暂时不具备能力贫困人口的救助。因此，大量扶贫措施体现为扶持各种规模生产和基础设施的建设、生产和流通服务组织的建设以及提供就业机会（如以工代赈），大量扶贫资金并不直接交付贫困人口，也不仅仅惠及贫困人口。中国农村人口脱贫更得益于国民经济的长期高速增长，为农村劳动力转移、非农收入增长提供了前所未有的机会，为农村和农业经济的发展、农民增收提供了重要的拉动力量，为扶贫事业提供了有力资金支撑。毋庸讳言，中国农村贫困人口快速大量脱贫主要得益于经济增长和区域发展；相比之下，特定的或狭义的扶贫资金数量并不大，其所发挥的作用相对较小。

[①] 原载《农业经济与管理》2017年第5期，作者为钟甫宁。

中国经验与国际实践的差异必然引起不同的评价。大多数国际机构和国外学者均高度评价中国脱贫成就及其对全球的贡献，同时也指出中国经验主要依赖于经济增长和区域发展，针对具体贫困户的扶持相对不足，进而提倡和推介瞄准式扶贫。在国内，区域发展、项目类型的开发式扶贫也引发一些有关溢出效应和"精英俘获"的讨论与批评，呼吁有限的扶贫资金应更好地集中用于特定的贫困户，而不是惠及整个区域，甚至让"精英"受惠更多。很容易理解，在普遍贫困的条件下，经济增长和区域发展对脱贫的贡献最大；随着贫困人口数量的持续下降及其分布状况不断变化，针对特定贫困人口的扶贫政策和措施日益凸显其重要性，在瞄准扶贫基础上提出的精准扶贫成为新时期扶贫工作的必然选择。

精准扶贫不等于瞄准贫困人口以救助为重点的转移支付，仍需要坚持开发式扶贫原则，因而需要严格界定扶贫目标、扶贫对象，准确找出贫困的具体原因，根据具体原因制定适宜政策措施以取得最大的实际效果。

19.1 目标精准

全方位的扶贫需要不同部门的分工协作，先要区分开发式和救助式两大类不同形式的扶贫目标。有一些贫困人口不具备或较长时期不具备通过生产增收脱离贫困的能力，帮助这部分人脱贫不属于开发式扶贫的目标，应通过不同部门的救助措施保障其基本生活：孤寡老人的基本福利属于养老金体系和民政部门的保障对象；因病致贫、因病返贫是医疗保障体系和民政部门的保障对象；贫困少年儿童的健康、营养、教育是民政、卫生和教育的保障对象；重大自然灾害的受灾人群则是农业保险和民政救灾部门的救助对象。只有具有发展生产、劳动致富潜力的人群才是开发式扶贫的扶助目标。

救助式扶贫的目标是保障贫困人群的基本需要，通过财政兜底方式保障其分享社会经济发展成果的基本权利；保障程度随社会经济发展水平的提高而水涨船高，但任何时候都有一定明确的界限。开发式扶贫是帮助具有潜力的人群提高增产增收能力，尽管收入达到一定水平后扶持资金会停止提供，但收入水平的持续上升不但是可能的，而且是提供扶持资金的长远目标。

精准扶贫涉及不同部门的职能，更需要各部门间相互协调与合作。必须对涉及的有关各部门规定明确的目标并考核其工作成效。同时，也需要专门的扶贫部门统一收集信息、制定规划、提供建议并协调各部门工作。

19.2 对象精准

无论是救助式扶贫还是开发式扶贫，都需要确认扶助对象。目前以家庭人均收入为标准划定统一的贫困线，显然不能满足扶贫对象精准的要求。首先，随着外出务工成为普遍现象，家庭成员部分迁移的现状对家庭规模和家庭收入的认定带来极大挑战。外出务工人员及其随迁子女是否继续统计在家庭成员中，以及在外打工收入是否计入家庭收入、全部计入还是部分计入（仅计算汇回原住地家庭部分），在很大程度上影响贫困人口的认定。其次，全国采用统一的人均收入贫困线标准无法准确反映贫困状况。不同地区的生活习惯不同，衣食住行等基本生活费用有很大差异，如海南和两广福建南部的农村居民在衣着与住房取暖方面的最低需求就远低于西藏新疆内蒙古及东北的农村居民。最后，家庭规模和人口结构也影响贫困的实际程度。家庭的许多支出具有公共性质，与人口规模并不等比例变化，特别是住房和采暖等方面支出，在一定规模内与人口数量无关；即使完全个人性质的基本生活支出（食品服装等）也存在性别和年龄等方面差异，同样需要区别对待。

扶贫对象的精准认定对于救助式扶贫特别重要，救助式扶贫是由政府承担兜底责任，既要保障公共资金的准确使用防止外溢，也要确保不遗漏一个需要救助的对象。当然，开发式扶贫也需要认准扶贫对象，确认扶贫对象是识别贫困原因的基础。

19.3 原因精准

社会救助式扶贫对象的贫困原因直截了当，比较容易认定，不必多加讨论。但是，开发式扶贫对象的贫困原因复杂且不易识别，尤其是不容易认定可以优先改变或者应当优先改变的关键因素。贫困是多维度的现象，其原因也是多方面的。对于有限的公共资金而言，补足影响收入诸多因素的"短板"是提高扶贫工作实际效果的关键。一个具备基本劳动能力的人可能因多种因素陷入贫困状况，既有个人因素，也有客观环境因素，更多是个人因素和环境因素交互作用的结果。如果不能精准识别贫困原因，或者不能精准确定贫困原因中的关键因素，就不可能取得预期效果。

一个人要通过正常努力获取收入，不仅需要具备正常的体力和智力，也需要拥有必要的资源禀赋,包括自然资源、资金和人力资本,还需要基本的市场准入条件。就农业生产而言,如果人均自然资源(土地和水)在现有生产条件下过于短缺,或者无法正常进入要素和产品市场,对个人的资金或人力资本支持就发挥不了作用;如果人力资本不足,对个人的资金支持也发挥不了太大作用。即使真的是资金不足,也要区分是一次性启动资金不足,还是需要长期资金支持;后者的深层次原因往往在于环境或者人力资本约束,如果不缓解这些约束,资金不足就可能是长期现象,因而不是开发式扶贫的适当对象。

面临同样的资源环境和市场约束,有人贫困有人不贫困,贫困群体的贫困程度也不同,区别在于个人因素。但不能因为个体差异否认外部条件的作用。当个人因素和环境因素交互作用时,改变个人因素的努力可能事倍功半,而改变环境因素的努力则可能事半功倍,至少有外溢正效应。

19.4 措施精准

在精准识别贫困原因并且精准认定可以并且应当加强的"短板"之后,就可能选择并实施精准的扶贫措施。救助式扶贫比较简单,通常体现为转移支付,只要精准确定对象,现有的技术手段足以将救助资金交付救助对象。开发式扶贫也可能涉及单纯的转移支付,即对于那些急需启动资金且以后可持续增收脱贫的贫困户,只要提供一次性资助或者扶贫贷款即可。

对于大多数开发扶贫对象而言,提供给个人的一次性资助或贷款往往不能解决问题。缓解自然资源约束需要加强生产性基础设施建设,大范围改变生产类型和技术,因地制宜建立适当的生产合作组织和服务机构,必要时辅之以搬迁脱贫;缓解市场条件约束需要加强交通、通信、仓储等流通领域基础设施建设,因地制宜建立适当的流通合作组织和服务机构;缓解人力资本的约束可能需要针对个人的培训,也可能需要建立适当的示范、合作和服务组织,从长远来看,更需要加强义务教育阶段的投资,提高教育质量。

经过数十年的努力,大规模贫困现象已得到根本好转,精准扶贫是新时期扶贫的必然选择。扶贫目标是不让一个人落下,确保每一个人都能分享改革开放和经济增长成果。因此,需要发挥政府主导扶贫工作的优势,各部门分工协作,确保按计划实现消灭贫困目标。

第20章 中国农村贫困的变化与扶贫政策取向[①]

贫困发生率、贫困深度指数和贫困强度指数是三个相互联系又互相区别的贫困测度标准。本章在系统分析贫困测度指标对扶贫政策取向影响的基础上，测算了1985年以后中国农村贫困状态的变化情况。研究发现，近20年来，中国扶贫政策在减少农村贫困人口方面取得了巨大成功，但贫困深度指数和贫困强度指数却更加恶化，不但剩余贫困人口的平均收入水平更加远离贫困线，而且深度贫困者处于更为相对不利的地位。

20.1 引 言

消除贫困是中国农村发展政策的重要内容之一。然而，减少贫困人口不应成为扶贫工作的唯一指标，改善剩余贫困人口的贫困状况在消除贫困和建设和谐社会方面具有同样重要甚至更加重要的意义。国务院扶贫办公室主任刘坚（2006）指出："按照中国政府的贫困标准，农村贫困人口从1978年的2.5亿人减少到2005年的2 365万人，"但是，"中国扶贫开发的任务仍然任重道远。一是需要扶贫的贫困群体数量仍然庞大。二是消除贫困难度加大……三是贫困群体的弱势地位突出"。很明显，一方面，贫困人口数量和比重大幅度下降；另一方面，剩余贫困人口的脱贫更加困难，需要加大扶贫投入规模，并且采取针对性更强的政策措施。

[①] 原载《中国农村经济》2006年第12期，作者为苗齐、钟甫宁。

贫困人口的规模和贫困的严重程度是贫困问题相互关联的两个方面。正确识别农村贫困人口的规模和贫困状态，对评价中国近年来的扶贫政策、确定未来的政策取向具有重要意义。即使贫困人口数量及其占总人口的比重一定，贫困人口的贫困状态，即贫困人口的平均收入水平和收入分布状况，仍然可能有所不同。贫困深度和贫困强度指标不但直接反映了扶贫政策效应，而且关系到能否正确认识社会潜在冲突的严重性，因而值得更多地给予关注。

研究首先讨论贫困发生率（也称"贫困人口比重指数"）、贫困深度指数和贫困强度指数三个指标之间的关系，特别强调它们的变化趋势可能存在的矛盾，以及衡量贫困的标准对扶贫政策取向和实际效果的影响；其次依据上述分析框架，利用全国农村住户抽样调查的收入分组数据，描述 1985~2004 年各收入组人口比重的变化情况，进而评价中国以往扶贫政策的实际指向和效果。在此基础上，最后讨论了提高扶贫效率的政策取向。

20.2 贫困测度与扶贫政策取向

要测定贫困的程度首先必须确定贫困线的标准。通常的方法是根据当地居民的消费习惯确定维持某一水平基本生活需要（包括食物和非食物需要）的人均最低收入标准作为贫困线。贫困线确定之后，再通过一定的统计方法测定贫困人口的数量（或比重）及其贫困程度。在贫困线标准既定的条件下，本章首先讨论如何测定贫困水平或贫困程度，以及与之相对应的扶贫政策取向问题。

20.2.1 贫困的测度方法

在贫困线确定以后，通常用贫困发生率、贫困深度（或称"贫困缺口""收入缺口"）指数和贫困强度指数三个指标测度贫困水平。

（1）贫困发生率。贫困发生率指标用来衡量贫困线以下人口占总人口的比重，公式为

$$P_1 = \frac{m}{n} \tag{20-1}$$

其中，P_1 为贫困人口比重；m 为贫困人口数；n 为总人口数。

（2）贫困深度指数。贫困深度指数指标用来衡量贫困人口人均收入相对于贫困线的差距，公式为

$$P_2 = \frac{\sum(1-I_i/Z)}{m} \qquad (20\text{-}2)$$

其中，P_2 为贫困深度指数；I_i 为第 i 个贫困者的收入；Z 为贫困线。

（3）贫困强度指数。贫困强度指数指标用来衡量贫困分布的均衡程度，其数值大小与贫困程度的平方呈正相关关系，公式为

$$P_3 = \frac{\sum(1-I_i/Z)^2}{m^2} \qquad (20\text{-}3)$$

其中，P_3 为贫困强度指数，其他符号同式（20-2）。

贫困发生率简单明了，直接反映生活在贫困线以下人口占总人口的比重，可以用于不同地区的横向比较和同一地区的纵向比较。但是，在贫困人口比重相同的情况下，贫困人口的贫困程度可能有高有低，贫困程度的差异也可能很大，因而需要用另外两个指标加以补充。贫困深度指数根据所有贫困人口实际收入与贫困线的差距计算一个国家或地区全体贫困人口平均收入与贫困线的差距，有助于理解贫困人口总体的贫困程度，但不能揭示贫困人口内部的收入分布差距。贫困强度指数则计算所有贫困人口实际收入与贫困线的差距的平方和，更突出地揭示了贫困人口内部的收入差距。考察贫困深度指数，可以帮助人们注重降低贫困人口的贫困程度而不是单纯注重减少贫困人口的数量；考察贫困强度指数，更有助于人们关注收入最低人群的福利。

20.2.2 扶贫政策取向和效应分析

贫困的测度标准直接影响到对扶贫政策取向和实际效果的评价。政府既可以通过收入转移直接增加贫困户当年的纯收入，也可以通过公共投资增加贫困户可以使用的资源，帮助他们通过扩大生产增加收入。为了简便地比较等量公共投资的扶贫效果，假定公共投资的边际报酬不变，即等量资金不论投向什么地方都可以产生同样的收益，而且不论资金采用什么投入方式，其收益率都不变。相同数量的扶贫投资在不同使用方式下将会产生不同的效果。而政府扶贫工作的成效在很大程度上取决于扶贫投资的使用方式，或者是较多地减少了贫困人口的数量，或者是较大地降低了贫困的程度。

如图 20-1 所示，假定一个国家总人口中有一半生活在贫困线以下，贫困人口的人均收入水平从低到高均匀分布，其中，收入最低家庭的人均收入水平相当于贫困线的 50%。根据这样的假设，计算出 P_1（即贫困发生率）为 0.5，P_2

（即贫困深度指数）为 0.25，而 P_3（即贫困强度指数）为 0.083[①]。如果某项扶贫政策使所有贫困人口的绝对收入同等程度地增加（但不超过贫困线水平），假定绝对收入增加幅度为 10%，即收入分布曲线上移 10%，那么，在其他条件不变的情况下，最低收入从相当于贫困线的 50%提高到 60%，贫困人口的比重则从 50%下降到 40%。如果用上述指标衡量，P_1 从 0.5 下降到 0.4，即贫困人口减少 20%；P_2 从 0.25 下降到 0.2，即贫困深度也减少 20%；而 P_3 则从 0.083 下降到 0.053[②]，即贫困强度减少了 36%。这就是说，如果每一个贫困人口增加的绝对收入相同，由于最贫困者收入增加的相对数较高，贫困强度下降的幅度也相应较大。如果用贫困强度指标而不是另外两个指标来衡量扶贫政策的效果，该政策就更具有吸引力。

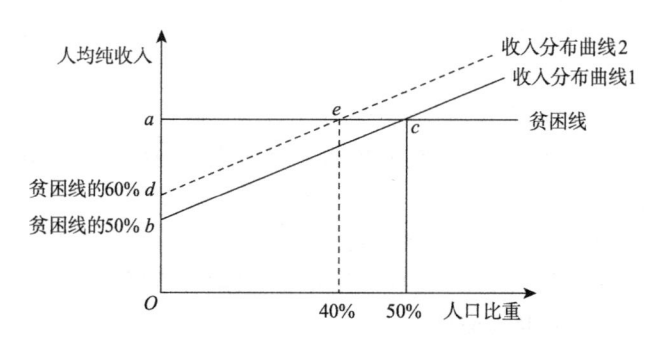

图20-1　收入分布变化对贫困测度的影响

现实生活中很难也没有必要制定全体贫困人群绝对收入同等增长的政策并保证其实施。在一定时期内，各级政府可能更关注贫困人口减少的速度，或者更多地关注贫困程度的改善，对应地，将会采取不同的扶贫方式。现假定扶贫政策拥

[①] 该数据的计算过程如下：首先算出收入分布函数，其次代入公式求积分。收入分布曲线 1 的函数形式为 $I_i = 0.5Z + 0.01Z_i$，函数中的符号含义与式（20-2）、式（20-3）相同，按本章研究的假定条件，$m=50$。把函数分别代入式（20-2）、式（20-3）。式（20-2）的整理和指数计算过程为 $P_2 = \dfrac{\sum(1-I_i/Z)}{m} = \dfrac{\sum_{i=0}^{50}[1-(0.5Z+0.01Z_i)/Z]}{m} = \dfrac{1}{50}\int_0^{50}(0.5-0.01i)di = \dfrac{\left[0.5i-\dfrac{1}{2}0.01i^2\right]_0^{50}}{50} = 0.25$，式（20-3）的整理和指数计算过程为 $P_3 = \dfrac{\sum(1-I_i/Z)^2}{m} = \dfrac{\sum_{i=0}^{50}(0.5-0.01i)^2}{m} = \dfrac{1}{50}\int_0^{50}(0.25-0.01i+0.0001i^2)di = \dfrac{\left[0.25i-\dfrac{0.01}{2}i^2+\dfrac{0.0001}{3}i^3\right]_0^{50}}{50} = 0.083$。

[②] 收入分布曲线 2 的函数形式为 $I_i = 0.6Z + 0.01Z$，$0 \le i \le 40$，分别代入式（20-1）、式（20-2）、式（20-3）并经过整理后，得到三个指标为 0.2、0.2、0.053。

第 20 章 中国农村贫困的变化与扶贫政策取向 ‖ 233

有图 20-1 中将收入分布曲线上移 10%的公共投资①。这时，政府将面临四种政策选择方案，各种方案会对最低收入水平和贫困规模的变化产生不同的影响。政策选择方案 1、政策选择方案 2 的政策效应如图 20-2 所示，极端情况下的政策选择方案 3、政策选择方案 4 的政策效应如图 20-3 所示。

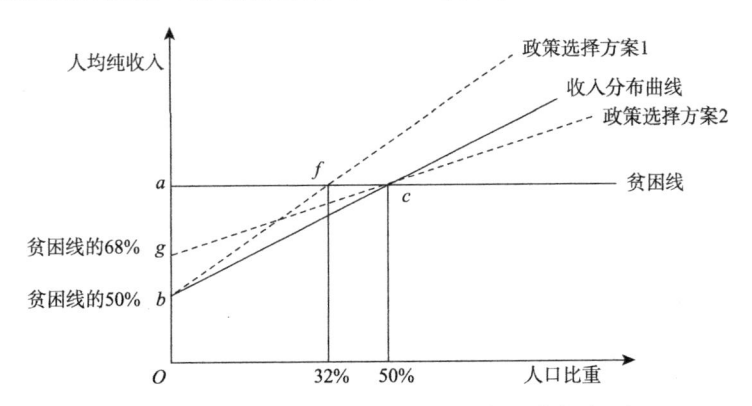

图20-2 不同政策选择方案对贫困测度的影响（一）

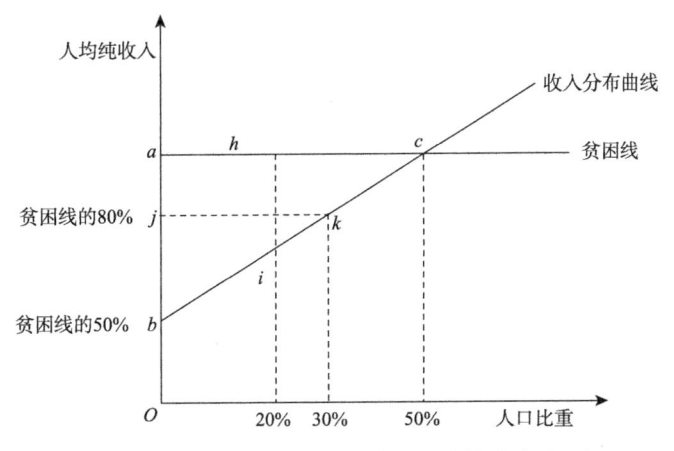

图20-3 不同政策选择方案对贫困测度的影响（二）

S_{hic}为政策选择方案3：资源投向最靠近贫困线者；
S_{bkj}为政策选择方案4：资源投向最贫困者

在政策选择方案 1 中，收入分布曲线以收入最低点为轴心向左上方偏转，即贫困人口收入的增长与原有收入水平成正比，原有收入水平越高，收入增加数量

---

① 当收入分布曲线 1 平行上移到收入分布曲线 2 位置时，S_{bced} 代表扶贫资金规模。在图 20-1 中，用面积表示的贫困状态从 S_{abc} 变化为 S_{ade}，$S_{ade} = \frac{1}{2}ad \times ae = \frac{1}{2} \times \frac{4}{5}ab \times \frac{4}{5}ac = 64\% S_{abc}$，减少了 36%。也就是说，表示扶贫资金规模的面积 S_{bced} 是初始贫困状态 S_{abc} 的 36%。下文中的政策选择 1 至政策选择 4 所投入的扶贫资金规模分别以图 20-2、图 20-3 中的 S_{bcf}、S_{bcg}、S_{hic}、S_{bkj} 来表示，从政策目标上来讲，其面积均和 S_{bced} 相等。

越多（以不超出贫困线为限）。此时收入分布曲线与贫困线相交于 f 点，即贫困人口比重从 50% 下降到 32%[①]。

在政策选择方案 2 中，收入分布曲线以收入分布曲线与贫困线的交点为轴心向右下方偏转，即贫困人口收入的增长与原有收入偏离贫困线的程度成正比，原有收入离贫困线越远，收入增加数量越多。收入分布曲线在纵轴上的截距从 b 点上移到 g 点，即最贫困者的收入提高到贫困线的 68%[②]。

在政策选择方案 3 中，公共投资全部用于提高贫困线下收入最高者的收入。此时，公共投资 $S_{hic} = 36\% S_{abc}$，$\frac{1}{2} h_i \times h_c = 36\% \times \frac{1}{2} ab \times ac$，同时，$\frac{h_i}{ab} = \frac{h_c}{ac}$，解得 $h_i = 60\% ab$，$h_c = 60\% ac$。政策选择方案 3 的收入分布曲线为折线 bih，贫困人口比重下降到 20%。

在政策选择方案 4 中，公共投资全部用于提高收入最低者的收入。此时，公共投资 $S_{bkj} = 36\% S_{abc}$，$\frac{1}{2} jb \times jk = 36\% \times \frac{1}{2} ab \times ac$，同时，$\frac{jb}{ab} = \frac{jk}{ac}$，解得 $jb = 60\% ab$，$jk = 60\% ac$。政策选择方案 4 的收入分布曲线为折线 jkc，最贫困者收入提高到贫困线的 80%。

评估上述各种政策选择方案的效果时都假定贫困人口收入分布曲线的移动符合公共投资的总量和边际报酬不变的假设，同等数量的投资导致各方案中新的收入分布曲线与贫困线、纵轴的面积是初始状态的 64%。但是，虽然投入的资金相同，贫困人口增加的总收入（变化的总面积）不变，分别用上述三种标准计算的效果却大不相同（表 20-1）。

表20-1　不同政策的扶贫效果

标准	初始状况	对照组	政策选择方案 1 数值	政策选择方案 1 增减	政策选择方案 2 数值	政策选择方案 2 增减
P_1	0.5	0.4	0.32	−20%	0.5	25%
P_2	0.4	0.2	0.25	25%	0.16	−20%
P_3	0.083	0.053	0.083	57%	0.034	−36%

标准	初始状况	对照组	政策选择方案 3 数值	政策选择方案 3 增减	政策选择方案 4 数值	政策选择方案 4 增减
P_1	0.5	0.4	0.2	−50%	0.5	25%

---

① $af = \frac{2 S_{abf}}{ab} = \frac{2 \times 64\% \times \frac{1}{2} ab \times ac}{ac} = 64\% ac = 32\% Z$。

② $ag = 2 \frac{S_{agc}}{ac} = \frac{2 \times 64\% \times \frac{1}{2} \times ab \times ac}{ac} = 64\% ab = 32\% Z$。

续表

标准	初始状况	对照组	政策选择方案3 数值	政策选择方案3 增减	政策选择方案4 数值	政策选择方案4 增减
P_2	0.4	0.2	0.4	100%	0.16	−20%
P_3	0.083	0.053	0.163	208%	0.029	−45%

注：对照值如图20-1所示，所有贫困人口的绝对收入等量增加，以不超过贫困线为限；P_1、P_2、P_3在各种选择方案下的增减比例均以相应的对照值为100%；政策选择方案1的收入分布函数为$I_i=0.5Z+0.015\,625Z_i$，$0\leq i\leq 32$；政策选择方案2的收入分布函数为$I_i=0.68Z+0.006\,4Z_i$，$0\leq i\leq 50$；政策选择方案3的收入分布曲线为折线bih，收入分布函数为$I_i=0.5Z+0.01Z_i$，$0\leq i\leq 20$；政策选择方案4的收入分布曲线为折线jkc，收入分布函数为当$0\leq i\leq 30$时，$I_i=0.8Z$，当$30\leq i\leq 50$时，$I_i=0.5Z+0.01Z_i$。

表20-1的计算结果表明，如果以贫困发生率为标准，政策选择方案3是最优选择。实施该项政策以后，贫困人口比重指数从0.5下降到0.2，比相应的对照值（0.4）还要低50%。但是，如果以贫困深度指数或者贫困强度指数来衡量，政策选择方案3却是最差选择：两者比对照值分别增加100%和208%。反过来，如果以贫困强度指数为标准，显然，政策选择方案4是最优选择，贫困强度指数可以比对照值减少45%；但是，贫困发生率却比对照值增加25%，与扶贫前的初始状况相同。

由于贫困发生率通常被用作测定贫困的标准，其下降幅度更经常被用来作为评价扶贫工作成果的依据，各国政府和国际机构的公共投资通常倾向投入类似政策选择方案3的种种计划或方案，以尽快减少贫困人口的数量。当然，资源完全集中使用于相对最不贫困的人口在政治上未必行得通，因而现实生活中类似于第一种选择方案的政策可能更常见。政策选择方案1的实施可以把贫困人口比重从50%降到32%，比对照数值低20%。但是，如果从贫困深度指数和贫困强度指数看，尽管比政策选择方案3的效果好一点，两者仍然分别比对照值增加25%和57%。

20.2.3 对中国农村扶贫政策及其效果的分析

中国贫困人口的最初标准是在1986年对6.7万农村居民家庭消费支出调查的基础上计算获得的，以人均纯收入206元作为贫困线。农村居民消费价格指数也是从1985年开始统计的。因此，本章以1985年为基期，选取1985年、1990年、1995年、2000年、2004年5个年份，将《中国统计年鉴》中农村居民人均纯收入各组的两端数值按1985年不变价格折算，得到具有可比性的分组收入及对应的农村人口比重（表20-2）。

表20-2　不同年份与收入组别的人口比重

分组	1985年 收入/元	比重	1990年 收入/元	比重	1995年 收入/元	比重	2000年 收入/元	比重	2004年 收入/元	比重
1	—	—	—	—	<34	0.21%	<32	0.31%	<30	0.40%
2	—	—	<60	0.30%	34~69	0.36%	32~64	0.20%	30~61	0.13%
3	<100	0.95%	60~121	1.78%	69~103	0.78%	64~96	0.43%	61~91	0.21%
4	—	—	—	—	103~137	1.47%	96~127	0.69%	91~121	0.31%
5	100~200	11.20%	121~181	6.56%	137~172	2.30%	127~159	1.01%	121~151	0.53%
6	—	—	—	—	172~206	3.37%	159~191	1.37%	151~182	0.85%
7	200~300	25.64%	181~242	12.04%	206~275	9.54%	191~255	4.44%	182~242	2.43%

数据来源：根据《中国统计年鉴》数据整理

为简便起见，高出贫困线标准的收入组不再列出。将各年份不同收入组的人口比重依次累加后，得到1985年以来中国农村不同收入组人口比重的变化（图20-4）。

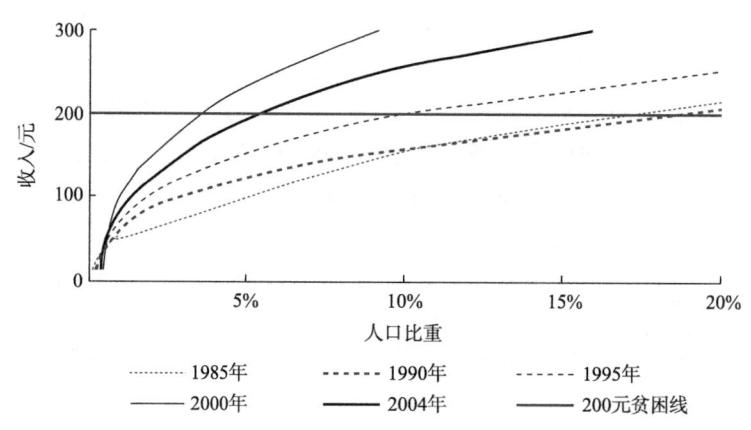

图20-4　1985年以来中国农村不同收入组人口比重的变化
数据来源：根据《中国统计年鉴》数据整理

表20-2的不变价格收入分组数据与图20-4的各收入组人口比重的变化趋势表明，1985年以后，中国农村居民收入不断提高，贫困人口的收入分布曲线向左上方转动，低收入组人口比重有所下降。按1985年206元贫困线的标准，2004年贫困群体的规模下降了3/4。但是，如果用贫困深度指数或贫困强度指数作为衡量指标，中国扶贫工作的效果就不那么显著了。从图20-4中人均收入分布曲线的变化来看，中国扶贫政策基本上属于上文讨论的第一种政策选择方案，即原来收入较高的贫困户收入增长相对较快，而最低收入者的收入状况变化不大。

表20-3的结果显示，1985年以后，中国扶贫政策迅速地减少了贫困人口数

量，贫困发生率在 19 年里从 13.7%下降到 3.4%。但是，另外两个指标却有所恶化。由于大量收入水平相对较高的人口脱贫，剩余贫困人口的平均贫困程度加深，从低于贫困线27.7%增加到33.9%，增加了20%以上；贫困强度指数更是显著提高，增加了将近 1 倍。无论是从关注最贫困人口、关注社会公正出发，还是从减少潜在的社会冲突、建立和谐社会出发，当前的状况都不能令人满意，有必要重新审视现有扶贫资金的使用方向。

表20-3　1985~2004年以后农村扶贫政策效果评价

评价指标	1985 年	1990 年	1995 年	2000 年	2004 年
P_1	13.7%	13.5%	8.6%	5.1%	3.4%
P_2	27.7%	24.3%	28.1%	31.1%	33.9%
P_3	10.0%	9.3%	12.6%	16.1%	20.0%

数据来源：本章计算结果

其实，当前的状况是很容易理解的。从农村居民的角度考察，造成贫困的原因包括自然条件、历史传统、文化特点，以及贫困者的群体特征，包括是否受到一定的教育和所处的年龄段等（李实和古斯塔夫森，1996）。在外部环境方面，贫困地区资源的流动性弱、可获性差和经济机会少，构成了对增收的强烈约束，加上扶贫资金的边际收益下降不可避免，因而距离贫困线越远就越难以脱贫。同时，任何政策都有自身的当前目标，大规模降低贫困人口数量显然是一个极具吸引力并且能够获得公众拥护的政策目标。

中国从 1986 年起，将救济式扶贫改革为开发式扶贫，通过扶贫机构、专项资金和优惠政策等不断完善的制度安排，逐渐形成了有计划、有组织、大规模的开发式扶贫政策体系。目前，中国最主要的开发式扶贫方式是选定国家重点扶持的贫困县，实行整村推进式扶贫，具体程序是以村为单位，以村级扶贫规划为基础，利用国家扶贫资金和配套资金建设扶贫项目，包括修建道路、饮水工程、学校，搬迁移民和开发产业等类型（汪三贵和李文，2005）。这种扶贫方式带有地区开发的特征，对扶贫项目建设区域的发展作用显著，贫困程度较轻者可以迅速脱贫甚至致富，原本收入略高于贫困线的低收入人群也能明显受益。深度贫困者在均等地享受扶贫配套资金的同时，由于经济参与能力较弱，通常很少能够享受到公共产品供给和生产、生活条件改善带来的切实好处。故地区开发、整体推进的扶贫政策也有一定的缺陷，即针对性较差，有限的扶贫资金的效用难免外溢，尽管不是无谓的浪费，但毕竟没有最大限度地用于提高贫困线以下特别是最贫困者的收入。

20.2.4　中国农村扶贫的政策取向

1985 年以来，中国农村居民收入水平不断提高，贫困人口的比重明显下降，扶贫工作取得了重大成绩。但是，应当清醒地认识到，过去的成绩在很大程度上应当归功于改革开放以来的经济发展；现有贫困人口的绝对数量依然庞大，尤其是最低收入人口的数量减少不多，收入增长缓慢，其脱贫将越来越多地依赖具体的扶贫政策以及相应的公共投资。因此，尽管贫困人口的数量和比重已经大大下降，剩余贫困人口的脱贫却需要比以前更多的公共资金投入。同时，现行的扶贫政策设计又有意无意地倾向贫困程度较低者，更增加了深度贫困群体脱贫的难度。

在未来的扶贫政策中，能否增加公共投资以及如何确定扶贫的主要群体，是制定扶贫措施的核心问题。由于政府的高度重视和社会的广泛共识，扶贫投资有可能较大幅度地增加，因而以哪些人作为扶贫的重点就显得更为重要。中国现行的扶贫政策与各方人士提出的提高官方贫困线标准的政策主张是相互呼应的。由于 800~1 500 元收入段的人口分布比较集中，提高贫困线标准将会将更多的人口划入贫困群体。按 2004 年的数据计算，如果贫困线标准提高 10 元，就会新增贫困人口 140 万人左右。因此，如果未能对现行扶贫政策的扶助重点进行调整，即使在提高贫困线标准的同时提高公共投资水平，扶贫投资也可能更集中地投向大量最接近贫困线的人口以获得引人注目的扶贫成果，而最贫困的人口可能被扶贫政策边缘化，处于更为不利的境地。

在资源有限的条件下，减少贫困人口数量和帮助最贫困群体的目标可能具有一定的冲突，在两者之间取得适当平衡的关键是不能以贫困发生率作为扶贫政策的唯一目标。如果单纯追求尽快减少贫困人口总量，采用整体推进的方式，把扶贫资金主要用于最接近贫困线的贫困地区和群体，除了必然产生的大量外溢效应，即扶贫资金实际上部分惠及非贫困群体而不是集中用于帮助贫困群体外，还必然导致忽视最贫困群体，至少导致最贫困群体受益不多。因此，在贫困人口比重大幅度下降的同时，剩余贫困群体的平均收入可能明显降低，更远离贫困线，而且贫困群体内部的收入分配状况可能进一步恶化。要扭转这样的趋势，就应当同时测度贫困深度指数和贫困强度指数，把贫困深度指数和贫困强度指数也作为考察扶贫工作效果的重要指标，以此来引导政策的执行者以至制定者较多地关注深度贫困人口，特别是最贫困群体。

参 考 文 献

李实，古斯塔夫森 B. 1996. 八十年代末中国贫困规模和程度的估计[J]. 中国社会科学，（6）：29-44.

刘坚. 2006-05-23. 中国国务院扶贫办主任刘坚在"新千年减贫战略：问题、经验与教训"国际研讨会开幕式上的致辞[EB/OL]. http://www.iprcc.org.cn/Home/Index/skip/cid/14.html.

汪三贵，李文. 2005. 扶持农村绝对贫困人口的对策[J]. 科学决策，（5）：12，13.

第21章　农业发展、劳动力转移与农村贫困状态的变化——分地区研究[①]

改革开放以来，中国经济高速增长，农村贫困人口大幅度下降。一般认为总体的经济增长对贫困的改善起着举足轻重的作用。本章认为，一般的经济增长可能大幅度降低贫困发生率，但也可能导致剩余贫困人口的贫困状况更加恶化，而且这种可能的副作用会因地而异。本章使用了贫困发生率、贫困深度和贫困强度作为测度贫困的三个指标，以贫困地区为研究对象并按照农业资源禀赋和农村劳动力转移规模为特征选取两个样本，探索并验证了农村地区人均农业收入和非农收入与贫困的三个指标变化影响的内在机制和关系，并提出不同地区扶贫政策取向的建议。

21.1　引　　言

改革开放以来，中国经济以 10.2%的年平均速度快速增长，农村绝对贫困人口规模及贫困发生率大幅度下降，但 20 世纪 90 年代中期以来农村贫困人口规模下降缓慢，并且绝对贫困人口规模还很大，赤贫者越来越难以脱贫（Yao et al., 2004）。由图 21-1 可以看到贫困发生率在 1996~2005 年下降幅度变得平缓，年均下降 4.995%，比 1985~1996 年平均低 2.69 个百分点。

官方统计资料（如《中国农村贫困监测报告》）一般采用贫困发生率单一指标来观察贫困的变化并评价扶贫工作的绩效。贫困发生率"对于某些特定贫困比较如评估扶贫工作的总体进步时它可能十分充分"（瑞沃林，2005），但其仅反映贫困人口相对数量的变化，不能反映贫困人口的收入低于"贫困线"的程度，并且对穷人之间收入分配不敏感（阿马蒂亚，2001）。不同的贫困测度指标直

[①] 原载《农业经济问题》2010 年第 3 期，作者为薛美霞、钟甫宁。

第21章 农业发展、劳动力转移与农村贫困状态的变化——分地区研究 ‖ 241

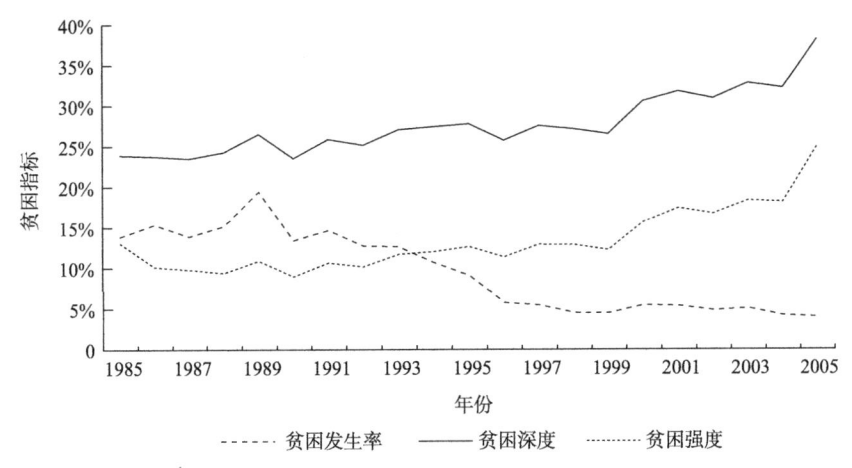

图21-1 1985年以来贫困变化情况
数据来源：Zhong和Miao（2007）

接影响扶贫政策的取向和对实际效果的评价（苗齐和钟甫宁，2006）。由于中央政府测度农村贫困的贫困指标仅限于贫困发生率，地方政府在选择贫困政策时必然出于政绩考虑选择成本效率较高的（即有利于离贫困线较近的贫困人口脱贫）扶贫政策，因而难以惠及最贫困者。现有研究（苗齐和钟甫宁，2006；Zhong and Miao，2007）已经表明，中国 1985 年以来的反映贫困人口的平均贫困程度的指标"贫困深度"和反映贫困人口内部收入分配状况的指标"贫困强度"都持续恶化，分别从1985年的23.89%和13.05%上升到2005年的38.16%和24.94%（图 21-1）。这说明今后的扶贫工作重点和中心应当是让更贫困的人口脱离贫困。因此，要使农村扶贫工作成果惠及农村全体贫困人口特别是最贫困人口，应当更加关注贫困深度和贫困强度这两个指标。

过去中国贫困人口规模庞大，专用扶贫资金数量有限，政府扶贫投资对贫困改善的影响不显著（黄季焜等，1998；蔡昉等，2000），脱贫的实际成就主要归功于一般的经济增长（Ravallion，1995；Yao et al.，2004；Ravallion and Chen，2007）。同时，扶贫资金的使用受到管理方便与农户分散需求这一矛盾的制约而无法做到准确瞄准，因而不能覆盖大多数贫困群体（李小云等，2005）；扶贫资金即便用于贫困人口，受益者也主要集中于贫困程度较低的接近贫困线的、自有（配套）资源相对丰富的那部分贫困农户。长此以往，贫困发生率虽然可能会下降，但剩余贫困人口内部的平均贫困程度和收入分布却均发生恶化；这正是贫困发生率与贫困深度和贫困强度两个指标变化趋势不一致的原因。一般经济增长则对降低贫困发生率的作用显著。Ravallion 和 Chen（2007）以中国户层面为视角，证明 1980~2001 年经济增长对降低贫困发生率的弹性超过 3；若经济保持零增长，贫困发生率每年会增加约 11%。Zhong 和 Miao（2007）则不但从全国层面揭示了经济增长中农业收入与非农收入对贫困发生率的作用,而且揭示了它们对贫困深度和贫困强度的作用,表明农业收入的增加会同时改善这三个指标,而非农收入的增加在降低贫困发生率的同时却可能使贫困深度和贫困强度恶化。

我国幅员广大,地区间农村经济发展水平不同,农业和非农产业发展也存在巨大差异。在人均农业资源不同和劳动力转移比例不同的地区,农业收入和非农收入的增长对贫困的影响可能有所区别,因而对三个贫困指标的影响也可能存在地区差异。本章在前人研究结果的基础上进一步验证一般经济发展对减贫的作用,沿用了苗齐、钟甫宁等对贫困发生率、贫困深度和贫困强度的定义方式,按照人均农业资源和农村劳动力转移规模为特征分为两大样本探索并验证。主要的研究目标如下:①在农业资源禀赋差异的样本中,农业收入和非农收入对贫困状态的影响是否存在地区差别;②在农村劳动力转移不同的样本中,农业收入和非农收入对贫困状态的影响是否存在差别。

21.2 农业发展与农村劳动力转移对贫困的作用机制

农村经济发展表现为农业发展所带来的农业收入的增加和农村劳动力转移所带来的当地非农收入的增加及外出务工人员收入的增加。农民收入与农村贫困状况直接相关:只要贫困人口中有部分人口收入越过贫困线而非贫困人口中没有人收入落至贫困线下(至少前者人数超过后者),贫困发生率就会下降;而贫困深度和贫困强度的变化不仅取决于贫困人口的收入增加,还取决于贫困人口的内部收入分布情况。

21.2.1 农业发展(人均农业收入增长)对贫困的作用机制

中国农村贫困人口普遍以农业生产为主,农业收入是其家庭收入的主要来源:1985年农村户均家庭经营农业收入占总收入比重为70.00%,1990年该比重高达74.00%;1990年以来该比重有所下降,但一直高居50%以上,到2003年该比重仍为55.64%[①]。因此增加农村贫困户收入的重要途径之一是增加农业收入。农业发展对减缓贫困的重要意义不仅在于它能增加农民的收入,还在于这种收入能够比较均衡地分配于各种不同类型的农户。换句话说,农业为各类农户(包括居住在自然、经济、社会条件较差地区的农户和目前经济状况不好的贫困农户)提供了相对平等的增收机会(刘文璞,1999)。我国农村实行家庭联产承包责任

---

① 数据来源于历年《中国农业年鉴》。

制，土地等农业资源分配相对较为平等，因而农业收入的分配比其他产业中的分配相对均等，对改善贫困深度和贫困强度指标具有积极的作用。

人均农业资源禀赋不同的地区，农业收入对贫困发生率、贫困深度和贫困强度的作用可能有所差别。丰富的人均农业资源会促进农业发展，并且会为经济发展及其他产业带来外部效应。农业对经济发展的贡献之一就是"要素贡献"，即随着农业劳动生产率的提高，农业中的资本和劳动力逐渐转向非农产业，成为后者发展和扩大的要素源泉（蔡昉，2007）。因此，人均农业资源丰富的地区非农产业发展较好，尽管农业发展本身对贫困发生率、贫困深度和贫困强度的降低都具有积极的作用，非农产业的发展却可能导致贫困深度和贫困强度指标的恶化（至少部分抵消农业发展的积极作用）。相比之下，人均农业资源匮乏的地区的非农产业相对薄弱，人均农业收入的增加同样对贫困发生率、贫困深度和贫困强度的降低起到积极作用；同时，由于缺乏非农产业发展的相反影响，相对于人均农业资源丰富的地区，农业发展对改善贫困状况，特别是改善贫困深度和贫困强度所起作用更大。

21.2.2 劳动力转移（人均非农收入）对贫困的作用机制

中国农村人均总收入中农业收入的比重呈下降趋势。受土地、水及其他自然资源的限制，仅依靠农业增长来提高农民收入、降低贫困是不可持续的，更重要的是转移农村劳动力（Zhang and Wan, 2006）。一些西方学者认为农村地区的劳动力转移得来的非农收入是农民收入多元化、熨平消费波动和风险管理的一个非常重要的"稳定器"（Ruben and van den Berg, 2001）。非农收入可以分担农业生产风险带来的收入和消费波动，保证农户对农业持续投资，生产生活顺利进行。农村非农就业可以使农村剩余劳动力转移出去，拓宽小农户的就业和收入来源并增加其收入（苗齐和钟甫宁，2006），从而缓解农村地区的贫困。农村劳动力转移若发生在农村贫困人口中，则对贫困人口规模的缩减起着积极作用，使贫困发生率下降。

并不是所有农村劳动力都有能力转移出去，劳动力转移需要人力资本的积累（我们所说的人力资本是指西奥多·W. 舒尔茨提出的各种后天获得的、有价值的，并且能够借适当的投资而增长的质量因素，即人的知识、能力、健康等），而中国农村贫困人口表现为受教育程度低，文盲率高，科技文化水平低，劳动生产效率低。这一特征无疑成为农村贫困人口转移的最大障碍（王开良，2003）。人力资本积累的差异造成农村贫困家庭劳动力转移的机会不均等，进而造成贫困人口收入分配的不平衡。非农收入可以增加贫困人口收入，但只局限于有能力转移出去的劳动力本身及其家人，难以惠及缺乏转移能力的贫困户，故会使农村贫困人口内部的收入差距拉大，使贫困深度和贫困强度指标恶化。

不同农村劳动力转移规模的地区人均非农收入对贫困发生率、贫困深度和贫困强度的作用可能有所差别。如果农村劳动力转移程度触及贫困人口，则人均非农收入增加也会提高贫困人口的收入并使部分贫困人口脱贫。由于非农产业的回报率一般高于农业，故非农收入的增加可能在降低贫困发生率的同时拉大贫困人口之间的收入差距，进而使贫困深度加深、贫困强度加强。

21.3 样本地区选取及样本地区贫困状况变化

21.3.1 样本地区选取

本章的目标是考察农业资源禀赋不同和农村劳动力转移程度不同的地区，农业发展和农村劳动力转移带来的农业收入和非农收入增长的差异，对不同地区农村贫困发生率、贫困深度和贫困强度的影响是否存在差异。因此有必要以人均农业资源禀赋和农村劳动力转移为特征选取适当样本分地区研究。鉴于本章的目标除了验证两个样本农业收入和非农收入对贫困状态的影响，还将探索这种影响在两个样本中的地区差异，故应当选取两组差异比较大的样本。两个样本选取省份的方法均是按相应指标排序，然后选取序列中处于两端的省份加以研究，处于两端省份人均农业资源禀赋特征和农村劳动力转移规模特征鲜明，容易测定其影响是否显著。

（1）以人均农业资源为特征地区（样本一）的选区依据和方法。农业资源禀赋包括土地资源、气候资源、生物资源和水资源等自然资源和劳动力资源、资本、农业技术和农业用品供给状况等经济资源。由于各地区农业资源特点不同，即便都能找到合适的代理变量，农业资源综合起来也难以比较。因为收入是资源利用的最终结果，农业收入是农业资源的结果，所以本章使用人均农业总收入来反映人均农业资源的多寡。之所以使用人均农业总收入作为衡量标准而非人均农业纯收入是因为后者不仅涉及农业资源的多寡还涉及农业资源的利用效率。

具体的方法是以农村人均农业收入为指标划分人均农业资源丰富和人均农业资源匮乏两类地区。北京市、天津市、上海市、江苏省、浙江省、山东省和广东省2000~2003年连续4年贫困发生率在1%以下，本章主要是讨论贫困地区的农村贫困问题，故排除以上贫困人口规模小的省份，并将其余省份按照人均农业收入高低排序，分别选取农业收入最高和最低的3个省份代表人均农业资源丰富和匮乏的地区：人均农业资源丰富的地区有辽宁省、黑龙江省和河北省；人均农业资源匮乏的省份有云南省、湖南省和山西省。

（2）以农村劳动力转移规模为特征地区（样本二）的选区依据和方法。本章所指的农村劳动力人口包括本地非农产业吸纳的农村劳动力和农村外出务工人员。本章将以《中国农业年鉴》中的农村非农产业从业人员数量作为衡量农村劳动力转移规模的标准。农村非农产业从业人数包括农村从事工业、建筑业、交通运输业、商业、饮食业、服务业等从业人数,其中包括外出临时工和合同工。同样本一类似,去除直辖市以及江苏省、浙江省、山东省、广东省等四省,将其余省份按农村非农产业从业人数的多少排序,农村劳动力转移规模较大的有河南省、安徽省和湖南省;农村劳动力转移规模较小的有黑龙江省、山西省和云南省。

21.3.2 中国各地区农村贫困指数的变化

本章根据"中国各地区农村居民消费价格指数"将这 8 个省(两个样本中部分省份重合)的"农民家庭人均纯收入水平分组的户数构成"数据折算为以 1985 年不变价计算的农民家庭人均纯收入,以 1985 年贫困线 206 元为统一贫困线,计算出 1985~2003 年以上 8 个省农村地区的贫困发生率、贫困深度和贫困强度等贫困指标。

图 21-2、图 21-3 和图 21-4 分别显示了 1985 年以来中国 8 个省农村贫困发生率、贫困深度和贫困强度的变化情况。总体来看,以上 8 个省的贫困发生率呈现下降趋势,贫困深度和贫困强度都呈现上升趋势。图 21-2 表明以上 8 个省的贫困发生率的变化趋势基本一致:都表现为 1985~1995 年呈明显的下降趋势,其中 1990~1995 年呈快速下降趋势;1996~2003 年贫困发生率均变化平缓并略显恶化。图 21-3 和图 21-4 表明 1985~2003 年 8 个省贫困深度和贫困强度不同程度地上升,其中农村经济发展较好的黑龙江、辽宁和河南上升趋势较为显著,农村经济发展欠佳的云南和山西变化较为平缓。

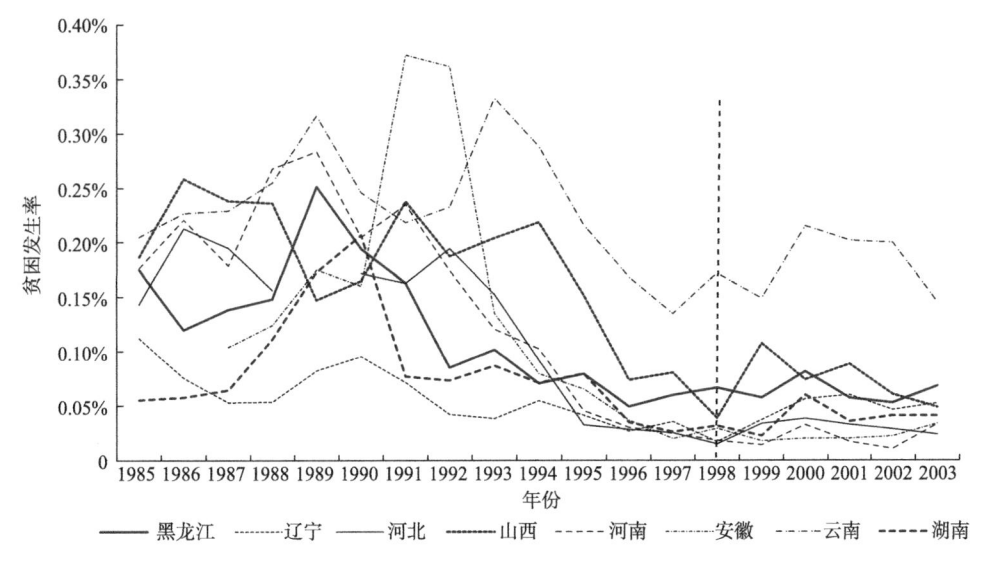

图21-2 1985年以来中国各省农村贫困发生率变化图
数据来源:本章计算结果

图21-3　1985年以来中国各省农村贫困深度变化图
数据来源：本章计算结果

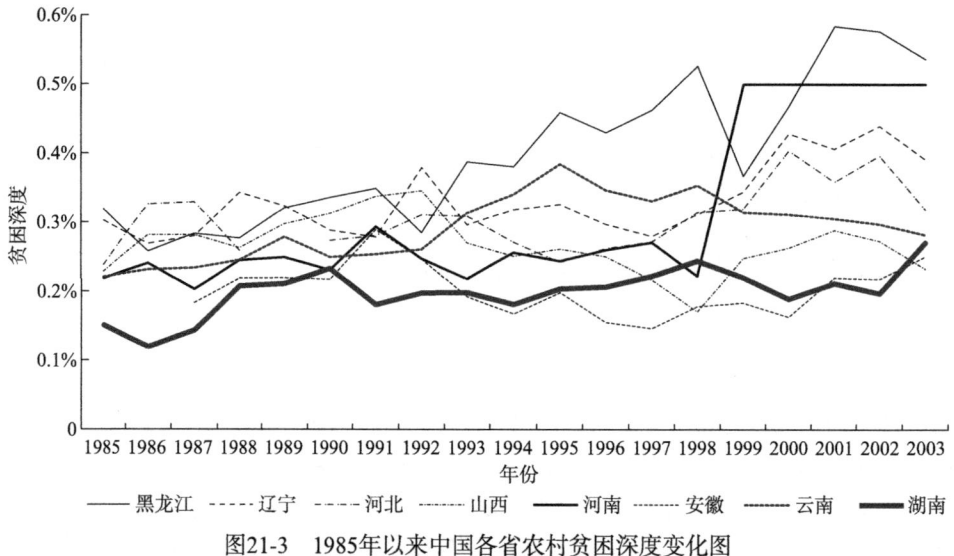

图21-4　1985年以来中国各省农村贫困强度变化图
数据来源：本章计算结果

21.4　模型与变量

21.4.1　模型设定与变量描述

模型分析套用 Cobb-Douglas 生产函数，即 $y = AX^a Y^b$。由于本章的目的是在两个样本中分析农业发展和农村劳动力转移对贫困状态影响及其影响的地区差异,而农业发展的结果表现为农村人均农业收入的增加,农村劳动力转移体现在人均非农业收入的增加。故本章将以人均农业收入和人均非农收入作为解释变量(Zhong and Miao, 2007),以反映贫困状态的贫困发生率、贫困深度和贫困强度作为被解释变量。为了解两个样本地区间农业收入和非农收入对贫困变化的影响,本章分别增设了地区虚拟变量与农业收入和地区虚拟变量与非农收入的交互项(表21-1)。由此生成了Cobb-Douglas生产函数的扩展式,模型如下:

样本一:

$$p_{ijt} = A \times Ag_{jt}^{a_0} \times \text{Nonag}_{jt}^{a_1} \times \left(D_a \times Ag_{jt}\right)^{a_2} \times \left(D_a \times \text{Nonag}_{jt}\right)^{a_3} \quad (21\text{-}1)$$

样本二:

$$p_{ijt} = B \times Ag_{jt}^{b_0} \times \text{Nonag}_{jt}^{b_1} \times \left(D_1 \times Ag_{jt}\right)^{b_2} \times \left(D_1 \times \text{Nonag}_{jt}\right)^{b_3} \quad (21\text{-}2)$$

其中,$i=0, 1, 2$;j表示不同地区;t表示不同时期。

式(21-1)和式(21-2)中所用变量名称及其描述如表21-1所示。

表21-1 变量名称及其描述

变量名称	变量描述
P_{0jt}	t时期j地区贫困发生率
P_{1jt}	t时期j地区贫困深度
P_{2jt}	t时期j地区贫困强度
Ag_{jt}	t时期j地区人均农业收入
Nonag_{jt}	t时期j地区人均农村非农收入与人均外出务工收入
$D_a \times Ag_{jt}$	以人均农业资源为特征地区虚拟变量与人均农业收入的交互项,D_a为人均农业资源是否丰富的地区(0=是,1=否)
$D_a \times \text{Nonag}_{jt}$	以人均农业资源为特征地区虚拟变量与人均非农收入的交互项,D_a同上
$D_1 \times Ag_{jt}$	以农村劳动力转移规模为特征地区虚拟变量与人均农业收入的交互项,D_1为农村劳动力转移是否频繁(0=是,1=否)
$D_1 \times \text{Nonag}_{jt}$	以农村劳动力转移规模为特征地区虚拟变量与人均非农收入的交互项,D_1同上

分别将式(21-1)和式(21-2)对数化处理,得计量方程如下:

样本一:

$$\ln P_{ijt} = \ln A + a_0 \ln Ag_{jt} + a_1 \ln \text{Nonag}_{jt} + a_2 D_a \times Ag_{jt} + a_3 D_a \times \text{Nonag}_{jt} + \varepsilon \quad (21\text{-}3)$$

样本二:

$$\ln P_{ijt} = \ln B + b_0 \ln Ag_{jt} + b_1 \ln \text{Nonag}_{jt} + b_2 D_1 \times Ag_{jt} + b_3 D_1 \times \text{Nonag}_{jt} + \varepsilon \quad (21\text{-}4)$$

其中,$i=0, 1, 2$;j表示不同地区;t表示不同时期。

按以上计量方程进行回归分析,结果发现D.W.值均小于1,存在正的序列相关,因此通过Cochrane-Orcutt迭代法,去掉序列自相关。具体是在回归模型中加一阶自回归项 AR（1），如式（21-5）和式（21-6）所示。回归方程直接通过 EViews 软件运行。Cochrane-Orcutt 迭代法通过对残差项的反复回归得到序列相关系数 P，以 P 为系数的广义差分，再对差分结果进行回归；经过 Cochrane-Orcutt 迭代法处理后，大部分模型都可以去除序列相关现象。

样本一：

$$\ln P_{ijt} = \ln A + a_0 \ln Ag_{jt} + a_1 \ln Nonag_{jt} + a_2 D_a \times Ag_{jt} + a_3 D_a \times Nonag_{jt} + a_4 AR(1) + \varepsilon \quad (21\text{-}5)$$

样本二：

$$\ln P_{ijt} = \ln B + b_0 \ln Ag_{jt} + b_1 \ln Nonag_{jt} + b_2 D_1 \times Ag_{jt} + b_3 D_1 \times Nonag_{jt} + b_4 AR(1) + \varepsilon \quad (21\text{-}6)$$

其中，i=0，1，2；j 表示不同地区；t 表示不同时期。

21.4.2 数据来源

本章使用的收入数据来源于 1986~2004 年《中国农业年鉴》中 1985~2003 年相关省份的农村经济收益和相应省份的乡村总人数；人均农业收入用农业收入除以相应地区的乡村总人数；人均非农收入用非农业收入除以相应地区的乡村总人数。根据《中国农业年鉴》中的"中国各地区农村居民消费价格指数"计算得到相应省份以 1985 年为不变价计算的贫困发生率、贫困强度和贫困深度。由于本章以 1985 年的贫困线为标准，故人均农业收入和人均非农收入均使用相应省份的农村居民消费价格指数加以校正。

21.5　实证研究结果

表 21-2 为样本一中人均农业收入和非农收入对农村贫困变化的实证结果。

表21-2　样本一实证结果

指标	$\ln P_0$	$\ln P_1$	$\ln P_2$
$\ln Ag$	−0.995[***] （−3.35）	−0.126[*] （−1.79）	−0.356 （−1.15）
$\ln NONAg$	−0.418[**] （−2.18）	−0.203 （−1.59）	−0.201 （−0.88）
$DA \times \ln Ag$	−0.450[*] （−1.63）	−0.509[***] （−2.65）	−0.746[**] （−2.33）

续表

指标	$\ln P_0$	$\ln P_1$	$\ln P_2$
$DA \times \ln NONAg$	0.321 (1.37)	0.341** (2.18)	0.505* (1.85)
R^2	0.76	0.94	0.96
F	62.74	329.63	448.06
D.W.检验	2.23	2.11	2.29

*、**和***分别表示系数的估计值在10%、5%和1%水平上显著；括号中为相应的T检验值

21.5.1 农业收入的影响

人均农业资源丰富的地区农业收入对贫困发生率、贫困深度和贫困强度的弹性分别约为-0.99%、-0.13%和-0.36%，作用方向均为负；人均农业收入对贫困发生率和贫困强度影响显著，而对贫困深度的影响不显著。观察地区虚拟变量与收入的交互项，发现农业资源匮乏的地区人均农业收入对测度贫困的三个指标的弹性分别是1.44%、-0.63%和-1.08%，且呈现地区差异。

从实证结果可以看到，正如预期的那样，人均农业收入对于减少贫困人口规模、缩小贫困人口内部收入差距和改善贫困人口的平均贫困程度或者至少不使其恶化起到积极作用，农业发展会促进贫困改善的进程，并且人均农业资源匮乏的地区贫困的改善比起人均资源丰富地区更有赖于农业的发展。

21.5.2 人均非农收入的影响

从回归结果看到，非农收入对降低贫困发生率、贫困深度的弹性分别为-0.42%和-0.20%，且显著；这说明人均非农收入的增加会使贫困发生率和贫困深度下降；人均非农收入对贫困强度的弹性为-0.20%，但不显著，也就是说非农收入的增加对于资源丰富的地区农村贫困人口内部的收入分配影响不显著。观察非农收入与地区虚拟变量的交互项发现，相比之下，人均农业资源匮乏的地区，非农收入的增加更有利于贫困发生率的下降，但会使贫困深度和贫困强度发生恶化。

人均非农收入对贫困发生率的影响与预期假设相同，并且对贫困深度和贫困强度的影响表现出地区差异。可能的解释是，农业资源丰富的地区为农业大省，农村发展水平相对较高，农村贫困人口规模相对较小，劳动力转移是对当地农业生产的一种补充，农业劳动力转移对农业的外溢效应可能会熨平因人力资源积累差异而造成的非农收入差距的拉大，所以在资源丰富的地区非农收入的增加会使

贫困深度有所改善，并且不至于使贫困强度恶化。农业资源匮乏的地区多处于丘陵山区，或耕地面积比重小且质量不高，或旱涝灾害频繁，或交通不便。例如，云南地处中国西南边陲，全省土地面积约占84%，高原、丘陵约占10%，盆地、河谷约占6%，中低产田占全省耕地面积的79.5%；山西省耕地质量差，土壤普遍缺磷少氮，地力不足，全省土壤有机质含量在10克/千克以上的耕地仅占耕地面积的1/4，水资源贫乏且分布不均匀；湖南虽然耕地面积较大，但旱涝灾害频发。这些地区收入主要以农业为主，由于人均农业资源匮乏，农业收益率低，非农就业就成为当地农业生产的一种替代。在这种情况下，非农收入更倾向增加部分人力资源相对丰富的贫困农户的收入。因此，与人均农业资源丰富的地区相比，人均农业资源匮乏地区非农收入更容易拉大农户之间的收入差距，致使贫困深度和强度恶化。

表21-3为样本二中不同地区人均农业收入和非农收入对农村贫困变化的实证结果。

表21-3 样本二实证结果

指标	$\ln P_0$	$\ln P_1$	$\ln P_2$
$\ln Ag$	−3.388*** (−7.02)	−0.588** (−2.14)	−0.881 (−1.52)
$\ln NONAg$	0.151 (0.48)	−0.148 (−0.72)	−0.252 (−0.59)
$DL \times \ln Ag$	−0.459 (−1.27)	−0.343 (−1.31)	−0.659 (−1.26)
$DL \times \ln NONAg$	0.392 (1.17)	0.286 (1.24)	0.568 (1.23)
R^2	0.90	0.96	0.96
F	188.07	446.75	432.20
D.W.检验	2.22	2.24	2.37

和*分别表示系数的估计值在5%和1%水平上显著；括号中为相应的T检验值

回归结果显示，农村劳动力转移规模大的地区人均农业收入对贫困发生率、贫困深度和贫困强度的弹性分别是−3.38%、−0.59%和−0.88%，且统计上均显著；结合收入与地区虚拟变量的交互项，可知农村劳动力规模小的地区人均农业收入对以上三个指标的弹性分别是−3.85%、−0.93%和−1.54%，且统计上均显著。这说明人均农业收入的增加正如预期的那样会促使贫困发生率下降，促使贫困深度和强度降低，贫困人口的平均贫困程度和贫困人口内部的收入分配都得到改善，而且农村劳动力转移规模较小的地区改善得更加明显。之所以人均地区差异显著，可能的解释是，农村劳动力转移规模大的地区（如河南、安徽和湖南）表现为持续、稳定的转移，稳定的农村劳动力转移会通过土地转包等形式带来部分农业资源使用的重新分配，农业资源的配置会带来农业收入的重新分配。在农村劳动力转移规模较大的地区，农户间农业收入可能由于农业资源的差异而拉大一定差距，因而对贫困深度和贫困强度的作用不如农村劳动力转移规模小的地区大。

在农村劳动力转移规模较大的地区，人均非农收入对于贫困发生率影响不显著。观察交互项，人均非农收入对贫困深度和贫困强度的影响在农村劳动力转移规模较大的地区不显著，但在农村劳动力转移规模较小的地区，人均非农业收入的增加会使贫困深度和贫困强度恶化。可能的解释是，农村劳动力转移一般分为单纯体力型转移和技能型转移。单纯体力型男性基本在建筑行业，女性基本在饮食、服务业。所选农村劳动力转移规模较大的地区建筑业和餐饮服务业的从业人员占非农从业人员的平均比重为 27.38%；而所选农村劳动力转移规模较小的地区该比重则高达 40.06%；可以认为农村劳动力转移规模较小的地区是以单纯体力型为主要形式的农村劳动力转移，且对人力资本要求较低，部分贫困人口可能转移出去，加之非农产业的回报率一般高于农业，因而拉大了贫困人口的收入差距，故人均非农收入的增加会加剧贫困深度和贫困强度的恶化。但是由于单纯体力型劳动力转移所获报酬偏低，农户所获非农收入还不至于使其脱贫，故对贫困发生率作用不大。农村劳动力转移规模较大的地区单纯体力型劳动力转移比重较低，而技能型比重相对较高，对人力资本要求较高，转移程度可能还只涉及少数或根本未涉及贫困人口，故人均非农收入的提高对贫困深度和贫困强度不起作用。

21.6 结论与政策建议

通过以上两类样本分析我国人均农业收入与人均非农收入对农村贫困发生率、贫困深度和贫困强度的影响，我们可以得出结论并给出相应的政策建议。

（1）20 世纪 90 年代中期以来我国农村贫困发生率下降速度减缓，甚至一些省份某些年份还出现恶化，贫困强度和贫困深度指标则呈逐年恶化趋势，说明不应把贫困发生率作为唯一的减贫指标，应当给予贫困深度和贫困强度同样重视。同时，单纯的经济增长对农村脱贫的作用也在减弱，特别是对贫困深度和贫困强度的改善作用甚微；相当部分贫困线以下人群难以通过经济的总体发展来提高收入，进一步减贫还需政府实施专门针对这些贫困人口的收入保障计划。

（2）不管是人均农业资源丰富还是贫乏的地区，不管是农村劳动力转移规模较大还是较小的地区，人均农业收入的增加都会促使贫困发生率、贫困深度和贫困强度指标降低；人均农业资源匮乏地区的三个贫困指标的改善要比人均农业资源丰富地区更有赖于农业发展带来的农业收入的增加。政府应该继续发挥农业在改善贫困中的积极作用，加大对贫困地区特别是人均农业资源贫乏地区的农业基础设施的建设及农业技术推广的投资力度，提高农业生产效率，拓展农业发展的空间。

（3）鉴于人均非农收入对贫困发生率、贫困深度和贫困强度的作用存在地区差异，政府扶贫政策对于农村劳动力转移要因地制宜。从长远来看，增加农民收入的基本途径还是扩大非农就业。在贫困地区，特别是农民人均资源较少、劳动力转移滞后的地区，政府应当增加对教育、医疗卫生等人力资源的投资，帮助贫困农民提高人力资本，提高劳动力转移的可能性。

参 考 文 献

阿马蒂亚 S. 2001. 贫困与饥荒——论权利与剥夺[M]. 王宇，王文玉译. 北京：商务印书馆.
蔡昉. 2007. 穷人的经济学：农业依然是基础[M]. 北京：社会科学文献出版社.
蔡昉，都阳，陈凡. 2000. 论中国西部开发战略的投资导向：国家扶贫资金使用效果的启示[J]. 世界经济，（11）：14-19.
黄季焜，马恒运，罗泽尔. 1998. 中国的扶贫问题和政策[J]. 改革，（4）：72-83.
李小云，张雪梅，唐丽霞. 2005. 我国中央财政扶贫资金的瞄准分析[J]. 中国农业大学学报（社会科学版），（3）：1-6.
刘文璞. 1999. 农业发展与贫困的缓解[J]. 中国社会科学院研究生院学报，（5）：15-25.
苗齐，钟甫宁. 2006. 中国农村贫困的变化与扶贫政策取向[J]. 中国农村经济，（12）：55-61.
瑞沃林 M. 2005. 贫困的比较[M]. 赵俊超译. 北京：北京大学出版社.
舒尔茨 T. 2002. 对人进行投资：人口质量经济学[M]. 吴珠华译. 北京：首都经济贸易大学出版社.
王开良. 2003. 增加人力资本投资是促进农业剩余劳动力转移的根本途径[J]. 经济师，（11）：12，13.
Ravallion M. 1995. Growth and poverty: evidence for developing countries in the 1980s[J]. Economics Letters, 48（3/4）：411-417.
Ravallion M, Chen S. 2007. China's (uneven) progress against poverty[J]. Journal of Development Economics, 82（1）：1-42.
Ruben R, van den Berg M. 2001. Nonfarm employment and poverty alleviation of rural farm

households in honduras[J]. World Development, 29（3）: 549-560.

Yao S, Zhang Z, Hanmer L. 2004. Growing inequality and poverty in China[J]. China Economic Review, 15（2）: 145-163.

Zhang Y, Wan G. 2006. The impact of growth and inequality on rural poverty in China[J]. Journal of Comparative Economics, 34（4）: 694-712.

Zhong F, Miao Q. 2007. Changes in rural poverty and policy options for rural poverty reduction in China[C]//Poverty Reduction Strategy in the New Millennium: Emerging Issues, Experience and Lessons. Beijing: China Finance and Economics Publishing House: 311-321.

第22章　新型农村合作医疗不同补偿模式的收入分配效应[①]

运用基尼系数和洛伦兹曲线评价新型农村合作医疗不同补偿模式的收入分配效应，从微观层面对不同补偿模式下不同收入水平农户实际获得新型农村合作医疗补偿的数量进行实证分析。结果表明，新型农村合作医疗对发生医疗支出群体收入公平的影响显著为正，即新型农村合作医疗的补偿更倾向患病群体，且收入低的群体获得的补偿高于收入高的群体；不同补偿模式调节收入分配的力度不同，与家庭账户相比，住院统筹或住院统筹加门诊统筹的补偿模式更有利于低收入人群。

22.1　引　　言

收入再分配是针对市场一次分配不公平进行的。20世纪以来，各国政府为减轻由市场产生的收入分配不平等状况采取了各种措施，如建立社会保障体系。

一般认为，因疾病导致的健康医疗支出和劳动力损失是个人和家庭的一种主要风险，通过医疗保险在不同群体中分散疾病所带来的风险，或者对低收入者进行医疗补助，可以调节高收入者和低收入者、高风险群体和低风险群体之间的收入分配。因此，医疗保障可以在国民收入再分配中发挥重要的作用（权衡，2006）。

中国以政府投资为主的新型农村合作医疗制度（以下简称"新农合"）是中央政府为实现低收入农户拥有医疗享有权而实行的一项重要举措。近年来，中央

[①] 原载《中国农村经济》2010年第3期，作者为谭晓婷、钟甫宁。题为"新型农村合作医疗不同补偿模式的收入分配效应——基于江苏、安徽两省30县1 500个农户的实证分析"。

和各级政府不断加大对新农合的补贴力度,政府补贴资金已占资金筹集总量的75%左右。集体与政府补贴资金的投入,在一定程度上能够帮助农民减轻医疗支出负担,提高农民的就诊率和住院率(颜媛媛等,2006)。但是,社会公众普遍要求新农合不仅提高全社会医疗服务利用率,还要在一定程度上调节国民收入再分配,即重点帮助低收入群体解决"看不起病"和"因病致贫"的问题。那么,政府补助资金能否通过当前的新农合制度有效地发挥收入再分配作用?它会对农村居民收入分配产生何种影响?它是扩大了还是缩小了收入差距?本章拟在已有研究的基础上,采用实证方法更全面地回答这些问题。

已有研究大多集中于新农合补偿前后农村居民对医疗服务设施的利用是否公平方面(高梦滔等,2005;封进和秦蓓,2006;解垩,2009),而对于新农合能否通过收入再分配机制改善农民收入分配的公平性、改善程度如何,主要还停留于理论层面的讨论,鲜有经验研究的证明。新农合按地区统筹(以县为单位),地区之间的情况差别很大,不同补偿模式对于各个地区农村居民收入分配的影响也不相同,必须用实证的方法加以检验。首先,补偿模式是保住院还是保门诊、筹集资金统筹使用还是设立家庭账户,他们的收入再分配功能显然有别;其次,不同补偿模式的起付线、封顶线、报销比例决定了可以报销的医疗费用,若自付比例过高导致低收入群体无力享受医疗卫生服务,补偿就可能主要惠及看得起病的高收入群体,产生"逆向补贴",即享受医疗卫生服务补偿的群体和低收入群体不相重合,在按人头平均收费和只报销部分医药费用的情况下,高收入群体由于一般比低收入群体更多地利用卫生资源,就可能受到低收入群体的补贴(朱玲,2000)。

本章利用来自江苏、安徽两省 30 县 1 500 个农户 5 956 个农民个体的调查资料,通过计算分析农民人均纯收入基尼系数在医疗支出发生及新农合补偿后的变化,评价不同补偿模式下新农合对收入分配公平程度的影响;并且从微观角度实证考察新农合补偿在高收入和低收入群体间的实际利用状况,特别是不同补偿模式下补偿收入在高收入和低收入群体间的分配。研究余下的结构安排如下:第 2 小节是对分析框架和采用的计量模型的介绍,第 3 小节是关于数据的说明和描述性分析,第 4 小节是对估计结果的讨论,第 5 小节是简要结论及政策含义。

22.2 分析框架和模型

医疗保险可能具有两方面的功能:单纯的风险分散功能和收入转移功能。由于个人的健康状况存在不确定性,医疗保险可以在年轻人和老年人、健康人和病人之间实现风险共担。在单纯的风险分散方面，医疗保险费用由群体的平均发病概率和平均医疗费用来决定，相当于健康状况较好的人会补贴健康状况较差的人。另外，医疗保险降低了病人自行支付的医疗费用，有可能鼓励低收入病人更多利用医疗服务并更多享受补偿，从而在一定程度上承担收入转移的功能。单纯的风险分散功能通常应当由商业性保险来承担，社会公众有理由期望政府主导的医疗保险同时具备收入转移功能，至少应当保证低收入群体获得自己应享受的一份。

补偿规则在一定程度上决定了医疗保险的收入再分配是否公平。根据健康保险的原理，最有经济效率的风险分担方式，莫过于在较大的投保人群中对发生频率较低但治疗费用较高的疾病进行保险（费尔德斯坦，1998）。但是，效率高并不等于公平性也高。根据中国农村的实际情况，如果将保险重点放在大病救助且只报销部分医疗费用上，低收入群体面对大病时就可能因缺乏支付能力而选择放弃治疗或治疗不彻底，而高收入群体则可以选择充分治疗，结果就是富裕农户享受补偿资金的可能性更大，相当于低收入群体补贴高收入群体。为了弥补这一可能的缺陷，很多地区的新农合制度对门诊费用也进行补偿，主要有门诊统筹和家庭账户两种模式。门诊统筹模式是指将新农合的一部分筹集资金用于建立门诊统筹基金对门诊医疗支出按比例由门诊统筹基金统一补偿，具有在门诊支出不同的群体之间转移收入的功能；家庭账户模式则是以户为单位建立账户，仅在家庭成员内部实行互助共济。家庭账户本质上是一种强制定向储蓄，再分配的功能很弱，但可能对看不起病的收入最低的群体相对有利。上述情况表明，新农合很可能对高收入群体更有利，在收入分配功能方面顶多是中性的，这也是目前许多研究得到的共同结果。

如果考虑到健康需求是一种缺乏弹性的消费行为，还可能出现另外一种情况。通常人们遭遇疾病冲击后才产生对医疗服务的需求，高收入个体尽管生病后更有可能就诊，但因为健康状况更好因而实际就诊数量并不更多（Li and Zhu, 2006；解垩，2009）。在收入与健康状况正相关的前提下，如果补偿门诊费用，低收入群体从医疗保险中得到的相对收益也许比想象中的高。因此，各种补偿模式对于收入分配的影响不能仅凭逻辑分析，更需要经验研究的证明。

本章运用基尼系数从总体上度量新农合对农民的收入再分配效应，通过计算分析农民人均纯收入基尼系数在医疗支出发生前后及新农合补偿后的差异来观察新农合对收入分配的影响。具体说来，第一步，根据农户调查数据计算农村居民人均纯收入基尼系数；第二步，计算人均纯收入与每个样本个体看病支付费用的差额，以此为基础求得新的基尼系数；第三步，利用第二步计算的差额与新农合支付补偿数据（即该农民的医疗支出中由新农合报销的费用）之和，再次计算其基尼系数并进行比较。

计算基尼系数的方法有如下几种：几何方法、基尼的平均差方法（或相对平均差方法）、斜方差方法、矩阵方法。本章选择了 Yao（1999）利用电子表格工具介绍的一种计算方法：假定样本人口可以分成 n 组，设 W_i 和 P_i 分别代表第 i 组的人均收入份额和人口频数（$i=1,2,\cdots,n$），对全部样本按人均收入由小到大排序后，基尼系数（G）可由（22-1）式求出：

$$G = 1 - \sum_{i=1}^{n} 2B_i = 1 - \sum_{i=1}^{n} P_i (2Q_i - W_i) \qquad (22\text{-}1)$$

其中，$Q_i = \sum_{1}^{i} W_i$ 为从 1 到 i 的累积收入比重；B_i 为洛伦兹曲线右下方的面积；W_i、P_i 从 1 到 n 的和为 1。这种方法的好处是能够处理不均衡分组的情况，直观简洁并且精确。

为了控制解释收入差距变化的相关因素，具体考察医疗支出补偿更多地被哪个收入群体的农民获得，本章构建计量模型从微观层面考察在不同补偿模式下不同收入水平的农户所获得医疗支出补偿的差异。

研究数据中存在很多医疗支出补偿为零的样本，在实证分析中如果剔除这些样本，用 OLS 进行估计分析，将会导致样本选择偏误；如果包含这些样本，忽略是否发生医疗支出以及发生多少医疗支出这两种决策的差异，同样也会导致估计偏误。解决大量零值数据问题常用的方法是 Heckman 两步法。第一阶段利用所有观测数据，对是否发生了医疗支出采用二值 Probit 模型来分析，是否发生医疗支出的决策可以用医疗参与方程来表示

$$Y_{i1} = X_{i1} \delta_1 + \alpha + \varepsilon_i \qquad (22\text{-}2)$$

式（22-2）表明，是否发生医疗支出 Y_{i1} 是由可观测的相关变量 X_{i1} 和不可观测的变量 α 共同决定的。如果发生了医疗支出，则 $Y_{i1}=1$；否则，$Y_{i1}=0$。其中，X_{i1} 为第 i 个样本个体的特征变量，包括年龄、性别、受教育程度、收入、自评健康状况等，还可以纳入补偿模式虚拟变量以测算新农合不同补偿模式对医疗支出的影响。ε_i 为误差项。

根据式（22-2）得到估计值 $\hat{\delta}_1$，然后对每个 i 计算逆米尔斯比率：

$$\lambda_i = \frac{\phi(X_{i1} \hat{\delta}_1)}{\varphi(X_{i1} \hat{\delta}_1)} \qquad (22\text{-}3)$$

其中，$\phi(X_{i1} \hat{\delta}_1)$ 和 $\varphi(X_{i1} \hat{\delta}_1)$ 分别表示以 $X_{i1} \hat{\delta}_1$ 为变量的标准正态分布的密度函数和累计密度函数。

第二阶段利用选择样本，即 $Y_{i1}=1$ 的观测数据，做如下回归：

$$\ln Y_{i2} = X_{i2} \delta_i + \mu_i \qquad (22\text{-}4)$$

其中，$\ln Y_{i2}$为第二阶段的被解释变量，即农民个体i过去一年获得新农合补偿数量的自然对数值。第二阶段的解释变量X_{i2}包含以下四类变量：①个人特征（年龄、性别、受教育程度）、自评健康状况、收入，它们会通过影响农户医疗支出继而影响得到多少补偿。其中，收入用家庭人均年收入比个人收入更为合适，因为在农村家庭成员一般是以整个家庭的经济情况作为决策的基础，且这种度量也降低了收入对于某个家庭成员健康状况的敏感程度（Gertler et al., 1987）。②影响报销能力的因素，包括家里是否有人是村干部、是否有人是党员，党员、干部一般对合作医疗的条件更加了解，对报销程序也更加知晓，可以在规定的范围内报得更多的医疗支出。③合作医疗的补偿模式。补偿模式对报销金额有两个影响机制：一是直接影响报销数量的起付线、封顶线和补偿比例；二是通过影响医疗支出的数量间接影响补偿数量。为了观测不同补偿模式对不同收入群体的影响，研究引入了补偿模式与收入的交互项。④筹资标准。研究在模型中放入了地区虚拟变量，以控制一些地区间的不可观测因素。应当强调的是，医疗支出的数量不能直接放入模型，因为补偿模式与医疗支出之间具有很强的内生性，只能通过个体特征、自评健康状况、收入等影响医疗支出的因素进入方程。μ_i是误差项。

Heckman两步法要求X_{i1}是X_{i2}的一个严格子集，λ_i是根据第一阶段方程计算出的逆米尔斯比率，利用全部样本将Y_{i1}对X_{i1}做概率介于0、1的二值估计来得到估计值1，然后便可以估计2，这个程序在计量经济学中被称为Heckman两步法，因Heckman（1979）的贡献而得名[①]。

22.3 数据说明

22.3.1 数据来源和基本描述性统计

研究使用的数据来自2006年10月中国社会科学院人口与劳动经济研究所联合南京农业大学委托国家统计局江苏调查总队、安徽省农村社会经济调查队在两省选取30个县（区、市）所做的新型农村合作医疗机构调查及农户调查。机构调查表对每个县（区、市）的基本情况及合作医疗保障方式进行了详细了解，包括调查县（区、市）基本情况、新农合补偿模式及标准、卫生经费支出情况、新农合覆盖情况、资金筹集情况及资金使用情况等方面。

---

① 关于选择性偏误与Heckman两步法的详细说明，请参阅Heckman（1979）。

调查人员从每县（区、市）抽取 50 户进行农户调查，共 1 500 户农户，包含 5 956 个农民的信息。调查人员采取按收入水平排序的等距随机抽样方法，从国家统计局的固定样本户中抽选样本，针对家庭结构、个人健康状况、合作医疗使用情况、劳动与工资收入等情况进行了详细调查。该项调查专门为新农合研究设计，详细记录了被调查农户中的每一个个体过去一月内及过去一年内看门诊和住院的情况。本章的目标是验证新农合补偿与收入之间的关系，为避免短期内发生医疗支出的样本量过小，所以，选择过去一年内个人的医疗支出和新农合的补偿情况做实证分析。样本的基本情况见表 22-1。样本中安徽省新农合缴费标准为人均 10 元/年，江苏省新农合缴费标准为各县人均 15~50 元/年不等。

表22-1　主要变量的描述性统计

变量名称	变量定义	全部样本	参加合作医疗	未参加合作医疗
年龄/岁	实际年龄	35.97（18.50）	36.97（18.51）	32.92（18.15）
受教育年限/年	在正规学校里受过正规教育的年限	7.08（4.26）	6.93（-4.04）	7.54（4.83）
性别	男=1，女=0	0.51	0.51	0.53
家庭是否有党员	是=1，否=0	0.26（0.44）	0.28（0.45）	0.22（0.41）
家庭是否有村干部	是=1，否=0	0.11（0.32）	0.12（0.33）	0.07（0.26）
自评健康状况	与同龄人相比：非常好=1，比较好=2，一般=3，比较差一些=4，非常差=5	2.74（0.78）	2.77（0.78）	2.64（0.78）
筹资标准/元	每人每年新农合筹资水平，包括中央财政补助、地方财政补助、个人缴费	28.97（14.08）	34.1（7.65）	0
家庭人均年收入/元	家庭年纯收入除以家庭人口	7 462.05（21 881.32）	7 435.23（21 571.31）	7 543.5（19 644.33）
医疗支出/元	过去一年内农民个人发生的医疗支付	346.42（2 988.02）	371.28（3 306.19）	270.88（1 681.61）
医疗支出补偿/元	过去一年内农民个人从新农合报销的费用	45.68（580.08）	58.59（666.79）	0
观测值个数/个		5 956	4 485	1 471

注：括号内的数字为标准差；家庭是否有党员、家庭是否有村干部、家庭人均年收入三个变量均是以户为单位计算得到，同一户内每个人的观测值相同；筹资水平以县为单位统一标准，同一县（区、市）内每个人的筹资水平相同。

22.3.2　样本地区新农合的补偿模式

2006 年，30 个样本县（区、市）中的 27 个启动了新农合试点，3 个尚未启动。补偿模式大致可以分为四种类型：第一种类型是只补住院，即只在住院（大病）层面上统筹，只报销住院支出；第二种类型是住院+门诊统筹，即报销农民住院支出的同时，利用门诊统筹基金对参加新农合农民的门诊医疗支出给予一定的补偿；第三种类型是住院+家庭账户，即对住院支出进行补偿的同时，利用一部分筹集资金建立家庭账户，为日常的小额门诊支出提供补偿，该账户只能用于该农户内部家庭成员的门诊消费；第四种类型是住院+门诊+家庭账户，即在第二种补偿模式的基础上设立家庭账户，为参加新农合农民日常的小额门诊支出提供补偿。2006年，样本县（区、市）采取这四种补偿模式的比例分别是11.11%、25.93%、37.03%、25.93%（表22-2）。

表22-2 样本县（区、市）新农合补偿模式——按每县（区、市）农民人均纯收入分组

模式	低收入组	中等收入组	高收入组	合计
只补住院	0	3	0	3（11.11%）
住院+门诊统筹	0	3	4	7（25.93%）
住院+家庭账户	3	2	5	10（37.03%）
住院+门诊+家庭账户	4	3	0	7（25.93%）
合计	7	11	9	27（100.00%）

注：根据本章样本的特征，划分"人均纯收入≤3 000元"为低收入组，"3 000元<人均纯收入≤4 000元"为中等收入组，"人均纯收入>4 000元"为高收入组

如表22-2所示，采取第一种补偿模式即只补住院的地区仅为3个，绝大部分样本县（区、市）均采取住院统筹加设至少一项家庭账户或者门诊统筹的补偿模式。研究发现，采取第一种补偿类型的地区，全部是中等收入组，低收入组实施的补偿模式全部包含有家庭账户（第三种或第四种）。可能的原因是，经济较为落后的地区农民支付能力弱，是否设立家庭账户并补偿门诊小额支出不仅影响他们生病后是否就诊，甚至影响他们是否愿意参加合作医疗。所以，即使家庭账户管理成本较高，当地县（区、市）新农合管理部门仍必须保留家庭账户；而经济较为发达地区选择采取门诊统筹或家庭账户，可能是因为它们有能力在补偿住院费用的基础上再补偿一些小病的医疗支出，使得补偿模式多样化，可以惠及更多的农民。在后面的实证分析中，为了便于说明，用是否设有家庭账户、是否设有门诊统筹两个虚拟变量更直观地代表新农合的不同补偿方式。

22.4 实证分析结果

22.4.1 基尼系数的比较

本章所采用的方法在应用时遇到一种困境：一些农民的医疗支出高于其收入，洛伦兹曲线位于横坐标轴以下，从而可能导致基尼系数的低估。本章采取的

并认为可行的校正方法是将洛伦兹曲线在横坐标轴以下的面积取绝对值再计算基尼系数。

计算结果如表 22-3 所示。以江苏省无锡市锡山区为例：农民人均纯收入的基尼系数值为 0.412 5；减去过去一年门诊和住院医疗支出总和后，基尼系数升高 0.009 5，表明不均等程度更高；新农合补偿医疗支出后基尼系数下降 0.007 9，表明与发生医疗支出后的农村居民收入相比，新农合补偿缓解了医疗支出导致的收入不平等程度。新农合对改善不同群体收入分配（基尼系数）的作用，即缓解医疗支出影响的程度为 83.2%（0.007 9/0.009 5=83.2%）。其他各县（区、市）的情况以此类推。

表22-3　新农合对发生医疗支出样本群体收入分配（基尼系数）的影响

地区	农民人均纯收入/元	补偿模式	初始基尼系数	医疗支出后系数变化	新农合补偿付后系数变化	新农合对改善群体收入分配（基尼系数）的作用
江苏省无锡市锡山区	8 002	2	0.412 5	0.009 5	-0.007 9	83.2%
江苏省泰州市靖江市	5 521.5	2	0.427 3	0.077 6	-0.056 0	72.2%
江苏省扬州市高邮县[a]	4 928	2	0.400 8	0.040 0	-0.047 9	119.8%
江苏省盐城市滨海县	4 260	2	0.390 2	0.082 9	-0.043 1	52.0%
江苏省苏州市吴中区	8 760.2	3	0.425 6	0.089 3	-0.065 5	73.3%
江苏省南通市海门县[b]	6 558	3	0.398 0	0.168 2	-0.069 7	41.4%
江苏省南京市江宁区	6 320	3	0.411 5	0.087 1	-0.041 5	47.6%
江苏省镇江市丹阳县[c]	6 258	3	0.418 5	0.037 9	-0.022 1	58.3%
安徽省马鞍山市当涂县	4 398	3	0.459 7	0.119 1	-0.010 3	8.6%
安徽省宣城市宁国市	3 954	1	0.364 1	0.099 7	-0.060 4	60.6%
安徽省宣城市广德县	3 753	1	0.411 8	0.040 5	-0.046 8	115.6%
安徽省铜陵市铜陵县[d]	3 251	1	0.402 3	0.064 6	-0.030 1	46.6%
江苏省连云港市赣榆县	3 760	2	0.400 5	0.103 6	-0.063 8	61.6%
江苏省淮安市涟水县	3 576	2	0.374 4	0.096 7	-0.059 4	61.4%
安徽省安庆市桐城市	3 728	3	0.395 5	0.084 6	-0.009 6	11.3%

续表

地区	农民人均纯收入/元	补偿模式	初始基尼系数	医疗支出后系数变化	新农合偿付后系数变化	新农合对改善群体收入分配（基尼系数）的作用
安徽省合肥市肥西县	3 209	3	0.425 8	0.094 5	−0.016 8	17.8%
安徽省芜湖市繁昌县	3 895	4	0.386 4	0.098 7	−0.000 2	0.2%
安徽省滁州市天长市	3 803	4	0.397 8	0.074 1	−0.027 8	37.5%
安徽省巢湖市含山县	3 135	4	0.411 1	0.086 5	−0.026 2	30.3%
安徽省黄山市休宁县	2 988	3	0.472 2	0.082 1	−0.037 6	45.8%
安徽省淮南市凤台县	2 818	3	0.396 8	−0.010 7	−0.008 5	79.4%
安徽省安庆市岳西县	1 849	3	0.479 5	0.085 8	−0.030 3	35.3%
安徽省池州市东至县	2 711	4	0.394 3	0.102 5	−0.037 8	36.9%
安徽省滁州市凤阳县	2 658	4	0.393 4	0.102 3	−0.035 5	34.7%
安徽省六安市金寨县	2 045	4	0.436 1	0.036 8	−0.031 4	85.3%
安徽省安庆市望江县	1 998	4	0.331 8	0.062 3	−0.017 1	27.4%
安徽省某县	1 796	未试点	0.401 1	0.052 1	0	0
安徽省某县	1 602	未试点	0.401 7	0.076 4	0	0
安徽省某县	2 724	未试点	0.461 0	0.089 4	0	0

注：①a. 1991年2月，经国务院批准撤县设市（县级），同年4月1日，正式建高邮市
　　　b. 现为江苏省南通市海门区
　　　c. 1987年12月，丹阳撤县设市，仍由镇江市管辖
　　　d. 2015年撤销铜陵县，设立铜陵市义安区
②补偿模式对应表22-1

虽然对基尼系数的统计分析不能控制其他可能影响收入差距变动的因素，但是，根据计算结果，结合对样本县（区、市）农民人均纯收入及补偿模式的比较，还是可以做出一些基本判断的。

第一，在高收入县（区、市），第二种补偿模式，即住院统筹加门诊统筹，改善基尼系数的作用（83.2%、52.0%、119.8%、72.2%）略高于第三种补偿模式，即住院统筹加家庭账户（8.6%、47.6%、73.3%、41.4%、58.3%）。并且高收入县（区、市）采取第二种补偿模式的，改善基尼系数的作用高于中等收入、低收入县（区、市），这可能是因为高收入县（区、市）的筹资水平也较高，对于发生的医疗支出报销比例更高，新农合补偿的作用比较大。

第二，在中等收入县（区、市），第一种补偿模式改善基尼系数的作用均非常明显，分别为 115.6%、60.6%、46.6%，明显高于第四种补偿模式的 37.5%、30.3%、1.6%；而第三种补偿模式，即住院统筹加家庭账户，对改善基尼系数的作用较低，仅为 11.3%和 17.8%。第三种补偿模型和第四种补偿模式比较，平均来说也是第四种补偿模式改善基尼系数的作用大一些。

第三，在低收入县（区、市），仅有两种补偿模式，全部包含家庭账户，这两种补偿模式对基尼系数的改善作用孰优孰劣也不明显，但是第四种补偿模式的作用平均略大于第三种补偿模式作用。

22.4.2 新农合补偿与收入关系的计量分析

获得新农合补偿的前提是开展了合作医疗，并且发生了符合规定的医疗支出。这一小节的研究首先剔除了 3 个没有开展合作医疗的县，其次再考察发生医疗支出和获得补偿的样本。剩余样本包括27 个县（区、市）、1 350 户、5 057 个样本个体的观测数据；3 466 个发生了医疗支出的样本个体进入了第二阶段估计，其中，2 834 个样本获得了医疗支出补偿，632 个样本得到的医疗支出补偿为0。表 22-4 汇报了 Heckman 两阶段模型估计结果。

表22-4　Heckman两阶段模型估计结果

变量名称	第一阶段：Probit 模型 是否发生医疗支出（全部样本） 系数	t 值	第二阶段：OLS 估计获得补偿数量（有医疗支出样本） 系数	t 值
年龄/岁	0.000 7 (0.001 5)	0.46	0.004 6 (0.008 2)	0.56
受教育年限/年	−0.007 5* (0.006 2)	−1.21	−0.003 8 (0.026 9)	−0.24
性别（男=1，女=0）	0.006 7 (0.051 5)	0.13	−0.117 7 (0.227 0)	−0.90
家庭是否有村干部（是=1，否=0）	—	—	0.543 7** (0.266 3)	2.04
家庭是否有党员（是=1，否=0）	—	—	−0.139 7 (0.182 1)	−0.77
自评健康状况比较好（基组：非常好）	0.031 8 (0.113 6)	0.28	−0.166 0 (0.346 0)	−0.48
自评健康状况一般（基组：非常好）	0.046 2 (0.078 6)	0.59	−0.057 5 (0.241 4)	−0.24
自评健康状况比较差（基组：非常好）	0.378 1*** (0.124 3)	3.04	1.070 0** (0.486 9)	2.20
自评健康状况非常差（基组：非常好）	0.689 3*** (0.185 9)	3.71	2.705 3*** (0.755 9)	3.58
收入/元	−2.02 × 10⁻⁵* (1.02 × 10⁻⁵)	−1.99	−5.45 × 10⁻⁵ (4.05 × 10⁻⁵)	−1.95

续表

变量	第一阶段：Probit 模型 是否发生医疗支出（全部样本）		第二阶段：OLS 估计获得补偿数量（有医疗支出样本）	
	系数	t 值	系数	t 值
是否设有家庭账户（是=1，否=0）	0.211 7*** (0.075 4)	2.81	−0.137 0*** (0.285 9)	−3.21
是否设有门诊统筹（是=1，否=0）	0.206 5* (0.080 5)	1.57	0.641 6** (0.328 5)	2.39
家庭账户×收入	$-1.13 \times 10^{-5**}$ (9.33×10^{-6})	−2.14	$2.08 \times 10^{-5***}$ (3.2×10^{-5})	3.55
门诊统筹×收入	-2.15×10^{-5} (1.01×10^{-5})	−1.01	$-5.18 \times 10^{-5*}$ (4.07×10^{-5})	−1.27
筹资标准/元	−0.017 4 (0.008 3)	−1.09	0.009 1* (0.033 6)	1.37
省虚拟变量（安徽省=0，江苏省=1）	−0.012 1 (0.156 6)	−0.58	−0.275 6 (0.546 8)	−0.50
常数项	−0.941 2*** (0.143 5)	−7.68	4.601 4** (1.743 8)	2.64
逆米尔斯比率（λ）	—	—	−0.164***	−2.78
样本数/个	5 057		3 466	
最大似然估计	−13 174.53		−1 350.779	
P 值	0.00		0.00	
Wald 检验	91.65***		59.31***	

*、**和***分别表示在10%、5%和1%水平上显著；括号内的数字为标准误

第一阶段医疗参与方程的估计结果显示，健康状况差的农民更倾向发生医疗支出。收入对发生医疗支出的概率有负向影响，收入越低，越可能发生医疗支出（这个结果在 10%的统计水平上显著），表明低收入者健康状况可能较差。补偿模式的系数及其与收入交互项的系数显示，设有家庭账户和设有门诊统筹的补偿模式都使得农民尤其是低收入农民更倾向发生医疗支出，即鼓励低收入农民患小病后也去就医，其中，家庭账户及门诊统筹虚拟变量分别在 1%和 10%的统计水平上显著，家庭账户与收入交互项在 5%的统计水平上显著，且呈负向影响，显示在设有家庭账户的补偿模式中，高收入群体发生医疗支出的概率低于低收入群体，有可能是因为低收入者更频繁地利用了家庭账户中的资金，而高收入者由于健康状况更好或消费习惯等一些原因，家庭账户中的资金沉淀较多。另外门诊统筹与收入交互项不显著。

第二阶段医疗支出补偿的线性方程的估计结果表明，不仅健康状况差的农民得到的补偿数量更多，低收入群体也获得了更多的补偿（收入对补偿数量有负向影响），前文担心的"逆向补贴"问题没有出现，可能的原因是江苏省和安徽省农村发达程度较高，面对疾病冲击时大多数农民包括低收入者均选择积极应对。

这些结果验证了前文所述的假说,即健康需求缺乏弹性的特点使得补偿更倾向患病群体,而收入对健康水平有正向影响,因而低收入群体可以获得的改善收入分配的收益较高。收入与家庭账户交互项的系数显示,在设有家庭账户的补偿模式中,高收入群体获得了更多的补偿。这可能是因为家庭账户占用了部分筹集资金,资金用于共济的部分减少,导致大病支出的报销比例降低,影响了低收入群体对于患大病的就医能力,他们仅能获得家庭账户中有限的资金补偿,对新农合的利用能力降低。设有家庭账户对获得补偿数量也有显著的负向影响,除以上原因,可能与家庭账户容易带来合作医疗资金的沉淀有关。收入与门诊统筹交互项的系数显示,在设有门诊统筹的补偿模式中,补偿资金对改善低收入群体收入绝对量的效果也更好,并且设有门诊统筹对获得补偿数量有正向影响。另外,地区筹资标准越高,农民获得补偿数量越多。

在其他控制变量中还有两个具有显著的影响。受教育程度对发生医疗支出概率的影响为负,这说明,受教育程度越高的人发生医疗支出的可能性越小,可能原因是受教育程度较高的人,其健康水平也相对较高。另外,家里是否有村干部对报销得到的补偿数量有正向影响。

总结以上分析结果,本章发现:健康状况差的群体获得了更多的补偿,低收入群体获得的补偿并未低于高收入群体;但是,采取家庭账户补偿模式使高收入群体获得了更多的补偿。值得一提的是,在以上回归中,逆米尔斯比率都是显著的,表明新农合补偿存在选择性偏误问题,因而使用 Heckman 两阶段模型是合适的。

22.5 结论及政策含义

本章考察调查地区新农合制度不同补偿模式对农户收入差距的影响。基尼系数计算结果显示,医疗支出的发生会使得基尼系数上升,收入不平等加剧,说明医疗支出确实是导致贫富差距拉大的一个重要原因,必须采取相应的公共卫生政策改善低收入者的福利。实施新农合补偿后基尼系数下降,表明新农合补偿使收入差距得到改善。进一步的分析表明,不同的补偿模式对基尼系数的影响有差异;在不同收入水平地区,住院+加门诊统筹的补偿模式改善收入分配的作用优于住院+家庭账户的补偿模式改善收入分配的作用。

对补偿分布的实证研究结果表明,新农合补偿更倾向患病群体,且收入低的农民获得的补偿高于收入高的农民,说明新农合一方面缓解了农村地区收入不平等的状况,另一方面缩小了患病群体与健康群体间的收入差距,改善了低收入群体的就医水平。研究结果还表明，不同补偿模式调节收入分配的力度不一样：家庭账户的补偿分布不利于低收入群体，与住院统筹的补偿模式相比，扩大了收入差距；而门诊统筹的补偿模式有利于缩小收入差距。

基于以上结论，本章认为，仅从收入分配的角度来讲，新型农村合作医疗总的发展趋势应该是逐步淡化家庭账户，过渡到以住院统筹为主或住院统筹与门诊统筹兼顾为主的补偿模式。在医疗基金的划分比例上，还是应适当向统筹账户倾斜，坚持以统筹使用部分为主体。只有保证共济账户的基金数额，才能更好地解决农民因病致贫、因病返贫的问题。

参 考 文 献

费尔德斯坦 P J. 1998. 卫生保健经济学[M]. 4 版. 费朝晖，李卫平，王梅，等译. 北京：经济科学出版社.
封进，秦蓓. 2006. 中国农村医疗消费行为变化及其政策含义[J]. 世界经济文汇，（1）：75-88.
高梦滔，高广颖，刘可. 2005. 从需求角度分析新型农村合作医疗制度运行的效果——云南省 3 个试点县的实证研究[J]. 中国卫生经济，24（5）：9-12.
权衡. 2006. 收入分配与社会和谐[M]. 上海：上海社会科学院出版社.
宋明山，潘迎冰，罗力，等. 2006. 浙江省新型农村合作医疗改善农村居民收入分布公平能力的评价研究[J]. 中国卫生经济，25（2）：34-36.
解垩. 2009. 与收入相关的健康及医疗服务利用不平等研究[J]. 经济研究，44（2）：92-105.
颜媛媛，张林秀，罗斯高，等. 2006. 新型农村合作医疗的实施效果分析——来自中国 5 省 101 个村的实证研究[J]. 中国农村经济，（5）：64-71.
朱玲. 2000. 政府与农村基本医疗保健保障制度选择[J]. 中国社会科学，（4）：89-99.
Gertler P, Locay L, Sanderson W. 1987. Are user fees regressive? The welfare implications of health care financing proposals in Peru[J]. Journal of Econometrics, 36（1/2）：67-80.
Heckman J J. 1979. Sample selection bias as a specification error[J]. Econometrica, 47（1）：153-161.
Li H, Zhu Y. 2006. Income, income inequality, and health: evidence from China[J]. Journal of Comparative Economics, 34（4）：668-693.
Yao S. 1999. On the decomposition of Gini coefficients by population class and income source: a spreadsheet approach and application[J]. Applied Economics, 31（10）：1249-1264.

第六篇
可持续发展

第23章 中国在耗竭世界资源吗
——兼论可持续发展问题[①]

人类的经济活动离不开自然资源，要生产就要消耗自然资源，而且有一些还是无法再生的资源。从可持续发展的角度来看，保护环境和维持自然资源的动态平衡是人类面临的最重要问题之一。决定资源消耗速度的根本因素是消费方式，而且商品贸易本质上是资源的贸易，生产中大量消耗资源的国家其最终资源消耗未必就多，因而将资源紧缺问题归咎于生产者是片面的。但是，资源及其产品市场的供求变化趋势以及环境问题是产地人民必须面对的问题，也是产地人民可能将被迫支付的沉重代价。因此，无论是确定重点发展的产业还是调整现有的产业结构，都必须全面分析完全的经济成本，包括未来的供求变化，也包括环境成本。

23.1 引 言

近年来世界能源和其他基本资源价格上涨速度较快，在一定程度上影响了一些国家的经济增长。一些人将之归咎于中国的经济增长，指责中国的经济的增长速度及其方式消耗资源过多，因而推动了资源价格的上涨。我国一些学者出于转换增长方式和可持续发展的考虑，也强调中国经济增长中资源消耗超常的问题，如最近经常看到的一组数字："2004 年，中国的 GDP 约占全球的 4%，但消耗的一次性能源约占全球的 12%，淡水占 15%，氧化铝占 25%，钢材占 28%，水泥占 50%"，等等。也有一些人指出中国进口资源的数量及其增长导致的现实和潜在问题。但是，世界资源消耗过快、资源价格上涨过快真的是由中国造成的吗？真的是中国强加于世界的问题吗？

本章从人口和资源的分布、国际贸易在经济发展中的作用以及高能耗产品的

[①] 原载于《现代经济探讨》2006 年第 2 期，作者为钟甫宁。

国际贸易等方面入手，试图对上述问题提供比较全面的解答，同时讨论我国现阶段工业化方向及实现方式是否合理的问题。

23.2 资源交换的必然性——最终消费决定资源消耗

无论将世界作为一个整体来考察还是分别考察任何一个国家，各种资源的地理分布都呈现出很大差异：一方面，有的国家或地区某些资源很丰裕或比较丰裕但缺乏另一些资源；有的国家或地区多数资源都相对贫乏而另一些国家或地区多数资源都很丰裕。但是，即使是多种资源都相对丰裕的国家或地区，各种资源也不可能等比例地均匀分布，而且总会缺乏某些资源。另一方面，人口的地理分布虽然决定经济的发展，因而与资源的丰裕程度密切相关，任何国家或地区的人口密度却不可能同时与各种或大多数资源的丰裕程度保持一致。因此，如果严格地画地为牢，不但各国、各地区的生产和消费结构就完全受限制于本国或当地的资源，而且其经济增长的速度在很大程度上受限制于资源中的"短板"，资源配置的效率必然低下，绝大多数人的福利水平也一定低于可能达到的程度。

幸运的是，我们的祖先早就找到了解决资源分布不平衡这一难题的方法，即通过交换，包括资源和资源产品的交换，来缓解因资源分布不平衡而产生的问题。地区间贸易和国际贸易的历史大约与人类有文字记载的文明史一样久远，为提高大多数人福利做出了长期的重大贡献。工业革命以来，国际化的浪潮更把整个世界变成日益统一的大市场，各国、各地区依据自己拥有的资源和经济发展程度占据对自己最有利的位置，形成各自的生产结构，在世界大市场的框架中交换资源及其产品，最大限度地满足本国、本地区人民的消费需求。生产的分工不仅可以提高全球的资源配置效率，也可以提高全球的福利水平。

从生产领域来看，无论各国、各地区的生产结构如何不同，都是国际分工的结果，同时也为世界各国人民提供他们所需要的产品。由于初始的资源禀赋不同，经济发展的程度不同，有些国家或地区的生产结构偏向于知识和技术密集的行业，在生产中更多地使用资金和高技术人力资本；而另一些国家或地区的生产结构则偏向于资源和劳动力密集行业，在生产中更多地使用自然资源和初级人力资本。但是，无论哪一类国家，其消费结构都不同于生产结构：前者用资金和高技术劳动力资本生产的产品交换后者用自然资源和初级劳动力生产的产品。尽管前者在生产中可能消耗自然资源不多，但其人民最终消费产品中所包含的自然资源却可能很多。因此，真正导致资源耗竭的是这个世界的消费方式，尤其是高消费国家的消费方式。

在告别短缺经济以后，我们很容易理解当今世界的现实经济是需求拉动的，我们面对的是买方市场，顾客是上帝。导致珍贵皮毛动物灭绝的真正罪魁祸首是穿戴这些皮毛制品的人而非偷猎者；同理，对自然资源的真正压力来自消费者，来自最终需求，包括其数量、结构和增长速度，与直接使用自然资源的生产者关系不大。当然，不同国家生产同类产品消耗的资源率可能有很大区别。但是，事实是高资源消耗产品的生产往往是从经济发达、资源消耗率较低的国家转移到经济相对落后、资源消耗率高的国家。这种生产的转移通常出于经济的原因而不是强制或被迫的结果，而且，无论资源消耗率较低的发达国家是否指责该产品生产对资源的压力，它们通常既不减少对这些产品的最终需求，也不接手用资源消耗率低的方式生产这些产品。这就是说，经济和技术相对落后的国家尽管资源消耗率较高，但同类产品的生产总成本却低于资源消耗率较低的发达国家，发达国家（以及全球）消费者追求降低消费品价格以提高自身福利的行为才是高资源消耗产品生产地点转移的真正原因。

即使忽略生产结构与消费结构的区别，或者说暂时假定各国、各地区之间只交换资源和中间投入而不交换最终消费品，只要有交换的存在，经济发展水平大体相同的国家和地区人民不但消费水平会大体相当，而且消费结构也会自动趋同。通过用相对丰裕的资源交换相对稀缺的资源，发展水平接近的各国、各地区生产技术和人均资源消耗量也会趋同，而且这一过程必然表现为某些国家长期保持较大数量的自然资源净进口，即用人力资源或资金交换其他国家的自然资源。根据国务院政策研究室副司长刘建生的介绍，"我国人均矿产资源占有量很低，只有世界平均水平的58%，排在世界第53位。45种主要矿产资源人均占有量不到世界平均水平的一半，铁、铜、铝等主要矿产资源储量只有世界人均水平的1/6、1/6 和 1/9"[①]。因此，如果假定中国目前经济发展和人均收入相当于世界平均水平，人均消费的自然资源也应当大体相当于世界平均水平，因而必然要大量进口上述自身稀缺的自然资源。从这一角度来看，目前中国进口和消耗的自然资源不算多，而且今后一段时间还可能继续增长。

23.3 高能耗产品国际贸易现状——消费与生产结构差异的例子

前面已经说过，任何一个国家的消费结构都可能与生产结构不一致，因而大量进口自然资源的国家或地区未必真的多消耗自然资源，而对自然资源的压力来自对资源产品的最终需求。很明显，只要存在需求，就有人会去生产；中国不生

---

① 马勇、杨进欣：《科技日报》2005年8月18日。

产,一定会有其他国家生产。反过来也一样,如果中国消费者有需求而自己不生产,那么,我们也会进口这些商品以满足消费者的需求。如果简单以生产阶段消耗资源的数量做判断,未免偏离了实际情况。近年来中国制造业产品的出口迅速增长,实际上相当大一部分是加工进口资源产品再出口的增长。因此,中国在生产阶段直接消耗的资源(包括进口的资源)实际上有相当大一部分是生产以后出口供进口国消费者最终消费的;中国资源消耗量的增长在一定程度上反映了世界最终消费增长对资源的压力,而不仅是中国经济增长(及其增长方式)对资源的压力,甚至可以说主要压力并非源于中国选择的生产方式。

我们可以用高能耗产品的国际贸易为例来说明这一问题。根据《中国能源统计年鉴》上的分类,高能耗行业主要包括冶金和金属制品以及化工行业。按照上面的推论,金属制品及其再加工产品的进出口,以及化工产品的进出口,就是其生产过程中所消耗的能源的贸易。一个国家如果大量进口这些产品,尽管其不直接进口能源(如石油和煤炭),也不直接从事冶金和化工生产,它仍然在大量进口和消耗能源,即进口和消耗在生产阶段转化成产品形态的能源。

如果单纯考察金属制品贸易,我国是能源净进口国。根据联合国《商品名称和编码协调制度》(HS 编码)分类,2004 年我国钢铁(HS72)、钢铁制品(HS73)、铜及铜制品(HS74)、镍及镍制品(HS75)铅及铅制品(HS76)、铝及铝制品(HS78)、锌及锌制品(HS79)和锡及锡制品(HS80)等 8 大类金属制品净进口总额达 121 亿美元,同时电机产品(HS85)的净进口总额也达到 102 亿美元,似乎中国以这些产品的形式大量从国外间接进口能源。但是,如果同时考察可能用这些产品加工后再出口的产品,情况就不同了:2004 年我国锅炉机器(HS84)、铁道车辆(HS86)和船舶(HS89)三大类产品的净出口总额就达到 311 亿美元。由于这三类产品的主要原材料是金属及其制品,实际上其中包含的进口能源产品又外销出口了,而且还要加上加工过程消耗的能源。

在主要的高能耗化工产品中,我国 2004 年木浆(HS47)、玻璃及制品(HS70)、纸及纸板(HS48)、水泥(HS68)4 大类产品的净进口总额达 60 亿美元,而烧碱(HS281512)、纯碱(HS283620)、氮肥(HS3102)、磷肥(HS3103)、钾肥(HS3104)、复合肥(HS3105)、化纤长丝(HS54)和化纤短丝(HS55)等 8 大类产品的净出口总额仅为 6 亿美元,两者相抵,净进口总额为 54 亿美元。但是,如果加上地毯(HS57)、特种机织物(HS58)、针织物(HS60)、针织服装(HS61)、非针织服装(S62)、其他纺织品(HS63)、鞋类(HS64)和帽类(HS65)等 8 大类纺织品的净出口总额 800 亿美元,即使只计算其中的化纤原料,恐怕我国化工行业产品(包括加工产品)的贸易不但变净进口为净出口,而且净出口的数量还很大。

高能耗产品的贸易仅是一个例子,其他基础性自然资源的贸易也可能呈现类似的趋势。我们进口资源和资源产品，不但因为我国大多数资源的人均占有量大大低于世界平均值，而且因为我国正在成为世界制造业中心，通过再加工改变进口的资源及其产品的形态，然后出口供其他国家人民最终消费。如上所述，一些高能耗产品的生产加工转移到中国不仅是中国的选择，也是世界人民的选择，是世界消费者追逐低成本、低价格商品的必然结果。因此，资源问题上的中国威胁论根本没有科学依据。

23.4 生产结构调整的方向和原则

即使上述数据的简单比较能证明我国是高能耗产品的净出口国，没有"额外"消耗世界的能源，也不能简单推论我国应当发展高能耗的重化工行业。推翻虚假的"中国能源威胁论"是一回事，确定生产结构调整方向是另一回事；我们没有加剧世界能源的紧缺状况不等于我国最适合发展高能耗行业。如何调整现有行业结构，如何确定未来的行业发展方向，最基本的原则仍然是成本收益分析、资源配置效率、市场供求趋势和是否能保持并且提高长期稳定发展的能力。

成本收益的分析必须完整、科学，既不能忽略外在成本，也不能漏记各种政策支持所提供的实在的和隐含的补贴，更不能将预期收益水平建立在高风险的假设条件上。现实生活中一个常见的问题就是用企业财务分析代替经济分析，即不计算政策成本，将各种补贴、无偿投资和税收减免直接等同于项目的收益，因而高估了项目的盈利能力。这种思路往往表现为首先根据某些原则确定要发展的行业，其次为了推进发展目标的实施制定支持政策，再根据既定的支持政策计算盈利水平，最后依据这种高估的盈利水平论证发展该行业的合理性。不难想象，如果这样选择并支持某一行业的发展，其后果往往使该行业的发展以至生存将长期依赖政府的支持。另一种常见的问题是承认短期亏损和政策支持的必要性，但预期未来充分发挥生产能力以后将转亏为盈。这时候，对未来市场供求及价格走势的预测将扮演决定性的角色。预期过于乐观必然导致决策错误，而用虚假的乐观预期来骗取短期支持的现象也不少见。如果先确定重点发展行业，然后再论证发展该行业的合理性包括盈利能力，很难完全避免上述两种问题。

在决定发展何种行业以前先做成本收益分析实际上就是进行资源配置效率的分析。因为重点发展何种行业尚未决定，必然需要比较各种行业的成本收益，因而比较的标准就不再是某行业的成本收益如何，而是同等投入条件下哪一个行业收益更高，即如何在不同的行业中配置资源效率更高。不与其他行业比较，单纯分析某一行业的成本收益，对于制定生产结构调整政策和行业发展政策是没有意义的,甚至是误导的。对于中国而言,由于劳动力资源存量巨大且远远没有充分就业,优先发展劳动力密集型行业具有特殊的重要意义,其重要性不但在于充分利用现有资源加速发展国民经济,而且在于改善收入分配、构建和谐社会。

成本收益分析和资源配置效率分析都需要一定的前瞻性,因而需要准确把握市场供求的变化趋势。从产出的角度来看,如果一种商品的需求收入弹性高,表明随着收入的提高消费者对该商品的需求将更大程度地增加,因而该行业的发展前景良好,反之亦反。从投入的角度来看,如果一种产品的生产大量使用稀缺资源,暂时又看不到廉价替代资源出现的可能性,那么该产品的生产成本就面临巨大的上升压力,消费者可能转向其他可替代的商品,该行业的前景就不那么乐观,反之也一样。从一般趋势来看,大量消耗基础资源的重化工行业就面临成本持续上升的压力,而且其最终产品的消费水平增长有限,特别是在高收入阶层消费者中间,重化工产品的消费比重通常呈下降趋势,服务消费水平则明显加速上升。如果我国大量投资重化工行业,大幅度增加全球的市场供应,就可能在加速拉升原料价格的同时自己压低产品价格,从而完全背离原先对成本收益的分析结果;如果投资造成的沉淀成本不能及时收回,则损失可能更大。

除了资源是否会耗竭、能否及时找到替代物以外,决定能否实现可持续发展的另一个重要因素是环境的保护。资源和产品的市场是全球统一的,但环境首先是我们自己的。我们为全球的消费者生产,因而不必为进口和使用外来资源的数量多少而感到不安。但是,如果破坏了我们赖以生存的环境,则代价由我们独自承担。如果我们没有正确计算环境破坏的代价,没有要求生产者支付这种隐含的成本并转嫁给最终消费者,将由我们的后代和我们一起用牺牲自己利益的方式来增进外国消费者的福利。任何行业的发展规划中,如果没有科学评估对环境的影响,没有通过适当而必要的手段将环境成本强制性地内在化,就可能是以牺牲长远利益的方式追求短期发展的目标,以牺牲自己利益的方式改善别人的福利。

23.5 结 论

综上所述,指责中国的经济发展正在耗竭世界资源是没有道理的,说中国的经济发展(及其方式)威胁整个世界的资源也是没有道理的。生产方式和资源消耗速度是消费者最终决定的。只要存在这种生产方式,而且消费者选择了这种方式生产的产品,问题就不再是谁从事这种生产。即使中国不采用这种生产方式,不生产这些产品,也会有其他国家用同样的生产方式生产这些产品;而另一些国家自己不生产但却大量消费这些产品,正如美国自己不生产(或少生产)却大量进口高能耗产品一样。当然，正如前面已经说过的那样，从整个世界经济体系来看，生产、流通、消费是一个有机整体，其地域分布及其变化有其自身的规律，简单指责任何一个国家都可能是片面的、缺乏科学依据的。

真正的问题在于，道德上的评议是苍白的，我们也没有理由单独承担人类发展过程中的必然出现的重负。对我们来说，中国人民的长远福利应当是最重要的目标。在选择重点发展的行业以及制定结构调整政策时，是否正确计算和比较不同行业的经济成本和收益，是否科学地预测原料和产品市场未来的供求趋势，以及是否准确评估了环境成本并使之内在化才是问题的关键。我们必须对自己负责，对后代负责。如果我们从这样的角度考察问题而不是仅仅讨论资源消耗问题，也许我们对经济结构的调整以及是否在一段时间内需要重点发展重化工行业可以得到更科学的结论。

参 考 文 献

王冲. 2005-12-02. 建议中美开展能源合作计划[N]. 中国青年报.
吴占宇. 2005-09-06. 中国发展不会威胁世界资源供给[N]. 上海证券报.

第24章　GDP统计的若干理论和实践问题[①]

GDP是一个中间指标。GDP的数值及其增长率不能证明增长能否持久，当年生产的GDP仅部分满足我们的最终需要。人们为追求GDP的高速增长既可能损害自身持续增长的基础，也可能损害GDP所服务的最终目标。应当对GDP的源泉、生产的目的给予更多的关注，对支出法GDP进行更多的研究和分析。GDP仅是"诊断"指标而不能作为"考核"指标。如果作为"考核"指标，而且被考核对象又被赋予经济决策权和资源配置权，则GDP这一指标就必然被误用、滥用并带来严重后果。

24.1　可持续增长的基础是增加财富存量并改善结构

可持续发展绝不仅是计算并扣除GDP生产（和消费）过程对资源和环境造成的负面影响的问题；重要的是必须统计产生GDP的源泉，即各种资本的存量及其变动与当前GDP流量的关系可持续发展的基本概念要求至少保持人均广义资本类财富不减少，以便子孙后代有能力至少生产出与现在同等水平的人均商品和服务。根据这一原则，世界银行1995年提出了一套国民财富指标，试图测定各国财富总量、人均拥有量及其构成（World Bank，1995）。国民财富共分为人工生产的资产、自然资本和人力资源。由于三者在生产过程中的作用可以互相替代，可持续发展并不一定要求自然资本的总量和人均数量不变。通过比较GDP（流量）与财富（存量）及其结构的变化，我们可以判断一个国家的经济增长是否可持

[①] 原载于《经济学家》2004年第6期，作者为钟甫宁。

续，是否以牺牲未来为代价争取短期的高速增长。

1996年世界银行扩大了资本类财富的范畴，即增加了社会成本，从而形成四大类资本：人工生产的资本、自然资本、人力资本和社会资本（Serageldin，1996）。世界银行的另一份研究报告进一步测定了世界各国的人均资本类财富拥有量及其构成（World Bank，1997）。根据这份研究报告，中国人均资本占有量在25 000美元至50 000美元之间，在所研究的92个国家和地区中排第56位（苏联和东欧国家不包括在内）。如果单独比较人均自然资本，中国则以2 670美元与多哥并列第68位。

世界银行研究报告中可持续增长的最终目标仍然是流量（GDP）的增长，只不过更强调流量的长期稳定增长，同时与经济目标并列增加了社会目标和环境目标。为了避免短期增长与长期增长的矛盾，增加了一个监控目标（中间目标），即考察产生流量（GDP）的源泉——资本类财富本身的水平、结构和增长；具体手段是通过投资的数量与结构来影响资本（财富源泉）的数量与结构。

如果进一步分析各类资本在GDP生产过程中的作用以及等量投资对各类资本存量增长的不同作用，我们就可以发现投资的结构对可持续发展大有影响。自然资本的价值在生产过程中完全转移到产品中去；人工生产的资本在生产过程中提供服务，价值逐渐、部分转移到产品中去；人力资本在正常使用范围内除了年龄增长引起的磨损外，却可能因经验的积累而增值，从而可以在今后生产过程中提供更多、更有效地服务，即其价值可能减少不多、不减少甚至增加；社会资本的作用也一样，各种制度在实施过程中可以更趋完善，从而产生更大的激励作用，或者允许其他要素更有效地发挥作用。

各种资本的减少都可以通过投资来弥补，即使自然资源也不例外：投资可以发现新的资源，或者找到原有资源新的更有效的利用方式。但是，等量投资的效果却可能大相径庭。通常来说，投资于人工生产的资本和自然资本的边际报酬较低且递减，而投资于人力资本的边际报酬却较高并可能递增，投资于社会资本的结果可能与人力资本相同。不仅如此，人力资本的积累还可以提高机器设备的效率，提高发现新的自然资源、开发资源的新用途等经济活动的效率，从而增加人工生产的资本和自然资本的价值，提高其在GDP生产过程中的效率。社会资本的积累显然也有类似的作用。

但是，投资于机器设备等有形资产对GDP流量的增长可能立竿见影，而对人力资本和社会资本的投资却需要长期积累和"发酵"，尽管长远作用很大，但短时间内也许看不到GDP流量的增长。在讨论可持续发展的制度安排时人们经常指出公共产权的缺陷，主张通过私有化解决短期利益与长期利益冲突的问题。与私人所有者相比，官员通常无须关注自己能够支配的公共资产的长期收益。因此，在官员通过行政手段配置资源并试图从短期可见的"政绩"中获益时，资本积累的重要性远不如当年 GDP 的增长，为了加快任期内 GDP 的增长，哪怕减少甚至毁灭已有财富也可能在所不惜；当分配投资时人力资本和社会资本的重要性远不如机器设备和基础设施等有形资产，更不如标志性市政建设。

24.2 满足我们需求的不仅仅是当前的生产

20 世纪 70 年代末 80 年代初全国范围内曾经开展过一场关于生产目的的大讨论，当时的核心问题是积累与消费的比例问题，批判过去实施优先发展重工业战略时期积累率过高是"为生产而生产"，导致人民生活水平长期得不到提高，劳动积极性低下并反过来影响生产力的提高。现在我们似乎有必要再次讨论生产的目的是什么。不过，这次的重点应当是更全面地审视我们究竟消费什么，与当年的生产及其产品有什么关系。

毫无疑问，生产的目的是消费，但实际消费的并不都是当年生产的，因而有相当一部分没有统计在当年的 GDP 之内，如耐用消费品、住房、耐用公共品、公共基础设施（包括公共空间）、自然环境与景观等，它们为人类提供长期服务而不是简单地被一次性消耗掉。随着人们生活水平的提高，耐用消费品、住房、耐用公共品、公共基础设施、自然环境与景观所提供的服务对我们越来越重要，占我们总效用的比重也越来越大。也就是说，我们实际享受的总效用中，当年 GDP 及其服务的重要性不断下降。

并非所有的破坏都是必要的，或者所有的破坏都是经济上合理的，或者所有的破坏都是消费者权衡利弊自主决策的结果。许多破坏活动消耗或者浪费了本来可以增加实际消费或财富的经济资源，因而减少了我们现在和未来的消费。因此，不仅 GDP 本身，甚至 GDP 带来的收入，也可能与生产的目的不一致。值得一提的是，许宪春 2002 年就曾经指出，西方"GDP 增长率不高，但是财富积累很快"，"中国的情况与西方国家正相反，GDP 增长率很高，但是财富损失得也快，缺乏积累财富的观念"（马克，2002）。与上节的分析相似，官员对"政绩工程"的热衷极可能增加与生产目的背道而驰的建设和破坏。西欧和北美多数城市的市政建设与民用建筑长期保持原样，GDP 较低的增长率仍然提供了较高的实际享受。如果我们能实证分析"经营城市"过程中公私财富及其服务的减少，以及相应 GDP 与实际消费的变动状况，将提供非常有意义的研究结果。问题是，如果我们让居民自己来决定建设项目及其筹资方式（包括增加税费的种类和数量），他们会做同样的决策吗？

实际效用与统计数字不一致的另一个重要方面是 GDP 统计范围与我们日常

消费有明显区别。除了前面已经分析过的消费类财富提供的服务外，最重要的就是不经过市场也不计入 GDP 的活动。通常人们最常提到的是家务劳动等服务，并且也会提到家务劳动改为付费服务后就增加了 GDP。事实上远不止这些。以文化活动为例，我们也许可以从欣赏李白和杜牧的诗、苏东坡和柳永的词与欣赏现代某签约作家的作品中得到同样的满足，但前者过去和现在都不创造 GDP，而后者却创造日益增加的 GDP。其他一切不经过市场交易的、与 GDP 统计无关的消费（效用），如艺术、亲情、友情、伦理、闲暇，甚至空间都一样，虽然能满足我们的欲望却既不创造 GDP 也不带来收入，因而在生产 GDP 的过程中都当作无用之物而牺牲或放弃了。我们对收入和有形物质财富的追逐在有意无意地减少以至消灭这些表面上没有市场价值的东西从而减少了自己实际能够享受的效用。

应该说，这和商品经济的发展密切相关。商品经济的全球化把一切有价值的东西都变成商品，同时把一切不能用市场价格来衡量的东西都归之于"无价值"的无用之物。同时，我们也应当指出，政府官员对 GDP 的追求更加重了这一倾向，不仅因为行政的干预、舆论的误导，更因为对物质财富的追求被套上了一层爱国主义的光环。

24.3　支出法 GDP 统计揭示的两个重要问题

如果我们仔细研究支出法 GDP 的统计数据，一定能得到许多有价值的结果。首先引起我们注意的是投资和消费的比例。从支出法 GDP 的统计中可以看到，最终消费率（消费率）和资本形成率（投资率）从 1978 年到 2002 年大体上保持 6∶4 的比例（中华人民共和国国家统计局，2003）。这就是说，最终消费（部分）和 GDP 总量（总体）的增长率应当大体上相同，否则最终消费占 GDP 总量的比重必然发生变化，消费率和投资率的比例也必然发生变化。支出法 GDP 统计仅给出了各类支出按当年价格计算的总量和比重，没有直接给出按可比价格计算的分类增长率，因此必须进行某些换算才能比较人均消费和 GDP 的增长率是否一致。

最终消费分为居民消费和政府消费，但这两部分的比例 20 多年里大体上保持在 1∶0.2 左右未变，因而可以用居民消费增长率代替消费增长率。从《中国统计年鉴》中提供的数据可以看到，全国居民消费水平的绝对数乘以年末人口总数等于支出法 GDP 中的居民消费总额[①]；同时年鉴中也给出了按可比价格计算的居民

---

① 每年差额不到 0.5%，可以看作合理的统计误差，也许和使用年末人口数有关。

消费水平的增长率。因此，我们可以用居民消费水平的增长率代替最终消费的增长率，并把它与人均 GDP 的增长率进行比较。根据上述数据，以 1978 年为基期，2002 年全国城乡居民消费水平指数为 521.1%，平均每年递增 7.1%；而人均 GDP 指数为 639.7%，平均每年递增 8.0%，两者相差近 1 个百分点。

这样一来，我们就发现了一个数学上根本不能成立的难题：如果人均 GDP 和消费水平的增长率可靠，消费率（消费占 GDP 比重）就应当持续下降，从 1978 年的 60%下降到 2002 年的不足 50%；而如果消费率真的基本未变，最终消费的增长速度就应当与 GDP 总体的增长速度一致。问题在哪儿？如果 GDP 未高估的话，最可能的原因就是价格指数有问题，即计算不同统计量的各种价格指数相互之间有冲突，不能让最终结果保持平衡。一个可能的解释是，我们可以把投资品和消费品两大生产部门看作两个国家或地区，各有自己独立的价格指数，同时两者之间的"货币汇率"也可能发生变化；但是，实践中因使用共同货币，这种"汇率"的变化得不到反映。因此，尽管 2002 年投资与消费的比例未变，但是，如果按 1978 年两大部门间的相对购买力指数计算，消费的比重已经大幅度下降。如果这一大胆假设成立或部分成立，其政策含义也很重要：按实际购买力指数计算的投资率已经大大超过我们统计数字所显示的水平，因而继续增加投资对 GDP 增长的拉动作用远不会有过去那么大；今后的经济增长应当主要靠扩大需求来拉动。

支出法 GDP 揭示的另一个问题是存货的增长。资本形成总额包括固定资本形成和存货增加两部分，而存货增加包括被动增加，即因各种原因无法销售的商品。存货总量与货币类似，每年适度增长是必要的，其合理数量应当与当年经济活动总量保持一定比例，超过合理数量的存货是被迫库存的滞销货。因此，库存总量和存货增加量过大无疑会造成资源和产品价值的浪费。

著名中国问题专家 Lardy（2002）在讨论中国 GDP 统计数据时曾经指出，美国每年存货净增加量相当于当年 GDP 的 0.5%，而中国改革开放以来平均每年存货增加量高达当年 GDP 的 5%。根据《中国统计年鉴》的数据重新计算，可以看到，如果对各年存货增加占当年 GDP 的比重加总，1978 年到 2002 年 24 年的总和为 134.1%，简单平均值为 5.36%。这就是说，24 年里至少有 1 年生产的 GDP 总额被白白浪费了[①]。值得欣慰的是，1998 年以来存货增加占 GDP 的比重已经大幅度下降，2000 年甚至是负值，即当年动用了过去的库存。

无论是积累和投资率过高还是存货增长占 GDP 比重过大，都显然与经济体制有关。在决策主体追求最大利润和最大效用的市场经济环境中，没有人会为了抽象的 GDP 统计数据而牺牲自己可能获得的利润或者可以享受的效用。消费者和纳

---

① 如果累积到 1997 年，则总量为 129.5%，平均每年 6.8%。

税人行使自己权利的结果必然迫使生产者仅生产符合消费需求、能够卖得出去并且盈利的商品和服务，同时也迫使政府的决策能够保证生产者能够实现这一目标。如果政府官员能够影响经济并且追求以 GDP 为标志的短期"政绩"，这两方面的问题就一定会产生。

24.4 考察GDP的适当框架

从上面的分析可以看到，GDP 指标的运用应当严格加以限制。为了突出可持续发展和以人的全面消费为核心两大目标，本章提出下面的框架，试图将 GDP 放到适当的位置，以便更好地探讨如何运用这一重要指标。

图 24-1 中实线箭头表示物质的实际转移和消耗，相应的价值也同时全部转移；虚线箭头表示提供服务，价值部分转移、不转移甚至增值（如人力资本在生产过程中的积累）；宽箭头表示"破坏性"投入，即生产过程中未计算的财富存量的破坏和减少。由于社会资本的性质及其在生产中所起的作用等类似于人力资本，为了简便起见没有单独表示而归并于人力资本之中。

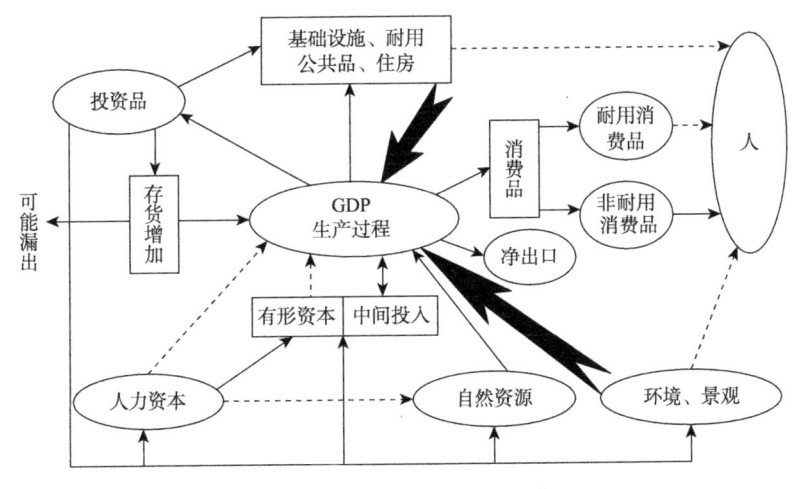

图24-1　GDP在经济活动中的位置

从图 24-1 中可以看到，GDP 本质上是一个中间指标，而且远没有反映最终目标的全部内容。GDP 的生产建立在资本类财富之上，同时又通过投资（GDP 的分配）影响资本类财富的数量与结构。生产 GDP 要消耗自然资源，同时也需要有形资本（即人工生产的资本）和人力资本（包括社会资本）提供的服务，前者是价值的全部转移，后者是价值的部分转移、不转移甚至反而增加。中间投入既是产品也是投入，两者数量相同；库存增加按照统计口径计入投资，这里不单独考虑。生产的最终产品和服务及 GDP 可以分解为投资、消费和净出口三部分。由于我国支出法 GDP 统计中居民消费中仅计算住房的房租部分，住房建设本身算投资，为了避免与其他投资混淆，图 24-1 中从 GDP 到住房又加了一个实线箭头。投资品有三个去向：一是投向基础设施、耐用公共品、住房，直接向消费者提供服务；二是变成存货增加，可能在今后重新进入 GDP 的生产过程，但也可能成为某种"漏出"；三是投向资本类财富，补充或增加今后 GDP 生产的源泉。其中投向人力资本和社会资本的部分有可能直接间接增加人工生产的资本和自然资本的数量，或同时改善其质量。

生产 GDP 的目的是满足人的部分消费需要。耐用消费品、非耐用消费品，加上基础设施、公共耐用品和住房等提供的服务，即当年生产的 GDP 和过去 GDP 的积累所提供的服务并不能涵盖我们享受的全部效用；环境和景观也向消费者提供服务。但是，GDP 的生产过程可能导致"破坏性"投入，即有意无意地减少和破坏基础设施、耐用公共品、住房、环境、景观及其向消费者提供的服务。文化、艺术、亲情、友情、伦理、闲暇，甚至空间等方面的享受没有在图 24-1 中反映出来。但是，图 24-1 中表示的"破坏性"投入也适用于文化、艺术、亲情、友情、伦理、闲暇，甚至空间等方面的享受。

如果过分追求当前 GDP 的增长，不但可能影响后代保持和扩大生产的能力，而且可能在事实上降低我们实际享受的效用。也就是说，可持续发展（GDP 的源泉）和生产的目的（GDP 的最终目标）都可能因追求当前的 GDP（中间指标本身）而牺牲，结果中间目标成了最终目标，人类的经济活动变成了数字游戏。

24.5 结　　论

综上所述，GDP 仅是一个中间指标。GDP 的数值及其增长率不能证明增长能否持久，甚至也不能证明其绝对水平不会下降；GDP 的可持续增长取决于产生 GDP 流量的源泉——资本类财富的存量和结构及其变化。GDP 的增长方式和速度决定了资本类财富存量减少和结构恶化的速度，而 GDP 的分配方式则决定了资本类财富存量是否会增加、结构是否会优化，以及增加和优化的速度如何。当年生产的 GDP 提供了满足我们最终需要的部分商品和服务，往年 GDP 累积的消费类财富提供了我们最终需要的另一部分商品和服务（主要是耐用公共品、基础设施、住房等提供的服务），而环境、景观和其他不经过市场交换的享受则提供了我们最终需要的剩余部分。构成当年 GDP 的商品的种类、GDP 的增长方式和速度决定了财富能否积累以及积累或破坏的速度，同时也决定环境、景观和其他不经过市场交换的享受是否减少或破坏，以及减少或破坏的速度。当然，如果我们真的希望，也可以通过改变 GDP 的生产方式、增长速度、产品结构和投资分配结构等途径增加环境、景观和其他不经过市场交换的享受。

很明显，片面追求 GDP 的增长有害无利。人为追求 GDP 的高速增长既可能损害持续增长的基础，也可能损害 GDP 所服务的最终目标。如果消费者、生产者和纳税人能够充分行使自己的主权，经济活动多半会自然指向最终目标，同时也会瞄准长期可持续增长，这些可能的弊端就可以避免，或限制在最小的范围内。反过来，如果任由官员为追求"政绩"而控制和影响资源配置，并且根据短期"政绩"决定其升迁，这些潜在的弊病就一定会成为现实，并可能自我加强。

GDP 的伟大之处在于它是现有的最好的综合指标，但仅应当是"诊断"指标而不能作为"考核"指标。作为"诊断"指标，它可以给我们提供关于社会经济运行的比较完整的清晰图像，帮助我们认识当前形势、发现问题并找到解决方案。如果涉及经济的长期发展，GDP 本身还不能给出完整的图像；我们必须了解资本类财富存量的变化趋势。如果作为"考核"指标，而且被考核对象又被赋予经济决策权和资源配置权，则 GDP 这一指标就必然被误用、滥用并带来严重后果，弄虚作假还在其次。同时，必须指出的是，当前经济运行的结果不能简单地等同于消费者最终需要的满足程度。我们必须同时考虑消费类财富的积累及其提供的服务，以及环境、景观和其他一切不经过市场交换的事物提供的服务。

参 考 文 献

马克. 2002-08-01. 中国 GDP 统计数字是否可信？统计局许宪春访谈[N]. 南方周末.

中华人民共和国国家统计局. 2003. 中国统计年鉴（2003）[M]. 北京：中国统计出版社.

朱剑红. 2004-02-02. 把 GDP 放在合适的位置——访国家统计局国民经济核算司司长许宪春[N]. 人民日报.

Lardy N R. 2002. Integrating China into the Global Economy[M]. Washington D.C.：Brookings Institution Press.

Serageldin I. 1996. Sustainability and the Wealth of Nations：First Steps in an Ongoing Journey[M]. Washington D. C.：The World Bank.

World Bank. 1995. Monitoring Environmental Progress：A Report on Work in Progress[M].

Washington D.C.: The World Bank.

World Bank. 1997. Expanding the Measure of Wealth: In-dicators of Environmentally Sustainable Development[M]. Washington D. C.: The World Bank.

第25章 全球化与小农：中国面临的现实[①]

全球化既是工业化的必然结果，又促进工业化的发展和扩散。经济发展必然导致农业在国民经济中的比重持续下降，同时带来转变就业结构的必要性。工业化和全球化加快了这一过程，因而给农民尤其是人口密集的发展中国家的小农增加了更多的压力。为了适应工业化和全球化造成的环境变化，有必要改变公共政策和公共投资的重点，将创造就业、提高劳动力流动性、帮助农民实现劳动力转移作为今后政策调整的主要方向。

25.1 引　言

许多进口农产品的发展中国家的小农担心自己可能成为全球化的牺牲品，因为贸易自由化将迫使他们直接面对大规模现代化生产者的强力竞争。经济发达的主要农产品出口国的大农场充分享有规模经济与先进生产技术，加上政府的大量补贴，有能力大量生产廉价农产品输入原本出口农产品的发展中国家，或者将后者的出口产品排挤出原有的传统市场国。因此发展中国家的小农可能在这一过程中逐渐失去自己产品原有的国内外市场，直接导致就业和收入的萎缩。具有讽刺意味的是，欧美发达国家的大农场主也普遍强烈反对农产品贸易自由化，说明其表面上的价格和竞争优势在很大程度上来自政府的大量补贴和各种保护措施，他们也担心自己成为贸易自由化的牺牲品。那么，是否农业部门在全球化的过程中必然遭受损失？为什么农民看上去这么容易在全球化的过程中受到伤害？

本章试图将农业部门和农村经济的变迁放在工业化和全球化的背景之下，解

[①] 原载于《南京农业大学学报》（社会科学版）2005年第2期，作者为钟甫宁。

释为什么农业在国民经济中的相对地位在工业化和全球化的过程中必然持续下降。因此，农民收入的长期增长不能依赖农业自身的发展；相反，劳动力密集型的非农产业的发展不但是缩小城乡收入差距的关键，而且也有助于整个国民经济的长期、均衡、健康和快速增长。

25.2 全球化与工业化

全球化是工业化的必然结果，在人类发展处于农业社会的千百年历史中，农业生产是经济的主体所生产的农产品主要用于满足生产者家庭（或庄园）成员的消费需要。当然，农产品也在农户家庭、庄园、地区之间甚至跨越国境进行交换；但是，从本质上来看，农业经济基本上是自给自足和自我维持的，剩余农产品的交易仅扮演微不足道的角色。相反，工业生产本身就具有外向性质，工业化因而表现为向外发展和扩张的过程。制造业和采掘业的产品不是为了满足生产者自身的消费需要，必须通过交换才能实现赢利的目的。因此，市场和其他相关设施的建立及发展是制造业和采掘业发展的基础而工业生产者也竭尽全力去发现和打入新市场，同时稳固和扩大原有市场。市场竞争的压力迫使工业生产者不断扩大生产规模、不断追求积聚和集中、不断致力于技术和制度创新，同时根据自己的相对优势实现生产的专业化以及市场和消费者群体的细分；反过来，这些方面的发展进一步要求要素和产品市场规模的不断扩大，以便在更大的范围内动员和配置资源，提高竞争能力和盈利水平。因此，工业化的过程必然使用一切可能力量（包括经济的、政治的力量以及赤裸裸的武力）去打破商品交易的现实和潜在壁垒，无论是家庭之间的，还是地区和国家之间的阻碍流通的壁垒都在打破之列，从而将导致世界经济的一体化。

全球化的进程加快了工业化的速度。纵观当今发达国家的历史，无论是西欧那些面积相对较小和人口相对较少的国家还是美国这样的人口和地面面积大国，开拓海外市场似乎是工业化迅速发展的重要先决条件之一；而不断扩张的海外市场又为这些工业化的先行国家提供了加速发展的无穷机会。面对不断扩大的国际市场，先行一步的发达国家不仅可以更充分地发挥先进技术的比较优势、更大范围地利用生产和流通领域的规模经济以及在一定程度上享有长期或短期的市场垄断地位，同时还可以充分利用以至滥用制定国际贸易规则的权力谋取自身的利益。因此，全球化无疑是工业化国家，尤其是占据领先地位的国家，加速本国经济发展和进一步工业化进程的主要动力源泉之一。

全球化将工业化扩散到世界各地。自然资源并不必然集中在已经实现工业化的发达国家，而流通费用，特别是运输费用则随着产销地点之间的距离而增长，因而生产和流通设施的分布趋向于接近主要市场。同时，经济发展阶段的区别通常导致要素价格特别是劳动力和土地价格的区别，发达国家出口产品的目标市场同时也是劳动力和土地等资源要素价格较低的地方。上述这些因素直接导致发展中国家持续获得不断增长的外国直接投资，从而开始或加速了当地的工业化进程。伴随着外国直接投资带来的经济增长，本地居民的收入不断提高，财富的积累、集中也相应发展，加上现在已经可以得到的先进技术，有力刺激了本地居民的工业投资。当然，工业化的扩散过程并不平稳也不可能为所有国家提供均等的发展机会。由于先进的发达国家通常能够攫取全球经济增长的大部分收益，全球化很可能导致穷国和富国的经济发展水平以及收入差距实际上进一步扩大，只有少数国家能够从低收入国家的群体中脱颖而出进入高收入国家行列。

工业化和全球化可能导致国内不同人群的利益冲突。收入的快速增长改变需求的数量与结构；不断加速的创新和投资不仅导致新部门的建立和发展，也导致原有部门不均衡发展；市场的扩张则为整个经济的进一步非均衡增长提供了更大的机遇，这一切都导致收入和财富在部门间的重新分配。如果能够同时并且充分的重新配置资源，特别是劳动力资源，收入分配就不会成为问题。尽管某些部门的相对增长必然伴随着另一些部门的相对萎缩，但是，资源的重新配置，包括就业结构的充分调整，可以保证各种资源包括劳动力的拥有者都得到公平而合理的报酬。然而现实却不是这样的，原因在于各种资源的流动性存在巨大差别。特别是在农业部门，不但自然资源通常附着于地理条件，而且雇佣大量素质相对较低、人力资源投资严重不足的劳动力，农业资源的流动性相对较低，资源重新配置的进程必然严重滞后，资源报酬特别是劳动力报酬的增长难以跟上社会平均水平。

25.3　工业化与全球化对农村经济的影响

工业化和全球化对农业与农村部门最显著的影响是既降低了该部门的重要性，也降低了该部门在国民经济中的份额。在大多数情况下，农村劳动力的流动性很低这一过程必然导致农业劳动力和农村人口人均收入的相对甚至绝对下降。

如上所述，工业化和全球化加速经济增长，导致人口和人均收入的增长也因此而加快。因为人口和人均收入的增长刺激对食品和其他农副产品的需求，工业化和全球化将增加农业和农民整体收入的绝对量。但是，由于新的部门不断涌现和发展以满足消费者不断增长与变化的需求，制造业和服务业的发展更快，农业在国民经济中的比重迅速下降。同时，随着人均收入的增长，人们消费支出中用于食品的比重不断减少，从而得以享受日益增多的多样化的非食品类的消费与服务。恩格尔系数的下降是经济增长的必然结果，也是全体人民福利水平不断上升的明显标志。显然，农民作为食品和其他农产品生产者的总体收入占国民总收入的比重在经济增长的过程中也必然不断下降。

事实上，如果单独观察任何一种商品，或者所观察的商品分类很细，那么，每一种或每一类商品的需求都会表现出同样的趋势，其购买支出在消费总支出中的比重由初期可能的上升必然转为逐步或者迅速下降，即使住房和汽车的消费也不例外。美国汽车制造业和建筑业产值占国民经济的比重就已经明显下降。工业化和全球化带来的创新和经济增长加速大大提高了新产品发明与发展的机会。同时，工业化和全球化导致的个人收入加速增长引起了对各种产品和服务特别是新产品、新服务的多样化需求。供应和需求两方面共同作用的结果是消费者享受的商品与服务的种类不断增长，而他们支付在任何一种具体商品或服务上的费用占其消费总支出的比重最终必然趋于下降。在这种情况下，可以说消费者福利不断增进的基本表现形式不仅是消费的具体商品的数量的增长，更是消费种类的多元化。我们也可以看到，任何一种商品或服务的总产值或总增加值在整个国民经济中的比重最终必然下降，尽管前期可能会出现一个或长或短的上升阶段。

不过，一种产品或一个部门占国民经济的比重下降并不意味生产该产品和就业与该部门的劳动者的平均收入也相应下降。如果就业结构的变化能够适应产品和需求结构的改变，那么，人和产品的生产者或就业与任何部门的劳动者，只要具有同样的素质并且付出同样的努力，就可以得到大体相同的劳动报酬。这就是说，如果生产要素包括劳动力在不同地区、不同部门、不同产业和不同产品的生产中能够充分自由地流动，收入分配就不是一个严重的问题。相反，如果某些地区或某些部门劳动力的流动性很差，就业结构在很长时间内无法根据需求和生产结构的变化做出有效调整，那么，份额相对下降部门或地区劳动者的平均收入就会低于其他部门或地区劳动者的平均收入，也低于劳动力可以自由流动时本部门和本地区可能得到的平均收入。通常来说，制造业和商业部门劳动力的流动性相对较高，而农业部门特别是发展中国家农业部门劳动力的流动性就很低。

在农业部门由小农占统治地位的发展中国家，劳动力流动性不足引起的收入分配问题特别严重。农业生产的规模小，通常意味着大量的农业剩余劳动力企盼在非农部门获得就业机会；农户经营规模小，尤其是在发展中国家，通常也意味着教育和其他形式的人力资源投资不足，因而农业劳动力缺乏抓住非农就业机会的能力。由于就业结构的调整远远滞后于生产和消费结构，农业和农村中的大量过剩劳动力被迫与家庭成员或邻居分享就业同时也分享数量有限且相对份额已经下降的收入。故城乡居民的收入差距正在持续扩大。

全球化从两方面加强了发展中国家小农的不利地位。首先,当发展中国家经济开始起飞时,世界市场在很大程度上已经被发达国家所占领,同时高效率技术已经趋于资金密集型并日益向这一方向发展。因此,发展中国家就业和劳动力结构的转换空间十分有限。其次,在发展中国家大多数小农不得不依赖小规模农业生产维持生计的同时,来自农民充分享受生产、流通及金融领域规模经济和低成本生产技术往往得到政府巨额补贴国家的进口农产品大量涌入发展中国家的国内市场或第三国市场,严重加剧了发展中国家小农面临的市场竞争。

尽管最终可能提高农民的生活水平,全球化必然将发展中国家的小农推入一个痛苦的转型时期。转型时期的长度和痛苦程度在很大程度上取决于工业化开始时的国内外初始条件。一个国家开始工业化的时间越晚,典型的农场规模越小,农户的数量越大,转型就越困难,需要的时间就越长,农民经受的痛苦也就越深。

政府对农业科研与推广、基础设施建设、农村教育、社会保障计划和制度建设的政策支持和公共投资也是决定转型时期初始条件重要因素和帮助农民度过转型期的有效措施。由于农业占国民经济的份额持续下降,最重要的政策措施是创造非农就业机会并且帮助农民抓住这些机会。

25.4 中国的现状与面临的挑战

过去50多年里,尽管中国农业生产的增长速度远远高于世界上大多数国家,农业占国民经济的份额仍然表现出快速下降的规律。由于农业劳动力占全国就业的份额下降不够快,农民被迫与家庭成员或邻居分享有限的生产资源以维持生计,农户的经营规模不仅没有扩大,其平均水平还有所降低。如上所述,生产份额和就业份额的差距不断扩大,以及农户经营规模过小,必然导致中国农村居民人均收入相对较低并继续相对下降,同时使得中国农民难以面对进口农产品的强力竞争。

从经济恢复后的1952年到改革前夕的1978年,按可比价格计算中国农业的实际GDP增长了70%,26年里平均每年增长2%。与绝大多数发展中国家同时期的发展相比较,中国农业的增长可以说取得了巨大的成功,但仍然无法与改革开放以后中国农业所取得成就相提并论。从1978年到2003年,农业实际GDP在25年里增长了200%,平均每年增长4.5%。然而,尽管农业生产几乎实现了奇迹般的增长,由于其他部门的增长更快,农业GDP占国民经济的比重持续下降,从

1952年的50.5%下降到1978年的28.1%，进一步下降到2003年的14.6%[①]。

农业部门实际就业的劳动力份额也明显下降，但速度相对较慢：1952年农业部门就业人数相当于全国总数的80.3%，1978年下降到70.5%，而2003年又进一步下降到49.1%。这就表明农村人均收入必然不断相对下降：1952年80.3%的劳动力分享50.5%的GDP，1978年70.5%的劳动力分享28.1%的GDP，而2003年则有49.1%的劳动力分享14.6%的GDP。进一步的对比表明，1952年农村劳动力人均生产的GDP相当于全国平均水平的84.4%，1978年这一数字下降到39.9%，2003年则进一步下降到29.7%。如果没有大规模收入转移，生产结构和就业结构失调程度的日益加剧必然导致收入分配的差距不断扩大，而大规模收入转移至少在可以预见的将来不大可能出现在中国。

上述统计数据的简单比较为城乡居民人均收入差距的变化提供了符合逻辑的解释。农村居民人均纯收入与城市居民人均可支配收入的比例1978年为1：2.57，1985年缩小到1：1.86，而2003年又扩大到1：3.23，尽管农业部门在改革过程中取得了令人瞩目的成就。这一事实说明，要将农民人均收入提高到可以与社会其他居民相比较的水平，根本途径只有一条，即大规模转移农村劳动力，确保减少后的农业劳动力占全国就业总量的比重与农业占国民经济的比重大体相当。国民经济的健康发展和社会的安定不仅取决于农民收入的绝对水平；从长期的角度来看，它在更大的程度上取决于是否能成功地缩小不同居民群体之间的收入分配差距。农民人均收入与其他阶层大体相当的必要条件是纯收入或可支配净收入在不同人群中的分配比例大体上等同于人口的分布。换句话说，农民作为总体获得的净收入占全国居民净收入的比例应当大体相当于农民人口比例。这一条件用公式表达如下：

$$\frac{Y_F}{Y_N}=\frac{N_F}{N_N} \text{ 或 } \frac{Y_F}{Y}=\frac{N_F}{N} \quad (25\text{-}1)$$

其中，Y_F表示农民获得的净收入总量；Y_N表示其他居民获得的净收入总量；N_F表示农民人口；N_N表示其他居民人口；$Y=Y_N+Y_F$，$N=N_N+N_F$。

首先，假设农民仅生产食品，其收入也仅来自出售和自己消费的食品的价值。根据这样的假设，他们的收入可以用式（25-2）和式（25-3）来表示，两者的区别在于是否扣除生产和流通成本：

$$Y_F = \delta_N C_N Y_N + \delta_F C_F Y_F \quad (25\text{-}2)$$

$$Y_F = (1-\alpha)(\delta_N C_N Y_N + \delta_F C_F Y_F) \quad (25\text{-}3)$$

其中，C_F表示农民的边际消费倾向；C_N表示其他居民的边际消费倾向；δ_F表示农民的恩格尔系数；δ_N表示其他居民的恩格尔系数；α表示生产和流通成本占

[①] 除非另有说明，统计数据均直接取自于《中国统计年鉴》或根据《中国统计年鉴》数据计算。

销售收入的比重。

扣除生产和流通成本以后，对式（25-3）求解，可以得到农民净收入总量与其他居民净收入总量的比例或者农民净收入总量占全国居民净收入总量的比例，即式（25-4）和式（25-5）：

$$\frac{Y_F}{Y_N} = \frac{(1-\alpha)\delta_N C_N}{1-\delta_F C_F + \alpha\delta_F C_F} \quad (25\text{-}4)$$

$$\frac{Y_F}{Y} = \frac{(1-\alpha)\delta_N C_N}{1-\delta_F C_F + \alpha\delta_F C_F + \delta_N C_N - \alpha\delta_N C_N} \quad (25\text{-}5)$$

如果要农民的人均净收入等同于其他居民的人均净收入，那么，农民和其他居民的人口比例就应当大体相当于农民和其他居民净收入总量之比，或者农民占总人口的比重等于其净收入比重，如式（25-6）和式（25-7）所示：

$$\frac{N_F}{N_N} = \frac{Y_F}{Y_N} = \frac{(1-\alpha)\delta_N C_N}{1-\delta_F C_F + \alpha\delta_F C_F} \quad (25\text{-}6)$$

$$\frac{N_F}{N} = \frac{Y_F}{Y} = \frac{(1-\alpha)\delta_N C_N}{1-\delta_F C_F + \delta_N C_N - \alpha\delta_N C_N + \alpha\delta_F C_F} \quad (25\text{-}7)$$

式（25-6）和式（25-7）清楚地表明，农民净收入总量占全国居民收入总量的比例与边际消费倾向（即恩格尔系数）正相关，同时与生产、流通成本负相关。现实世界中现阶段边际消费倾向可能相当稳定，但农产品生产和流通成本的上升却很迅速。消费者越来越多的购买加工食品，其食品支出总额中由流通、加工、包装、金融等部门得到的份额越来越大，而初级农产品生产者得到的份额则日益减少。同时，随着经济大发展和人均收入的提高，恩格尔系数持续下降，农业占国民经济的比重也日趋下降，因而式（25-4）和式（25-5）的数值不断下降。如果要保持农民人均收入与其他居民大体相等，就必须不断相应降低农民占整个人口的比重，即保证式（25-6）和式（25-7）最左边的分数值也相应下降。

现实生活中农民的净收入不仅来自出售和自身消费的食品价值，他们也生产和出售非食品农产品并从中获得净收入，同时从出口食品中获得净收入。此外，中国农民从非农就业或家庭经营的非农产业中获得收入增长非常迅速。如果我们假定农民从非食品类农产品的生产和销售、从食品出口及从非农产业得到的收入分别相当于其总收入的一定比例，并且用 k、m 和 n 表示，那么，式（25-3）就可以重新表达为式（25-8）：

$$Y_F = (1-\alpha)(\delta_N C_N Y_N + \delta_F C_F Y_F) + kY_F + mY_F + nY_F \quad (25\text{-}8)$$

式（25-6）和式（25-7）可以重新表示为式（25-9）和式（25-10）：

$$\frac{N_F}{N_N} = \frac{Y_F}{Y_N} = \frac{(1-\alpha)\delta_N C_N}{1-(1-\alpha)\delta_F C_F - (k+m+n)} \quad (25\text{-}9)$$

$$\frac{N_F}{N} = \frac{Y_F}{Y} = \frac{(1-\alpha)\delta_N C_N}{1-(1-\alpha)(\delta_F C_F - \delta_N C_N) - (k+m+n)} \quad (25\text{-}10)$$

很明显，来自非食品类农产品的生产、食品出口和非农产业的收入不但可以增加农民绝对收入，而且可以提高农民的相对收入。因此，增加这些来源的收入不但具有增加农民绝对收入的直接意义，而且具有提高或保持农民相对收入从而扩大农村人口、劳动力容量，减轻或延缓劳动力转移压力的意义。

我们可以从《中国统计年鉴》中找到相关的统计数据并且计算出我们所需要的参数。将近几年的相关参数代入式（25-9）和式（25-10）就可以得到下列比例：

$$\frac{Y_F}{Y_N} = 0.319 \text{ 和 } \frac{Y_F}{Y} = 0.242$$

计算结果表明，在目前情况下，如果要让农民的人均收入与其他居民大体相同，农民的人数就应当减少到仅占全国人口的 24%（假定劳动力的比例等于人口比例）。这就是说，大约一半的农业劳动力，或 1.85 亿农业劳动力，需要转移到非农产业。显然，短期内是不可能实现这一目标的。但是，向这一方向的努力一天也不能拖延，因为不断扩大的人均收入差距必然威胁社会和政治的安定，因而也威胁经济的长期稳定增长。

用同样的方法计算，如果中国实现在 21 世纪中期赶上中等发达国家的经济和收入水平，需要转移出农业部门的劳动力数量必然更加巨大。如果将中等发达国家的边际消费倾向、恩格尔系数等参数代入上述公式，同时假定农民从非食品类农产品的生产、食品出口和非农就业中得到的收入比例保持目前的水平，如果仍然要保持农民人均收入与其他居民相同，农民占就业总量的比例必须减少到 3.8%。这就是说，到 2050 年必须为大约 3.5 亿农民创造非农就业机会，或者说，从现在开始每年必须为农村劳动力转移创造 800 万额外的就业机会（钟甫宁和何军，2004）。

另一个相关的重要问题是中国农户经营规模。尽管中国农业劳动力占就业总量的比重在过去 50 年里已经大幅度下降，但是，部分由于人口的快速增长，部分由于土地面积的限制，农户平均经营面积反而有所下降。实际从事农业的劳动力绝对数量从 1952 年的 1.73 亿增加到 1978 年的 2.83 亿，再增加到 2003 年底的 3.65 亿。在 20 世纪 50 年代以后，可耕地的总量就基本保持不变甚至略有下降，因而平均每个农业劳动力实际耕种的土地面积持续减少。

现在的实际情况是平均每个农户 4.4 人，2.82 个整半劳动力，经营 8.8 亩耕地，平均每个农业劳动力每年生产 1 362 千克粮食、15.4 千克棉花、88.9 千克油料作物、174.1 千克猪牛羊肉、148.8 千克水产品、55.2 千克牛奶，当然也生产其他产品，其中 30%~50%的产品用于出售，其余部分用于自己的生产和生活消费。

与欧盟国家平均每个农户经营 30~50 公顷、北美平均每个农户经营 300~500 公顷相比较，中国农户的经营规模只有 0.6 公顷，因而生产率很低，不但导致中国农户净收入低，而且也导致中国农产品在国际市场上的竞争力也低。与主要农产品出口国相比，尽管中国农民平均收入很低，但是单位产量农产品所分摊的劳动力成本却很高。因此，全球化可能给处于困难的转型期的中国农业经济，特别是处于不利地位的小规模农户，带来巨大的额外压力。

25.5　未来的前景

中国农业的未来发展和农民收入的未来增长在很大程度上取决于能否成功地转变整个国民经济的就业结构以及农业内部的产业结构；而就业结构转变的方向和速度又在很大程度上取决于政府的政策、公共投资和公共支出，因为这些因素直接影响技术创新和产业结构演进的方向。显然最首要的任务是创造并长期保持一个有利于农村劳动力在迅速增长的劳动力密集型行业中发现并获得大量非农就业机会的环境。

通过大量创造非农就业机会来转变就业结构并不仅是为了农民或农业劳动者及其家庭成员的利益。减员增效可能是企业甚至整个行业发展的成功战略；但是，它绝不可能是整个国民经济发展的有效战略。我们不能想象一个国家在大量劳动力资源闲置的情况下可以实现最快的长期经济增长。中国是一个人口大国，劳动力是中国经济发展的主要资源。中国经济的长期健康发展显然依赖于有效开发和充分利用丰富的劳动力资源，而就业结构的转变不仅是改善和提高资源配置效率的必要条件，也是提高现有劳动力资源生产率的必要条件。

同样很明显的是大量农业劳动力转移到非农产业部门是扩大中国农户平均经营规模的必要条件，因而也是提高中国农产品国际市场竞争力的必要条件。因此，中国农业的长期增长和农民收入的持续上升有赖于非农产业的迅速发展，尤其是劳动力密集型制造业和服务业的迅速发展；发展农业和增加农民收入不仅需要日益增多的现代技术和要素投入，更需要日益增加的非农就业机会。

现阶段农业内部的结构调整可能具有同样的重要性，因为农业内部不同部门、不同产品的盈利水平和劳动力密集水平有很大差异。改革开放以来，农业内部的结构调整已经为农业部门的迅速增长和农民收入水平的快速提高做出了巨大贡献。据估计，结构调整对农业总产值和农民收入增长的贡献率大约为 50%，即改革开放以来农业经济和农民收入的增长有一半来自资源转向生产报酬更高的部门和产品（Zhong and Zhu，2003）。可以预见，由于工业化和全球化的进程将进一步改变消费者的需求结构，今后农业内部结构的进一步调整可能为加快农业经济和农民收入的增长做出更大的贡献。

很明显目前农业结构调整的目标是增加农民收入。要实现这一目标就要允许并鼓励各种资源转向劳动力密集型产品的生产。改革开放以来政府逐步减少了对农业生产的干预，农民可以将更多的资源转移到报酬较高、劳动力密集程度较高的部门和产品上去，包括园艺产品、畜禽产品和水产品，以及非食品类作物。这种结构调整不但有利于中国的农业生产更好地实现劳动力资源上的比较优势，而且同时为农民提供了更多的就业机会。

实现农业、农民收入和整个国民经济更健康的长期增长，促进经济结构调整以实现充分就业的政策也许比促进高科技产业发展的政策更重要。下面列出了我们认为最重要的若干政策；当然，每一项政策都需要配套的公共投资和支出。

（1）鼓励建立并大力发展劳动力相对密集的私营小企业。
（2）鼓励开发和推广有助于吸收更多劳动力的劳动力密集型技术。
（3）创立允许并帮助劳动力在不同部门和地区流动并提高其流动性的政策环境，同时提供公共投资和公共支出不断改善这一环境。
（4）增加对有助于创造就业机会的基础设施的公共投资和公共支出。
（5）增加对农村教育和就业培训的公共投资和公共支出，帮助农民提高搜寻和抓住非农就业机会的能力。
（6）增加对农村制度建设的公共投资和公共支出，帮助农民转变生产和就业结构。

很长时期以来中国就需要大幅度转变现有就业结构。我们相信，上述政策建议不但有助于实现这种转变，有利于整个国民经济的长期健康发展，而且有利于提高全体人民的福利。当然，农民和农业部门可能相对受益更多；然而，这不仅是对过去和现存失衡状况的补偿，也是整个经济长期健康发展和全体人民福利持续改善的必要条件。

参 考 文 献

国家统计局.1978~2003.中国统计年鉴（1978~2003）[M].北京：中国统计出版社.
钟甫宁，何军.2004.中国农村劳动力转移的压力究竟有多大——一个未来城乡人口适当比例的模型及分析框架[J].农业经济问题（月刊），（5）：25-29.

Zhong F, Zhu J. 2003. The contribution of diversification to China's rural development: implications of reform for the growth of mural economy[R]. The Dragon and the Elephant: A Comparative Study of Economic and Agricultural Reform in China and India. New Delhi, India: JNU-IFPRI Workshop.

第26章　我国能养活多少农民？
——21世纪中国的"三农"问题[①]

人们一直关注一个农民可以养活多少人，关注提高农业的劳动生产率关注提高土地生产率。过去由于长期以来实际存在的农产品供应不足，人们理所当然地认为只要增加农业生产、增加农产品供应就能增加农民收入，因而农业、农民、农村（简称"三农"）问题是统一的，与农业部门被赋予的"基础"地位或职能也是统一的。

但是，20世纪90年代人们突然发现，农产品供应的日益丰富实际上导致农民务农收入的相对甚至绝对下降，越来越多的人达成这样的共识，即提高农民收入的根本途径在于减少农民数量。那么，我们究竟该如何理解农业的基础地位和"三农"问题之间的相互关系？中国今后究竟"应当"有多少农民？

26.1　"基础"的本来含义及其转化

"超越劳动者个人需要的农业劳动生产率，是一切社会的基础"（马克思和恩格斯，1974）。农业曾经是人类发展早期阶段的主要部门甚至唯一部门。只有农业劳动者生产的产品特别是食品超出自身及家庭成员需要之后的剩余稳定增长，其他部门才得以从农业中分化出来，部分农民才能够转入其他部门，整个经济和社会才能向前发展。正是在这种意义上，农业被看作国民经济的基础。"基础"一词及其含义，在这里无疑具有人类生存的生理学依据和人类社会发展的历史学依据，描述了作为整体的人类社会发展规律。

如果将"基础"一词的含义引申扩大到经济学领域，并且赋予它超越历史发

[①] 原载于《中国农村经济》2003年第7期，作者为钟甫宁。

展阶段的价值判断的内容,却是没有科学依据的。毫无疑问,国民经济各个部门的发展相互依赖,谁也离不开其他部门,农业也不例外。没有现代生物科学技术的发展,没有现代机械、化工和能源等工业提供的设备和投入品,没有现代交通运输、通信等基础设施,没有现代金融信息和市场等中介服务业,农业只能倒退回自然经济时代;如果再没有手工业,农业更要倒退到刀耕火种甚至更原始的时代。在现代经济条件下,只要不是被迫在沙漠中比较水和黄金的价值,各部门之间就是一种相互依存的关系,或者说互为条件、互为基础的关系。

如果将这一条人类社会整体的发展规律应用到任何一个局部地区,要求每一个地区的经济发展都建立在自身的农业基础之上要求每一个地区都实现农业或食品生产的自给自足,也是没有道理的。我们每一个人都要吃饭,却没必要自己生产粮食,也没必要自己生产各种日用消费品。同样的道理,一个地区甚至一个国家也可以通过交换获得自己需要的绝大多数产品,包括粮食等生存必需的农产品。世界第二大经济强国日本就是一个主要农产品进口国,上海等工商业中心的发展也不依赖当地的农业部门。

在政策层面上,"农业是国民经济的基础"这一论断,却可能表现为字面上重视、强调农业的重要性而实际上将农业放在从属、附属地位。在优先发展重工业的战略思想指导之下,农业的基础地位实际上就是从属地位,农业的功能就是为重工业的发展服务,为重工业的发展提供粮食、原料、资金、劳动力和市场,通过价格机制为重工业的发展提供资本的原始积累及源源不断的追加投资。如果没有优先发展重工业的目标,没有发展国民经济的目标,或者如果国民经济其他部门的发展特别是重工业的发展不需要农业的支撑,农业似乎就失去了存在的价值。农业作为一个经济部门似乎没有自己的独立地位,甚至似乎不是国民经济的有机组成部分。

政策上的更大问题是对人的定位,即根据原有的居住地、职业以及父母的居住地和职业分类将人划归特定的部门,甚至将人作为履行其所从属部门职能的工具。优先发展重工业的战略需要在农业以外建立一个资金密集型的工业部门,那么,农业就负责提供各种物质资源,而农民则只能留在农业部门,完成农业部门必须完成的任务,当工业发展需要时从农村招工,而当城市经济遇到困难时则向农村遣散劳动力,限制农村人口和劳动力的流动。必然结果是越来越多的农业劳动者分享不断减少的资源和收入。改革开放以来,特别是近年来,政府的政策发生了很大变化;但是,长期以来形成的种种制度、措施和事实上的差别却无法在短期内改变。可以说在许多情况下,农民并没有真正被当作社会主体和平等的一员,而仅是农业劳动者,甚至仅是履行农业部门职责的工具。

作为农民的个人,受制于"农民"这一身份,其收入受到双重约束:不断相对下降的农业 GDP 和不断绝对增长的具有"农民"身份的人数。这一事实在 20

世纪最后几年里已经凸现在人们面前，其可能产生的种种后果，将逐渐显示出日益增长的严重性，迫切需要认真对待。

26.2 "三农"问题及其相互关系

到目前为止，似乎人们仍然认为农业、农民和农村三者是统一的或基本统一的，是一个问题的三个侧面，解决了其中一个方面的问题，就同时解决了其他两个方面的问题，至少可以大大改善其他两个方面的问题。在实践中，或在政策层面上，农业问题实际上被当作主导方面，即通常认为农业的增长是提高农民收入、发展农村社会和文化事业的必由之路。改革开放以前增加农产品产量是农业和农村工作的中心，改革开放以后人们的认识有所变化，农业净产值的增长和农业投入产出效率的提高在许多地方逐渐代替总产量与总产值而成为农业及农村工作的中心目标，似乎只要农业问题解决了就能纲举目张，农民和农村问题会迎刃而解。

毫无疑问，"三农"问题相互之间存在密切的联系。但是，我们也应当看到它们之间存在的矛盾；在一定条件下，这种矛盾还可能是非常尖锐的。什么是农民问题？恐怕所有的人都承认现阶段农民问题的核心就是农民的收入问题；更确切地说，是农民的人均收入水平及其增长速度问题。什么是农村问题？恐怕多数人能够接受这样的表述，即农村问题的中心是农村的政治、社会和文化等方面的发展水平与发展速度问题；在很大程度上，它取决于农民的收入水平及其增长速度。那么，什么是农业问题？其目标不就是为国民经济的发展和人民生活水平的提高提供日益增长的价廉物美的农产品吗？如果确实是这样，在一定条件下农业问题的目标就与农民问题和农村问题的目标相冲突，并且可能形成尖锐的矛盾。这个条件就是农民的数量、城乡人口的比例；或者更确切地说，是农业劳动力的份额。如果农业劳动力的份额保持不变，或者下降得不够快，那么在绝大多数情况下，农业问题解决得越好，农民问题就越严重：迅速增长的价廉物美的农产品支持了国民经济的高速增长，而后者既导致农业 GDP 份额的下降也导致国民收入的增长和恩格尔系数的下降；加上消费者食品支出中流通部门得到的份额不断增长，初级农产品生产者即农民所分享的国民收入不仅相对下降，很可能也绝对减少。农民人均收入，特别是人均务农收入，必然越来越低于社会其他阶层的人均收入，甚至有可能绝对下降。如果农产品供过于求导致市场价格下降，农民收入问题将进一步恶化。从 1978 年到 2001 年，我国农业 GDP 的份额从 28.1% 下降到 15.2%，减少近一半，而同期农业劳动力的份额从70.5%下降到50.0%，减少不到30%（国家统计局，2002）；加上1996年以后农产品价格大幅度下降，必然导致近年来农民收入特别是务农收入增长减缓停滞不前甚至绝对下降。

我国曾经长期实行统购统销制度，就是以牺牲农民的方式来解决农业问题[①]；不但将农业作为"三农"问题的核心，而且将农业作为发展重工业的"基础"。1978年以后，优先发展重工业的战略有所改变严格限制消费的方针也有所改变。在农产品供不应求的条件下，农民问题与农业问题暂时取得了高度一致，农业生产连年大幅度增长，农民收入也连年大幅度提高。但是，一旦农产品供求基本平衡，农民问题和农业问题的固有矛盾立刻显现，表现为城乡收入的差距自1985年起重新拉大；而1996年农产品明显供过于求以后，两者的矛盾更日益尖锐。其实，我国自古以来就有"谷贱伤农"的说法，只是我们没有进一步认识和理解"三农"问题的内在矛盾并且制定相应的政策而已。

从长远来看，农民收入应当是"三农"问题的核心。在市场条件下，只有务农收入得到保障农民才有从事农业生产的动机，农产品的供应才能得到可靠的保障。如果不打算或没有能力大量补贴农业生产，那么，农业劳动力的份额就必须下降到大体上与农业GDP相应的水平，才能保证务农可以得到与从事其他行业大体相当的收入，保证农民从事农业生产、不断增加农产品供应的积极性。

26.3 "适当"的农民数量如何估计？

我国到底应当有多少农民？常见的计算方法不外两种：①我国的农业生产需要多少农业劳动力；②工业的发展、城市化的进程需要或能够吸纳多少农村剩余劳动力和人口。显然，前者仍然将农业当作为其他部门发展提供必要支撑的"基础"，而履行这一职责是农民的"天然"义务；后者多少意识到农业和农村人口的过剩，强调转移农村人口的实际可能性，但实践表明，由于历史等原因，仍然将农村作为人口的蓄水池。两种方法的共同点是两者都没有涉及农民收入问题。过去农民数量与收入水平的关系可能根本没被意识到，因而农民收入被认为是一个与农民数量无关的、独立的问题；而现在呢？既然已经认识到了提高农民收入的根本途径在于减少农民数量，为什么不联系农民收入水平来讨论"适当"的农民数量，即我们能够"养活"多少农民呢？

讨论我们能"养活"多少农民，正如讨论我们能"养"多少军队或多少官员一样，不但不是贬低农民及其劳动，恰恰相反正是把农民当作和我们一样的

[①] 同时也以牺牲消费的方式提高积累率，扩大投资份额。

劳动者，讨论我们需要农民提供多少服务，我们愿意为接受这种服务支付多少代价，以及这些代价可以保证多少农民享受和我们一样的经济和社会发展成果。我们可以沿着这样的思路讨论问题：首先考察不同行业收入水平相同时农业劳动力（和农村人口）可能是多少，其次讨论各种可能的调整因素及其可能导致的结果。

如果实际上而不仅是字面上给予农民的"国民待遇"，并且形成了城乡统一的自由流动的劳动力市场和城乡统一的社会保障体系，那么劳动力市场的调节必然导致各行各业大体上同工同酬，因而农民的数量将取决于国民收入中有多大份额支付给初级农产品生产者以及非农行业同类劳动者的平均收入水平有多高。农民生产的产品可以大体上分解为食品和非食品，后者主要是纤维产品和其他用于非食品加工的工业原料，这些产品的出售和自我消费构成农民务农收入的主要来源。

我们首先考察封闭经济中的食品生产及其收入分配。根据国家统计局公布的数据，2001年我国城镇人口的恩格尔系数为37.5%[①]。这就是说，如果城乡居民家庭结构相同，城镇人口的食品支出全部归农民所得，而且农民仅从事食品生产，要保证农民收入和生活水平与其他社会阶层相同，农民就应当大体上占社会总人口的37.5%[②]。但是，现实中城镇人口的食品支出并没有全部归农民所得，加工和流通部门在食品销售总额中所获得的份额越来越大，即使在农村也不例外。如果作为初级产品生产者的农民仅得到食品销售总额的50%，那么，农民在总人口中的份额必须下降到19%以下才能保证获得平均收入[③]。

其次我们逐步放松上面的限制条件，考察非食品生产开放经济和非农就业等因素的影响。根据我国统计口径，水果生产属于种植业，因此林产品大体上可以看作非食品，而畜牧业和渔业产品则可以基本上作为食品对待。目前，我国林业产值占农业总产值的比重不到4%，加上种植业中纤维生产大约占3%，农业总产值中大体上6%是非食品，其他94%的产品则直接、间接作为食品进入消费。因此，在保持平均收入相同的条件下，农民的数量可以增加大约6%，即大约占全国总人口的20%。近年来，我国活动物和动物产品、植物产品、动植物油脂及分解产品食品饮料酒醋和烟草等农产品及其加工品的净出口额大约每年为55亿美元，如果农民获得70%的份额（即约40亿美元，折合人民币为320亿元），按城镇人口人均收入7 000元的标准来计算，可以增加大约450万农民，不到全国总人

[①] 同时也以牺牲消费的方式提高积累率，扩大投资份额。

[②] 为了简化分析，这里暂时不考虑物质生产成本。如果将物质生产成本特别是购买的农用生产资料计算在那，农民的实际收入将大大减少，因而农民的数量也要相应减少。

[③] 当然，农民自身消费部分加工程度要比城镇居民低得多，但是，城镇居民食品支出中农民得到的部分可能远远低于50%。本章暂且这样估算，具体数据需要进一步深入研究。

口的 0.4%[①]。2001 年我国农村居民家庭人均生产性纯收入为 2 231.58 元，其中，第一产业为 1 165.17 元，第二、三产业合计为 1 066.41 元，两者接近相等（国家统计局，2002）。如果以城乡居民人均收入的差距作为计算城乡工资率差别的依据进而计算农村劳动力从事农业和非农产业的劳动力比例[②]，农村总劳动力中大约有 1/4 全职从事非农产业。

因此，如果要保持城乡居民的收入和生活水平大体相同，现阶段务农劳动力应当占全国劳动力总数的 20% 左右。如果苗木、花卉等非食品生产的份额显著上升，务农劳动力的数量可以相应增加而不影响其平均收入；加上在非农部门的兼业，农村总劳动力可以保持在全国总量的 25% 到 30% 之间，农村人口的比重可以再高一些。但是，随着经济的进一步发展和人民生活水平的进一步提高，恩格尔系数将持续下降，农村劳动力和农民人数也应当随之减少。如果 21 世纪中叶我国的人均收入赶上中等发达国家的水平，恩格尔系数下降到 0.2 甚至更低，务农劳动力就只能维持在总劳动力的 10% 左右加上兼业，农村人口占全国总人口的比重应当下降到 20% 甚至更低。

当然，我们还要考虑人力资本的差异，乡村生活的环境、文化和社会价值以及劳动力市场的进入与退出成本。从目前情况来看，农村劳动力普遍素质较低，人力资本投资较少，因而劳动力的报酬自然相对较低。与大城市相比，农村生活的自然环境价值，传统的社会、文化价值都可以部分补偿经济收入的低下。同时，人口和劳动力的流动是一个动态的过程，劳动力市场的进入退出成本和搜寻成本都可能使城乡收入之间保持一定差距。因此即使实现劳动力和人口的自由流动，农民可以自由迁移和选择职业以后，在一定时期内，城乡收入水平仍然可能保持一定差距。与此相反的一个可能是，若干年后也许农民的收入超过城镇居民。正如欧美的大农业表明的那样，现代农业生产需要更多的资本和人力资源投资，除了劳动报酬以外，农民还应当得到物质资本和人力资本的投资报酬。

从长远来看，在市场经济条件下，只有当劳动者能够得到大体上与从事其他行业相同的报酬时，他们才可能继续从事农业生产，为国民经济的发展提供必要的农产品。这就是说，我们即将面临这样的转变时期，即我们已经无法以牺牲农民的方式来解决农业问题，而必将主动或"被迫"地以解决农民问题为前提来解决农业问题。

---

① 纤维产品的总产值已计算，纺织品出口部分不再重复计算。
② 2001 年农民人均纯收入和城镇居民人均收入分别为 2 366 元和 6 860 元，数据来源同上。

26.4 政府在人口和劳动力转换中的职责

根据官方统计，2001 年底我国就业人员总数为 7.3 亿人，其中，第一产业为 3.65 亿人，正好占 50%。如果务农劳动力（即第一产业就业人员）的比重下降到 20%，应当有 2.2 亿劳动力从农业转入其他部门。如果准备用 20 年时间实现这一目标，每年净转移的劳动力数量高达 1 100 万；如果分 30 年完成这一任务，每年净转移的数量也高达 700 万以上。如果考虑到农村人口的自然增长考虑到国民收入的持续上升和恩格尔系数的相应下降，那么，今后 40~50 年每年农村劳动力净转移的数量应当在 1 000 万左右，才能实现城乡人均收入的大体平衡，保证剩下的农民愿意继续从事农业生产。

改革开放以来，随着市场经济的发展，我国城乡人口结构和劳动力产业结构发生了巨大的变化，数以千万计的农业劳动力已经在正式或非正式的非农产业部门就业。但是，我们也应当清醒地看到，20 世纪 90 年代以来农村劳动力转移的速度明显下降，而城乡居民收入的差距则不断扩大农民务农收入甚至绝对下降，不仅社会安定、经济发展面临不断增长的潜在威胁，就是农业生产本身也可以感受到日益严重的危机。在目前情况下，转移农村劳动力的任务显然无法通过市场机制自发完成，政府必须承担起自己的职责。

目前的城乡就业结构是政府长期政策实施的结果。因此首先政府应当采取行动取消对人口迁移和就业的种种限制。除了户口等成文的正式制度外，更重要的是逐步消除住房、医疗卫生劳保养老和子女就学等方面事实上对人口迁移和移动就业的阻碍，真正形成统一、自由的劳动力市场降低以至消除妨碍人口迁移和劳动力流动的制度性成本。其次，政府应当将扩大就业放在经济工作的首位。产业政策应当将发展劳动力密集型产业放在核心地位，科技政策应当将鼓励开发劳动力密集型技术放在首位，教育政策也应当将农村国民义务教育、职业教育和就业技能的培训放在首位；同时，所有这些政策都应当有相应的财政拨款和其他公共资源的分配做保证，不能仅停留在字面上。

也许有人认为信息和生物等高新技术是新世纪经济发展的方向，且事关国力的增强和国家的地位应当作为政府经济工作的重点。我们不要忘记，实施优先发展重工业战略的教训。现在对高新技术所说的一切，基本上与当初对重工业所说的没什么区别，而我国资源禀赋的基本态势也没有发生根本变化。如果我们集中有限的资源（人力除外），完全可以在落后的农业和其他非重点行业的汪洋大海中筑起有限的鹤立鸡群的重工业或高新技术"高台"，但未必能真正加快整个国民经济的增长；从长远来看，也未必能真正加快重工业和高新技术行业的整体发展。国民经济的长远发展需要各行业的协调发展，需要有效地利用比较优势，包括充分开发和利用全部人力资源。近年来我国经济发展的瓶颈是需求，归根结底是最终消费需求不足，而扩大最终消费需求的根本途径是扩大就业增加劳动者的收入，尤其是农民的收入。

我国最大的问题是人口和劳动力，最大的潜在优势也是人口和劳动力，关键在于如何将潜在的优势发挥出来。很显然，最有效的政策，或者说唯一有效的政策，只能是以扩大就业为中心发展国民经济。

参 考 文 献

国家统计局. 2002. 中国统计年鉴（2002）[M]. 北京：中国统计出版社.
马克思 K H，恩格斯 F. 1974. 马克思恩格斯全集（第25卷）[M]. 中共中央马克思恩格斯列宁斯大林著作编译局译. 北京：人民出版社.